本书为国家社科基金重大项目"近代中国省制变革与社会变迁研究"（20&ZD232）、国家社科基金重点项目"中国近代省制研究"（19AZS011）、河南省哲学社会科学创新团队（2020-CXTD-002）、河南大学哲学社会科学创新团队（2019CXTD003）阶段性成果，并受河南大学历史文化学院出版基金资助

近代中国之变轴

翁有为 著

军阀话语建构、省制变革与国家

人民出版社

目　录

制度·思想·人物·社会：
研究历史的内在逻辑

在历史研究多样化的今天，对于什么是历史、什么是历史研究的主要内容之类的问题，人们似乎并不需要思考，因为每人心中都有各自的看法，不会有一个统一的答案。但是这并不意味着这类拷问没有意义或不重要。事实上，随着历史研究的深入和多样化的发展，历史研究的主要内容之类的问题讨论已逐渐引起了学者关注，如，历史研究中呈现的碎片化现象；研究中有意无意地回避重大选题；研究中往往缺乏系统的历史研究观念；研究中较多注重物质的研究而往往忽视对意识思想和制度的研究；研究中较多地注意对社会系统的研究而往往忽视对社会中人的研究；等等。笔者认为，历史研究是有着结构性位序的逻辑研究，要按照历史发展的自身逻辑展开的状态进行研究，所谓复原历史、重建历史，是有一定的客观标准的，我们不能脱离历史发展的内在逻辑去复原历史、去重建历史，那样的历史尽管多种多样，但历史发展中的内在结构的逻辑性就会消失了。所谓历史发展的内在逻辑结构和位序，就是历史的"骨干"是什么，历史的"灵魂"是什么，历史的主体和本位是什么，它们相互之间呈现什么样的发展关系，等等。在此就有关问题做一探讨。

一、制度是历史的骨干

毫无疑问，历史是人类文明社会形成后发展和演变轨迹的总和。而其中，"制度是人类文明最主要和最核心的成果"。"没有制度存在的人类文明社会是不可想象的。制度既是人类存在和发展的基础性条件，它本身又是饱含着经验和教训的人类文明智慧的结晶，伴随着人类从早期文明国家发展到今天成熟、发达的现代文明社会"①。在人类发展的历程中，制度的历史重要性是不可忽视的。

不同的社会与国家制度塑造了不同的社会与国家的类型、结构和状态。在原始公社制度下呈现的是原始部落发展阶段的部落公社的婚姻状况、财产状况和社会结构状况；而国家制度形成后，形成了一系列更加具体、细化和成熟的制度和规则。在中国西周时期，分封制是最基本的国家和社会制度，此种制度塑造了西周的基本历史形态，与分封制相适应的是宗法和礼乐等制度，构造着更加具体的历史内涵。在春秋战国的社会转型时期，分封制和礼乐制遭到破坏，一种新的国家与社会制度正在孕育。在秦汉一统后直至清末的两千多年的历史时期，皇权制度、郡县制度、官僚制度是最基本的国家和社会制度，与此相联系的社会管理制度、法律制度、家庭婚姻制度、财产制度、教育与考试制度等，有着更为丰富的内容。而近代以来在中西沟通、西方现代国家制度被中国采用的大背景下，民主共和制度、政党制度和议会/人民代表会议制度成为中国的基本制度，加之现代的经济制度、文化教育制度、婚姻家庭制度等具体制度，这些制度的发展、演变塑造了近现代中国历史的基本面貌。在某种程度上可以说，一部中国历史就是一部中国制度的发展史。

---

① 张晋藩:《专区与地区政府法制研究·序》，载翁有为:《专区与地区政府法制研究》，人民出版社 2007 年版，第 1 页。

其实，不仅中国的制度在某种程度上塑造了中国的历史，西方国家的制度同样也塑造了西方国家的历史。古希腊的邦国民主制，塑造的是古希腊城邦民主国家的历史；罗马的共和制度塑造了罗马共和国时期的历史；罗马帝国的元首制度及其后皇帝制度塑造的是罗马帝国的历史；欧洲中世纪的封建领主制是与诸王国分立以及基督教统治的国家与社会秩序状况相吻合的，三者共同塑造了欧洲中世纪的历史。近代在资本主义兴起与发展的历史背景下，形成了政治上的民主议会制、君主立宪制或民主共和制、多党制，经济上的产权保护制度、自由贸易制度、现代企业制度，教育学术上的自由包容和自由研究制度，国际竞争中的合作与联盟制度等，构成了西方近代以来的发展演变的基本轮廓。某种程度上也可以说，一部西方的历史，就是西方制度的发展史。

无疑，制度在历史的发展中具有极其重要的地位，是历史研究不可忽视的重要内容。美国学者道格拉斯·C.诺思认为："制度是一个社会的游戏规则，更规范地说，它们是为决定人们的相互关系而人为设定的一些制约。制度构造了人们在政治、社会和经济方面发生交换的激励结构，制度变迁则决定了社会演进的方式，因此，它是理解历史变迁的关键。"[①]道格拉斯虽然是经济学家，但这里他是从历史的角度探讨制度的价值。实际上，中国很早就认识到制度在历史上的重要性。在中国的历史著作中，制度是历史叙述中的重要部分。在中国的历代国家官修史书中，史书中的"志"类中，就包含了相当多的制度史内容，与此相应而成的《通典》《通志》《文献通考》《续通典》《续通志》《续文献通考》《清朝通典》《清朝通志》《清朝文献通考》《清朝续文献通考》等"典""志"通书，和《唐六典》《元典章》《明会典》《清会典》，以及《唐会要》《五代会要》《宋会要》《明会要》等，内容极其丰富博大。这表明，在中国古人的历史研究和著述中，制度史是一个极其重要的领域，

① ［美］道格拉斯·C.诺思：《制度、制度变迁与经济绩效》，刘守英译，上海三联书店1994年版，第1页。

由此,用道格拉斯的话说:"它(制度)是理解历史变迁的关键",十分确当而精辟。当然,我们认为,制度不仅是理解历史变迁的关键,更是历史的核心内容,因为是制度在相当程度上塑造了历史的状态和变迁历程;是制度体现了不同文化、不同文明体系的各自式样及其走向;是制度呈现了人类不同发展阶段和不同文明体系的历史与现实内涵。我们常说,是经济状况决定了人类社会的发展进程,这一立论大而言之固无不妥;但是,具体而言,却又与史不那么相符。我们可以看到,同样是在中国的领域之内,大致同样的经济基础和社会基础,在中国却多次出现了一国两制的状态,中国古代的汉制与胡制姑且不论,即在民国,就有北洋政制与南方革命政府政制的不同、南京国民政府政制与中共新民主主义革命政权政制的不同,这些政治制度与社会制度的不同选择,似乎不好用经济基础的决定论来解释。而在1949年10月1日后,新中国的成立,中国的社会性质发生了天翻地覆的变化,而当时的中国经济基础与此前的中国并没有质上的大变化,大变化是新制度建立后,推行了新的经济政策和新的经济制度才出现的。同在新中国,改革开放前的30年与改革开放后的40年发生了巨大的变化与不同,是因为国家改革了原来不适应社会需要和发展的政治体制、经济体制和文化教育体制,实行了一系列新的政策和制度。很明显,制度及其变革在历史的发展中具有长期的、极其重要的甚至是决定性的作用。中国改革开放的总设计师邓小平多次强调,制度问题具有根本性、全局性、稳定性和长期性[①]。作为杰出政治家的邓小平这里谈的是国家大政问题,而他的这一认识正是他从历史的经验与教训中总结出的结论,同样可以适用于制度对历史所起作用的评价,可以说,制度在历史的发展过程中同样具有根本性、全局性、稳定性和长期性的作用。

制度的这种重要作用,不可能仅是正面的和积极的,而是有正面、积极

---

① 邓小平:《党和国家领导制度的改革》(1980年8月18日),《邓小平文选》第二卷,人民出版社1994年版,第333页。

和负面、消极之分的。当一种制度的创设，能够代表公平、正义，能够代表国家和民众利益，能够促进、推动社会发展时，就是正面的、积极的制度，就是能够获得社会广泛支持的制度；当一种制度不能代表公平、正义，不能代表国家和民众利益，不能促进、推动社会发展而阻碍社会发展时，就是负面的、消极的制度，就会逐渐遭到社会的广泛抵制。因此，制度的生命力来自它自身的能量和性质，来自它自身的自我更新和创新能力。从历史上看，中国一脉相承的制度文明表现了很强的自我更新和创新能力，在世界制度文明中独树一帜[1]；西方世界的制度文明曾经几度中断，但也表现了极其顽强的自我恢复和创新能力，并在近世大放异彩，为世界制度文明的多样化和现代化提供了珍贵的素材。但是，正如钱穆所说，制度是随时随地而适应的，不能放之四海而皆准，正如其不能行之百世而无弊[2]。僵化过时的制度、封闭的制度、教条主义的制度、脱离实际需要的制度，经不住风浪的打击；只有既适合民族文化要求又符合时代需要的制度，才能有生命的活力和强力。

制度不是一个单一的体系，它是由一系列的制度单元组成的多系统的体系。从国家层面来说，有政治制度、经济制度、文化教育制度、军事制度、法律制度、外交制度；从社会层面来说，有家庭制度、婚丧嫁娶制度、节假制度、时令历法制度、时间制度、商品交换制度；等等。在上述制度体系中，政治制度决定了其他的制度。政治制度是国家制度，国家制度决定了一个国家内的其他制度的性质和状态。因此，政治制度是历史研究中最值得关注的问题之一。

由于制度在历史变迁中的关键地位，我们绝不应忽视制度史的研究，而应大力倡导对制度史的研究，加强对制度史的研究，使制度史成为历史研究中的重要领域，使制度史成为理解历史、解释历史不可缺少的研究领域与专史门类。

---

[1] 参见钱穆：《中国历代政治得失》，生活·读书·新知三联书店2001年版；《中国文化史导论》（修订本），商务印书馆1994年版。

[2] 钱穆：《中国历代政治得失》，"前言"，第7页。

近代以来中国发生的一切变化，其中最根本、最核心的是制度发生了与中国几千年历史传统不同的巨大变化。但是巨变中有常、有根、有精神。这种制度背后的常、根、精神，就是制度的文化和思想，是制度所以由来的源泉。制度是哪里来的？笔者认为，"制度之变迁从根本上说当然是社会矛盾运动所致，但思想是社会矛盾运动的最有代表性的力量，思想是制度的先导"①。有学者谓："任何一种制度的出现，必有某种思想作指导。"②从历史的逻辑发展关系看，思想是制度之前因。在探寻制度后，还要探寻制度背后的思想。

二、思想是历史的灵魂

什么是思想？这里是指具有历史价值的思想，指人们对诸如政治的、经济的、文化学术的、社会的、家庭的、军事的、外交的、国内的和国际的等各类不同现象和问题的思考。思想的价值取决于其思考问题的大小与重要性。

那些解决国家和民族发展中所遭遇问题、危难的思想，站在时代前沿思考国家、民族和人类命运的思想，为国家和人类社会发展指明道路和方向的思想，是最有价值的思想，为推动历史发展、形成新的国家制度、规则和体制发挥了不可替代的作用。中国春秋战国之际形成的儒家思想和法家思想，是中国秦汉统一至清末两千多年的大一统国家制度的形成与发展的思想与理论基础。希腊早期城邦民主思想是早期希腊民主制度和古希腊文明的思想指导。近世西方卢梭的社会契约论、洛克的分权学说、孟德斯鸠的三权分立学说，直接为近代西方建立现代民主国家政体构建了蓝图。深受西方民主共和国体制影响的孙中山，提出"建立民国"和"三民主义"的思想，为中国发

---

① 翁有为等：《行政督察专员区公署制研究》，社会科学文献出版社 2012 年版，第 441 页。

② 周振鹤：《中国地方行政制度史》，上海人民出版社 2005 年版，第 405 页。

生辛亥革命并在中国确立民主共和国制度提供了理论指导。马克思、恩格斯创立的社会主义运动和共产主义运动理论，以马克思主义行之于世，俄国的列宁和斯大林将之发展并运用于俄国的社会革命运动，建立了俄国的苏维埃社会主义国家制度。中国早期的共产主义者将马克思主义和列宁主义引入中国，并结合中国的具体国情，于20世纪三四十年代形成了中国民族民主革命的指导思想"毛泽东思想"，这一思想是社会主义的新中国国家制度于1949年确立的理论指导，是思想和理论，推动、设计和指导了新制度的建立。毛泽东曾经指出："思想上政治上的路线正确与否是决定一切的。党的路线正确就有一切，没有人可以有人，没有枪可以有枪，没有政权可以有政权。路线不正确，有了也可以丢掉。"①毛泽东虽然谈的是政治问题，但是他的这一结论同样可以用于历史。在纷纭复杂的世事中，思想是穿透历史迷雾的灯塔和灵光。推动历史发展的思想值得在历史的研究中予以系统的总结和阐发，成为继续推动历史前进的思想动力。

但是，思想并不必然表现为对历史发展具有促进、积极和正面意义，有时还表现为对历史发展有阻碍、消极和反面意义。思想如果不适合国家和社会的需要，不符合时代的要求，脱离了社会实际，成为僵化的思想、腐朽的思想、空想的思想、错误的思想、荒谬的思想甚至邪恶的思想，那样的思想就会在制度的设计和制度的实践中造成严重的社会后果，那样的思想行动就会阻碍历史的发展。那些给历史发展造成严重后果的思想，同样是值得关注和研究的，需要研究者揭示其中的教训、危害和成因，为人类在前进道路上避免重蹈覆辙提供珍贵的镜鉴，增长人类避免和战胜错误、谬误和邪恶的经验、智慧和能力。

思想同样是一个复杂的体系，有形形色色和五花八门的思想。中国春秋战国时期的"诸子百家"之说，即是说当时有各种的不同思想体系存在；中

---

① 毛泽东：《在外地巡视期间同沿途各地负责人谈话纪要》（1971年8月—9月），《建国以来毛泽东文稿》第13册，中央文献出版社1998年版，第242页。

国近代五四时期，是中国思想发展史上的又一个活跃期，各种各样的思想、主义纷纷出现。即使在中国独尊儒术的古代历史上，也不缺乏与之相别的法家思想，儒家思想体系内的异端新说也在不断争芳斗艳；至于宗教性的中国本土道家思想、外来汉化佛教思想、外来伊斯兰教教义、外来基督教教义的传播亦不绝如缕。西方世界思想的多样性与复杂化更是令人眼花缭乱。思想是历史迷雾中最透明的部分，是思想引领历史前行，是思想给历史以行动的路线和目标。思想在历史上的重要位置，使得思想成为历史家研究的重大课题，关于中国思想的通史研究、断代研究与专题研究十分繁盛①，但是思想在历史逻辑中的位置为何，是我们需要进一步研究和思考的一个角度，从这个角度对思想史进行研究，或许可以有新的发现和心得。

思想是哪里来的呢？思想是思想家的成果，是思想家从社会矛盾的运动中发现社会问题进行思考和探索而获得的认识。那些思想家——社会精英，与思想家相联系的政治、经济、文化教育、军事、外交等方面的人物，以及其他芸芸众生，是历史研究需要进一步探讨的问题。

三、人是历史的主体

历史是人类的历史，没有人就没有所谓的历史。在没有人类之前，客观的宇宙世界就已经存在了，但是只有人类文明形成以后，才有了自觉的"历史"过程。人在历史的发展过程中，虽然与其所生存的客观世界中的自然界中的其他动物种类、生物种类以及各种自然现象息息相关，但是人类的活动的历史，主要是围绕人类自身的生存与发展逐步展开的。

人类根据自身发展的需要，规划自身活动的种类、范围、程度、性质，建构人类自身组织结构的形式、状态和水平，根据各自的生成环境和条件，

---

① 如侯外庐、赵纪彬、杜国庠的《中国思想通史》、李泽厚的《中国思想史论》、余英时的《中国思想的传统及其现代变迁》等。有关政治、经济、教育、法律、军事、外交、文艺等专题思想史及断代思想史和国别思想史等，成果十分丰富。

形成了各自的人类种族群体部落和国家结构，形成了各自不同的历史文明群体，最早的如东方的华夏文明群体、西方的古希腊文明群体、中亚的两河文明群体等。其中，东方的华夏文明群体在夏商周三代松散邦国共同体的基础上建立了大一统的秦汉到明清的王朝国家；西方在古希腊文明的基础上先后出现过罗马帝国、查理曼帝国和中世纪的西欧诸王国；等等。这些文明体、国家和民族的历史是他们自己创造的。人类的历史当然是人类自己创造的，人在历史中的主体地位是毋庸置疑的。

在创造历史的人中，有居于统治地位的古代帝王将相和今之国家领袖群体，有居于被统治地位的普通民众，在他们当中，是谁在历史创造中扮演了更重要的角色？显然，重要的人物在历史的发展中扮演了重要的角色，因为重要人物之所以重要，不仅是其人重要，同时在于他担任的角色重要。在这些重要历史人物中，包括对历史产生重要影响的古代帝王将相和近现代的国家领袖人物，也包括为历史发展产生影响的其他各阶层和各行业的代表性人物。重要的历史人物和普通人共同创造了他们的历史，只是重要人物在历史发展的舞台上扮演了重要的角色，普通人物在历史的发展中扮演了次要的、普通的角色，而重要角色和普通角色的互动、配合完成了历史的发展过程。在历史的发展中，很难说帝王将相类人物重要还是劳动人民重要，帝王将相有的在特定的历史环境中没有担负起重要的历史角色，那么他在历史上的重要性就大打了折扣；出身下层的历史人物在特定的历史条件下担负了重要的角色，那么他在历史上的重要性就会得到承认，他就变成了一个重要或比较重要的历史人物。但是，无论是重要的人物还是一般的人物，无论是"正面"的人物还是"反面"的人物，他们各自创造着自己不同的历史，相互之间又以多种形式互相影响、制约和联系着。秦始皇嬴政、汉高祖刘邦、隋文帝杨坚、唐高祖唐太宗李渊李世民父子、宋太祖赵匡胤、明太祖朱元璋、清太祖努尔哈赤，创造的是各自建立一统帝国王朝的历史，其间无数的配角完成了各自的历史，有正向的，也有反向的，共同构成了纷纭复杂、生动多彩、大江东去的迷人历史画卷；秦二世胡亥以其昏庸残暴、隋炀帝杨广因其好功暴戾，均以二世之位而书写了自己亡国之君的历史；王充、范缜、李贽、黄宗羲、顾炎武、龚自珍、魏源等以其思想的独特与超越历史时代，书写的是他们在中华民族思想史上的历史；至于普普通通的无名字记载的人物，他们也以其自己的生活和经历完成了自己的历史，他们的个体好像没有重要的人物那么重要，但他们的整体则从来没有被忽视，中国早在先秦时期就提出了"天视即我民视，天听即我民听"①的命题，这里的民，就是指在历史上并不一定留下记载的普通的平民，但他们的重要性却被认为如"天"同等重要。众所周知的唐太宗对"水可载舟，亦可覆舟"理念的认同②，表明了普通民众同样被认为是可以决定帝王将相命运的决定性力量；这和现代唯物史观的"人民群众是历史的创造者"③的认识有相近和相通之点。历史是多种历史人物、社会力量运动的合力形成的结果。历代的多样性表现了人的多样性和人的历史的多样性。而这种多样性的历史是由人来创造和完成的。人在历史中的地位、在历史著述中的地位，也就不能不受到特别的关注。

中国传统的历史著作的书写，都是以人为中心的书写，这种历史体裁是与历史发展的实际状况相符合的，表现了中国古人对历史研究、历史编纂极有见地的认识。在中国最早的一部通史著作司马迁的《史记》中，有本纪12卷，世家30卷，列传70卷，表10卷，书8卷，共130卷。其中，本纪、世家、列传都是人物传记类著述，历史人物内容的分量在该书中占了112卷，占总卷数的86%，人物历史的内容是此史书的主要内容，因以人物传记体裁为主，因而，此类史书被称为纪传体史书。《史记》也是中国的第一部纪传体通史。班固的《汉书》，是中国第一部断代纪传体著作，将《史

---

① 语出《尚书·泰誓中》。

② 语见《孔子家语》，唐太宗李世民常以此语告诫群臣，可见李世民对此观念的认同。

③ 马克思主义历史学家强调人民群众在历史上的重大作用。同时，在马克思主义诞生以前，或与马克思同时代的非马克思主义西方学者，他们也已经或同时看到并且承认人民群众在历史上所起的重大作用。参见李振宏：《历史学的理论与方法》，河南大学出版社1999年版，第328—330页。

记》中的"世家"类内容并入"列传"，改《史记》中的"书"类内容为"志"，共有纪 12 篇，列传 70 篇，表 8 篇，志 10 篇，共 100 篇，纪和列传共 82 篇，占总篇数的 82%。此后的中国的史书以纪传体为主体，此类纪传体著作没有超出《汉书》的模式。被称正史的"二十五史"，即《史记》《汉书》《后汉书》《三国志》《晋书》《宋书》《南齐书》《梁书》《陈书》《魏书》《北齐书》《周书》《隋书》《南史》《北史》《旧唐书》《新唐书》《旧五代史》《新五代史》《宋史》《辽史》《金史》《元史》《明史》和《清史稿》，叙事上起传说中的黄帝，下至清宣统三年，都是纪传体史书，都是以人物为中心的历史著作。钱穆指出："历史记载人事，人不同，斯事不同。人为主，事为副，未有不得其人而能得于其事者。事之不完善，胥由人之不完善来，惟事之不完善，须历久始见。中国史学重人不重事，可贵乃在此。"[1] 他总结中国传统史学著作的编纂特色道："向来被认为正史的二十四史的体例，特别重要是列传。可见中国人一向以人物为历史中心。"[2] 他认为："研究历史，首先要懂得人……如其不懂得人，不懂得历代人物，亦即无法研究历史。固然也有人脱离了人和人物中心而来研究历史的，但其研究所得，将总不会接触到历史之主要中心，这是决然可知的。"[3] 可见在钱穆看来，人才是历史的中心；不过他所重视的历史人物，是指那些少数的重要历史人物，他说："历史虽然说是属于人，但重要的只在比较少数人身上。历史是关于全人群的，但在此人群中，能参加创造历史与维持历史的，则总属少数。"[4] 显然，在钱穆心目中普通人并没有参加历史的创造过程，这一看法不免有片面之嫌。普通人虽然在历史的著作中可能没有被记载，但在"真实"的客观历史活动中作为群体的他们的作用早就被比作与"天"相同，怎么能忽视他们创造的角色呢？至少，作为群体的普通平民大众，是参与了历史创造过程的，而且在特定的

---

① 钱穆：《现代中国学术论衡》，生活·读书·新知三联书店 2001 年版，第 113—114 页。

② 钱穆：《中国历史研究法》，生活·读书·新知三联书店 2001 年版，第 93 页。

③ 钱穆：《中国历史研究法》，第 93—94 页。

④ 钱穆：《中国历史研究法》，第 93 页。

历史时期，他们具有既能载舟又能覆舟的决定性力量。

人物在历史的发展中尽管如此重要，在传统史学中占有绝对分量，但在现代新史学的学科体系和研究体系中的地位和分量却大大下降。研究者多聚焦在事件史、物质史及新兴交叉史学的研究方面，人物被湮没在事件、物质和环境的描述里，创造历史的主体——人物——在历史的著述里被排斥在历史叙述的中心位置之外，人在历史上的中心地位迷失了。即使被人们所研究和关注的人物，也只是极少数的政治领袖人物和少数有争议的人物，相当多的历史人物缺乏研究或研究不够。群体人物的研究更是薄弱。人们研究的兴奋点多在社会经济史和物质史方面。这种忽视人物研究的状况，与近代社会以来整个人类社会在物质上的巨大努力和成就有密切关系。近代以来人们所创造的物质财富远远超过历史上所有时期所创造财富的总和，人们的物质生活有了巨大的改善。在物质发达的同时，人们也面临着严重的挑战：贫富两极分化现象造成社会阶层的对立和对社会的不满；执政的官吏为财富和金钱贪赃枉法；资本的贪婪使某些掌握资本的人铤而走险，甚至不惜发动各种形式的武力冲突乃至战争来实现目的，给近代以来的人类社会带来了极大风险。物质和金钱确是人类赖以生存的基础，但它远不是人类生存的目的；然而当物质和金钱崇拜成为人类的一种习惯性思维的时候，人就堕落为物质和金钱的俘虏，迷失了人类真、善、美的生存原则。不仅如此，人类在近代科学技术突飞猛进的同时，美俄等国核武器的大量生产使得人类生存受到了毁灭性的威胁，受到威胁的发展中国家也不得不发展核武器以捍卫国家主权。无论如何，核武器的发展和扩散，使人类和其赖以生存的地球都面临着严重的生存危机。① 西方国家惯行的武力侵略思维，使得人类的和平与生存面临着严重的危机，其病根在于过度的物质欲和控制占有欲。人类不应在这里迷失自我和毁灭自我，因为人类的前程还有更遥远和更美好的未来。经历了几

---

① 参见新言：《核武器威力大》，《时事》2003 年第 3 期；严琳、王华：《核武器杀伤破坏效应》，《科技创新导报》2007 年第 31 期。

千年的文明和磨难的人类，近百年又经历了两次空前的世界大战的劫难，人类确实应该反思自己，研究人类自身存在的问题，剔除人性中的残酷性、侵略性和贪婪性的一面，研究和弘扬人性中和平、仁爱、真、善、美的一面，为人类的和平、进步和文明发展提供智慧。因此，在研究人物的事功的同时，尤其要注意研究人物的内在品质和操守、研究和提升人的精神层次，在物欲横流的当下尤应如此。人物研究不仅要讲故事、要叙事，更要应褒当褒，应贬当贬；褒其所当褒，贬其所当贬，是一个史家应尽的责任。

当然，在今天的人物研究中，不可能再像传统时代占有那样的篇幅和分量，但是，鉴于人在历史上的主体和中心地位和人物在历史研究中的重要地位，进一步加强对人物的研究，是应该不成为"问题"的。

四、社会是历史的本体

"社会"在中文里的本义是指特定土地上人的集合。"社会"在现代意义上是指为了共同利益、价值观和目标的人的联盟。形成社会的最主要关系包括家庭关系、共同文化以及传统习俗。微观上，社会强调同伴的意味，并且延伸到为了共同利益而形成的自愿联盟。宏观上，社会就是由长期合作的社会成员通过发展组织关系形成的团体，并形成了机构、国家等组织形式[1]。相对而言，这只是狭义的社会概念。广义的社会含义实际上涵盖的范围要更为广大，社会主要是指人类关于政治、经济、教育、文化、体育、卫生、外交等各个方面、各个领域的状况及其变迁，即"人类社会"之谓。而"社会"则比之"人类社会"的概念还要更为广泛，它除了包括"人类社会"的内涵外，还包括了与其活动相关的自然生态环境的状况及其相互关系。因此，社会是一个十分开放的词汇，它将人、家庭、家族、部落、民族、社区、阶级、阶层、社团、政治、经济、文化、教育、宗教、机构、国家、超

---

① 参见"百度百科·社会"。

国家组织以及自然环境及其发展变迁过程都可包括在内。因此，社会是人类社会及与其活动相关的自然生态环境关系的总称。

人类社会是一个庞大复杂的体系，有各种形式的系统和子系统，他们有的相互平行、重叠或交叉，有的相辅相成，有的相反相成，有的既合作又冲突，有的既对立又统一，就是说人类社会的特征是既有和谐又有冲突的矛盾体①，这样的社会就构成了一个多元的、相互联系的有机体。这个有机体，如果按文化类型和人类民族类型划分，可以分为东方社会、西方社会、儒家社会、基督教社会、伊斯兰社会以及各种不同人类肤色社会；如果按社会发展进程划分，可以分为原始社会、国家文明农耕社会、国家文明工商业社会等；如果按社会体系的系统类别划分，可以分为政治社会、经济社会、文化社会乃至国家社会；还有林林总总的妇女社会、老年社会、上流社会、中层社会、底层社会、乡土社会、城市社会、文明社会、野蛮社会、公共社会、秘密社会等。人类社会是在希望与失望、健康与疾病、前进与倒退、正义与邪恶、光明与黑暗、和平与战争、和谐与冲突的总较量、斗争中向前发展着。在人类社会里，只有人类互相携手，以发展与和平为主题，求同存异，才能建立一个和谐的人类未来；反之，那种以战争和掠夺为生存和发展道路的组织、团体和国家，是一种反人类的行为，无论其力量表面上多么强大，但就人类发展的长时段看，注定是要失败的。

与人类社会相联系的自然生态环境，诸如地球上的土地、森林、山川、河流、空气以及动物和植物等，与人类社会共同构成了一个相互依存的社会系统；地球以外的太阳、月亮，以及人类社会所能感觉和发现的宇宙其他星体，也与人类或将与人类有着各种不同的关系。人类与其自然环境的关系，是随着人类自身的发展和认识的提高而逐步扩展的。在人类的早期文明阶段，人类只在地球的个别地方点燃了文明之光，人类与自然的关系还主要局限于适宜早期文明发育和成长的个别点上，地球上的绝大部分还在黑暗之

---

① 参见［美］伦斯基：《社会的特征》，《国外社会科学》1987 年第 6 期。

中；在今天，人类的足迹不仅遍及地球的每一个角落，而且已经把足迹印上了月球，把探测器放到了其他更多的星体，探索地球以外的其他星空，为人类的发展寻找更广大的宇宙空间。随着科学技术的突飞猛进，今天人类与自然的关系已经进入一个更加广阔的新时代。但是，无论科技如何发展，人类改造自然的能力如何强大，也不可能对大自然随心所欲地"改造"，而只能在尊重自然规律的前提下，适当地利用掌握的自然资源为人类服务。人类如果不尊重自然规律，为利用自然资源不惜违背自然界的规律，那么就会付出沉痛的代价。人类对资源的过度开采和消耗，还进一步威胁到自身生存的基本需求①。这些问题的出现表明，人类与自然共同组成的"社会"存在着相互依存的关系。在人和自然社会的生物链、生存链上，哪一环节如果出现了问题，都有可能影响到"社会"的秩序和平衡。印度的秃鹫死亡引发的事件就是一个很好的例子。自20世纪90年代后期至21世纪初期十多年间，印度秃鹫每年以40%以上的频率迅速死亡，很快便到了濒临灭绝的境地，这一现象导致印度出现了三个意想不到的严重后果。由于印度有耕牛死后不能吃掉其肉而被抛弃到荒郊野外屠宰场（即抛尸体场地）的传统，食肉类秃鹫一直是此类屠宰场的清洁工，但是由于秃鹫的迅速减少，使得屠宰场的野狗迅速繁殖和增多，野狗的增多引起了以食狗肉为主的猛兽花豹的增多，因此使得花豹袭人事件屡屡发生，给印度某些地区的社会生活带来了不小的恐惧，此其一；其二，由于野狗的迅速增加，有些在屠宰场吞食带有某些病毒的腐肉时患上了狂犬病，狂犬伤人事件也屡屡发生，给印度某些地区的社会安定带来了不小的困扰；其三，由于秃鹫的减少，使得禁火葬和土葬的印度帕西族人死后送到寂静之塔被秃鹫很快吃掉的送葬传统无法维持，帕西族人的民族感情和信仰面临着严重危机。而秃鹫的急剧大量死亡，经过印度、英

---

① 如发展中国家工业的迅速发展造成严重的工业污染，给人们的生活和健康带来严重的危害。又如地球南北极臭氧层受到破坏，据研究主要是由于人们过度使用氯氟烃这种人造化学物质引起的，而臭氧层受到破坏，导致了严重的后果：一是地球紫外线的增加，从而危害到人体的健康；二是对海洋生态造成危害；三是增加了地球的温室效应。

国和美国等国科学家数年的不懈努力，终于弄清楚是由于耕牛吃了含有一种名为"双氯芬酸"成分的化学兽药中毒引发肾衰竭病而造成的。为了解决这个问题，科学家一方面说服政府禁用兽药中的双氯芬酸，一面用不含有双氯芬酸的牛肉羊肉人工饲养了数量可观的秃鹫，将其放回到大自然中，以重建食物链中断裂的一环。这再一次说明，人类和自然界存在着关系密切的生物链，如果一个环节出现了问题，就会引发连环的问题，给社会肌体造成危害。这表明，人类社会内部各系统之间需要达到适当的平衡，人类社会的秩序才能得到正常运转，社会才能健康发展；人类与动物和其他相依赖、相关联的自然界的相互关系，也需要保持相互之间的平衡状态，谨慎地处理与解决人与自然的关系，才能达到人类社会与自然界的和谐与平衡，最终造福于人类自身。

　　已经逝去的社会就是历史，历史就是以往人类经历的社会历程。因此，社会是历史的本体，是原生态的历史，是真实的、运动的、活生生的、没有遗漏的历史。一切的历史著作都要在这里寻找素材、灵感、资源，但都只是历史的一部分而非全部，只有社会才是全部的历史的本体，一切历史的谜底都埋藏在这座无垠的宝库里。因此，所谓"社会史"研究应该涵盖"全面"的社会史内容，应该包括社会系统的各个方面和各个部分，不应该只是某些特殊系统或特殊状态的社会史，不应只是问题部分或病态部分的社会史，这样的社会史还是片面的社会史，还不能了解历史上某个时期历史的全貌①。"全面"的社会史应该包含对人类社会的全体及其与自然社会关系历史的全体的研究，而不是仅是对局部社会现象的研究，如不仅要研究经济社会，还要研究政治社会；不仅要研究乡村社会，还要研究城市社会；不仅要研究底层社会，还要研究中上层社会；不仅要研究妇女的生活、儿童的生活、农民

---

① 社会史的研究是近代以来兴起的新史学的主要组成部分。从美国鲁滨逊新史学到法国年鉴学派倡导的经济社会史的研究，大大拓展了以往史学研究的范围。新史学的研究方法对近代中国的学术研究也产生了重要的影响。改革开放后新史学尤其是社会史的研究重新复兴。笔者认为，鲁滨逊所提倡的整体史的社会史研究模式，似应是社会史研究的方向。

的生活、市民的生活，还要研究公务员的生活、政治领导人的生活、士兵的生活和军事将领的生活，还要研究中小学生的生活、大学生的生活以及中小学教师和大学教师的生活；不仅要研究物质生活、世俗生活，还要研究文化生活、宗教生活；不仅要研究同质社会，还要研究异质社会及其相互的冲突、变化和影响；不仅要研究人类社会的生活，还要研究土地、矿山、河海、动植物以及地震、动物传染疾病①、气候变化、天体演变②等自然资源和自然现象与人类社会的紧密关系、影响与对策。总之，真正的社会史应该是包括了人类社会全部及相联系的自然界在内的历史，是一个在历史学的基础上包含了以人为中心的政治科学史、经济科学史、教育科学史、文化科学史、宗教史、医疗科学史、生物科学史、气象科学史、环境科学史、天体科学史等学科的专门史在内的整体性的研究体系。

五、余论

这里只是笔者关于历史逻辑发展线索的看法，是关于历史研究内在逻辑的看法。如果说是历史研究的逻辑读者尚可理解，说是历史发展的逻辑则可能会有异议。不过，历史自身是如何展开和发展的，本来就有不同的看法。笔者是以制度作为观察历史的视角来探讨历史发展的内在逻辑性问题的，从制度—思想—人物—社会四个层面来展开认识历史的；这一认识尽管笔者已经思考多年，在不同的场合与友人常常谈及其中的部分内容，但现在将它拿出来仍感到有其不周之处，如经济就一般常识来说都知道是社会存在和发展的基础，而在此没有对经济在历史上、社会上的地位进行分析，这是需要说

---

① 至今仍严重威胁全球人类生存和生活秩序的新冠病毒，给人类的教训极其深刻，表明人类与包括野生动物在内的自然界的平衡关系问题越来越成为医学及相关学科亟须研究和解决的重大课题，历史研究者亦当积极参与这一重大问题的专业研究，从人类文明长期发展的历史宝藏中寻找有益的历史智慧、借鉴与对策。
② 人类赖以为生的地球本身就是天体演变的结果。

明的。这主要是由于笔者没有从这个角度来认识历史；同时也由于这个问题已有很多经典的理论和论述，笔者对这个问题缺乏研究的积累。本处讨论的问题尽管笔者虽然已有多年的思考，但无疑仍是一个提纲性的作品。笔者所以贡献出来，只是将本书作为引玉之砖，期望能有更好、更深入的作品参与到上述问题的讨论和研究中来。

本书是笔者近十多年围绕制度、思想、人物与社会及其关系进行思考和研究的结果，主要涉及近代军阀话语建构、省区制度变革与国家现代化转型及其相互关系问题的探讨与思考，虽有整体的思考，由于采取的是专题式研究，不可能面面俱到，因而有些问题难免被忽略，明知其弊亦不能不割爱。因此，本书只是笔者对所悬上述旗帜的一种探索，不当与错误之处当复不少，敬请智者教焉。

第一章 | 近代军阀话语之建构 |

　　近代军阀话语之建构这一部分，按历史发展的逻辑本来应是本书的第二章，第一章应该是省区制度变革，因为清末以降的省区制度变革的历史逻辑之链，引发了民初的军阀势力崛起的现象；而由于军阀政治的出现，而又进一步引发了国共两党致力于第一次国共合作进行推翻军阀统治、致力国家统一的国家再造事业。这个线索似乎是清晰的。但是，历史是极其复杂而有丰富内容的，往往并不是以单线呈现的，其实国家的改造与转型的努力是在清末就已呈现了的。历史的因果之链往往是循环式的，是复为因果的。晚出的军阀虽然也是胎动于清末，但到民国以后才明明白白登上历史舞台。因此，三者而言（省区制度变革、国家再造与现代化转型、军阀政治形成），军阀问题是连接前两者的桥梁，因军阀问题的连接，而合为近代中国历史的一个大问题：变轴。近代中国历史的许多重要问题，是在此变轴下展开的。就是说，如果民国没有民初的军阀政治，民国的政治就可能走上了另一条道路，中国的政治发展也会是另一发展模式。但是，历史没有假设，军阀政治在民初登场了。

对于这一问题，学界已有非常翔实的研究。但是学界对于军阀现象何以影响了时人对中国发展道路模式的选择——亦即时人如何认识军阀现象进而进行政治选择的问题，即时人对于军阀话语之建构问题，研究尚十分薄弱。由对军阀话语之建构的研究，引发了人们对国家中心力量、国家权威法纪制度、中国国家与社会发展道路等重大的认识、思考与行动，对于中国近代发展道路的探索具有重大的历史意义。本章专就此问题，作一探讨。

第一节　军阀现象话语之建构

　　关于近代军阀问题，学界已有诸多丰硕翔实的研究①。据笔者由中国知网从 1979 年到 2013 年 34 年间以"军阀"为题的检索结果，共达 683 篇之多，不可谓少，主要涉及近代军阀人物、军阀战争、事件以及军阀特点等问题的研究，是对军阀本身即"军阀史"的研究。但从思想史、思潮史的角度对五四前后的时人关于军阀问题的认识与讨论作一考察，看时论是从哪些方面讨论和认识军阀现象这一问题的？他们讨论军阀所依据的主要思想资源是什么？他们对军阀问题的讨论和认识在今天看能否成立？他们对军阀问题的上述认识与五四时期的时代思潮有什么关系或具有什么样的时代特征？等等，这些问题学界尚缺乏系统、深入的研究。本章从"知识考古"思想梳

---

① 关于北洋军阀史的研究主要可见：来新夏等：《北洋军阀史》，南开大学出版社 2000 年版；陈志让：《军绅政权——近代中国的军阀时期》，广西师范大学出版社 2008 年版；齐锡生：《中国的军阀政治（1916—1928）》，杨云若、萧延中译，中国人民大学出版社 1991 年版；张玉法主编：《军阀政治》，《中国现代史论集》第 5 辑，台北联经出版事业公司 1980 年版；徐勇：《近代中国军政关系与"军阀"话语研究》，中华书局 2009 年版等。本书主要探讨当时思想界对军阀"行状"的认识问题，至于军阀产生的历史根源、时代特征与军阀特性、军阀概念的演变等相关问题，另撰有专文探讨。本书所称的"五四前后"，大致上是指 1917 年到 1925 年间（本书上限定在袁世凯死后大军阀、小军阀割据之出现，1917 年李大钊从贬义上使用"军阀"一词，故大致以 1917 年为上限。思想认识的历史如流水，很难抽刀断流，显然划分具有相对性。有专家认为，五四的下限一般在 1923 年，如此，则"前后"之"后"定于 1925 年应无不妥）。这一时期是思想发生大变革的时期，打倒军阀的思想也是在这一时期形成的。

理的角度，就上述问题作一学理上的专题探讨。军阀问题是五四前后思想界颇为关注的重大政治和社会问题。所谓重大政治和社会问题，是指军阀的存在乃成为国家统一和社会发展的严重障碍。因而，"军阀"这一特殊军事类群乃成为国人热议与讨论的对象。时人认识军阀，对军阀概而言之为"现在中国一般人的心中，都知道军阀是一个不好的东西"，[①]这类军阀话语，是在对军阀之行事的具体观察和切身感受的基础上，而形成的否定性认知。这些对军阀的认知，对我们今天客观和理性地认识近代中国革命过程中的民初军阀问题以及反对军阀问题，均具有重要参考价值。

一、对军阀干政弄权之乱的认识

近代中国军阀现象的产生，有其深刻的社会和历史根源。在传统君主制时代，权臣或藩镇干乱国政往往是王朝统治后期乃至末期出现的特殊现象。民初的军阀干政乱政，则是新政权建立不久就出现的一种现象。此种现象，表面与中国古代王朝末期权臣专横或藩镇割据相似，但其产生的历史动因与以往有根本的不同。它是近代以来中国受多个帝国主义列强支配、在政治上虽然民国建立而封建传统的政治势力仍然占据统治地位以致民主制度没有有效建立、在经济上中国仍处于自给自足的农业经济没有形成国内的统一市场等多重复杂因素作用的结果，使民国根基未立即处于风雨飘摇之中，是"新"时代出现的"新"问题、"新"乱象。尤其是袁世凯死后，北洋军事集团群龙无首，各派系军阀如皖系、直系、奉系等先后各援引其背后的帝国主义为靠山干政乱国，给国家的统治秩序造成了严重的危机。而此时的中国，由于产业工人队伍人数的激增[②]，

---

① 环心：《革命军人与军阀的分别》，《共进》第 86 期，1925 年。

② 据刘明逵的不完全统计，1913 年中国产业工人有 55 万—60 万人，到 1919 年前后，全国有产业工人 261 万人，是 1913 年的 4 倍多。刘明逵：《中国工人阶级历史状况（1840—1949）》第 1 卷第 1 册，中共中央党校出版社 1985 年版，第 4，5 页。工人阶级人数的发展，无疑为中国新的历史阶段的政治性运动和新思潮的兴起准备了重要的群体性力量。

新式教育的举办、新式出版传媒业的不断发展，新式知识分子十分活跃，加之新文化运动的发动，使包括法国革命、俄国革命等革命思想在内的新思想、新思潮不断激发，使得当时人们的思想普遍处于与军阀现象相对立、相抗争的状态。时人根据对民初军阀这种"新"问题、"新"乱象的观察，提出了对这一问题较为系统的认识或思考。

其一，对军阀干政乱国的观察与认识。

作为近代国家制度的结构性要求，军权受制于政权或党权，是为通例。但在民初乱象下，军权僭越其位，走上前台干政乱政。无论是天津督军团会议，还是皖系、直系两派在南征问题上的妥协与冲突，都说明军人才是国家政治决策的真正主角。时人揭露道："今举国共痛恨于武人之干政矣，然干涉武人之干政，亦惟武人，调和武人者，亦惟武人，递相乘除，安有纪极？"[1]军事强人段祺瑞制造了为自己御用的新国会，后来曹锟的保派和吴佩孚的洛派更是内阁的操纵者。时人指出："军人每挟其特殊之势力，侵入行政范围，居最高之权位，以蹂躏议院与宪法，立国之本摇，而一切之乱源，皆由此起。"[2]军人集团走上国家政治舞台的中心，按照其特殊的军事规则[3]干预国家政治管理活动，形成"特殊之势力"。"特殊之势力"凌驾于现代国家法政制度之上，国家运转遂失之于常规，形成与政治法律规则格格不入的军人干政祸国之象。

时论多从社会道德和公共政治的立场出发，对军阀把持国家中枢、干政

---

[1] 梁启超：《与〈国民公报〉记者问答纪》（1918年10月23日），《国民公报》1918年10月24日；夏晓虹辑：《〈饮冰室合集〉集外文》中册，北京大学出版社2005年版，第722—723页。

[2] 乔山：《军阀政治评论》，《新群》第1卷第2号，1919年12月。

[3] 所谓军事规则，是军事强权规则，亦即时人所称的"军阀政治"的规则。曾在北京政府内阁任过多届司法总长、多届陆军总长乃至国务总理的法学家张耀曾在1920年发表的《救国之惟一方案》一文中痛斥"兵祸"。他说："政治何以全无轨道？兵也。以武力支配政局，以战争扩张地盘，故全国只有兵争，实无政争。"（杨琥编：《宪政救国之梦：张耀曾先生文存》，法律出版社2004年版，第37页）

乱政的行为，持反对和批判的态度。第一次直奉战争结束之际，论者深感"政局随武力为转移"之患，抨击道："自武人乱纪，中央政权，被征服于强权之下，一进一退，随武人之势力为转移。彼赳赳者，遂得傀儡中央，指挥政局。国家最高之行政权，卵翼于武人之肘腋，莫可如何，此今日中国之大患也。"① 各派军人以私人武力为"进退"的后盾，"轮流"傀儡中央，背离了近代以来中国革命追求的建国路向，表现了"武人"为国家"大患"的突出景象。由具有特殊势力的军阀作为政府的后台，国家政权成为军阀进退的工具，国家政治表现出军事化的鲜明特色。

其二，对军阀与政客勾连变政、军阀谋夺大位的观察与认识。

民初军阀是近代中国半殖民地半封建社会的产物，与军阀伴生的还有民初的政客。一方面，掌握军事权力的军阀，乐于利用某些政治势力为其施展政治野心服务；另一方面，由于革命过程的复杂性和艰巨性，使得民初一些政治势力转而依附强权以求荣。于是，形成了军阀与政客的不正常结合，导致国家政治扭曲发展。代表社会公共舆论的论者，遂起而揭露军阀的乱政阴谋。1920 年直皖战争中皖系败北，皖系军阀及依附于皖系的安福系政客议员下台，时人遂撰写《安福祸国记》一书以记其丑行。尽管该书被后人认为"多有偏袒皖系军阀之处"②，但该书序言仍表现了时人对军阀深恶痛绝的明确态度："安福一小小俱乐部耳，何以能祸国？盖有酿成其祸者也。制造安福者军阀也。奔走军阀者安福也。无军阀即无安福……今倒安福者军阀也……非安福之易倒也，谓之军阀倒军阀也可……若军阀倒军阀，祸犹未已也。"③ 此论虽不无"偏袒"政客之嫌，但就史实观之，军阀确是制造非法政治组织、祸国事件、政治阴谋、政潮和战争的真正根源。

1923 年直系军阀势力驱黎与贿选之变，是军阀不顾政治规则的重大乱

---

① 陈冠雄：《奉直战云录》，中华书局 2007 年版，第 155 页。
② 南海胤子：《安福祸国记》，中华书局 2007 年版，第 3 页，整理说明。
③ 南海胤子：《安福祸国记》，第 7—8 页，"叙"。

政乱国行为，议员刘楚湘愤而控诉道："今岁政变，乃并全国四百兆人民之代表（指议员——引者注），与万恶之军阀万恶之政府同恶相济，悍然不顾国家之纪纲法律，蹂躏无遗，将中国数千年道德所涵养熏陶而成之廉耻大防扫除净尽。以暴力胁走元首（指驱黎——引者注）……以总统大位为交易货品①，神圣议会为交易市场。至是而彼辈直将全国人心为之沦胥以尽。"② 在作者看来，军阀以暴力手段公然破坏现代国家纲纪法律、胁走国家元首，以市场交易手段贿选总统，严重败坏了政风和人心，毒害至极，而必须予以批判以匡正世风和人心。

1924 年冯玉祥联合胡景翼、孙岳，趁第二次直奉战争吴佩孚率军在山海关前线作战之际，率军回师北京发动政变，囚禁贿选总统曹锟。吴部在张作霖与冯胡孙部包抄夹击下大败。对于曹锟之败，时论认为其败是武力破坏"政治常轨"之举循环相沿而来，此例即开，曹锟自种恶因自食恶果："当曹锟思篡黎元洪而夺总统也……全国人心愤法纪之毁坏，于是大哗。本报③当时亦曾笔诛而口伐之……以为此风一启，后患将不可堪言。且本报不特于驱黎一役有所驳斥，抑且其前亦曾于驱徐时早有预言，以为对于去者诚可快心，而来者必将作法自毙……政治常轨……断不容挟武力以为运用。今不幸武力与诡谋之例既开，前既有曹、吴之倒徐，后复有冯、王之倒黎，则当然

---

① "以总统大位为交易货品"即贿选曹锟为总统事件。曹锟贿选之际，北京政府铨叙局局长许宝蘅的日记所记颇可观："今日议会选举总统，曹仲珊以四百八十余票当选……选以贿成，可叹。"（《许宝蘅日记》第 3 册，1923 年 10 月 5 日，中华书局 2010 年版，第 971 页）即使在北京政府内任官的许者对贿选持不赞成态度，可见曹氏当选的合法性基础显然是极其脆弱的。许宝蘅在曹锟宣誓就职总统之日在其日记中又记云："八时半入公府……曹公十一时到国会宣誓并行庆祝宪法成立之礼，以多年讨论未决之案一旦公布，将来正不知如何实行，庸妄误国，不从人民生计上着想，徒逞其卤莽灭裂之政策，讵有幸耶？"（《许宝蘅日记》第 3 册，1923 年 10 月 10 日，第 972 页）许作为曹政府内中高级文官参加了曹的就任总统典礼过程，在日记中称曹锟为"曹公"，显然对曹个人还是尊敬的，但他对曹所欲实行的政策却表示了很大的怀疑，发出了"徒逞其卤莽灭裂"的叹谓和"讵有幸耶"的疑虑。

② 刘楚湘：《癸亥政变纪略》，中华书局 2007 年版，第 13 页。

③ 指《时事新报》。按：此部分系编者录自《时事新报》。

有今日冯、胡、孙（岳）之倒曹。谓曹之有今日皆由自造，殆无不可。"①在舆论看来，曹吴之有今日，是"政治规矩"被"武力与诡谋"所取代必然结局，曹氏非法谋取大位，虽能得计于一时，实则其败自取，由曹氏之败可反证"政治规矩"之重要。

军阀公然"暴力胁走元首""以总统大位为交易货品"之行事，即使从中国传统政治规则的角度看也破坏了中国政治道德的底线，足以"将中国数千年道德所涵养熏陶而成之廉耻大防扫除净尽"。不仅如此，近代革命者犯难冒死而从西方引入的新型法政制度及其道德规则，也遭到军阀的肆意践踏，而代之以原始状态"残暴野蛮"的"丛林"规则②，所以武人"傀儡中央"、军阀"制造安福""暴力胁走元首"和总统"贿选"等一系列丑剧、闹剧才得以公然上演。军人不择手段问鼎，表现出强烈的军事集团政治化特征。

其三，对军阀破坏法律的观察与认识。

近代国家制度与传统国家制度相比，主要表现为以法治代替传统的人治（或曰"贤人政治"）。时论已认识到，"法律是维持国家秩序，保护人民权利的准则……共和国家之所以为共和国家，其根据在于共和国家的法律"。③还有论者指出，在现代民主体制下，"军无所谓阀。军人者，直接受命令于参陆两部，间接受命于总统，再间接受命令于神圣之宪法者也。军人之天职在服从，不惟议法定律，军人无置喙之余地，即布令行政亦绝对不容军人之干预"。④这表明，时论对军人与现代国家法政"应然"关系的认识是十分清晰的，反映了时论对这一问题的认识水准。但这种认识并未获得军界人士尤其是军人首领的信服与认同。军人军权在握，"徒法不足以自行"，移植

---

① 无聊子：《北京政变记》，中华书局 2007 年版，第 216—217 页。
② 可参见杨光斌《制度变迁与国家治理——中国政治发展研究》（人民出版社 2006 年版）一书关于民国初年军阀政治的分析。
③ 寿康：《什么是军阀？怎样倒军阀？》，《孤军》第 1 卷第 4—5 期合刊，1923 年 1 月。
④ 乔山：《军阀政治评论》，《新群》第 1 卷第 2 号，1919 年 12 月。

于西方的法律制度，在民初并没有其得以健康成长的思想土壤和政治条件，特别是握有军政大权的一帮"赳赳武夫"的"知"与"行"，均与现代法律的规制、要求格格不入。军事强人袁世凯死后，大小军阀走上国家政治的前台，肆意践踏法律和民主规制。

军阀"藐视法律"，"破坏一切国法"。[①] 他们不顾法律约束，任意夺取地盘，任意扩兵，任意增加人民负担、掠夺人民财富，任意镇压工人运动和其他民主运动，确是"无法无天"。时人在观察军阀破坏法律的"实然"情形后愤慨地议论道："事实上现在究竟怎样？一班豺狼似的军阀不是凭藉他们的武力，横行不法地在那儿乱闹么？保障国民权利的法律全被他们蹂躏了！"[②] 中共领袖陈独秀也注意到军阀把持政权下的"法律无效"[③]问题。国家大权被时论称为"豺狼"的军阀控制，他们弄权作势，无视法律制度的存在，民初的法律无力把军阀的军权装在制度的"笼子里"，军阀凭借手中的武力，将"保障人民权益的法律"全踩在脚下，法律的权威性在军阀强权面前荡然无存。法律无效，必然导致社会普遍失序。

军阀破坏的不仅仅是一般性的普通法，也包括被视为神圣不可侵犯的国家根本大法，导致了国家失去纲纪，陷入政治混乱之中。皖系掌权时段氏毁弃"临时约法"，直系掌权时曹氏先表示尊法随即又毁法后又匆忙抛出"贿选宪法"，再到后来为争所谓正统，张作霖、吴佩孚又各拿民元约法与曹锟宪法为自己"说事"，"法"只是他们玩弄权术的临时用具。孙中山曾痛斥军阀"毁坏约法，夺去人民所握之主权"[④]。时人更感谓："国家根本大法，何等尊重，今乃玩于军阀股掌之上，其地位将居何等耶？"[⑤] 军阀既能"横行不

---

① 寿康:《什么是军阀？怎样倒军阀?》,《孤军》第 1 卷第 4—5 期合刊, 1923 年 1 月。
② 寿康:《什么是军阀？怎样倒军阀?》,《孤军》第 1 卷第 4—5 期合刊, 1923 年 1 月。
③ 陈独秀:《对于现在中国政治问题的我见》(1922 年 8 月 10 日),《陈独秀文集》第 2 卷, 人民出版社 2013 年版, 第 267 页。
④ 孙中山:《在上海寰球中国学生会的演说》(1919 年 10 月 18 日),《孙中山全集》第 5 卷, 中华书局 2006 年版, 第 139 页。
⑤ 祖绳:《军阀目中之大法》,《东南论衡》第 1 卷第 8 期, 1926 年 5 月。

法"的"胡闹",即使最"神圣""尊贵"的国家大法,当然也终逃脱不了成为他们"掌上玩物"的命运。法律、制度与权力呈现的竟是这样的颠倒关系,不能不令时论者质问:军阀为何敢于如此"蹂躏"法律?时人谓曰:"此多数武人者,或起自绿林,或出身仆役,目不识丁,知识暗昧。即间有系学生出身者,亦只略谙军学,而于民治主义之精神,毫不了解。彼等以为谋民主国家之统一,一若君主创业龙兴,可以武力统一也者……七八年来,国家来滔天没顶之祸,吾民处水深火热之中,皆军阀政治之赐也。"[1]时人的这一认识说出了部分道理。军阀思想观念仍停留在传统中国"君主创业龙兴"时代,故一旦军权在握,既无现代治国之知识与智慧,亦无治国之经验与能力,因无知而无畏,一味迷信武力,践踏法律、毁坏国家纲纪,结果使现代法治治理蜕变为军阀的"武治",武力成为法政结构中的决定性因素。

上述对军阀在国家政治上干政弄权的认识和批判,已经触及国家统治的一个重大问题,即国家中央政柄纲纪失序的问题,古人所言"朝政崩坏,纲纪废弛,危亡之祸,不隧如发"[2]的险情乱状,重现于民国初年的政治生活中,成为时人所焦虑的关乎国家安危的时代性问题。由于新文化运动的启蒙,现代民主和法治意识在思想界乃至社会上已被广泛接受,成为时代的新思潮,因而当出现军阀蹂躏与破坏国家法律和政治规则现象时,时人往往是以民主和法治的观念对军阀的上述行为进行批判和认识的。无论是段祺瑞,还是曹锟、吴佩孚、张作霖,抑或是陆荣廷、唐继尧、张敬尧、王占元等大小军阀,一旦被民意视为军阀,即为"人民公敌"。即使北京政府体制内有的高、中级文官私下也不认同军阀之所为,军阀成为舆论的"众矢之的"[3]。从近代革命的时代要求看,这种对军阀的批判思想,与中国共产党成立后提出的"反对军阀主义"[4]和"打

---

[1] 乔山:《军阀政治评论》,《新群》第1卷第2号,1919年12月。

[2] 《汉书》第12册,卷99上·王莽传第69上,中华书局1962年版,第4055页。

[3] 寿康:《反抗与合作》,《孤军》第2卷第3期,1924年4月。

[4] 《中国共产党第一个决议》(1921年7月),中央档案馆编:《中共中央文件选集》第1册,中共中央党校出版社1989年版,第8页。

倒军阀"① 的革命思想，也有某些相通之处。中共在刚成立之际，即把军阀现象提升到"军阀主义"的认识高度，显示了中共对军阀现象和军阀问题本质已有明确的把握，这一认识体现了中共对中国国情问题的准确探索。此一认识成为中共以后探索中国革命道路的重要起点。

二、对军阀割据一方为霸的认识

军阀之所以形成，一方面是因为帝国主义势力出于支配和控制中国的目的，各自在中国寻找有实力的军人为其代理人；另一方面是因为中国传统社会的宗法性、地缘性、业缘性和区域性传统经济仍然延续，拥有军事实力的封建势力仍十分强大，新生的政治力量比较弱小，国家缺乏遏制军权的强有力的政治中心力量，致使军事力量崛起并进而控制了国家政权。这些各成系统、逐渐对立的军事系统和军事集团，各为控制国家政权而展开不断的政治斗争和军事战争。这种军阀之间的纷争，导致国家陷入分裂状态。民国创建者孙中山痛心指出："现在民国的景象，还是在分裂之中，到处都有战事……没有一年可以得太平。""国家还是在变乱的时代，人民还是在水深火热之中。"他担忧地指出这样的图景："大乱不已……祸患没有止境。"② 在他看来，以革命志士的热血和生命创建的民国，不但没有带来幸福和太平，反而陷于战乱和分裂，使人民"在水深火热之中"。这种状况促使孙中山进一步思考如何从根本上解决军阀割据这一重大现实问题。而关心国家前途的时论作者，面对军阀割据与军阀称雄祸国的现实，也从其观察中作出各自的评判与分析。

其一，对军阀陷入分、合怪圈现象的认识。

---

① 《中国共产党对于时局的主张》(1922 年 6 月 15 日)，中央档案馆编：《中共中央文件选集》第 1 册，第 42 页。

② 孙中山：《在广州商团及警察联欢会的演说》(1924 年 1 月 14 日)，《孙中山全集》第 9 卷，中华书局 2006 年版，第 59 页。孙此类意思在他处亦有表达，参见《孙中山全集》第 9 卷，第 96—97 页。

军阀纷争造成了国家分裂的现实，但有实力的军阀却仍企图进行"据国家为己有"的"武力统一"，然而其结果，却仍使国家归于分裂的状态。这一不正常的症象，纠结着关心国是的人们的思虑。他们观察此分、合之象，以便寻求一解。根据时人乔山的观察，在"兵权分散，势成割据"的局面下，"则统一之日，即破裂之机"，循环而往复。分、合怪圈现象形成，主要原因在于，一是"有一二雄心者"，即拥有"特殊之势力"的大军阀；二是军阀间利益对立，各"挟其势力以互攻"。[1] 分、合怪圈是军阀政治的重要体现，体现了军事权力私人化和碎片化的鲜明特色。军阀的所谓"统一"，并非是事实上的统一。每一派的胜利都是暂时的，因其内部的利益竞争者必和另一派暂时失利者取得军事上的联合；新的纷争又随即开始。故而"统一"在军阀政治中，只是一个画饼充饥的幻象。

这种军阀间不断一派倒另一派、互攻、分合的乱象，也引起外媒时论的关注，如英文《京津泰晤士报》社论曾指出："中国内乱之重要原因，凡中外人士及中外报纸皆异口同声谓，由于军阀之专横……其战乱之所以频仍者，不过因军阀之互相嫉忌、互欲发展野心而已……每次内乱之起因，皆为对于大军阀之反抗而彼联合以推倒大军阀者，无不宣言战胜以后当即恢复合法政府、而祛除军阀之专横与干涉等类之口头禅……然胜利甫得，则战胜者即置其宣言于不顾，而殚精竭虑于巩固权势。"社论列举了皖段推倒张勋后把持政权、曹直奉张联合倒皖段、奉张势大为吴驱逐出关等战例，并言时下吴胜后"对于彼前此之宣言现已置诸脑后"，预料不远将来"必得有第二次奉直战争发生"。[2] 果如该社论所预料，1924 年又爆发了第二次直奉战争。其实，由第一次直奉战

---

[1]　乔山：《军阀政治评论》，《新群》第 1 卷第 2 号，1919 年 12 月。

[2]　《英报痛论中国军阀》，《申报》1922 年 9 月 19 日。西方在华舆论在整体上无疑是西方势力在中国的一部分，与西方在中国的整体利益是一致的，但其对中国军阀的关系与认识与其军政界与外交界对中国军阀的关系及认识又不尽相同，表现出相对的独立性；作为舆论，西方在华舆论界在一定程度上又往往受到中国国内舆论的影响，中国舆论对军阀问题讨论中普遍性的否定话语对西方在华舆论是有影响的。因此，外国舆论对中国军阀现象的批判之声是可合乎历史事实与逻辑的。

争的发生和结局，而推断第二次直奉战争的发生，是当时社会舆论的共识。

其二，对军阀割据称雄、国家呈无政府状态现象的认识。

不同军事集团间相互争战，造成了国家呈无政府状态、军阀各霸一方的局面。军阀在其统治区域内，实行的是军事专横统治。时人指出："疆吏割据拥兵自逞……有力者……纷纷扩旅成师。要任疆吏，陈请任命部属督理军务，以总统增缀善后事宜四字而不惬。元首命吏到任，督军即晚自兼省长，扬言决不干政，而阴常掣肘。近更有驱逐省长，擅先派署然后电请任命者。"[1]地方疆吏恃其武力"自逞"，割据一方，往往因派系或利害关系，藐视中央政府的权威和号令，无视中央政府之存在，中央与地方的原有正常关系，被彻底扭曲。时人指出："民国以来，武人跋扈……满清时代专制魔王不过一个，民国以后，概括说来，简直所谓都督，督军，差不多没有一个不是皇帝，在同一时间，二十二省就有二十二个实质上的魔王。"[2]作者把违背国家纲纪的都督、督军此等军阀比喻为"魔王"，十分形象，确非虚语；但把违背国家纲纪法则的军阀与清代治国理政的帝王视为同类，则不免"抬举"了军阀。当然从军阀权力之大、不受监督角度而言，各割据一方的地方都督、督军也确如皇帝一样。拥有武力的"地方"，成了割据一方称王称霸的独立王国。共产党领袖陈独秀指出："武人割据是中国唯一的乱源。"[3]陈的话不多，但一语中的，说明了中国战乱分合的根本原因，就在于军阀的割据；揭示出要消除分裂乱象，就必须解决军阀和军阀的割据问题。地方军阀割据问题，无疑是地方政权军事化和军事权力碎片化的重要体现。

周鲠生更是看到了军阀专横割据，与国家权力中心缺失的关系。他指出："就民国全体言，则为无政府，因为事实上国中已无一权力的中心可以支配全国或其大部分。而就局部言，则为割据的专制；每一省或一地域之军队首领，

---

[1] 徐忍寒：《辑余志感》，《申报》1922年10月10日，"国庆纪念增刊"。

[2] 寿康：《可怜的末路》，《孤军》第1卷第4—5期合刊，1923年1月。

[3] 陈独秀：《对于现在中国政治问题的我见》（1922年8月10日），《陈独秀文集》第2卷，第271页。

事实上行使无限的权威，自成一个专制的君主。"①"无政府主义"者提倡的一种绝对个人自由理想的空想性状态。而在周的笔下，则准确地指出当时中国纲纪失序、政局纷乱、无国家权力中心支配地方的现实混乱状态，显示了他作为一名法政学者认识国情政情的敏锐、确当与高人之处。他在看到当时中国处于"无政府"状态的同时，又清醒地看到各地军阀"割据的专制"问题，前者的无政府状态和后者的专制状态是同一事物的两面不同体现。陈独秀也敏锐地看到了中国当时的"无政府状态"和"地方专权"②问题。孙中山对此问题的看法，与周鲠生也比较接近。他多次说过："从前革命党推倒满清，只推翻清朝的一个皇帝。但是推翻那个大皇帝之后，便生出无数小皇帝来。象现在各省的督军、师长……都是小皇帝。"③"大皇帝推倒之后，便生出了无数小皇帝，这些小皇帝仍旧专制，比较从前的大皇帝还要暴虐无道。"④孙中山说的大皇帝"被推翻"后的问题，就是旧的政治中心被推翻后没有建立起新的政治中心，致使国家政治失序出现无政府状态的问题。要消除这些"暴虐无道"的"小皇帝"、制造"乱源"的"武人割据"和让国人蒙羞的"无政府"状态，就要重建能支配全国和地方的新的权力中心。

民初军阀的内乱、纷争和割据，造成了国家的一种特殊分裂状态。这是一种在保存和承认民国名义下的"割据性"分裂，是国家中心力量虚化、地方势力坐大、地方政权军事化的分裂。随着近代中国革命思想潮流的时代发展，迫切需要解决军阀的分裂割据问题。五四前后的一个重要思想表现，是民族主义思想的空前觉悟，其对外要求是国家独立，对内要求则是国家统一，尽快结束军阀的割据纷争状态。军阀割据的时代问题遭遇到了针对这一

① 周鲠生：《时局之根本的解决》，《太平洋》第 4 卷第 2 号，1923 年 9 月 5 日。
② 陈独秀：《联省自治与中国政象》（1922 年 9 月 13 日），《陈独秀文章选编》中，生活·读书·新知三联书店 1984 年版，第 204 页。
③ 孙中山：《在广州商团及警察联欢会的演说》（1924 年 1 月 14 日），《孙中山全集》第 9 卷，第 59—60 页。
④ 孙中山：《中国国民党第一次全国代表大会开幕词》（1924 年 1 月 20 日），《孙中山全集》第 9 卷，第 97 页。

问题的时代思潮。上述对军阀割据和纷争现象的认识与批判，其立论的基础是国家统一思想，这正是五四时期民族主义思想要求的重要体现。中国共产党于 1921 年成立后，很快洞悉和把握了军阀割据的时代问题，于 1922 年 7 月就及时、郑重地提出了"消除内乱，打倒军阀""统一中国本部（东三省在内）为真正民主共和国"[①]等重大政治目标。这表明，中共自成立起，就鲜明地体现了在挽救国家危局的近代革命中所具有的非凡的政治判断能力和卓越的政治担当意识。

三、对军阀内争、兵变之祸甚于匪祸的认识

民国成立之初，以袁世凯为首的北方官僚军事集团很快控制了国家的军政大权，他们扩张权势，藐视现代国家规则，和以孙中山为领袖的南方革命派集团在国家领导权问题上产生了严重矛盾。平心而论，是时的政治领导集团在其追求利益最大化之际低估了其自身面临的严重政治危机与后果[②]，其结果造成国家政治力量的严重内耗和国家政治秩序的严重危机，也造成了南北两大政治力量自身的严重危机。在此情况下，军事力量乘虚崛起，控制了国家和地方各级政权。他们没有明确的治国理政的政治信念，没有长远的政治眼光和卓识，只追求短期利益，惯于采用武力作为解决问题的手段，遂使整个国家陷于不断战乱之中。代表民意的舆论，对于军阀间的各种内争和军阀武装的兵变，在猛烈抨击之际，往往又不乏冷静的分析，反映着国家乱局中芸芸众生的道义立场，思考着国家的现状和前途。

其一，对军阀内争及其原因的认识与分析。

军阀为何内争不休？前述有关部分对此问题实已多有涉及，在此再稍作集中考察。据时人观察指出，军阀内争，"约不外军阀之巩固地位与扩张

---

① 《中国共产党第二次全国大会宣言》（1922 年 7 月），中央档案馆编：《中共中央文件选集》第 1 册，第 115 页。

② 袁世凯为首的北方官僚军事集团居于矛盾的主导地位，应负主要的历史责任。

地盘之二原因。甲军阀欲扩张其地盘,乙军阀必从而抵抗;乙军阀欲巩固其地位,甲军阀必从而撼动……一攘一夺,一拒一攻,利害相引者则联络之,利害相斥者则摈去之,因果相生,万象纷起。"①军阀要巩固其地位,必以扩充军队为资本;军事实力增强了,又势必扩充地盘,以争夺更高的地位和更多的军队,但其结果是导致不同派系的军阀间不断的战争。其原因无论是"巩固地位"抑或是"扩张地盘",均是"利害"问题,是由其个人之私利矛盾而引发的"不义之战"。还有论者认为,军阀所以能连年混战不止,是因为军阀为当今中国的一种"特殊势力":"世界上无论何国有特殊势力之一阶级,则必为一国之乱源。中国之特殊势力在军阀,军阀之一物不铲除,则争此一物者必众,而战祸必不能免。"②在时人看来,军阀内争还有更重要的原因,那就是列强对中国的侵略和利益分割,论者"平"指出:"中国历次内战,表面观之,似为万恶军阀争城夺地,为其致乱之原因。然细察其内幕,实皆帝国主义者,以自国利害关系之故,时居于后台老板之地位。"③无疑,如前文已有所叙及,帝国主义利益集团以其武力为后盾在中国建立了特殊政治和经济优势地位,各根据其利益需要在相当程度上操纵着中国的各派军阀集团并引起其不断的内部纷争,时人对此有深切体认,孙中山也深有体悟,认为中国的内乱"实有造于列强"④,表明那个时代对军阀起因的认知。

在直皖战争未爆发之时,严复在与友人熊纯如的信札中,就谈到他对直皖两系内争的观察:"皖直两系相持势将决裂。日来京邑人心殊皇皇。赴津及避居他所者,据闻数十万矣,影响于商界民间生计者极巨。"⑤随后他给

---

① 古蒻孙:《甲子内乱始末纪实》,中华书局 2007 年版,第 3 页。
② 默:《国庆与战》,《申报》1922 年 10 月 10 日。
③ 平:《内乱与外患》,《市声周报》第 4 卷第 2 期,1926 年 1 月 3 日。见章伯锋主编:《北洋军阀 1912—1928》第 5 卷,武汉出版社 1990 年版,第 299 页。
④ 《中国国民党第一次全国代表大会宣言》(1924 年 1 月 23 日),《孙中山全集》第 9 卷,第 115 页。
⑤ 《严几道与熊纯如书札节抄》(六十九),《学衡》第 20 期,1923 年 8 月。严复此信写于1920 年,发表时严复已去世。

熊纯如的信札谈到对直皖两系内争时局的看法说："直皖两系之争，日来已决……对于时局，终是悲观。所悲者一是大乱方始，二是中国人究竟无治军能力（弊法不改直是绝望），三是吾辈后日不知托足何所。"[1] 严复对时局"悲观"的主要着眼点，除了叹"后日不知托足何所"外，应是对中国人治军能力的失望。严复对军阀内乱原因的认识是准确而深刻的，正是因为彼时中国管治军事集团的制度规则遭到破坏、中国政治领导层无力控制军人集团，形成了军阀乱政的"弊法"，才导致了军阀内争和军阀内战。而在严复看来，国家一场"大乱"（军阀混战）已经开场，而且亦无能力制止这场大乱，体现了他对军阀统治方式所持的否定和绝望态度。严复所见甚确，正是直皖内争和内战，撕开了中国军阀混战的大门。

其二，对战祸频次、规模及其性质的认识与分析。

军阀战争的祸端一旦开启，战争的频率和规模随之都在发展，战祸在不断蔓延。1922 年 6 月，中共就预测即将展开的战争："奉直还正在战争……直若胜了，吴佩孚和曹锟或冯玉祥都又有战争……其他若甘肃，陕西，四川，湖南，安徽内部……都已危机四伏。军阀与战乱如形影不相离。"[2] 第一次直奉战争的结局，是直胜奉败，而接下来还在上演着不断升级的混战。军阀间的不断混战，给共产国际代表马林极深的印象，他于 1922 年 7 月 11 日给共产国际执行委员会的报告中，谈到中国的"军阀混战"问题时说："内战已是年轻的中华民国司空见惯的事了。"[3] 中国共产党人和共产国际代表马林对军阀战祸"如形影不相离""司空见惯"的观察与认识，是中共制定救

---

① 《严几道与熊纯如书札节抄》（七十），《学衡》第 20 期，1923 年 8 月。

② 《中国共产党对于时局的主张》（1922 年 6 月 15 日），中央档案馆编：《中共中央文件选集》第 1 册，第 42 页。

③ 中共中央党史研究室第一研究部编：《共产国际、联共（布）与中国革命文献资料选辑（1917—1925）》，"共产国际、联共（布）与中国革命档案资料丛书"第 2 卷，北京图书馆出版社 1997 年版，第 226 页。黄侃 1922 年的一首题为《凛凛岁云暮》诗中有"休兵竦何年，四野森矛矜"句，亦透露了诗人对战事的担忧与对和平的期盼之情。（《黄侃日记》上，1922 年 1 月 18 日，中华书局 2007 年版，第 55 页）

国革命方略的重要依据。

1924 年，直奉之间又进行了第二次更大规模的战争，以争夺政权和地盘。《甲子内乱始末纪实》一书系 1924 年直奉战争结束后不久即编撰而成。该书作者在自序中道："予何谓而作此书？痛军阀之害国也。夫国民纳税以养兵，而兵应尽力以卫民。乃中国之军阀，竟视兵如爪牙，以为掠夺地盘之利器；增赋加税，以重我民担负；暴强胁迫，害及商贾交通。既督理而掠一省地盘，复巡阅而掠数省地盘，犹不足更纵兵掠全国为己有。此掠而彼守……一掠一守，而战争因之而发生。"作者的认识，不是泛泛的发发义愤而已，而是从军队的性质这一根本性问题的高度来分析军阀战祸的性质，也即本来由人民纳税而供养的军队，其职责无疑即为保卫国家领土主权之完整和人民生命财产之安全，但军人蜕变为"军阀"后，却"掠夺地盘"更欲"掠全国为己有"，背叛了其应尽的职责，做害国、害民、害商、害社会的行径。这一言说，切中要害，使军阀存在的合法性基础，受到了舆论的严重打击。作者举直系盛极转而大败的事例，阐释军阀武力内战的恶果，说"吴佩孚欲掠全国为己有者也……自将大兵剿奉张"，直奉二系两方"皆为军阀之私斗，胜败虽分，其为民害一也……所苦者为双方供战利器之兵士，一则暴骨战场，永为无头之冤鬼；一则断肢折胫，终为天下之废人。战线之内，妇女被其淫杀，财产任其掳掠，扶老携幼散之四方……吾民徒惧亡国灭种之祸，而不知军阀之害无［更］甚于万倍也"。①在作者看来，军阀祸国的危险程度和性质，是比"亡国灭种"之祸尤"甚于万倍"的"人间祸孽"，极言军阀存在的非正当性。1924 年二次直奉战争后，北方军事集团于 1925 年相互又发生多次争战。该书作者另撰一书《乙丑军阀变乱纪实》，以记其实，并在"总论"部分指陈："旧军阀倒而新军阀继之……然而以前之阋墙，尚有派别之界限系之可寻；今则派别混乱系统愈杂……无友敌，无人我，惟计利害。无是非，无道义……浸削浸

---

① 古蔣孙：《甲子内乱始末纪实》，第 1—2 页。

伐，元气凋敝，几不足以图存……可知军阀祸国甚于洪水猛兽。"① 随着军阀祸国害民的程度愈来愈烈，作者在此对军阀祸国现象的观察和描写也就更加深入，既让人们看到了军阀与战祸的共生关系，又看到军阀间"无友敌""无人我""无是非""无道义"的"丛林规则"及其对国家生存的严重危害，将其害比之为"甚于洪水猛兽"，仍然是强调军阀存在的非正当性问题。

第二次直奉战争中奉系联合冯玉祥、胡景翼、孙岳新形成的国民军消灭直系主要力量后，有时论评道："民国十四年的历程中，自袁世凯'皇帝'驾崩以后……所谓大帅者，此仆彼兴，究竟有多少？……他们生殖率的迅速，实在不亚于原生动物……军阀……细胞逐次增长到某种程度有独立生存的本能时，于是叛离他的母体而独立了……死一个母体，因分裂细胞而可繁殖其族类，这也是自然率［律］的应用。"② 作者以原生物的分裂与繁殖，来隐喻军阀这一类群的扩张与战乱的频仍，也是喻示军阀系邪恶物类的非正当性。还有论者直指军阀混战的丑恶性质："何物军阀……循环报复……非为吾民福利而战，非为国家光荣而战，为少数人利禄而战，为拥护恶势力而战，其战也，不仅无价值之可言，论其罪恶，直打入阿鼻地狱，犹有余辜！"③ 作者这里仍然是强调军阀之战的非法性、非合道性，强调其"打入阿鼻地狱犹有余辜"的祸国殃民的极大罪恶。蒋梦麟曾谈到民国初年的军阀间的内战问题："中华民国成立以后，十六年来（指至 1928 年张学良易帜前——引者注）中国政权一直掌握在军阀手里。内战一次接着一次发生……内战的结果，国力损耗，民生凋敝。"④ 蒋梦麟这里说的也是军阀战祸的频次、规模及其祸国家害人民的非正义性质。

---

① 古蘅孙：《乙丑军阀变乱纪实》，中华书局 2007 年版，第 14—15 页。
② 昨非：《军阀与原生物》，《京报副刊》，第 349 号，1925 年 12 月。
③ 崇慎：《中国之军阀亦知自丑乎？》，《自强》第 1 卷第 1 号，1925 年 12 月。
④ 蒋梦麟：《现代世界中的中国——蒋梦麟社会文谈》，学林出版社 1997 年版，第 61 页。

其三，对兵变之祸的认识与分析。

军阀害国害民的另一表现，就是兵变频繁。兵变当然并不是军阀本人所乐见的行为，但却是军阀政治所无法避免的必然性现象。据时论统计，到1922年止的民国以降的11年间，兵变竟有179次之多。具体说来，照年份计算，1912年28次，1913年4次，1914年13次，1915年3次，1916年24次，1917年17次，1918年8次，1919年7次，1920年19次，1921年11次，1922年45次。按省区计算，直隶兵变9次，奉天3次，吉林4次，黑龙江6次，山东15次，河南20次，江苏10次，安徽14次，江西11次，湖北27次，湖南11次，福建6次，广东8次，广西1次，云南2次，贵州1次，四川5次，陕西5次，甘肃1次，新疆1次，山西5次，京兆4次，绥远4次，川边2次，察哈尔3次，阿尔泰1次。省区之中，兵变次数最多者，要推湖北的27次。就原因统计，为欠饷或加饷而兵变者共38次，为解散者15次，为反对长官者22次，被匪煽惑者21次，为长官冲突而兵变者19次。其他原因不明者64次，这64次大概就是普遍所谓"无故哗变，肆行抢劫"式的兵变了。[1]民国建立后，各地有兵变，甚至连国家中枢机构所在地的京兆都发生数次兵变。各年都有兵变，尤其是仅1922年就有兵变45次之多。兵变的原因，看起来是欠饷、人事冲突或为土匪煽动，但实际上是由于军阀军队的私有性，军人缺乏忠于国家和保卫人民的观念，只有"有奶便是娘"的个人私利观念，所以军阀的军队一般凝聚力有限，一遇内部特殊情况（政治危机或财政危机）或外部压力与诱惑，极易哗变。兵变时往往对驻地烧杀抢掠，对社会的破坏力与军阀间战争并无二致。论者论及兵变给社会造成的恐惧："兵本来是凶器，兵而至于变，那就更凶了。兵变偶起一二次，或者还可忍受，民国不过十一年，兵变竟有一百七十九次之多，那真可谓凶之又凶了！……现在的中华民国难道还不是强盗世界么？丘八老爷们吃的是小百姓的饭，穿的是小百姓的衣，拿的是小百姓的钱……还要这样地变了又

---

① 寿康：《可怕的兵变》，《孤军》第1卷第4—5期合刊，1923年1月。

变，一次抢劫，二次焚掠，小百姓真好晦气啊！"①下层商民"小百姓"是兵变的主要受害者。频繁兵变，对商民"小百姓"的一次次抢劫，兵匪一家，加深了人们对当下沦为"强盗世界"的切身感受。在此"强盗世界"，人们无以求生，最后必将把人们逼向险途以死求生。当时舆论认为："今者人民与军阀将处于肉迫之境矣。"②人民与军阀处于对立地位，但人民手无寸铁，在人民没有被唤醒组织起来反抗军阀以前，只能被军阀压迫和掠夺。因此，人们极端畏惧军阀战争或兵变的破坏力。有论者于民国国庆节日发表感言道："呜呼！吾人不幸生于斯世，躬逢其乱……军阀横行，残民攫利，甚于盗贼。"③胡景翼早在1918年就认识到"兵祸更甚匪祸"的问题。④1925年蒋介石也观察到"人民畏兵甚于畏匪"现象。⑤国家失去了对军队的控制力，没有国家力量控制的军队，不但不是国家和社会的保卫力量，反而恰恰成为祸国殃民的破坏力量。

上述对军阀内战、兵变之祸的讨论与批判，主要是基于军阀"祸国"与"殃民"两个重要维度。"国"的角度即与五四时期民族主义的思想相联系，"民"的角度又与彼时社会舆论关注民间、关注普通人民的思想倾向相联系⑥。国家和人民养兵本为卫国保民，而军阀既不卫国又不保民，反而成了国家和人民的敌对力量，军队性质的蜕变和军阀合法性的根本消失才是上述讨论和批判的核心问题。正是基于此，一方面，旧的军阀遂为民族主义新潮流和人民思想新潮流所要冲决，成为随后而起的国共两党合作发动的"国民革命"打倒的主要对象；另一方面，如何组建"能以力量为全民谋利

---

① 寿康：《可怕的兵变》，《孤军》第1卷第4—5期合刊，1923年1月。

② 冷：《二者必取其一》，《申报》1919年5月26日。

③ 钝根：《三十节感言》，《礼拜六》第130期，1921年10月。1921年国庆节即民国十年十月十日，时人称之为"三十节"，参见钝根之该文。

④ 章谷宜整理：《胡景翼日记》，1919年1月18日，江苏古籍出版社1993年版，第99页。

⑤ 参见陈志让：《军绅政权——近代中国的军阀时期》，第90页。

⑥ 可参见李大钊：《庶民的胜利》（1918年11月）；《青年与农村》（1919年2月20—23日），《李大钊全集》第2卷，人民出版社2006年版。

益""能以力量防止国际的侵略"的、由革命政党领导的军事力量[1]，也就必在情势之中了。

四、对军阀"率兽食人"陷民生于绝境的认识

军阀集团之暴戾贪婪，对民生破坏之惨烈，在时人眼中是不争的事实，甚至使人有今不如昔之感。实则，中国古代社会经过长期的发展和经验总结，确也形成了一套完整的以"仁政""德主刑辅"为治理核心的理念和与之相适应的管理体系和制度。这在当时的历史条件下，是一套相当成熟、发达的文明治理规则系统，客观上也维护和促进了生产力的发展。基于这一理论和制度，统治者为了维护其统治阶级的根本利益，往往在处理与社会大众的利益关系时，不得不采取特别谨慎的态度。而民国成立后，传统的治道及其道德规范因不符合新时代要求而被批判和抛弃，新的现代化治道及其政治道德却没有真正树立起来，暴力统治成为决定性的因素，社会肌体的正常运行和日常生活遭到军阀政治的无情摧残。

其一，对军阀间不断战争致使社会经济陷入极度困窘状况的认识。

战争无疑对社会经济的发展带有很大的破坏力，所以战争之事是国家中枢决策时不到国家危机时刻一般决不会启动的。然而，军阀势力走上民国舞台后，军阀战争、战祸连绵不断，中国的社会经济深受战争之害。时论对此多有揭示。时人指出，军阀由"统一时代变为分裂相残，中间害了无数的百姓，消耗无数的金钱，卒使今天民穷财尽，国趋阽危"。[2] 军阀间频繁的战争，不仅在政治上造成了国家的分裂和混乱，在经济上也导致了"民穷财

---

① 《中国青年军人联合会成立大会记·廖仲恺先生代表中国国民党致词》，《中国军人》创刊号，1925年2月。中国青年军人联合会，是1925年2月1日在中共黄埔军校特别支部和军校政治部主任周恩来领导下，以该校教员和学生中的中共党员为核心成立的，在当时国共合作的历史条件下，显示了中共建立一支党领导下的人民军队的建军思想。廖仲恺作为国民党左派代表，他的建军思想与中共的建军思想无疑是相近的。

② 思勤：《军阀小史》，《孤军》第1卷第4—5期合刊，1923年1月。

尽"。扼死了社会经济的生息，在论者看来这才是真正的危险。时人在民国国庆之日撰文指斥军阀道："国人渐入于绝望之境，庆于何有？今国庆日又届矣，旷观国事，军阀专横，统一无期，财政紊乱，破产将至，政府自身岌岌焉，几不能维持。"① 作者由军阀政治导致"破产将至"的情景的观察，进而得出了"国人渐入于绝望之境""政府自身岌岌焉"的认识结论，在国庆喜庆之日喻示国人，是该严肃思考军阀问题之时了。时人乔山指出："军阀政治首领愈演愈多，乱源愈久愈众……国家财富，只有此数，安能任其无量数无穷期之挥霍乎？……频年兵战，库空如洗……夫国民负繁重之赋税，被兵匪之摧残，百业凋敝，生计日困。"他分析认为："军阀政治之推演愈久，必至民穷财尽，国家灭亡。"② 乔山通过对军阀政治导致的"无穷期之挥霍""库空如洗""百业凋敝"经济状况的洞悉和分析，得出的也是必至"国家灭亡"的看法。军阀之战对民生的破坏力甚至外媒也看得很清楚，认为军阀战争届时无论谁胜谁负，"惟战地人民将更蒙一次抢掠焚烧而已"。③ 军阀破坏的不仅是政治上国家的法律、制度和规则，更有经济上社会发展与存续的生机。

陈独秀也注意到中国军阀战乱对社会经济的破坏问题。他指出："大小军阀把持中央及地方之政权、财权……财政紊乱而国家濒于破产，又以军阀互斗之故，战祸遍于全国，金融恐慌，运输停滞，工商业莫由发展。"④ 军阀的扰乱和混战既使国家财政"濒于破产"，又使民间"工商业莫由发展"，未来的前景不能不令人忧虑。他又指出："大小军阀各霸一方……因此中央财政枯竭，以内外债及中央政费无法应付之故，国家濒于破产；又以大小军阀在省外省内互争雄长之故，战祸蔓延，教育停顿，金融恐慌，百业凋敝，

① 怡：《民国十一年之上海观》，《申报》1922年10月10日，"国庆纪念增刊"。
② 乔山：《军阀政治评论》，《新群》第1卷第2号，1919年12月。
③ 《英报痛论中国军阀》，《申报》1922年9月19日。
④ 陈独秀：《对于现在中国政治问题的我见》（1922年8月10日），《陈独秀文集》第2卷，第267页。

继此以往，国力民力日益削弱，必然要至灭亡的地步。"① 在此，他同样强调的是军阀的破坏，致使"财政枯竭""百业凋敝"而"必然要至灭亡的地步"的后果。

李大钊也观察到军阀对社会经济摧残的状况。他分析道："军阀盘踞在各省，各省的财权、政权悉归于他们的掌握……教育经费被挪移了，实业经费被侵吞了，将各种为公共事业而用的财源都集中于养赡游民，和征夺地盘之用。战争的荼毒、勒索的淫威、兵匪的横行，将中国的工商业摧残殆尽，以致毫无发展的余地，只得苟且偷生。言念及此，我们真觉不寒而栗了。"② 在李大钊看来，军阀对社会经济、对中国工商业的摧残，竟到"以致毫无发展的余地"程度。这一观察认知，使忧国忧民、探索救国救民革命真理的李大钊产生强烈的心理震撼。

严复在与熊纯如的信札中谈到对军阀内讧内斗造成的经济困顿金融萧条状况也有切实的感受："京师自军阀交哄之后，闾阎为所蹂躏，无处呼冤。金融停滞，商贾不行……钱商银行，大受其扰，因以破产停业，往往有之。""世事江河日下，民生困苦，日以益深。"③ 严复并非激进之人，时居京师，他对经济金融与民生社会的观察与上述其他论者的看法整体上是一致的。

其二，对军阀摧残社会肌体之程度，竟至"率兽食人""民不怕死而怕生"状况的认识。

军阀在通过频繁的战争一方面在破坏社会经济发展、造成"民穷财尽""百业凋敝"国家濒临险境的同时，另一方面通过强权和垄断等各种方式巧取豪夺，攫取了国家和社会的大量财富，进一步加剧了下层社会经济的枯竭。

---

① 陈独秀：《联省自治与中国政象》（1922 年 9 月 13 日），《陈独秀文章选编》中，第 201 页。
② 李大钊等：《北京同人提案——为革命的德谟克拉西（民主主义）的提案》（1922 年 6 月 1 日），《李大钊全集》第 4 卷，河北教育出版社 1999 年版，第 93—94 页。
③ 《严几道与熊纯如书札节抄》（七十二、七十三），《学衡》第 20 期，1923 年 8 月。

　　蔡元培对于军阀通过不正当手段攫取巨额财富，造成下层民众经济绝望的状况，有十分形象的揭露。他说："至于猛兽，恰好作军阀的写照。孟氏引公明仪的话：'庖有肥肉，厩有肥马，民有饥色，野有饿莩，此率兽而食人也。'现在军阀的要人，都有几百万几千万的家产，奢侈的了不得，别种好好作工的人，穷的饿死；这不是率兽食人的样子么？"① 蔡元培的立场比较温和，但对军阀贪婪、奢侈和压榨民众无以为生的状况也有强烈的谴责。

　　第二次直奉战争中直系内部倒戈反直的将领胡景翼和孙岳，联名发表的"有电"所诉军阀罪行，颇可体味。该电曰："溯自辛亥革命告成，颠覆专政，创建共和，号称民国……奈何十三年来，适得厥反，而且祸福相寻，灾害并至，国无宁土，土无宁民。振古迄今，国家人民未有如斯之衰落憔悴者也。推其近因，无非执政者多贪权当国之徒，拥兵者以借势凌民为武……只闻某司令、某督军囊满腰肥。因为其剥削攫夺之资财，垄断市利，惟日不足。民益贫而官日富，民愈劳而官愈逸，甚至权力进展之地，自由之寸草不生，金钱纵横之廛，博爱之微光不露。无怪乎忘外侮，急内讧，怯公战，勇私斗，有若最近所谓讨逆之役，直可云发挥军阀之淫威极矣。乱拉车马，为

---

① 蔡元培：《洪水与猛兽》（1920 年 4 月），《蔡元培选集》，中华书局 1959 年版，第 114—115 页。今人或谓军阀发展民族资本，而在当时的蔡元培看来，则是掠夺财富的吃人"禽兽"。有研究通过比较清末的盛宣怀与民初军阀积累财富的速度和规模，指出："盛的遗产为 1160 万两……1914 年改两为元，规定库平银七钱二分一元，以此折算，盛的财产为 1611 万元。这笔财产不可谓不巨，然而和北洋军阀相比却瞠乎其后了。皖系军阀倪嗣冲1920 年 5 月病重时，曾准备将其 2800 万元财产分予子侄妻妾。1924 年贿选总统曹锟倒台，被囚禁时，曾列财产表一张交张作霖保护。据粗略计算，不包括土地，曹氏兄弟五人财产达 6000 万元。盛宣怀从 1873 年任招商局会办起到 1911 年辛亥革命，从事具有全国性的经济活动近三十年，而北洋军阀整个统治时期才十七年，他们往往统治一省数年，积财便与盛不相上下。王占元的 3000 万元主要是在督鄂六年中聚敛的，李厚基的 1000 多万元是在督闽九年中聚敛的，陈光远督赣五年，财产由 90 万元增加到 1500 万元。"（参见魏明：《论北洋军阀官僚的私人资本主义经济活动》，《近代史研究》1985 年第 2 期）胡景翼早在 1918 年就于日记中记云："率兽食人，人心险恶，甚已至不可收拾。若再不绳之以法，吾恐中国之亡无日。"（章谷宜整理：《胡景翼日记》，1918 年 10 月 3 日，第 4 页）

城乡之一空，预征钱粮，贫富因而两窘。以致国民呻吟，叫号鞭笞之下催科之中者，不乐生而乐死，不怕死而怕生。诗云：'我生不辰'，云：'不如无生'。殆为今之人民咏焉。"① 胡、孙二人本为清末革命党人，后因世事变迁而为隶属直系军事集团之将领，在第二次直奉战争中他们与冯玉祥联合发动北京政变，率部倒直，囚禁贿选总统曹锟，此电是胡、孙二人率部占领北京、囚禁曹锟之后所发。胡、孙因有辛亥革命经历，后又纳入军阀军队行列，因而他们对军阀战争的破坏性别有体会与反思，他们对军阀蹂躏民生之害的感受，也更为具体与深切，如其所言揭示了军阀"囊满腰肥""民益贫而官日富，民愈劳而官愈逸"的社会乱象，和战争状态下"城乡为之一空"、人民在军阀"叫号鞭笞"摧残之下"不乐生而乐死""不怕死而怕生"乃至云"不如无生"的生活绝望状态。胡孙"有电"所诉军阀言说的话语表达，生动而真切地反映了军阀战争的不合理性、残酷性和对社会肌体破坏性的惨烈程度。

其三，对如何结束军阀给中国造成的灾难的认识。

如何结束军阀之祸？中国共产党人在建党后的第一次对于时局的宣言中就指出："军阀不打倒，想他们不强索军费不扰乱中央及地方的财政秩叙[序]是不可能的；军阀不打倒，想他们不滥借外债做军费政费以增加列强在华势力是不可能的；军阀不打倒，想他们不横征暴敛想他们绥靖地方制止兵匪扰乱是不可能的；军阀不打倒，工商业怎能发展，教育怎能维持和振兴？"② 中国共产党人明确地提出只有打倒军阀才能解决军阀祸乱、给中国社会发展找到出路的主张。而要解决军阀问题，就必须同时解决军阀背后的后援外国列强问题。陈独秀指出，军阀"是外国帝国主义者下面的臣仆"③。

---

① 《胡景翼孙岳有电》（10月25日），《益世报》1924年10月31日。章伯锋主编：《北洋军阀1912—1928》第4卷，武汉出版社1990年版，第994—995页；李凤权：《胡景翼传》，陕西人民出版社1991年版，第143—144页。

② 《中国共产党对于时局的主张》（1922年6月15日），中央档案馆编：《中共中央文件选集》第1册，第44页。

③ 陈独秀：《怎么打倒军阀》（1923年4月18日），《陈独秀文章选编》中，第249页。

蔡和森在文章中论及军阀与外国列强相互利用的关系，指出军阀实质上只不过是外国列强的"驻华武官"。① 中国共产党人认识到，帝国主义在中国存在一天，也就是"军阀与战争的惨痛存在一天"②。正是由于认识到"执政的军阀每每与国际帝国主义互相勾结"给中国造成的灾难，③ 所以中共二大通过了建立"民主的联合战线"决议并提出了"打倒军阀""打倒国际帝国主义"④的双重目标，这两个目标是相互紧密联系的有机的统一。在对这一问题的探索的特定历史条件下，国共两党逐渐走到了一起，实现了建立"民主的联合战线"的战略目标，两党谋求合作对敌。在国共合作达成后召开的国民党第一次全国代表大会上，大会宣言中详细列举了军阀祸国殃民的行径："军阀暴戾恣睢，自为刀俎，而以人民为鱼肉。"由于"军阀本身与人民利害相反，不足以自存，故凡为军阀者，莫不与列强之帝国主义发生关系……军阀即利用之结欢于列强，以求自固"。中国的政治、经济命脉遂由列强控制。不仅政治，中国的经济亦为列强"剥夺无余"。"自革命（指辛亥革命——引者注）失败以来，中等阶级频经激变，尤为困苦；小企业家渐趋破产，小手工业者渐致失业，沦为游氓，流为兵匪；农民无力以营本业，至以其土地廉价售人，生活日以昂，租税日以重。如此惨状，触目皆是，犹得不谓已濒绝境乎？"⑤军阀的内乱阻止了中国经济发展的生路，社会各阶层、群体均受困于军阀。当军阀"率兽食人"而使人民"不怕死而怕生"，中国已处于求生不能、"濒临绝境"之际，反对军阀的力量也就聚集而起了。

---

① 蔡和森：《外交团劝告裁兵》（1922 年 10 月 4 日），《蔡和森文集》，人民出版社 1980 年版，第 133 页。

② 《中国共产党第三次对于时局宣言》（1924 年 9 月 10 日），中央档案馆编：《中共中央文件选集》第 1 册，第 293 页。

③ 《中国共产党对于时局的主张》（1922 年 6 月 15 日），中央档案馆编：《中共中央文件选集》第 1 册，第 35 页。

④ 《关于"民主的联合战线"的议决案》（1922 年 7 月），《中国共产党第二次全国大会宣言》（1922 年 7 月），中央档案馆编：《中共中央文件选集》第 1 册，第 64—66、115—117 页。

⑤ 孙中山：《中国国民党第一次全国代表大会宣言》（1924 年 1 月 23 日），《孙中山全集》第 9 卷，第 115 页。

以上所论主要是从社会经济角度来分析军阀之害的。社会经济问题是五四前后早期马克思主义者和建党后中共所极为重视的问题[①]，这种分析框架随着马克思主义的传播对当时思想界的影响，在时人的认知中是显而易见的；而且，这种社会经济的新的分析框架与孙中山先生原有的民生观念有相近之处，两种思想对军阀批判的交汇表明了国共两党在认识军阀问题上已产生了相当的共识。当时对军阀的认知和批判表明，经济民生问题是社会存在的必要物质基础，军阀的"率兽食人"，使军阀与人民已处于生死敌对的关系，军阀的行为已严重威胁了人们赖以生存和发展的这个基础，不解决军阀问题，整个社会已无出路。鉴于此，国共两党作为批判军阀的主要救国革命力量，也就必然走到了一起。

五、军阀现象的再讨论

通过梳理五四前后思想界对军阀问题的讨论和认识，有下面两个问题需要我们进一步讨论。

（一）如何认识对军阀的批判观点

近年来，在对革命史观进行反思的过程中，出于对革命史观"遮蔽部分"的发掘，关于北洋军阀时期的历史较前受到了研究者的重视，对军阀的评价也突破了以往简单化、片面化的局限，军阀历史的多面性得到了彰显。这是值得肯定的。但是，当把军阀作为一个历史的整体进行考察与研究时，无论用不用革命史观进行研究，他们在近代中国历史发展进程中的破坏性质，是毋庸置疑的。应该说，对于当时社会舆论有关军阀问题的批判诸方面，如军阀破坏法律干政乱政、军阀称雄割据、军阀兵害如匪几项，严谨的历史学者不会有大的争议。按理，有此三项行为者，就足以使其失去统治

---

① 李大钊在 1919 年阐释他的唯物史观时说："历史的唯物论者观察社会现象，以经济现象为最重要。"李大钊：《我的马克思主义观》（1919 年 9 月、11 月），《李大钊全集》第 3 卷，人民出版社 2006 年版，第 20 页。

的合法性依据。但今人多有从经济角度肯定军阀统治者，认为军阀对经济发展有推动或促进的一面。其实，考察目前肯定北洋军阀统治对经济发展有推动或促进作用的论者所举之史实、证据，主要是1912—1920年间的经济发展数据，而对于1920—1926年的经济状况则予以回避。实则，军阀混战主要是1920年到1926年间（1927年到1928年是北伐继续进行时期，战则有之，但不是"混"之战了），其对社会经济的破坏性也主要体现在这一时期。当时社会舆论对军阀的批判也主要是在这个时期形成的。在军阀时期的非战争年代，社会当然还要发展，经济活动当然还要进行，但这种现象是人的一种经济本能的要求，黄侃所谓"颇怪良民偏耐死，平原不改田禾青"是也，并不能归之于军阀的推动，甚至北洋政府实行的有利于经济发展的政策，也不能与军阀的活动画等号（文化教育方面的发展情况也可作如是观）。因为，北洋政府的绝大多数内阁是由文官组成的，这些文官与军阀虽有联系，但并不相同，文官在某种程度上代表着国家，军阀则代表了其某派系军阀的利益。致力于研究军阀问题的海外华人学者陈志让认为："它（指军阀——引者注）造成中国政局的不安定，破坏和阻扰交通运输，摧残中国的教育，搅乱中国的货币制度。在它统治期间，中国新式工业的进步跟军—绅政权毫无正面的关系。"[1]他又说："以每一个士兵每年需要一百二十元的饷为标准……从一九一二年到一九二八年，中国的军费最低在二十四亿元左右。如果中国能裁兵到五十万人，那么这十六年中可以节省经费十五亿四千万元，这已经就超出中国工业总资本额五亿五千二百七十万元。"[2]陈志让作为一位海外华人学者，他对军阀的研究无疑是比较客观的。他的分析，与当时的有关资料和舆论也是吻合的。当时任职于北京政府陆军系统的徐永昌，在其日记中所记载的有关史料，有助于佐证和说明陈志让先生的分析与立论是符合基本史实的。徐永昌1920年在其日记中记云："参陆处统计，自

---

① 陈志让：《军绅政权——近代中国的军阀时期》，第183页。
② 陈志让：《军绅政权——近代中国的军阀时期》，第183页。

本年六月以前，全国共百廿七万五千兵。若连合防营毅军暨诸不正式名称之军，合计全国为百廿师。其军费占岁入百分之七十五……现在中央月入仅六百万，而出款一千二百万。若此下去，即无战事，亦足亡国。故决定厉行裁兵，全国以五十师为度（复宣统初年景况）。"①徐永昌的日记证明，当时北京政府确已决定裁军，且整编兵员总额全国以 50 个师为限。这说明，陈志让先生以裁兵到 55 万人计算是有根据的，只是由于军阀对裁兵计划的干扰而未能真正实行。也正因为裁兵计划未能实行，恰恰说明了军阀政治对中国社会发展的阻碍。其实，问题还不仅仅是军人人数的费用，更在于这些军人并不是为了保卫国家利益而战，而是一场一场地为军阀个人利益对国家和社会发展进行的无休止的破坏性的内战、混战，其破坏的负面经济总额，算起来就更大了。徐永昌 1920 年在其日记中又记曰："频年百万军人之血战为公者有几事？"②胡景翼更在日记中记云，大军"所至丘墟，一筋不存"。③因此，我们认为，当时社会舆论有关军阀对社会经济破坏已至"绝境""灭亡"地步的判断，虽不无宣传的成分，但并没有偏离军阀战争严重破坏生产力和经济发展的历史事实。除了经济方面外，也有论者从个别问题上对军阀进行肯定，如认为有的军阀某个时期做了些好事，某个军阀的人品尚有可圈可点之处，等等。笔者认为，只要所论符合历史事实，这种研究当然是必要的，也是很有价值的，丰富了我们对军阀的进一步认识。笔者也认为，不同的军阀其个人行为是复杂的，要具体问题具体分析，如对某些军阀在办教育方面所起的积极作用，甚至在某个时期对发展本地区经济所起的积极作用，是要给予充分肯定的，这是尊重历史事实。但是，就整体和主要方面来说，军阀在国家发展中的消极和破坏作用是无法否认的，如时人所提出的"军阀亡

---

① 《徐永昌日记》第 1 册，1920 年 9 月 7 日，台北"中央研究院"近代史研究所 1990 年版，第 490—491 页。
② 《徐永昌日记》第 1 册，1919 年 2 月 28 日，第 345 页。徐当时在北京政府陆军系统任职，尚且如此认识。数百万军人频年进行无意义的战争造成的破坏力也就可想而知了。
③ 章谷宜整理：《胡景翼日记》，1919 年 1 月 18 日，第 99 页。

国论"所言，"实在我国军阀的行动，都是亡国的行动"，计军阀亡国的行为有十二种：一是"破坏共和"，二是"蹂躏国会"，三是"压迫政府"，四是"操纵行政"，五是"把持外交"，六是"摧残教育"，七是"侵犯司法"，八是"搅乱财政"，九是"阻碍统一"，十是"抑制民治"，十一是"助长政争"，十二是"增长内讧"。总之"我国的军阀，恰像和我们的国家有了十世冤仇一般，从四方八面进去干这亡国的功夫，五花十色，件件都齐，惟恐其亡之不速"。① 这是当时人们对军阀整体性的认识，是一种历史的看法。

史家钱穆曾言："我们学历史，更重要的，要了解在当时历史上的人，看他们对当时的事是怎样的看法？"他举例说，"如在汉代有一制度，汉朝人在那里批判这制度，他们这种批判才真是客观的"。② 这是钱穆的治史经验之谈，说明历史上同时代的人对当时的制度或事件的认识，对于后人研究或认清此段历史具有十分重要的参考作用。就本书所研究军阀问题而言，时人对军阀的整体性否定和批判认识，无疑是真实的、客观的，是符合历史事实的。因此，从整体上对于军阀消极和破坏事实的认定，要尊重历史、尊重事实。考诸当时的批判舆论，当时批判军阀的舆论载体既有政论性的，又有学术性的，既有高深的专业性的，还有通俗的娱乐性的，既有国共两党创办的，也有出于商业目的由私人股份创办的，还有具有独立意识的知识分子社群创办的。这些报刊都在刊发着讨论和批判军阀的文字；当时批判军阀者，既有国、共两党的声音，又有自由知识分子的声音，还有比较保守的知识分子的声音，更有些是身份不明的社会人士，甚至有政府中高级官员乃至军阀个人，没有根据说国共之外的舆论载体及其声音是受了意识形态的"控制"，但他们对军阀现象的上述批判却是一致的。这证明，反军阀是那个时代民意的共同要求，而最重要的是我们考诸军阀的祸国殃民之事实看，当时舆论对军阀的批判的诸方面的观点无疑是成立的。

---

① 鸣谦：《军阀亡国论》，《北京大学学生周刊》第 6 号，1920 年 2 月 8 日。
② 钱穆：《中国史学名著》，生活·读书·新知三联书店 2000 年版，第 148 页。

（二）如何认识对军阀讨论、批判所体现的时代特色

对军阀问题的讨论和批判，是在五四前后展开的。那么，这一讨论是否凸显了五四那个时代的特色？要回答这个问题，我们先要弄清五四的时代特色是什么。在一般人的认识里，五四时期的时代特色，就是"民主与科学"。民主与科学当然是凸显五四的时代特色的重要思想遗产，但事实上这一认识是并不全面的。如有的学者认为五四传统是"民族主义、革命、民主"。① 如果考察五四时期的舆论，就颇能透视五四时期所体现的特色与趋向。1920 年 10 月国庆节之日，有论者在《申报》撰文指出："去年五四以后之运动，仅于去年收几微之效，而今年之国民则未见将其五四运动之精神主义而加以发展也。故今年之变动可谓军阀官僚之自决自动，而不得谓为国民自决自动之成功。"② 尽管作者因 1920 年没有发生 1919 年那样的国民自决自动的运动而发出责难，而从思想史的角度看，这恰恰说明，五四的时代特色已经在 1920 年得到了体现。也就是从思想史角度看，论者已意识到五四是国民自决自动的、与军阀势力相对立相斗争的一场运动。五四运动的这一认可，在同一天的《申报》上也有论者撰文阐释"民国九年之新产物、全国思想之集中点"问题，认为可分为："其一，打破中央集权"；"其二，铲除军阀专横"；"其三，略采国民直接表示制"；"其四，略采职业团体代表制"。其中，对于铲除军阀专横问题，论者指出："军阀与民治绝对不能并存。军阀之思想与眼光，纯欲以一人控制群众，而民治主义根据公众之意思，发挥公众之才能，建立公众之幸福。是故，谋自治而不敢与军阀一决斗，不足谈自治。"③ 可见，反对军阀、倡导自治被认为是当时全国的新思潮。

实际上，《申报》远不是一个热心政治问题的报纸，更不是"激进"的报纸。在中共领袖人物邓中夏看来，它的"社论是模糊的，模棱的""其实

---

① 参见欧阳哲生：《五四运动的历史诠释》，北京大学出版社 2012 年版，第 268—274 页。

② 张默：《社说三·国庆与国民大会》，《申报》1920 年 10 月 10 日，"国庆纪念增刊"。

③ 黄抱一：《省自治》，《申报》1920 年 10 月 10 日，"国庆纪念增刊"。

是滑头"的,是一份"暗中常与各实力派相结托"的报纸。① 即使被中共认为与各"实力派"有"结托"的《申报》社论都如此认为,可见批判军阀为其时代的新思潮之说则更具有说服力。正是由于《申报》这一并不激进的"灰色"特点,笔者认为分析在《申报》上"军阀"这一词汇出现的频率情况,可能更有助于分析五四前后对军阀认识的思想发展状况。

据笔者检索统计,从1915年开始到1925年10年间《申报》每年"军阀"一词出现的频次情况及出现频次最高月、日的情况如下:1915年,"军阀"一词共出现3次,分布在一个月份内,3次均为6月份,其中最多者6月29日出现了2次,表明军阀问题刚刚引起个别注意。1916年,共出现2次,分布在2个月份,其中9月1次,10月1次,关注军阀问题的总次数虽然减少了一次,但关注度在月份上却又有所扩大了。1917年,共14次,分布在4个月份,仅6月就10次,其中最多者6月26日出现了4次,表明军阀问题的关注度不仅在月份上较前有了较大增长,在关注的个别点上也有了较为集中的倾向。1918年,共出现了61次,分布在11个月份,其中12月最多为15次,其中一日最多者12月12日出现了4次,表明军阀问题的关注度有了更大的进展,一是年总量突然较前有了较大的跃升,比1915年增长了1933%,比1916年增长了2900%,比1917年增长了336%;二是月份的分布几乎遍及全年,仅4月份空缺,说明军阀问题的关注已经成一个较为普遍性的现象,可谓"山雨欲来风满楼",由于军阀和北京政府的紧密关联度,可以想见一年后当北京青年学子了解到中国外交交涉失败的消息时,爆发学生运动也就不感到意外了。而到1919年,军阀一词共出现了500次,分布在全年12个月,平均每月即出现41.7次之多,平均每日出现1.4次,其中日最多者5月26日出现了13次,而月份最多者7月出现了74次。7月份的这一情况可以说与6月份北京政府被迫表示顺从"舆情"罢免

---

① 邓中夏:《上海的报纸》(1924年2月23日),《邓中夏文集》,人民出版社1983年版,第73页。

交通总长曹汝霖、驻日公使章宗祥、币制局总裁陆宗舆、五四运动取得顺从民意的结局有关，五四运动胜利的高涨情绪可以在《申报》7 月份对军阀问题的批判和讨论中得到印证。顺着 1919 年的发展，1920 年，军阀一词共出现了 743 次，分布在全年 12 个月，平均每月出现 61.9 次，每日出现 2 次，其中月份最多者 8 月出现了 133 次，日最多者 10 月 10 日出现了 26 次，在1919 年的基础上又有了新的增长。1921 年，共出现 882 次，分布在全年 12 个月份间，平均每月出现 74 次，平均每日 2.4 次，月最多者 9 月出现 143 次，日最多者 9 月 4 日出现 19 次。1922 年，共出现 1661 次，分布在全年 12 个月间，平均每月 138 次，平均每日出现 4.6 次，月最多者 10 月出现 219 次，日最多者 9 月 19 日出现 34 次。1922 年比以前有较大增长的原因，一方面在前几年积累的基础上有更大的突破不是偶然的，另一方面就时局看应与中共在 1921 年提出 "反对军阀主义"[1] 和 1922 年提出 "打倒军阀"[2] 口号有关，尽管《申报》在邓中夏看来虽然属于比较 "滑头" 的报纸，但不可能不受时代潮流的影响，故在《申报》上 1922 年关于 "军阀" 一词较前大增，正反映了这一时代特色。1923 年，共出现 2322 次，分布在全年 12 个月，平均每月 194 次，每日 6.4 次，月最多者 7 月出现 286 次，日最多者 2 月 21日出现 34 次。1923 年是个高潮，以后几年稍减，1924 年共出现 1574 次，1925 年共出现 1462 次，大致回复到 1921 年的状态。如果从思想史的角度分析，"军阀" 词汇在《申报》上从 1915 年到 1925 年出现的频次情况，和五四新文化运动酝酿、发动和发展的状况恰好是吻合的。如果从 1917 年起看关于军阀的舆论，与五四运动的关联就更为紧密。

从某种程度上说，一方面军阀政治是五四运动发生的背景和原因，另

---

[1] 《中国共产党第一个决议》（1921 年 7 月），中央档案馆编：《中共中央文件选集》第 1 册，第 8 页。

[2] 《中国共产党对于时局的主张》（1922 年 6 月 15 日）；《关于 "国际帝国主义与中国和中国共产党" 的决议案》（1922 年 7 月）；《中国共产党第二次全国大会宣言》（1922 年 7 月），中央档案馆编：《中共中央文件选集》第 1 册，第 42、62、115 页。

一方面五四运动的爆发又推动了反军阀运动的兴起。反军阀思潮及其实践，无疑带有鲜明的五四时代特色。五四新文化运动的重要当事人钱玄同曾指出："编'内除国贼'这句口号的人所谓'国贼'，当是指军阀政蠧而言。军阀政蠧自然是国贼。"[①]可见，从五四运动"内除国贼"这句口号看，五四无疑是与反军阀有着密切的内在关联的。还有时人指出：五四运动对内"反对'军阀政府'""主张'国民自决'"，即是受"德谟克拉西"这一"二十世纪的世界潮流"的影响。[②]时人清楚地看到了五四运动"反军阀政府"问题，表明了反军阀思潮具有的五四特色。蒋梦麟后来在《民国初年》一文中，在写"知识分子的觉醒"和"北京大学和学生运动"两个问题之前，先写了"军阀割据"这个问题，显然在蒋梦麟的思路中，军阀是五四运动的背景和原因。他更明确指出："如果你丢一块石子在一池止水的中央，一圈又一圈的微波就会从中荡漾开来。""在静水中投下知识革命之石的是蔡孑民先生（元培）。"当时被邀请来北大讲学的"杜威引导中国青年……他的学说使学生对社会问题发生兴趣也是事实。这种情绪对后来的反军阀运动却有很大的贡献"。北京大学的革新在全国影响极大，"北大发起任何运动，进步的报纸、杂志和政党无不纷起响应。国民革命的势力，就在这种氛围中日渐扩展，同时中国共产党也在这一环境中渐具雏形"。到1928年北伐军抵达北京，"开始于北京，随后遍及全国各阶层的革命运动，已先为这次国民革命军的新胜利奠定了心理的基础"。[③]尽管蒋梦麟以上所说的某些看法不无可议之处，如关于杜威的学说是否对青年学生的情绪起到反军阀的作用、中共是否仅因在北京大学这一环境中即"渐具雏形"，但就其整体所论宗旨，在于说明北京大学与五四新文化运动的关系、五四运动与反军阀的关系、反军阀与国民革命运动及北伐战争的关系，其所论大

---

① 钱玄同：《关于反抗帝国主义》，《语丝》第 31 期，1925 年 6 月。

② 仲九：《五四运动的回顾》，《建设》第 1 卷第 3 号，1919 年 10 月。

③ 蒋梦麟：《现代世界中的中国——蒋梦麟社会文谈》，学林出版社 1997 年版，第 67—68、77—78、79、82 页。

体符合史实，说明了反军阀思潮及其运动是五四时代的重要内容和重要特征。其实，学界所论的五四的革命与民族主义（或曰爱国主义）的时代特色也恰恰体现在反军阀问题上。在当时的中国，除了军阀自身外，各种政治势力都把军阀作为革命和打倒的对象。打倒军阀成为五四前后那个时代的潮流和要求，反军阀思潮无疑成为五四时代的重要特色，具体即体现在民族主义的觉醒、民主和民治观念的昌盛、社会革命思想的盛行等，这些思想也都是反军阀革命话语的重要思想资源。现代军阀话语最初虽在民初①已由日本输入，而"军阀"概念的流行和"反军阀"革命话语的广泛传播，则是乘五四潮流之势而成为时代的主导性强势话语的，因之蒋梦麟说开始于北京的五四运动在全国的扩展，是北伐战争胜利的"心理基础"，当应是就五四的反军阀时代特色而言的。

小结

综合本节，可以得出如下几点简短认识。

第一，根据时人对军阀问题的批判，可以归纳和总结如下几点，大约不失其文本原意：一是军阀破坏法律、干政弄权之乱，军阀政治在国家政治上导致了严重失序，是指国家纲纪、政治道德出了大问题；二是军阀各割据一方称霸，军阀政治导致地方势力坐大、地方政权军事化、地方政权割据化，国家中心势力虚化或分裂，是指国家权力中心及中央与地方关系出现了大问题；三是军阀内争、兵变之祸，军阀军队因频繁的内乱和兵变给社会造成了极大的社会破坏力和恐惧力，是指本应专职为国家和社会保卫力量的军队职能和性质出了大问题；四是军阀"率兽食人"，国家和社会生机已濒临绝境，是指军阀政治及其严重的战乱已使社会肌体和广大民生

---

① 黄远生于 1913 年在一篇文章中在现代语义上曾使用"军阀"一词，但基本上为中性用语。(见翁有为：《"军阀"概念在近代的引入及其意义》，《近现代河南与中国研究》第 2 辑，河南人民出版社 2014 年版，第 108 页注释①。)

出了大问题。^① 时人以军阀问题为对象，从国家安危存亡的高度，对关乎国家纲纪与军政关系、国家中心权力与地方关系、军队职能与性质、军民关系与社会民生等具有递进连环考量的重大问题进行了观察和思考，集中体现了时人的忧国之心与谋国之思。根据这种观察，时人得出了对军阀的否定性认知态度，而其所集中蕴含的核心问题是"反军阀"和"打倒军阀"的思想。尤需说明的是，在"反军阀"和"打倒军阀"的革命思想之动员与传播中，年轻的中共发挥了主导性的作用^②。以今日观之，综上所论，时人对军阀的批判观点是客观的、符合历史实际的，是经得起时间考验的，这是对军阀批判认识的历史内容之"真"；同时，这种对军阀的批判认识，又是惕惕于国家前途命运的爱国担当意识的勃发，是在中国近代革命的困境中民族生命新陈代谢活力的释放，是对军阀批判认识的历史性质之"善"。正是以时人对军阀批判认识的"真实性"为反军阀话语传播的基础，以对军阀批判认识的"向善性"为反军阀话语传播的方向，尤经"新青年群体"的引导，挟"欧风俄雨"和"五四新文化运动"的"春雷"，反军阀话语短短几年内形成了以万钧之势所向披靡的时代思潮。这种思潮为中共成立后的国共合作所主导的以"打倒军阀"为重要目标的国民革命运动的勃兴乃至北伐战争的胜利，奠定了广泛而坚实的思想基础。

第二，时人对军阀的四个主要方面的批判，作为一种历史性的时代思想，有颇值得深思和警示之处，主要就是时人所深思和焦虑的，军阀之所以能干政弄权、割据称雄一方、"兵祸甚于匪"乃至"率兽食人"，主要在于国家缺少为国谋忠为民谋利的强大政治中心力量，在于法律无力将祸国殃民的军阀强权装进制度的笼子里。历史是一面镜子，这一历史强烈地揭示和昭

① 其实，时人对军阀批判的内容除了上述四个方面内容讨论外，还有关于"军阀卖国"等内容。因为此项所涉内容相当复杂，限于篇幅，笔者认为此四个方面为时人批判军阀的最主要内容，而且相对完整与独立，故其他未列入本书研究范围，由另文详述。
② 可详见翁有为：《二十世纪二十年代初中共与其他政治力量关于军阀问题"解决"方略之考察》，《中共党史研究》2012年第5期。

示了，经历了过去长期受困于内忧外患的中国，形成为国谋忠为民谋利的强大的政治中心力量，和建立能把权力关进制度笼子里的法治系统权威，对国家的长治久安，对人民的福祉，是多么的珍贵、重要和必要。

第三，本节所讨论的时人对军阀上述四个问题的批判，体现了时人在军阀问题成为时代难题的历史条件下，对国家现状、命运和前途的深切关注与系统性的思考，真切表达了时人的焦虑、思想和感情。这种思考、焦虑、思想和感情，就是那个时代时人对民族国家的情感史，对军阀行为的思想反抗史，是以这种情感史为基础形成的反军阀思想史、思潮史。如果从更宽广的历史角度看，它还是以国民革命为背景的反军阀斗争的民众思想革命史。就此而言，五四前后对军阀批判的思想和社会思潮，是近代以来中国人民追求革命、探索中华民族复兴道路思想的一个组成部分，是一份珍贵的思想遗产，是值得进一步认真加以系统总结和研究的。

第二节　军阀成因之话语

　　"军阀"一词，在五四后逐渐成为贬义的"热词"。舆论对军阀问题的讨论涉及"军阀"现象之表现、"军阀"问题之解决方略、"军阀"之成因等方面。如果说，"军阀"现象之表现、"军阀"问题之解决方略的讨论是属于政治层面、现实层面的认识范畴，那么关于"军阀"之成因问题的讨论，则属于社会层面、理论层面的认识范畴，是当时社会舆论各方对中国社会状况、国情和政情状况的一种学理性、理论性认识的体现。对于军阀成因问题的认识和讨论，是人们在对军阀的各种表现行为进行了充分讨论与揭示之后的一种认识，是人们对军阀的认识进入一个较高阶段所思考的问题。时人在认识和讨论军阀的各种祸国殃民行状后，自然会进一步追问：军阀为什么会公然作出这样一些冒天下之大不韪的行为？中国为什么出现了军阀现象？等等。这些对军阀成因的追问，犹如医治病体需要了解病因才能"对症下药"一样，舆论各方对军阀成因问题的认识与讨论，绝不是清谈，而是具有极为明确乃至迫切的"解决"军阀问题的目的。这种追问式讨论的背后，体现的是讨论者探讨军阀现象"病理""病因"及其解决之道的苦心。自然，在不同的论者那里，对军阀现象成因的认识又是不同的，正是各方由认识的不同而到渐至相同，才形成各方反军阀力量的大联合。因此，考察当时舆论对军阀现象成因的讨论和认识，不仅有助于我们对当时的社会舆论走向与军阀统治下的中国社会历史状况有进一步的理解与把握，更有助于我们能够清晰和准确地认识当时社会各种力量最后为何联合致力于打倒军阀这样一个历史转换过程。关于时人对军阀现象成因问题的认识，在以往的研究中关注较少，尚未作系统探讨①。实际上，时人对军阀成因的探讨，是五四到国民革命时期"反军阀"思想讨论至关重要的一环。因为此一问题讨论的结果将关涉舆论各方如何有针对性地在解决军阀过程中所采取的道路、方法和行动这些实质性问题。因此，本节拟对这一问题做一较为系统的梳理和探讨。主要涉及：在时人看来，军阀现象是怎样形成的？军阀现象的形成除了军阀自身的因素外，与军阀对立的人民这个最广泛的群体，在军阀的形成过程中有没有责任？在军阀逐步形成"气候"的过程中，与之对应的哪些重要历史事件与之具有相关性？对于军阀这样一种关乎与阻碍国运、族脉、民命的重大的军政势力集团，是什么样的国内外环境给予其生成和繁衍的条件？对这些问题的考察，不仅对于探讨军阀形成问题，而且对于我们进一步认识五四前后思想界的发展趋势乃至近代中国历史的发展趋势，也具有特定的意义。本节拟对此问题做一探讨，不当之处，尚请识者教正。

一、从军阀角度对军阀现象"成因"的探讨

任何事物的形成，其原因无疑是多方面的。在这多种原因中，既有自身

---

① 关于军阀问题的研究，取得了不少的成果，如：来新夏等：《北洋军阀史》，南开大学出版社 2000 年版；张玉法主编：《军阀政治》，《中国现代史论集》第 5 辑，台北联经出版事业公司 1984 年版；齐锡生：《中国的军阀政治（1916—1928）》，杨云若、萧延中译，中国人民大学出版社 1991 年版；徐勇：《近代中国军政关系研究与"军阀"话语研究》，中华书局 2009 年版；彭明：《北洋军阀（研究纲要）》，《教学与研究》1980 年第 5—6 期；李新：《北洋军阀的兴亡》，《史学月刊》1985 年第 3 期；翁有为：《五四前后时人对军阀现象之认识》，《历史研究》2015 年第 6 期；孙占元：《十年来北洋军阀史重点问题研究概述》，《历史教学》1992 年第 6 期；等等。上述对军阀问题的探讨，是有价值的；但关于五四前后时人对军阀成因问题的专题探讨，尚未引起学界关注，尚付阙如。

原因，也有相互促动的其他原因。就军阀现象的成因来说，军阀自身的原因无疑是首先要探讨的。论者根据各自的立场和理解，军阀自身因素的讨论也并不一致，存在多样性的认识。

其一，从军阀产生的历史裂变轨迹讨论军阀现象的成因。

军阀这样一种重大的特殊军政势力集团，自然不是突然从天上掉下来的或地下冒出来的偶然之物，其产生是有深厚的自身历史根源的。

署名"思勤"的论者，从中国近代历史上新军编练的渊源中寻找军阀的成因，认为清末的小站练兵、各省编练新军和袁世凯弄权等，是军阀形成的远因。他说："我国所有的军阀，多半是小站出身。除小站以外，还有张之洞的湖北新军及武备学堂，并各省督抚所练的新军及武备将弁各学堂，日本士官等学校，虽也造成若干的军阀，但他们势力尚小，故其罪恶较轻，总不及小站练兵的为祸那样剧烈。我们追考军阀缘起，不能不以小站为发源。细究军阀祸根，更不能不以袁（世凯）为祸首。如今袁虽已死，但其遗毒却没有随袁死而消除；效尤继起者，尚大有其人。"[1] 在论者看来，军阀的形成虽是多支源流，而主源却属小站练兵和袁世凯，不仅其根深势大，更在于在现实中其"效尤继起者"，故不能不以袁为"祸首"。而且，因袁世凯肆意践踏法律，使民国现代民主法政制度荡然无存，"这等乱法的事近年来军阀也常常仿效。而法统至今尚被军人糟蹋至不可收拾者，都是袁世凯独倡于前，才有这些军阀效尤于后"。[2] 军阀在行事上，对现代神圣的国家法律制度与袁世凯一样弃之如同敝屣，显然，袁世凯的做法，就是军阀行为的根源。不仅如此，军阀的历史结局，也竟与袁一样，袁世凯固然最后身败名裂，而"自袁以后，还有那许多师袁故智的军阀，哪一个不是以权势自戕，至死不悟？不但国家受其灾，而他的自身亦何尝幸免"。军阀的下场也竟与袁同，但袁是一人，军阀则是一群又一群、一批又一批的形成，而军阀形成"祸根

---

① 思勤：《军阀小史》，《孤军》第 1 卷第 4—5 期合刊，1923 年 1 月。

② 思勤：《军阀小史》，《孤军》第 1 卷第 4—5 期合刊，1923 年 1 月。

却都种在袁氏未死之日"①。

其实,在中国共产党人看来,军阀现象的出现也要追溯到袁世凯那里。瞿秋白明确指出:"小站的袁家军,就是现在军阀的根源。""军阀的来源,'北洋正统'是新军,非北洋派是盗匪,他们当此时机(指'天下大乱'的时机——引者注)自然要争雄竞霸抢治者阶级的地位。中国旧历史上'换朝代'的时候,亦有这类的群寇——然而现在却成军阀。"②由瞿秋白于1923年起草的《中国共产党党纲草案》中,对军阀政治的历史形成问题作了更为具体的阐释:近代"失业的人越多,极幼稚极少数的工业生产越不能收容,兵和匪就越多,中国最初因为要抵制列强而来用近代的军事技术,添设'新军'这本不是积弱的中国所能担负,尤其不是宗法式的皇帝所能驾驭,而且中国旧时的经济生活极其散漫,并没有成为一个集中的经济区域,这些散漫的半独立的区域,到处都能够将财阀的经济力去供给军事长官或土匪,使他们都有所凭借;因此就造成了军阀统治的政治形势"。③

在时人看来,显然,军阀主要是从袁世凯小站练兵那里养成和裂变来的。论者在这里讨论的,是从军阀的纵向历史上看军阀的生成问题。这一认识无疑是成立的。近代自袁世凯形成的军阀传统,当然是一个很大的糟粕,它有很大的传袭性,有很强的破坏力量。如果要解决军阀问题,不仅要解决现实政治生活中的军阀这一特殊军事势力,还要铲除其赖以生存、延续的军阀传统这一特殊文化现象。

其二,从军阀的个体私心私欲讨论军阀现象的成因。

军阀个人的私欲和私利在军阀现象形成过程中的作用,也是时人讨论的一个视角。在报人邵飘萍看来,军阀现象的生成,是以军阀为本位的私欲

---

① 思勤:《军阀小史》,《孤军》第1卷第4—5期合刊,1923年1月。
② 瞿秋白:《现代中国的国会制与军阀》(1923年7月1日),《瞿秋白文集》政治理论编第2卷,人民出版社2013年版,第49页。
③ 瞿秋白:《中国共产党党纲草案》(1923年6月),《瞿秋白文集》政治理论编第2卷,第113页。

造成的。他分析道："盖'阀'之所以形成，必因少数人以自己为本位而来。苟一旦武力为一般民众所公有，则少数之'阀'，根本上无从发生也。"① 就是说，少数人为自己的本位私利而掌握军政大权，自然就罔顾国家和社会的公共利益，形成了自己特殊的势力，乃有军阀等"阀"之现象出现。乔山也认为，辛亥武昌起义后，国家大权转于武人之手，此等"多数武人者或起自绿林，或出身仆役"，"只知强暴掠夺，以饱其无穷之欲壑"②，强调的也是在缺乏民主政治传统的近代中国，由于武人自身私欲以致成为军阀的问题。在寿康看来，各省的"所谓都督督军"这些军阀是"专顾自己，不顾他人，只知私利，不知公益，所以在得意的时候，作威作福，无所不至"的人。③ 寿康也表达了自私品格与军阀形成的正向关系。

青年毛泽东在为反对军阀祸湘而主张湖南自治时，也认为"官僚、政客、武人，有私欲，无公利；有猜疑，无诚意；有卖国，无爱国；有害人，无利人。八九年来的大乱，都是此辈干来的营私勾当……至于就湖南一省而言，造乱者，少数之武人"④。显然，在毛泽东看来，少数军阀的"私欲""营私勾当"也是其造成国家和省地方"大乱"现象的重要一因。

从军阀现象成因来说，其个人私愿无疑是一个重要的考量。军阀不顾国家和人民的利益，不顾国家法律的限制，任意抢占地盘，扩充兵源，截取国家财政收入，甚至发展到派系间的相互冲突与战争，这显然是军阀个人膨胀的私欲在起作用。这种和国家与人民利益所对立的私欲所获取的非法利益，既是军阀个人的私利，也是以该军阀为核心的整个军事集团的私利；但是，从根本上说，是以军阀的个人利益为基本原则的，军阀利益集团是以军阀私人为中心逐步发展而形成的。而普通军人只是军阀"自私自

① 邵飘萍：《国民军精神长在》（1924 年 12 月 23 日），方汉奇主编：《邵飘萍选集》下册，中国人民大学出版社 1988 年版，第 495 页。
② 乔山：《军阀政治评论》，《新群》第 1 卷第 2 号，1919 年 12 月。
③ 寿康：《可怜的末路》，《孤军》第 1 卷第 4—5 期合刊，1923 年 1 月。
④ 毛泽东：《湖南人民的自决》（1920 年 6 月 18 日），《毛泽东早期文稿》，湖南出版社 1990 年版，第 486 页。

利的工具"①，军阀集团的寡头性和私有性是军阀利益集团的突出标志。这是军阀现象形成的"内因"。理论上固然可这样说，而事实上少数人的欲谋为何能得逞，还是需要进一步对相关问题进行讨论和分析，才能得到更为清晰的揭示的。

其三，从军阀相互利用、相互竞争与纷争的纵横关系讨论军阀现象的成因。

军阀现象不是单个军阀就能形成的，而是一个群体性的存在。

在署名"南海胤子"的作者看来，军阀现象之所以形成，是由于军阀之间相互利用、相互竞争而"衍生"的结果。他指出：军阀间"各伸势力，于是大军阀造小军阀，而军阀遍国中矣"②。就是从军阀系统的纵向角度看军阀的生成问题。梁启超则看到了此军阀与彼军阀相互间的动态关系，他指出："国中如有两派以上之军人分擅权力耶，倘其势相均而力相敌，则互取国家之利益，豆剖而瓜分之，期各得所欲以去。如是则在军人均势状态之下，政象麻木。然而人性之欲利，无有餍也，务增扩其权力亦无有餍，甲增扩焉，而乙睨乎其旁，步其武惟恐后也，竞争不已，则势相逼。如槛劣马于一槽，始焉轻相踶间相龁，卒乃吼怒奔突，破槛出以赌微命，盖均势之局必不可久，久而必破，破而必哄……既破而哄，乃有胜败，败焉者无论矣。胜焉者而占绝对优势，无复他力足以与抗耶，则其结果如吾前者所云，以国家为彼私产……其不能占绝对优势而犹有他力足以与抗耶，则调和也，抵制也，交换利益也。层出屡试，以弥缝于一时，及历若干时日之蕴毒养孽，而相踶相龁相哄之象又起，如是者因果展转，递为循环，虽其人交迭代谢，其权力消长忽彼忽此，而涂之所趋，决无以改乎其旧。"③梁启超这是从军阀势力相互间的平衡与消长过程看军阀共生之象。这是从军阀彼此间的横向结构

---

① 《中国青年军人联合会成立大会记》(1925年2月1日)，《中国军人》创刊号，1925年2月。
② 南海胤子：《安福祸国记》，第140页。
③ 梁启超：《军阀私斗与国民自卫》(1920年)，汤志钧、汤仁泽编：《梁启超全集》第10集，中国人民大学出版社2018年版，第307—308页。

关系，看军阀现象的衍生。

就军阀现象形成的自身原因看，固然是个事实，是军阀形成的条件，但是为什么袁世凯能形成北洋军阀势力？为什么军阀的私欲私心竟能得逞？为什么各军阀能形成自己的体系并公然地违法乱纪与相互纷争却得不到法纪的制裁？这些，显然不是仅军阀自身因素就能够达到的。

二、从人民角度对军阀"成因"的探讨

就军阀现象的成因看，除了军阀自身因素外，论者还从更为广阔的视野来探讨问题，认为与军阀对立的人民，对军阀的形成也应负有一定责任，也是军阀形成的一个原因。这种观点，猛一听觉得难以站得住脚，但仔细思考后，会觉得是有一定道理的。时人对此进行了具体的讨论和分析。

其一，认为人民未尽民国主人之责，是导致军阀坐大以致祸国祸民的一个重要原因。

学者孟森指出："十二年来（即民国成立以来——引者注），稍更事变，乃知政治之罪恶，假手于军阀官僚以播之，而其纵容军阀官僚原动力，实在国民自身。所举出之国会，国民又不自责，辄对国会作怨毒之词。吾欲问国民所以尽其为主人之道者何在？"① 孟森探讨的是更为深刻的社会原因。国民是社会的基础，基础如此，才有如此的军阀和国会，要想改变此状况，在孟森看来，国民就要尽其国家之"主人"之道。军阀现象所以出现就是国民未尽其主人之道，这确是个根本问题；但如何才能使国民做国家的主人呢，孟森自己恐怕也并不一定能完全说得清楚，他倾向于用国民制宪的方式来解决问题②。在孙中山看来，清朝被推翻后，民国没有真正建立起来，却出现了这

① 孟森：《今日为制宪较相当之时期》（1923 年 10 月 14 日），《孟森政论文集刊》中，中华书局 2008 年版，第 816—817 页。
② 孟森：《今日为制宪较相当之时期》（1923 年 10 月 14 日），《孟森政论文集刊》中，第 815 页。

么多的混世军阀，当然国民党是推不掉责任的，除国民党的责任外，"人民对于国事，都不知道自己去治，自己去理。因为大家都不理，所以那些小皇帝（指军阀——引者注）便乘隙而入，每日招兵买马来霸占民国"。[1]可见孙中山认为人民"都不知道自己去治，自己去理"国家事务，也是混世军阀形成的一个原因。这个原因，当然是人民"蒙昧"造成的，从深层看，是历史的局限性造成的。孙中山与孟森的看法还是不同的，孙的认识更接近历史事实。

其二，认为民国成立后人民没有养成自治能力，助长了专制现象，从而导致民初军阀玩弄国会、压迫人民等失序现象的出现，而只有自治才是一个现代民主国家的政治秩序进入轨道的体现。

记者默认为："国民而无自治能力，虽有国会，不过国家多一装饰品，政府军阀多一利用之具。虽进而实行联省自治，亦不过各省多挂一新招牌，督军省长多一藏身之窟穴。"正是因为民国成立后没有形成真正的自治和自治力量的监督与限制，有名无实的民意机构反而成为各级军阀的"利用工具"和"藏身之窟穴"。真正的自治，"其要在人人能自治其身，人人能守自治之法律，而后能进而治地方、治一省。人民能自立自治之基础……兵不裁而自少，军阀不去而自倒，地方政治自能次第毕举"。[2]在默看来，军阀问题出现的根本原因，就在于人民没有真正养成自治的观念。缺乏人民自治的传统和现实力量，为军阀势力养成提供了适宜的政治土壤。

其三，国人久受专制压迫，无能力立即做民国主人，而为军阀所乘。

孙中山指出："我中国人民久处于专制之下，奴性已深，牢不可破……奚能享民国主人之权利？……惜乎当时之革命党，多不知此为必要之事（指训练人民行使主人权利——引者注），遂放弃责任，失却天职……故其结果不过仅得一'中华民国'之名也。悲乎！"[3]孙中山看到的是，传统中消

---

① 孙中山：《在广州商团及警察联欢会的演说》（1924年1月14日），《孙中山全集》第9卷，中华书局2006年版，第60页。

② 默：《国会与自治》，《申报》1922年10月10日，"国庆纪念增刊"。

③ 孙中山：《建国方略》，《孙中山全集》第6卷，中华书局2006年版，第211页。

极因素给人民遗留的"奴性"思维对民初乱局的重要影响。这一点虽然与前面的论述相近，但前面两个方面的讨论主要是立足于现实角度，而此处则是从历史的根源上进行反思，因此，认识则较前更有深度。毕竟，孙中山的认识，较之一般的学者或记者，看得更远、更深。当时，中国共产党人也有从人民不成熟角度分析军阀成因者。这些分析，虽有苛责人民之嫌，但从历史的深处来看，限于历史条件的制约，当时人民对现代的权利和自己的主人地位存在模糊认识，也确是事实，只是如何引导人民从思想和行动上去争取属于自己的权利，确是需要加以特别注意的。而上述这种讨论和意见，则无疑具有这方面的警示意义。

三、从革命不彻底角度对军阀成因的探讨

民初军阀的出现，是近代中国历史变迁中的一种特定的政治现象，尤其和辛亥革命后政治力量的演变有着密切的关系。论者多是辛亥革命的当事者，对军阀问题的分析和反省，也常常从革命的角度加以讨论和认识。

其一，认为辛亥革命后，革命力量没能及时完全清除清朝遗留下来的专制官僚武人，致使其继续掌握国家军政大权，而演变成为"无数小皇帝"，表现了革命的不彻底。

孙中山作为辛亥革命的领导者和民国的缔造者，对军阀起因的分析与对辛亥革命的反思是联系在一起的。在他看来，军阀乱政造成"民国灾患祸害的原因"，首先就是因"从前革命党推翻满清，只推翻清朝的一个皇帝。但是推翻那个大皇帝之后，便生出无数小皇帝来。象现在各省的督军、师长和北京的总统、总长，都是小皇帝"。清朝被推翻后他们仍然掌权，"他们的思想纯粹是做皇帝的旧思想"，"他们有了兵，便胡行乱为"，"实现专制"。①

① 孙中山：《在广州商团及警察联欢会的演说》（1924年1月14日），《孙中山全集》第9卷，第59—60页。孙此类意思在他处亦有表达，参见该书第96—97页。

就是说，辛亥革命虽然推翻了清朝皇帝，但没有及时剥夺清政府各级军政官吏的权力尤其是军事将领的兵权，没有将"专制"的残余势力"官僚武人一概肃清"[1]，而皇权被打倒后，国家没有形成新的最高权威，出现了权力真空，便生出这许多的军阀。其"毛病是在中国革命不彻底"。[2] 换言之，如果用革命的方式将清朝旧军政势力彻底清除，就可以形成新的革命权威力量，就不至于出现国家权力真空，军阀势力也就没有形成的时机与空间。所谓"革命不彻底"的认识，是从除恶务尽的角度反思军阀兴起的原因。

其二，认为辛亥革命具有幼稚、早熟的"毛病"，缺乏新旧政权过渡时期必要的成熟的民主政治经验和能力，以致造成军阀割据局面。

在中国共产党人恽代英看来，民初的政治纷乱，与辛亥革命的早熟有关："辛亥的革命，的确可惜有些早熟的毛病。因为有些早熟的毛病，所以在许多人民——甚至于所称为最有知识的人——都还不知怎样过民治生活以前，而革命的结果，事实上已经把皇帝的尊严这个偶像打破了，只得挂个民治政治的招牌出来，因为人民都还不知怎样过民治生活，所以把皇帝的偶像打破了，在民治招牌之下，徒然造成了群雄争长的局面。"[3] 恽代英所谈问题，虽然和孙中山相似，但角度却不同，孙中山是以历史当事人后来反思的角度认识军阀形成的原因，恽代英则是从全面客观地去追根溯源探究真相的角度认识军阀形成的原因，其思考点有二：一是着眼于革命党人的早熟——没有进行现代民主政治管理的经验而无法将现代民主政治引向正常轨道；二是革命把中

---

[1] 孙中山：《在广州商团及警察联欢会的演说》（1924年1月14日），《孙中山全集》第9卷，第60页。

[2] 孙中山：《在广州商团及警察联欢会的演说》（1924年1月14日），《孙中山全集》第9卷，第60页。

[3] 恽代英：《民治运动》（1922年9月25日），《恽代英全集》第5卷，人民出版社2014年版，第36—37页。关于辛亥革命前人们政治心理认识的幼稚，恽代英还对比说，"在未革命以前，许多太热心的人，以为只要光复，只要民主，便可以糖馒头从天而降的，现在总可以证明是妄想了。"《革命的价值》（1920年10月10日），《恽代英全集》第4卷，人民出版社2014年版，第214页。

国几千年来的"皇帝的尊严"这个国家象征打倒了——但却没有建立起新的民主政治的"尊严"这个国家象征。当然这两点又是紧密联系的,如果将现代民主政治引向了正轨,也就建立起新的国家"尊严";而实际上没能建立起现代民治的政治秩序,没有形成新的国家"尊严"和权威,说辛亥革命早熟的看法显然是成立的。正是这种"早熟",从理想秩序的角度看乃是不成熟,在这种"皇帝的尊严"偶像被打倒、新的民治"尊严"偶像没有建立起来的背景下,"群雄争长"的军阀割据乘隙形成。这是从革命力量发展的客观角度,认识军阀形成的历史条件。这一认识,与孙中山的认识是互补的。

其三,认为革命力量没能集中,力量分散,无法有效消除军阀势力,无法将革命贯彻到底。

在陈独秀看来,"军阀政治得以存在,唯一的原因,就是民主革命的势力未曾集中"[①],换言之,正是由于缺乏能够担当领导国家和社会健康发展的强有力的民主革命的中心势力,国家权力一时出现了真空,才使中国社会出现了军阀政治的现象。这一点非常精辟,直入军阀问题的要害,其启示意义非常深刻。正是因为认识到革命力量因未曾集中而形成军阀,所以中共三大前后陈独秀才转而同意实行国共合作以致力于联合国民党进行打倒军阀的国民革命。

四、从特定国内外环境角度对军阀成因的探讨

重要的历史现象,必然有其生成的特定重要历史环境。对于军阀这样一种搅动近代历史的特殊力量,也必然有其产生的特定内外历史环境。为了认清军阀现象进而找出解决军阀现象之道,站在历史发展前沿的革命家,从国内外环境的认识角度,进一步分析了军阀的生成问题。

其一,从经济环境的角度,探讨军阀势力的形成。

恽代英指出:"一般青年总以为中国今天所以这样坏,都是由于生了一

---

① 陈独秀:《怎么打倒军阀》(1923年4月18日),《陈独秀文章选编》中,第252页。

个吴佩孚，一个张作霖，乃至于一个这个，一个那个……因此，有许多人都相信暗杀是最好的救中国的法子……像今天的军阀，本不过只是几个很寻常的自私自大的人；这样的人，在太平的时候，他们只好去挑粪；说多一点，亦只好做个乡董保甲而已。但是因为今天他们交了狗运，中国因为受外资压迫，许多小工人小农人都失了职业，流为流氓兵匪；他们可以各谋机会，拥有一部分流氓兵匪，霸占权位，宰割地方，于是一个个居然亦便做起督军巡阅使来。倘若中国不能免于外资压迫，这些流氓兵匪不能反其本业；那便只要有机会，人人可以利用他们以做成军阀的。"[1] 在恽代英看来，中国经济受到外来压迫造成工人农民大批失业，是军阀势力形成的重要社会条件。

瞿秋白则对经济因素做了多重解读：一是中国"封建制度的余势大盛"，经济发展阶段至近代"尚停滞于宗法社会之'半自然经济'"状态；二是由于中国帝制的突然崩溃而形成"各'地方'区域内的经济发展"；三是由于"帝国主义的利用"[2]，在军阀势力所控制的"地方""经济区域"内，"外国资本"之占有此者，"必从而役使之，利用之"[3]；四是由于帝国主义"决不能容中国民族资产阶级充分的发展"[4]，致使"中国资产阶级的稚弱"[5]。"有此四端可乘，于是军阀割据制度形成，而所谓'统一的'中国遂崩坏分裂"。[6] 与恽代英一样，瞿秋白也看到了外国势力对中国经济压迫

[1] 恽代英：《矫正对于"打倒军阀"的误解》（1924年3月16日），《恽代英全集》第6卷，人民出版社2014年版，第158—159页。
[2] 瞿秋白：《东方文化与世界革命》（1923年6月15日），《瞿秋白文集》政治理论编第2卷，第16—17页。
[3] 瞿秋白：《东方文化与世界革命》（1923年6月15日），《瞿秋白文集》政治理论编第2卷，第19页。
[4] 瞿秋白：《东方文化与世界革命》（1923年6月15日），《瞿秋白文集》政治理论编第2卷，第19页。
[5] 瞿秋白：《东方文化与世界革命》（1923年6月15日），《瞿秋白文集》政治理论编第2卷，第17页。
[6] 瞿秋白：《东方文化与世界革命》（1923年6月15日），《瞿秋白文集》政治理论编第2卷，第17页。

的影响因素，只是在瞿秋白看来，军阀的形成有更为复杂的多重交织的经济因素。

其二，从国内外政治经济和军事等角度，探讨军阀的形成问题。

蔡和森1922年9月20日在《武力统一与联省自治——军阀专政与军阀割据》一文中，从国内外经济、政治和军事三个方面，以其理论思维和现实洞察力系统分析了军阀形成的原因。他认为，从经济上说，"因为资本主义的东侵"，中国"国内农业手工业的经济基础虽日被压迫，日见崩坏，国际资本帝国主义却不容许其起一种强大普遍的变化，因而经济地位上强有力的革命阶级没有形成"，所以辛亥革命造成了新旧势力"妥协""苟且"的局面。[1] 军阀势力遂乘此机而起。从政治上说，军阀间的"内乱与战争"，"只缘新旧支配阶级同时并立，旧势力反占优势而握得政权"。[2] 民国"十年以来的内乱与战争，既不是'南''北'地域之争，又不是'护法'与'非法'之争，更不是'统一'与'分离'之争；乃是封建的旧支配阶级与新兴的革命阶级之争。"[3] 从军事上说，"主要原因在旧支配阶级的武装并未解除，北洋派领袖且因其武力而完全承袭新政权"。"旧支配阶级——即封建的军阀与官僚——要扩张并巩固其地位，第一步就不得不增加其武力以压迫革命阶级并解除革命阶级的武装。"[4] 由这一点可知，"旧支配阶级的武装不解除，旧军队不完全解散或彻底改组，新支配阶级——即革命阶级——的统治权是不能保持的"。[5] 从国际来说，"国际帝国主义扶植旧势力以图自便"，[6]"外国帝国主

---

① 蔡和森：《武力统一与联省自治——军阀专政与军阀割据》（1922年9月20日），《蔡和森文集》，人民出版社1980年版，第101页。

② 蔡和森：《武力统一与联省自治——军阀专政与军阀割据》（1922年9月20日），《蔡和森文集》，第103页。

③ 蔡和森：《武力统一与联省自治——军阀专政与军阀割据》（1922年9月20日），《蔡和森文集》，第102页。

④ 蔡和森：《统一、借债与国民党》（1922年9月），《蔡和森文集》，第95页。

⑤ 蔡和森：《统一、借债与国民党》（1922年9月），《蔡和森文集》，第95页。

⑥ 蔡和森：《武力统一与联省自治——军阀专政与军阀割据》（1922年9月20日），《蔡和森文集》，第101—102页。

义借款卖械帮助北洋派军阀袁世凯、段祺瑞、张作霖、吴佩孚等"。[①] 由上诸因，"新政权不得不完全落于封建的军阀与官僚之手。由此就形成十年以来军阀专政和军阀割据的封建残局"[②]。蔡和森对军阀的分析相当深刻而全面，这是与他从革命的角度惯于对当时国内外情势的分析与认识是紧密相连的。

其三，从国际帝国主义的角度，探讨军阀形成问题。

其实，无论前文所提到的国内经济因素，还是其他各个方面的分析，都离不开探讨国际帝国主义这个因素。不过，由于帝国主义因素的特殊性，以致不能不在此单独列出来加以梳理和分析。瞿秋白在他起草的《中国共产党党纲草案》中，专门分析了列强与军阀之间的关系，他指出："中国军阀之存在及发展，又大有赖帝国主义的列强，他们便不惜向列强低首，甘心做列强统治中国的代理人。各军阀有此种种凭借，便互争雄长，引起不断的内乱；帝国主义的列强各谋利用中国一派军阀，相互争夺其势力范围，又酿成了无穷的冲突。"[③]这就是与国际帝国主义在华势力存在紧密相连的典型的军阀纷争现象。这一观点，由于写进了中共党纲，而成为党内的共识。蔡和森也曾指出，军阀大都是外国列强的"驻华武官，是他们十年以来栽培维持出来的产物"，[④] 形象地说明了军阀势力的形成与帝国主义之间的直接关系。他还列举具体事实说明军阀势力与帝国主义之间的关系，指出帝国主义国家分别"资助陈炯明割据广东；大卖军械给张作霖；放出安福祸首作乱……最近美国帝国主义者还密运六架飞机给直系军阀"，[⑤] 上述案例表明，军阀确是帝

---

① 蔡和森：《反对"敦请一友邦"干涉中国内政》（1923 年 2 月 7 日），《蔡和森文集》上，人民出版社 2013 年版，第 260 页。

② 蔡和森：《武力统一与联省自治——军阀专政与军阀割据》（1922 年 9 月 20 日），《蔡和森文集》，第 102 页。

③ 瞿秋白：《中国共产党党纲草案》（1923 年 6 月），《瞿秋白文集》政治理论编第 2 卷，第 113 页。又见《中国共产党第三次全国代表大会文件》（1923 年 6 月），中央档案馆编：《中共中央文件选集》第 1 册，第 136 页。

④ 蔡和森：《外交团劝告裁兵》（1922 年 10 月 4 日），《蔡和森文集》上，第 143 页。

⑤ 蔡和森：《双管齐下的国际帝国主义》（1922 年 12 月 30 日），《蔡和森文集》上，第 229 页。

国主义刻意栽培并加以维持的势力。这种现象不能不揭示，反对军阀不是一个孤立的事件和行为，要反对军阀，就必须反对支持军阀的帝国主义，不反对帝国主义，仅反对军阀，军阀的势力还是会得到帝国主义的支持而继续维持下去。因此，当时的革命，必须把反对"封建"军阀和反对帝国主义的民主民族革命同时并举而进行。因反"封建"军阀这种特殊的情形，乃成为中共"反帝反封"概念的最初表达与揭示。

五、各种观点之立论分析

恽代英说得非常明白："我们现在只知道要消弭内乱，须打倒军阀，不知道要打倒军阀，还需要解决军阀之所以产生的原因，这样所以闹了几年打倒军阀，军阀却只看见一天天的更专横了。"[①] 显然在恽代英看来，只有知道军阀形成的原因并解决这些原因，才能真正把军阀打倒。这种分析是很有见地的。确实，无论是人有病，还是由人所组成的社会有病，只有知道病因，才可对症下药、药到病除。军阀乱象的出现无疑表明社会出了大问题，国家出了大问题，需要对这种病因进行对症分析，才能找到解决军阀乱象的有效对策。由此可见，对军阀形成原因的探讨，其意义十分重要。

从以上关于军阀形成原因的讨论看，从各个角度立论、探讨，均解释了某一方面的道理，并引申了此方面的思考深度、广度和高度，是此后进一步探索的重要逻辑起点。如从军阀本身角度探讨其"形成论"，认为军阀之所以成为"阀"，是晚清以来逐渐养成的，非一日之弊，可见其彻底解决这一"历史积习"非一日之力；而少数掌握政权的个人私心自用乃为"阀"，也表明要解决握有权柄者的私心，就需要用一种政治上的根本方法，这种方法是制度的力量与信仰的力量的高度结合，这是解决军阀的一个用力方向；而军阀间的衍生、利用以及无序裂变纷争互为"阀"，表明军阀问题的解决，要

---

① 恽代英：《论三民主义》（1923 年 11 月 20 日），《恽代英全集》第 5 卷，第 163 页。

形成有效禁止军事权势私相衍生、利用及无序纷争的机制与环境。这些从军阀自身角度对其形成原因的分析，是很有建设性意义的，能够引发进一步思考和探索如何防止军权膨胀、限制军权独大、平衡军政关系等重大理论和现实问题，其政治意义极大。而从人民角度对军阀形成问题的探讨，是从军阀形成的外因角度的探讨，在那个特定时代提出这一问题虽则未免有苛责民众之嫌，但对于解释军阀形成问题确有一定道理，民初的民众思想觉悟、政治意识和组织水平确实与现代民主法治要求有巨大差距，需要启蒙、教育、训练和提高，才能为未来的巨大社会变革提供坚实的基础。因此，从人民角度探讨军阀成因问题，能够引发对于人民逐步走向主人地位的探索，具有重要的理论和实践意义。对革命不彻底成因的探讨，是一个相对深刻的理论性问题，需要深刻的历史洞察力和复杂的现实问题的准确判断力，如所提出旧有势力仍然掌握革命后的新建民国大权，革命力量幼稚、早熟，革命力量不够集中，均切中时弊，不仅对于解决军阀问题具有启示意义，对于进一步探索革命力量的成熟、发展和壮大，也具有重要的理论指导意义。对于国内外环境成因的探讨，对于认识中国革命的国情、政情和社会经济状况，以及中国的社会性质和国际背景，形成中国革命的基本理论和观点，具有重要的理论探讨意义。当然，就这些讨论本身来看，多立自某一角度，分析虽有一定深度，但从理论和思想层面上看，也还只是笼统性的，是初步的。

尽管如此，从整体上看，时人仍能从历史的深度和那个特定时代的认识高度，探讨了军阀产生的一系列主要原因，是有重大历史意义的。归纳上述探讨的核心思想，就是告诉人们：要解决军阀问题，一是要建立军队思想信仰体系和组织制度体系，确保军队不能变质，走向反面；二是要打倒军阀，在政治上要形成新的民主革命势力的大联合，形成革命的中心领导力量；三是要解决制造军阀的特定国际和国内的有关因素，这就是"反帝"与"反封建"问题。应该说，舆论对于军阀成因问题的讨论，对于凝练反对军阀的途径、道路、力量等重要问题，都具有重要的推动性和启发意义。时论探讨军阀的生成问题，立论的角度和方法、论者的观点和目的不尽相同，但却从不同的角度和方面来说明军阀生存的历史病态性和非合法性，其意在促使人们探讨消除军阀这一病态社会现象之方；提示人们要消除军阀现象，就要从进行社会根源的改造和更新开始，就要进行一场关乎国家和民族生存与未来发展的、范围广大的社会变革运动。这样，军阀问题的解决才有实现的可能。应该说，通过军阀形成原因的探讨，形成了社会对军阀批判舆论与中共反军阀理论在某些方面的共识、共鸣和共振。在这种共振中，中国共产党人对中国国情的认识愈加系统、愈加深刻，革命的理论亦随之愈加发展、愈加深入，中共早期革命的理论正是随着反军阀革命事业发展而发展的。

第三节　军阀特性之话语

　　五四前后是北洋军阀当政的时期。在这一时期，一方面是思想激荡的革新时代，一方面是军人干政乱政的纷争时代。在新旧两种现象交织并存、军人势力占据统治地位的背景下，新兴力量快速发展并占据思想主导地位，向军阀势力及其统治进行了全面批判和"进攻"，尤其是在对军阀现象进行全面批判而形成了对社会大众的广泛动员后，需要更进一步从思想上尤其是从理论上论证和分析。打倒军阀的合法性、合理性、必要性与必然性，为"打倒军阀"和"打倒列强"的国民革命的展开铺垫相应的理论准备。正是在这样一种历史事实与历史逻辑的发展脉络中，五四前后新的舆论思潮不仅敢于挑战军阀的权威，而且能够挑战军阀的权威，并能够站在那个新时代的思想高度和理论高度，清晰而准确地进击军阀的薄弱与致命伤处。在对军阀特性问题的讨论中，舆论界涉及军阀行为的有军阀"均势"与"分合"的矛盾性、"勾结外国列强"与"摧残民众自由"的媚外压内双重性、割据与专制共存的吊诡性诸方面。而上述诸方面的探讨，归纳看来，是对军阀存在的合法性问题与合理性问题的整体性追问。这就是对军阀特性的准确分析和判断，这种认识为国民革命重要思想理论武器的形成与建构提供了必要的思想与理论元素。就五四时期军阀特性问题而言，虽然前人有对这一问题研究的总结和归纳[1]，而从知识考古的角度，尚未有对时人关于军阀特性认识的专

---

[1]　周俊旗：《试论皖系军阀控制中央政权的原因及其政权的特点》，《安徽史学》1989 年第 3

题梳理和探讨，本节拟对这一问题做一探讨和分析。

一、"蔑视法律""破坏法律"与"谋求私人武装、地盘"的肆意性

军阀之所以成为"阀"，最突出的特征，就是军人不受国家法律的约束而为所欲为以致无法无天。因此，蔑视法律、破坏法律、超越法律之上，是军阀最突出的特征。军阀为什么如此，那是由于军阀是为了满足自己的私心、私利和军阀集团的私心、私利不惜违背国家法律、破坏法律，而由于国家统治中心的衰微，无力对军阀的违法行为进行制裁和惩罚，致使法律失去对军阀的效力。军阀成为不受法律约束、超越于法律之上、法律之外的特殊权势。因此，法律无法获得军阀的遵守和尊重，军阀蔑视法律的现象是自然的、普遍的。军阀蔑视法律，又是和军阀的私心自用紧密联系在一起的。古今中外治国者，皆须立法以治之，一准于法，概莫能外，手握重兵的军事将领及其军队，不仅必须受国法制约，更受军法军律严格约束。如此，国家始能不乱，军队始能不乱，社会始能不乱。军事将领及其军队，受国法、军法军律严格约束，故军事将领及其军队，是国家的武装，是"国之干城"，绝不存在有属于个人的武装和地盘的任何可能。而在五四前后的民初时代，国家纲纪失坠、国法不彰，国家秩序颠倒，军纪军规失效，有野心的军人乘机崛起，纷纷建立起个人的武装和地盘，而广大民众则饱受战乱、动荡、流迁和生死的劫难。这对人民来说，又是一个混乱的黑暗时代。人民在黑暗的时

期；张伟：《试论奉系军阀的特点》，《辽宁大学学报》（哲学社会科学版）2001年第3期；徐桂梅：《军阀统治的特点及其对中国社会的危害》，《河北师范大学学报》（社会科学版）1988年第2期；杨立强：《论近代中国军阀官僚集团组织构成的特点》，《军事历史研究》1989年第1期；等等。这些对军阀特点的研究，都是后人根据史料对其特点的归纳和分析，与本节分析时人对军阀特点的认识并不相同。应该说，今人对军阀特点的总结与时人对军阀特点的认识虽然有联系，但二者角度是不同的，今人研究的对象是军阀本身，而本节虽然研究的对象也是军阀，同时更是那个时代的舆论和思想。

代，盼望光明，积累光明，人民的力量最终要冲破黑暗，迎来光明。这就是历史发展的逻辑，这也是五四前后代表人民力量的新生思潮与军阀势力冲突、斗争的历史事实和逻辑。在这场斗争中，时论必然注意到军阀"非法"的特性问题。这正点到军阀的要害处。

时人寿康分析认为："照我的私见，军阀的要素不外下面所列的两种，就是：（一）藐视法律；（二）专谋私利；所以我们对于军阀可以下一简明的定义，军阀是藐视法律专谋私利的军队。军阀既为军队，当然有极完备的武装，他们凭借这种武力，来破坏一切国法，作种种只顾自己、不顾社会的恶事。"① 显然，军阀利用军队专做"只顾自己"的私事、恶事，"破坏"了"一切国法"，成了无法无天的野蛮军事强权状态。时人所说的"军阀莫不假法律问题为杀人争地之利器"②，所谓法律只是军阀利用的工具，实际上就是对法律的破坏。古蘧孙指出："军阀时代，无所谓法律，更无所谓宪法。以法律宪法只能施及小民，而军阀并可借此以掩饰欺人之手段也。"③ 无"法律"与"宪法"，只是对军阀权势集团而言，而他们一方面自己破坏法律，另一方面却又利用法律约束人民的手脚，"施及小民"，来维护自己的统治。对此，人们不能不思考：这些军阀已成为破坏法律的国家罪人，由他们管理国家将走向何等世界？

根据陈独秀对军阀的观察，他尖锐指出："'武人不守法律'为恶因中之根本恶因。无论何人，一旦有枪在手，便焚杀淫掠，无所不为，国法人言，无所顾忌，尚复成何世界！"④ 足见，军阀不守法律这一问题，在陈独秀对民初政治乱象的认知中具有多么严重的危害性，所谓"恶因中之根本恶因"的判断恰恰显示了军阀突出的罪恶特征。恽代英也观察到，军阀"领了兵，不

① 寿康：《什么是军阀？怎样倒军阀？》，《孤军》第 1 卷第 4—5 期合刊，1923 年 1 月，第 2 页。
② 祖绳：《军阀目中之大法》，《东南论衡》第 8 期，1926 年 5 月 15 日，第 3 页。
③ 古蘧孙：《甲子内乱始末纪实》，第 88 页。
④ 陈独秀：《今日中国之政治问题》（1918 年 7 月 15 日），《陈独秀文章选编》上，生活·读书·新知三联书店 1984 年版，第 268—269 页。

顾一切法律，没有人能裁制他"，"中国做官领兵的人没有什么怕的，便亦无忌惮的破坏法律起来"。① 值得注意的是，"领了兵"后"不顾一切法律"乃至"破坏法律"，竟然到了"没有人能裁制他"的地步，那就是军阀无法无天的局面。

在没有法律约束的军阀世界，军阀便公然肆其私利、私欲，形成其私人势力。时人环心认为，军阀"只知军事而不懂政治"，打仗是为"扩充私人的势力"。② 时人所指的"政治"，是指现代的法律和民主，而军阀迷信武力，利用武力为自己的"私人的势力"服务，心里自然没有法律和民主的概念和信念。陈独秀也说，自辛亥革命以后，军队已属于"军人私有"。"只听说有段军、有奉军、有辫子军、有唐继尧的兵、有陆荣廷的兵，却没听说有中华民国的兵。他们倚仗有他们的私有军队，所以才敢于横冲直撞，硬把中华民国闹到这步田地。"③ 没有法律约束和民主信仰的军阀，依仗"军人私有"的势力掌握着这个新成立的民国，形成了各省各姓各家的私兵，互不统属，毫无约束，结果便是"横冲直撞"，遂导致国家"闹到"大乱不止的"田地"。

军阀个人势力的存在依托于特定的地理空间。论者环心指出，军阀的目的"则是图谋私人的地盘"。④ 地盘对军阀局势具有支配性意义，地盘不仅是军阀生存和发展的空间依托，还是钱粮等物质资源和兵力等人力资源的可靠基地。但军阀把国家的行政区域私有化、割据化，盘剥、役使地盘内的财力和民力，破坏了国家行政区划的统一和国家政治的统一。

军阀蔑视法律、破坏法律，与扩充自己的私人武装及地盘，这两个方面属于具有内在密切联系的一体关系。军阀一方面肆无忌惮地蔑视与破坏法律，形成"无法无天"的疯狂与野蛮状态，显示了军阀存在的"非法"特

---

① 恽代英：《时论的误点》（1923 年 11 月 25 日），《恽代英全集》第 5 卷，第 199 页。

② 环心：《革命军人与军阀的分别》，《共进》第 86 期，1925 年 7 月 15 日，第 5—6 页。

③ 陈独秀：《欢迎新军人》（1921 年 1 月 1 日），《陈独秀文章选编》中，第 72 页。

④ 环心：《革命军人与军阀的分别》，《共进》第 86 期，1925 年 7 月 15 日，第 5 页。

性；同时军阀把军队私有化、把地方割据化而呈个人作威作福、称王称霸的现象，又恰恰淋漓尽致地表现了军阀的腐败面相，不受法律限制的特权必然产生腐败，军阀特殊势力不受法律约束，也必然成为一个腐败自私的群体。

二、军阀"均势"与"分合"的矛盾性

军阀之所以形成，从政治上说是国家失去了统一稳定的政治中心力量，而在军事上也不存在一支足以扫平一切异己力量并能统一全国的军队，而呈现了群雄并争的状态。这是一种整体上的诸种军事集团力量的"均势"现象。但这种"均势"是相对的，因为军阀间不断为扩充军队、争夺地盘和争夺政权进行战争，原有的均势往往被打破而呈现出"非均势"的走向。均势与非均势是一种对立和矛盾，但就实质而言，无论均势还是非均势，都是不合理的、非正常的病态之存在。

梁启超对军阀间的"均势"与"非均势"现象有甚为生动和深入的观察与剖析，他道："国中如有两派以上之军人分擅权力耶，倘其势相均而力相敌，则互取国家之利益，豆剖而瓜分之……如是则在军人均势状态之下……然而人性之欲利，无有餍也，务增扩其权力亦无有餍……盖均势之局必不可久，久而必破，破而必哄……凡以武力相持相竞者，势所激荡，必循斯轨，未或能逃避也。既破而哄，乃有胜败，败焉者无论矣。胜焉者而占绝对优势，无复他力足以与抗耶……其不能占绝对优势而犹有他力足以与抗耶，则调和也，抵制也，交换利益也。层出屡试，以弥缝于一时，及历若干时日之蕴毒养孽，而相踢相龁相哄之象又起，如是者因果展转，递为循环，虽其人交迭代谢，其权力消长忽彼忽此，而涂之所趋，决无以改乎其旧。"[1]所谓均势，就是军阀间暂时的合作和维持现状，是所谓"合"，这种"合"绝不是

① 梁启超：《军阀私斗与国民自卫》（1920 年），汤志钧、汤仁泽编：《梁启超全集》第 10 集，中国人民大学出版社 2018 年版，第 307—308 页。

整体的国家统一，是割据状态下的"势均力敌"现状维持的表面"合作"，而实质是"非均势"，是"分"，是"斗"，是不可消除的军阀间的利益矛盾与地盘矛盾。矛盾性，即不合作性，才是根本的方面。

奉系打败直系逐渐控制北京政府后，有论者认为，奉系将又面临"军阀均势的战争"，称："直皖战争以来，民国的内乱，可说都是军阀一种均势的战争。皖系势力太大，则直奉两系联合来推翻他们。奉系势力逼人，则直系又联络其他军阀来驱奉。及到直系握得大权，则奉系和其他实力派又共同倒直。今则奉系虎踞东北，而其势力由京津扩张到长江，则最直接感受侵逼的直系残余的势力团结起来，谋联合他系军阀，驱逐奉军也是不足怪的事。"① 显然，"均势"只是一个平衡点，过了这个点，则又在酝酿着新的战争。

孙中山也观察到军阀的均势现象问题，他指出："构成中国之战祸者，实为互相角立之军阀，此互相角立之军阀各顾其利益，矛盾至于极端，已无调和之可能。即使可能，亦不过各军阀间之利益得以调和而已，于民众之利益固无与也。""至于知调和之不可能，而惟冀各派之势力保持均衡，使不相冲突，以苟安于一时者，则更为梦想。何则？盖事实上不能禁军阀中之一派不对于他派而施以攻击，且凡属军阀莫不拥有雇佣军队，推其结果，不能不出于争战，出于掠夺。"② 孙中山看到了军阀间从平衡到打破平衡的循环相因过程，而其结果则是"不能不出于战，不出于掠夺"的非理性之轨。

军阀由于各私其心，其所有的行为都是为了其个人与派系集团的利益服务的，因此无论联合与斗争纯以利益为转移，这就使得军阀间的合纵连横变得复杂与无常。军阀一方面制造均势，另一方面又打破均势追求非均势，时常处于否定之否定的循环矛盾状态。军阀间的均势合作与非均势纷争，都是种因于军阀的私利矛盾和恩怨，因此无论从正常的个人做人做事之理来判

---

① 文:《又是军阀均势的战争!》,《现代评论》第 2 卷第 48 期,1925 年 11 月 7 日,第 3—4 页。
② 孙中山:《中国国民党第一次全国代表大会宣言》(1924 年 1 月 23 日),《孙中山全集》第 9 卷，第 117 页。

断，还是从公务运作处理之理来判断，都是无解的，呈现出非常明显的非理性与矛盾性特征。

三、"勾结外国列强"与"摧残民众自由"的媚外压内双重性

在近代中国，由于列强拥有支配性的地位和势力，国家处于殖民地半殖民地状态，故军阀虽然在国内权势独大，但却又不能不受制于列强及其在华势力的摆布；同时，军阀为了维护和加强自身势力，也需要有一个甚至多个列强作为其各自的后援。军阀对国内的民众，则横征暴敛，肆意摧残。因此，整体上看，军阀有一个共同的特征，即对外勾结列强、不惜出卖国家权益，而对内则逞民以威，形成了媚外欺内的分裂性双重性格。

陈独秀提出了他对军阀特性的解释，强调"军阀的特性有二：（一）凡军阀必然勾结外国帝国主义者，这是因为帝国主义者已占住了中国最重要的财政机关、交通机关，中国的军阀必尽力勾结帝国主义者，保护其在中国利益，始能得其援助，始能使其拥护军阀的政权，并且军阀不能独在国内找出尽量扩充军备之饷械的供给，也不得不仰求于帝国主义者，同时帝国主义者侵略半殖民地，亦不得不利用旧统治阶级做工具；（二）凡军阀必然摧毁民众的自由，这是因为军阀的利益和民众的利益冲突（最重要的如苛捐杂税），非摧残民众的自由，便不能维持其统治权，同时帝国主义者的利益和被压迫国内民众的利益冲突（最重要的如把持海关、工业品竞争、利用贱价劳动等），军阀非摧残民众自由，不能得帝国主义者的欢心。这两个军阀的特性，乃是半殖民地旧统治阶级的特性。"[1] 他指出，确认军阀具有此种特性的意义在于，知道了军阀的特点后，就不会将军阀与革命的军人不分，就不会把一切担任军职的军人都当作军阀；明了两者的区别，就可

---

[1] 陈独秀：《什么是帝国主义？什么是军阀？》（1926 年 4 月 13 日），《陈独秀文章选编》下，生活·读书·新知三联书店 1984 年版，第 157 页。

以拥护和军阀不同的革命军使其去做打倒军阀的工作。① 陈独秀根据列宁的帝国主义理论，结合民初以来军阀与外国列强相互利用的状态，指出了帝国主义利用中国军阀扩张其势力、军阀勾结列强以求帝国主义支持的事实，将军阀对列强媚外"仰求"，出卖国家利益，给国家权益带来巨大损失，给国家的尊严和荣誉造成严重伤害，而对本国人民欺下"摧残"，在民众利益上榨取豪夺、政治上摧残自由，给人民和社会发展造成严重障碍的双重真相披露于世人面前。

邓中夏也认识到军阀勾结列强和欺压人民的双重性。他指出："中国时局在表面上看，是万恶的军阀捣乱，从实际上看，尚有阴险的外国人（所谓列强，所谓帝国主义）在背后做鬼。所以中国时局和外国人有极大的关系。""军阀没有军饷，外国便暗地里借款给他；军阀没有军火，外国便暗地里卖军械给他。"② 军阀与列强互相勾结以获得支撑，条件当然是要把国家

---

① 陈独秀：《什么是帝国主义？什么是军阀？》（1926 年 4 月 13 日），《陈独秀文章选编》下，第 157—158 页。而论者王吉占认为："我的见解，凡在政治上，具有据土、练兵、自由行动的三种特质者，就当谥之为军阀。"王吉占：《军阀是什么东西》，《京报》1926 年 2 月 20 日，转见徐勇：《"军阀"治下之"军阀"学理研讨——以北伐战争前夕一场政治与学术论战为中心》，《北京大学学报》（哲学社会科学版）2005 年第 4 期，第 71—78 页。王吉占正是根据他所划定军阀特质，将当时在南方广东黄埔军校练兵的蒋介石也"呼为军阀"。对此，陈独秀指出把"据土、练兵、自由行动"三点作为军阀的特性并不准确，因为南方革命军相对北洋政府而言也具有这样三个特性。王吉占对军阀特质的概括确实有泛化之嫌，他的"据土"是指"据有一定之防地"，任何军队均需要防地，不独军阀有防地；练兵，又是任何军队均需进行的军事活动；唯有"自由行动"可作为军阀的一项特征，但陈独秀看得明白，如果以北洋政府的角度看南方革命军，南方革命军何尝不是自由行动？因此，这种看法不过是表面之论，陈独秀则从时代的特性上揭示了军阀的特质，因为担当国家独立与统一职责的军人必须捍卫国家的利益，勾结外国列强者，只有军阀不惜危害国家利益而为之；国家的军人有保护人民大众生命财产的权力与任务，摧残民众自由的也只有军阀敢冒天下之大不韪而为之。应该说，陈独秀对军阀特性的分析，划清了军阀与革命军的鲜明界限和不同本质：革命军是捍卫国家利益的，是保护民众自由和利益的；军阀为维护其统治是出卖国家利益的，是摧残民众自由和利益的。

② 邓中夏：《中国时局的大概》（1923 年 10 月 31 日），《邓中夏全集》上，人民出版社 2014 年版，第 252 页。

的权益出卖给列强。而对内，"军阀别的本事没有，杀人放火，卖国殃民到（倒）是他们天大的本事"。① 军阀在近代列强支配中国背景下，实际上成为列强在中国的代理人。邓中夏既看到了军阀之恶后面的帝国主义之恶，又看到军阀对中国社会所造成的破坏性，因此凸显了反帝反封建军阀双重斗争目标的必要性。

恽代英也分析了军阀的双重性问题。一方面，军阀与列强的关系，是"在北京政府只知要钱打仗，在外国资本家与外国政府只知借以盘剥利息，侵蚀中国主权。他们'交易而退'，自然'各得其所'了"。② 另一方面，"是我们国民负担越重"，③ 他举例说，"吴佩孚所念念不忘的，只是搜刮军饷，扩张势力。"吴佩孚"穷民以逞，在他的兴盛与灭亡的过程中，总是我人民的切身痛苦罢了"。④ 军阀与列强是利益"交易"，而对人民则是增加"切身痛苦"。恽代英一方面认识到列强勾结军阀进行经济"盘剥"后的"侵蚀中国主权"这一要害问题，另一方面又看到军阀无论兴灭都是"穷民以逞"的欺榨人民利益的特性。

军阀对外卖国、对内榨取、镇压人民的双重性，是军阀的特殊利益使然，而军阀的这种特殊利益与国家和人民的利益是根本对立的。军阀的这种行为，从国家和人民这一根本角度来说，绝不仅仅是个人私心、私利的小问题，而是国家的大是大非问题，是对国家和人民的犯罪，军阀就是国家和人民的敌人。这表明，只有把军阀打倒，才能进而打倒侵略中国的帝国主义，才能获得国家的主权与独立，才能结束军阀榨取民众利益、摧残民众自由的混乱局面，人民才能有安宁、自由的生活。

---

① 邓中夏：《中国时局的大概》（1923年10月31日），《《邓中夏全集》上，第250页。
② 恽代英：《列强卵翼的北京政府》（1924年3月20日），《恽代英全集》第6卷，第185页。
③ 恽代英：《列强卵翼的北京政府》（1924年3月20日），《恽代英全集》第6卷，第185—186页。
④ 恽代英：《北方四头的活跃》（1924年4月27日），《恽代英全集》第6卷，第289—290页。

四、割据与专制共存的吊诡性

军阀的基本特点无疑是其割据性，在统一的国家中将地方政权独立化与私有化，这是古今中外所有军阀的共性，民国时期军阀自然也不例外。时人对此有充分的观察与揭示。而另一方面，军阀也同时具有专制性，因军阀均系武人出身，处事普遍具有武人武断、专断的风格，而在五四前后民主风尚开始大兴的时代，这种行事风格与模式必然被认为有与民主原则背道而驰的专制特征。

时人对军阀割据现象有清晰的观察与确认。学者周鲠生观察军阀的割据现象时沉痛指出："国中有一部分之武人挟其武力，割据自雄，而操持一拥空名无权力之所谓中央政府以号令国民。""历年时局纷纠不能解决，即由于无术以打破此项事实。"[1] 在周看来，军阀割据是造成中国时局纷乱的根源。记者老圃对军阀的割据特点进行了持续观察，如 1921 年 1 月 26 日他在《申报》发表的时评中指出，时局或正处于"摹仿五代时割据之成法"[2] 过程中；1921 年 2 月 19 日，老圃在谈到统一问题时，指出阻碍统一的"各省各拥重兵，督军师长，斗量车载，衡（横）塞要路，人民虽欲自下而上（统一——引者注），亦觉寸步难行"；[3] 1921 年 9 月直奉战争前，老圃发文指出："今日之有奉派、直派，犹五季之有朱全忠、李存勖。其势不能相容，此无可讳言。"而其两派相争，虽有"一败一胜，一盛一衰，仍不脱割据之局"。[4] 显然，在老圃看来，割据是军阀这一现象最明显的体现。梁启超在谈到军阀

---

[1] 周鲠生：《时局之根本的解决》，《太平洋》第 4 卷第 2 号，1923 年 9 月 5 日。

[2] 老圃：《民国与五代之比》（1921 年 1 月 26 日），载杨荫杭著，杨绛整理：《老圃遗文辑》，长江文艺出版社 1993 年版，第 203 页。"老圃"即杨荫杭之记者署名。

[3] 老圃：《联省政府》（1921 年 2 月 19 日），载杨荫杭著，杨绛整理：《老圃遗文辑》，第 226 页。

[4] 老圃：《北军阀破裂之朕兆》（1921 年 9 月 14 日），载杨荫杭著，杨绛整理：《老圃遗文辑》，第 412 页。

私斗问题时，也指出军阀"更迭割据，日相喋血"①的面相。孙中山所说的"大皇帝"被推倒之后生出许多"小皇帝"②的问题，也正是军阀割据所体现的症结。

共产党人对军阀的割据特征也有清晰的认识。陈独秀1923年4月在一篇论述如何打倒军阀的文章中指出，军阀们所提倡的"联省自治"，"是破坏统一之变相的封建割据"。③此语道破了军阀企图进行此项"运动"的真实面目。瞿秋白对军阀的"封建割据"问题也做了自己的观察，他从经济和地方制度的角度分析了军阀产生和近代革命（如辛亥革命）不成功的原因，认为"中国的经济发展久停滞于宗法社会及半宗法社会的状态"，各地是"一个大大小小的'半自然经济'的区域"，"每一经济区域自然形成一政治的中心——割据的局面借此而形成"，在此情形下，外国列强"假手于官僚军阀，而确立其'势力范围'"。因此，中国平民的"经济能力不能集中，政治实力自无结合"，于是就造成了"非受专制君主之巡抚镇守，就受变相的封建诸侯（军阀）之督理宣慰"。因此，要改变现状，就要从根本上改变封建的经济制度。④瞿秋白的认识角度很有自己的特点，在他的笔下，军阀的"割据"是与"封建"的"宗法社会""半宗法社会"和"半自然经济"紧密联系的。陈独秀等共产党人的上述认识，必然与中共中央有关决议中的相关提法或政策指向性发生密切关系。事实上，中国共产党成立后在发表的一系列重要政治主张中，涉及军阀概念时，往往用"割据"加以规定。如中共二大通过的《关于"国际帝国主义与中国和中国共产党"的决议案》中认为，"中国

① 梁启超：《军阀私斗与国民自卫》，《饮冰室合集》第4册"文集之三十五"，中华书局1989年版，第39页。
② 孙中山：《在广州商团及警察联欢会的演说》（1924年1月14日），《孙中山全集》第9卷，第59—60页。
③ 陈独秀：《怎么打倒军阀》（1923年4月18日），《陈独秀文章选编》中，第251页。
④ 瞿秋白：《中国之地方制度与封建制度》（1923年5月2日），《瞿秋白文集》政治理论编第2卷，第32页。

本部是在军阀封建割据之下"①，尽管该决议中在"割据"前加了"封建"这一属性，而其具体所指仍意在说明军阀所普遍具有的割据性。中共二大通过的《中国共产党第二次全国大会宣言》中也指出：军阀们"为自己的利益把中国割据得破碎不全"，"中国还是军阀把持和割据的时代"，地方军阀甚至"假联省自治的名义实行割据"，②均表示了中共把割据视为军阀现象的一种基本特征。1923 年中共三大后，在中共对时局的宣言中，仍分析指出了军阀南北关系的问题实质是，军阀们的"团结西南以抗北方，观往察来，只是地域上南北割据之争"。③可见，中共是把军阀现象作为一种割据现象和割据性力量来认识和分析的。

军阀不仅是"割据"的，同时又是专制的。蔡和森在谈到民国成立后政权落入军阀之手后形成的局面时指出："新政权不得不完全落于封建的军阀与官僚之手。由此就形成十年以来军阀专政和军阀割据的封建残局"。④军阀"专政"，实际上具有"专制"之意，而通常情况下，中共往往把反军阀的革命视作"民主革命"性质，显然也是把军阀作为与"民主"对立的"专制"来看待的。割据本来是分散的，各不统属的，这种分散割据的现象，又表现为专制，似乎是个矛盾，然而这两个矛盾方面却又都统一存在于军阀政治这一现象中，却是个历史事实。对于军阀的专制性问题，时人多有分析。时人默指出：与谋多数人利益的"民治"相对立的"专制，则所谋在少数人之利益"。"军阀专制则利在军阀之少数人。""今日之中国，正在最恶劣军阀专制之下，此军阀专制各国皆成陈迹，而我尤在与人民奋

---

① 《关于"国际帝国主义与中国和中国共产党"的决议案》（1922 年 7 月），中央档案馆编：《中共中央文件选集》第 1 册，第 62 页。
② 《中国共产党第二次全国大会宣言》（1922 年 7 月），中央档案馆编：《中共中央文件选集》第 1 册，第 109—111 页。
③ 《中国共产党对于时局之主张》（1923 年 8 月 1 日），中央档案馆编：《中共中央文件选集》第 1 册，第 177 页。
④ 蔡和森：《武力统一与联省自治——军阀专政与军阀割据》（1922 年 9 月 20 日），《蔡和森文集》上，人民出版社 2013 年版，第 110 页。

斗之中。"① 在记者默看来，中国军阀的专制是违背世界潮流的，但它却不肯退出历史舞台，还在与人民挣扎顽抗。孙中山也认识到军阀的专制性，他说："从前革命党推倒满清，只推翻清朝的一个皇帝。但是推翻那个大皇帝之后，便生出无数小皇帝来。像现在各省的督军、师长和北京的总统、总长，都是小皇帝。那些武人官僚都是大清帝国留下来的，只知道做官，他们的思想纯粹是做皇帝的旧思想。他们有了兵，便胡行乱为，像袁世凯，拥兵最多，便自己称皇帝。如果拥兵较少的，虽然不敢自己做皇帝，只要有了三五千兵，便想反叛民国，恢复旧制度。那些恢复旧制度的行为，就是实行专制，就是专制时代小皇帝的行为。所以说到民国以来，我们革命党只推翻大皇帝，那些小皇帝还没有推翻，故民国徒有民国之名，仍受专制之实。"② 孙中山对军阀专制性的认识，是从过去皇帝专制性的历史比较中得来的，带有对革命不彻底性的反思意味，但他清楚地说明了军阀专制性的思想文化来源。法学家周鲠生认为中国的矛盾在于，一方面是因割据产生的"无政府"状态，而另一方面"则为割据的专制；每一省或一地域之军队首领，事实上行使无限的威权，自成一个专制的君主"。③ 周鲠生分析得非常准确到位，体现了他作为法学家分析矛盾问题的清晰思路。

确如时人意识到的那样，一方面是军阀割据的无政府、无中心权威状态，另一方面又表现为与"割据"似乎难以联系的"专制"特性，看似吊诡的现象，却突出地统一体现在军阀政治之中。专制本来是必须在有政府的、有权威的条件下形成的，而却体现在割据、无政府状态的军阀身上，是因为军阀尽管呈"割据"状态，对割据之外区域的权力无法行使，但对其割据之内区域却具有绝对的权威，如孙中山所说的专制的"小皇帝"，如周鲠生所说的"专制的君主"，这些人"内斗""喋血"，相互竞争、相互割据所为者，

---

① 默：《对于国民今后之希望》，《申报》1920年10月10日。
② 孙中山：《在广州商团及警察联欢会的演说》（1924年1月14日），《孙中山全集》第9卷，第59—60页。
③ 周鲠生：《时局之根本的解决》，《太平洋》第4卷第2号，1923年9月5日。

如时人所分析的那样，是"所谋者在少数人之利益"，也就是军阀个人乃至军阀集团的利益，是与民族、国家和人民的利益相矛盾、相对立的。因而，军阀为众矢之的，成为革命所要打倒的目标和对象，也是必然的。

五、余论

这里的所谓社会舆论，是指五四前后涵括一般知识分子和国共两党舆论在内的时论。对于一般知识分子的言论称为社会舆论，不会引起异议；对于国共两党的言论实乃政论而统称为"社会舆论"，可能会有不同认识。实际上，对于掌握北京政权的北洋军人而言，中共是没有武装的在野党，国民党也并非绝对的武装暴力革命者，甚至如果北洋军人愿意和国民党共享政权，孙中山和国民党也并非非要发动北伐不可。国共两方的舆论，从大的社会背景看，当然也属于"社会舆论"的范畴。而且，就这些舆论看，无论是一般知识分子，还是国共两党，在军阀性质问题上的讨论，不仅没有根本上的分歧，而且在许多方面认识是相近乃至一致的，有的则是互补的。只是，北洋军人过分迷信派系集团武力，坚持其北洋正统而拒绝其他性质的政治力量的实质性参与，以维持其统治。事实是，北洋军阀当时已经严重分化、分裂，既不足以凝聚北洋共识，更不可能凝聚国家共识，而沦为地方派系集团和个人势力的工具。因而，社会各界对军阀的认识已经非常负面，舆论界已将"军阀"存在的根基置于社会舆论的刀剑之下，刨除了"军阀"统治社会的理论正当基础，已将军阀的命运划定了休止符。而以军阀之顽劣，至其覆亡之日亦无以明白何以走到了末路。而从社会舆论对军阀批判所形成的社会力量看，关于军阀"性质"问题的探讨，对军阀统治所形成的冲击力，对军阀统治合法性所构成的威胁和摧毁力，是不可忽视的。军阀性质问题探讨，是衡量"军阀"在中国社会有否存在价值的标尺。正是通过对军阀特性问题的讨论和分析，形成了军阀没有存在的价值的共识，军阀以其非法性、腐朽性、破坏性、媚外欺内性、分裂割据性与武断专制性，成为被社会各界必欲打倒、铲除的目标。这种讨论，对于打倒军阀统治，动员民众加入到国民革命运动中，具有重要的舆论导向作用。

在对军阀的特性问题讨论中，舆论界涉及军阀行为的军阀"均势"与"分合"的矛盾性、"勾结外国列强"与"摧残民众自由"的媚外压内双重性、割据与专制共存的吊诡性诸方面。而上述诸方面的探讨，归纳看来，是对军阀存在的合法性问题与合理性问题的整体性追问。这些分析关涉到中国近代历史发展中的一些重大理论和现实问题，如现代法治与权力（尤其是军权）关系的处理问题；也涉及中国近代民族国家建构中的一些基本和核心的问题，如中国政治与列强关系的处理问题；还涉及中国近代民族复兴历史过程中的一些基本问题，如军阀的割据分裂和国家统一问题；等等。在上述讨论中，有些问题虽然只是初步提出，但在理论上却带有开拓性，已经涉及中国近代历史发展中一些重大问题，其理论意义是深远的，为以后进一步探讨中国社会乃至中国革命问题，作出了有益的尝试。

第四节 中共与其他政治力量关于
军阀问题"解决"之话语

民初以来，由于政治变乱，国家政治渐呈严重的军事化态势，而军事权力又呈局部化和地方化状况，国家陷于纷争和割据之中，遂呈战乱不止之象。这种乱象，在当时看来，实因"'纲纪'二字，已不复为军人所重"[①]的军阀集团所酿成。在这样的特定背景下，失去纲纪约束的军人集团尤其是北洋军人集团，不能不成为国人聚焦、反对并力图"解决"的对象。时人关注军阀现象，是因为军阀已经成为那个时代急切需要解决的重大社会政治问题，也就是如何打倒军阀、如何"解决"军阀问题。对于这一问题，不同的人、不同的社会群体、不同的阶层和政党有着不同的立场和答案。关于民初军阀问题，学界已有诸多翔实的研究[②]，但五四前后各种新的政治力量是

---

① 荣孟源、章伯锋主编：《近代稗海》第 6 辑，四川人民出版社 1987 年版，第 284 页。

② 关于北洋军阀史的研究主要有来新夏：《北洋军阀史略》，湖北人民出版社 1957 年版；来新夏主编：《北洋军阀史稿》，湖北人民出版社 1983 年版；来新夏等：《北洋军阀史》，南开大学出版社 2000 年版；陈志让：《军绅政权——近代中国的军阀时期》，生活·读书·新知三联书店 1980 年版；潘荣：《北洋军阀史论稿》，中国文史出版社 2007 年版；齐锡生：《中国的军阀政治（1916—1928）》，杨云若、萧延中译，中国人民大学出版社 1991年版；张玉法主编：《军阀政治》，《中国现代史论集》第 5 辑，台北联经出版事业公司1980 年版；李新：《军阀论》，《史学月刊》1985 年第 1 期；彭明：《北洋军阀（研究提纲）》，《教学与研究》1980 年第 5、6 期；陈旭麓：《军阀与近代中国社会》，《西南军阀史研究丛刊》第 2 辑，贵州人民出版社 1983 年版；杨天宏：《直奉战争之后的北京政治——段祺瑞临时执政府对北洋体系的整合》，《史学月刊》2008 年第 4 期等。

如何提出"解决"即"打倒"军阀这一重大社会问题的？中共与其他政治力量各自扮演了什么角色？这些"解决"方案有何价值和作用？这些问题，学界尚缺乏系统研究，本节拟作梳理和探讨。

一、中共率先提出了解决军阀问题的方略并逐渐形成了明确的基本方针

中国共产党人率先提出解决军阀问题的看法，并逐渐完善，形成了明确打倒军阀的基本方针和理论言说。

在中共正式成立之前，陈独秀、李大钊两人就敏锐地观察到军阀祸国的现象并提出了如何解决军阀问题的主张。

早在 1919 年 3 月 23 日，陈独秀在他的《为什么要南北分立？——南北人民分立呢？还是南北特殊势力分立呢?》一文中，明确提出了"铲除这南北军阀的特殊势力"，才是"解决中国政治问题的根本要点"。他分析，如果能"铲除这特殊势力，不但南北分立不成问题，就是什么陕西问题，福建问题，湖南问题，川、滇问题，粤、桂问题，湘、桂问题，也都根本解决了"，"在军阀特殊势力未铲除以前……无论名义上是南北分立，或是各省地方分治，那实质上都是'藩镇割据'"，和真正的"地方分权人民自治的精神，隔得太远"[1]。在这里，他敏锐地看到军阀问题就是障碍中国统一的真正"根本问题"，只有解决这一根本问题，才能解决民国以来中国政治纷争、南北分裂等一切政治问题。

1919 年 8 月 17 日，李大钊在《再论问题与主义》一文中也说道："在清朝时，我们可用民主主义作工具去推翻爱新觉罗家的皇统。在今日，我们也可以用他作工具，去推翻那军阀的势力。"[2]值得注意的是，李大钊在这里，不

---

① 《陈独秀文章选编》上，第 368—369 页。
② 李大钊:《再论问题与主义》(1919 年 8 月 17 日)，《李大钊全集》第 3 卷，人民出版社 2013 年版，第 51 页。

仅讨论中国的"军阀",而且还讨论用什么"工具"去推翻他们。1920年8月17日,他在《要自由集合的国民大会》一文中,明确地认识到中国的民众是破除军阀势力的主力,他说:"时至今日,一切历史上传留下来的势力,都一天一天的粉碎了。什么宗教咧,皇统咧,军阀咧,政阀咧,不遇民众的势力则已,遇则必降伏拜倒于其前;不犯则已,犯则必遭其殄灭。民众的势力,是现代社会上一切构造的惟一的基础。"并举证说:"五四以来,罢免曹、陆,乃至此次打破一派军阀,摧除安福,那一件不是这种国民大会的效力!"①

中共正式成立之后,陈独秀、蔡和森等对如何解决军阀的问题进行了进一步探索。

1922年6月,陈独秀发表文章,表达自己对中国政治问题的看法。他认为,根据中国的社会政治现状,要打倒军阀,就必须组成代表人民利益的政党,"无权力则无国家无政治之可言,只有力乃能代替力,这种自然法则之支配,又是我们所不能避免的;所以我们应该明白若是人民的权力不能代替军阀的权力,军阀政治是不会倒的。"陈独秀从国家政治"法则"的思想高度,既看到打倒军阀必须靠实力,又认识到这样的实力必须是"人民的权力"。而且,他更进一步分析了人民的权力表达的政治形式,他指出:"人民的权力,必须集合在各种人民的组织里才可以表现出来,直接具体表现到政治上的只是政党。政治的隆污是人民休戚之最大关键,政党是人民干涉政治之最大工具,所以主张人民不干涉政治是发昏,主张干涉政治而不主张组织政党,更是发昏之发昏。要实现政党政治来代替武人政治,亦即是以人民权力来代替军阀权力,非有党员居全国人口百分之一强大的民主党二个以上不可。因为有这么多的党员……才可以实施刷新政治的各项政策,才可以制裁武人,才可实现政党政治来代替武人政治。"②就是

---

① 李大钊:《要自由集合的国民大会》(1920年8月17日),《李大钊全集》第3卷,第262、263页。
② 陈独秀:《对于现在中国政治问题的我见》(1922年8月10日),《陈独秀文集》第2卷,第269页。

说，属于人民的政党联合起来才是足以打倒军阀的新的政治力量。这就是联合起来用"革命的手段"打倒军阀，建立新的政权，他说："我们主张救济中国，首在铲除这种割据的恶势力……铲除这种恶势力的方法，是集中全国爱国家而不为私利私图的有力分子，统率新兴的大群众，用革命的手段，铲除各方面的恶势力，统一军权政权，建设一个民主政治的全国统一政府。"①随着反军阀斗争的深入和国民革命运动的深入，陈独秀提出以有组织的广大的国民革命运动打倒军阀的主张，他说："军阀们的罪恶，国民都已经亲眼看清楚了，非打倒军阀不能救国救民，国民也渐渐觉悟了，但是如何打法才有效呢？我们要知道：军阀的命运固然已去末日不远了，然自古道'困兽犹斗'，他们最后必死战……若是没有组织力很强的很广大的国民运动，还怕是敌他们不过。所以要打倒军阀，散漫的各个争斗是不济事的，必须是各阶级各部分争自由争民权的各种势力，在一个统一的目标之下集中起来，成功一个有组织的广大的国民运动，才有充分反抗军阀的力量。""能够打倒军阀的，只有统一的国民运动。"②在陈独秀看来，组织代表人民利益的政党，在政党联合的基础上再组织统一的国民革命运动，这是能够打倒军阀的道路。

1923年4月，陈独秀进一步探讨了怎样打倒军阀的问题，他说："近来以外交、内政上种种事实的教训，国民各方面救国的思想及方法都已渐渐集中到'打倒军阀'这一点。这也不用我们再来解释了。现在的问题是怎样打倒军阀。"他提出了六项方法：第一，要打倒军阀，必须排除军阀的后援帝国主义，尤其是要抵死反抗帝国主义"以各种名义的外债直接或间接供给军阀"。第二，做各种武装平民的办法，使军阀的兵源枯竭。第三，组织与军阀武力统一或联省自治相对立的真正的民主统一运动。第四，做统一的国民运动，"能够打倒军阀的，只有统一的国民运动。统一的国民运动之具体办

---

① 陈独秀：《联省自治与中国政象》（1922年9月13日），《陈独秀文章选编》中，第204页。
② 陈独秀：《统一的国民运动》（1922年2月27日），《陈独秀文章选编》中，第247页。

法，最好是各省各团体集合在国民革命军中心地方，开一国民代表大会，以议定解决政治之统一的战略"。第五，必须有民主革命的中心力量的领导，"在国民运动中，要成就一个革命的局面，断然不可没有一个势力集中的革命党做中坚，担负破坏及建设的责任。"在现在的情况下，各民主革命分子应建立广泛的统一战线，"集合在民主革命的中国国民党，使他成功一个强有力的革命党，才有打倒军阀的希望"。第六，必须认定劳动阶级是国民运动中重要部分，"在国民运动中若忘记了劳动阶级是重要部分，这种国民运动也必然是软弱没有力量"，"劳动阶级不但求真民主主义最切，而且能为真民主主义奋斗的力量也最大。并且此时中国的国民运动，劳动阶级不但是重要部分，已经是最勇敢急进的先锋了，试看铁路工人已经首先起来以血肉和军阀相搏，便可明白。他们此次的血战，不只是为工人的自由与人格而战，乃是向军阀们黑暗势力为全国人民之人格与自由而战"。[1] 在此，陈独秀探讨了打倒军阀的具体策略、途径、领导力量、依靠力量等问题，对怎样打倒军阀进行了更为全面的思考。

蔡和森的观点非常明确："中国政治的乱源既然在军阀，所以现在根本的问题"，"在怎样推翻军阀，换过说就是怎样革命"，"我们惟望结合伟大的革命群众的势力"，进行打倒军阀的"革命的统一"，而革命的"统一的目的要建筑在最大多数贫苦群众的幸福和全国被压迫民族的对外独立之上，才能够真正的统一"。[2]

中国共产党人关于如何解决军阀问题的方略，集中体现在党的历次决议、时局声明的主张中。

早在 1921 年 7 月中国共产党成立之际制定的《中国共产党第一个决议》就决定："在政治斗争中，在反对军阀主义和官僚制度的斗争中，在争取言

---

① 陈独秀：《怎么打倒军阀》（1923 年 4 月 18 日），《陈独秀文章选编》中，第 249—253 页。
② 蔡和森：《武力统一与联省自治——军阀专政与军阀割据》（1922 年 9 月 20 日），《蔡和森文集》，人民出版社 1980 年版，第 105—106 页。

论、出版、集会自由的斗争中，我们应始终站在完全独立的立场上。"① 这里，明确提出把"反对军阀主义"作为政治斗争的第一任务，而且还把"军阀"提升到"军阀主义"的认识层次，表明中共党内对国内军阀问题的认识已非泛泛观察及言论可比。1922 年 6 月 15 日，中国共产党在第一次对于时局的主张中，针对废督裁军、联省自治、实业救国以解决纠纷的主张，明确表明了自己解决时局的立场："解决纠纷的唯一道路只有打倒军阀建设民主政治。"② 对于什么是民主政治，中共有自己不同的解释："民主政治当然由民主派掌握政权，但所谓民主派掌握政权……乃是由一个能建设新的政治组织应付世界的新环境之民主党或宗旨相近的数个党派之联合，用革命的手段完全打倒非民主的反动派官僚军阀，来掌握政权的意思。"③ 因此，中共向国人表示："农民工人学生兵警商人诸君呵！军阀不打倒，废督裁兵是不可能的；军阀不打倒，想他们不强索军费不扰乱中央及地方的财政秩序是不可能的；军阀不打倒，想他们不滥借外债做军费政费以增加列强在华势力是不可能的；军阀不打倒，想他们不横征暴敛想他们绥靖地方制止兵匪扰乱是不可能的；军阀不打倒，工商业怎能发展，教育怎能维持和振兴？军阀不打倒，想他们不互争地盘是不可能的；因为他们互争地盘战争一次，农人工人商人的身家性命便跟着牺牲一次，无辜的兵士警察便跟着身罹炮弹一次，他们战争无止期，我们要停止这种无止期的牺牲，只有加入民主战争打倒军阀，没有别种姑息的妥协的伪和平方法可以得到根本的真和平幸福的……战争诚然是我们所不讴歌的，但是民主主义的战争，减少军阀战争效率的战争把人民从痛苦中解放出来的战争，在现在乃是我们不能不

① 《中国共产党第一个决议》(1921 年 7 月)，中央档案馆编：《中共中央文件选集》第 1 册，中共中央党校出版社 1989 年版，第 8 页。
② 《中国共产党对于时局的主张》(1922 年 6 月 15 日)，中央档案馆编：《中共中央文件选集》第 1 册，第 42 页。
③ 《中国共产党对于时局的主张》(1922 年 6 月 15 日)，中央档案馆编：《中共中央文件选集》第 1 册，第 35—36 页。

讴歌的。"①中国共产党人固然是"为无产阶级奋斗",但在目前"最切要的工作,还应该联络民主派共同对封建式的军阀革命,以达到军阀覆灭能够建设民主政治为止"。②1922年7月中共二大宣言指出:"真正的统一民族主义国家和国内的和平,非打倒军阀和国际帝国主义的压迫是永远建设不成功",正式提出"打倒军阀""打倒帝国主义"的口号,并具体提出要"首先推翻一切军阀,由人民统一中国本部,建立一个真正民主共和国"的奋斗任务。③1923年6月中共三大发表的宣言指出:中国政局的现状"证明本党一年以来号召的'打倒军阀''打倒国际帝国主义'之国民革命运动,不是一条错误的道路"④。1924年9月10日中共发表第三次对时局的主张,分析了军阀战争与其背后的帝国主义之间的关系,强调了"解除一切军阀的武装"和"在根本上推翻外国帝国主义"的革命任务⑤。1925年1月中共第四次全国代表大会的决议提出并分析了中国民族革命运动中既反对"封建"的军阀政治又反对"国际"帝国主义的两个特点问题,并提出在这一运动中需要无产阶级站在"领导地位"领导各被压迫阶级共同奋斗的"重要问题"⑥。

中共由主张自己独立打倒军阀,到联合其他民主力量进行国民革命运动打倒军阀,再到中共意识到自己应站立在国民革命运动的领导地位联合各阶

① 《中国共产党对于时局的主张》(1922年6月15日),中央档案馆编:《中共中央文件选集》第1册,第44页。
② 《中国共产党对于时局的主张》(1922年6月15日),中央档案馆编:《中共中央文件选集》第1册,第44—45页。中共最早提出的"反封",指的是反对割据纷争的军阀和军阀政治之意,尚未有反对地主土地制度的内涵。
③ 《中国共产党第二次全国大会宣言》(1922年5〔7〕月),中央档案馆编:《中共中央文件选集》第1册,第110—111页。
④ 《中国共产党第三次全国大会宣言》(1923年7月),中央档案馆编:《中共中央文件选集》第1册,第165页。
⑤ 《中国共产党第三次对于时局宣言》(载于1924年9月10日出版的《向导》第82期),中央档案馆编:《中共中央文件选集》第1册,第293页。
⑥ 《对于民族革命运动之议决案》(1925年2月),中央档案馆编:《中共中央文件选集》第1册,第338页。

级打倒军阀，思路逐步明晰，打倒军阀的思想方针逐渐完善。由此，在国民革命运动的领导权问题上，中共与国民党的分歧不能不显现出来，也就预示了在打倒军阀之后中国革命运动发展的艰巨之路。

二、其他各种政治力量各自提出"解决"军阀问题的方略

其他各种政治力量和人物，出于其自身或其代表利益的客观要求，各自提出了不同的解决军阀的主张和方略。

第一，一部分在北洋政府治下的政界人士和知识分子，主张用改良的方式解决军阀问题。

胡适 1922 年 9 月 10 日在《努力周报》上发表《联省自治与军阀割据——答陈独秀》一文，针对陈独秀对联省自治的责难与反对，认为联省自治是"今日打倒军阀的一个重要武器"[1]，断然称："我们可以大胆说：打倒军阀割据的第一步是建设在省自治上面的联邦的统一国家。凡反抗这个旗帜的，没有不失败的。"[2] 黎元洪、蒋方震、章太炎、康有为等人则提出废督或裁兵的办法[3]。原来主张在军阀统治的环境下建设"好人政府"的蔡元培，由于对直系军阀当政后专横弄权和践踏法律行为的不满，转而改变态度，于 1923 年 1 月 28 日在《努力周报》上发表《关于不合作的宣言》，内有："议员的投票，看津贴有无；阁员的位置，禀军阀意旨；法律是舞文的工具；选举是金钱的决赛；不计是非，止计利害；不要人格，止要权利。这种恶浊的空气，一天一天的浓厚起来，我实在不能再受了。"蔡元培辞去国立北京大学校长职务，这种不合作也具有反对军阀的

---

① 胡适：《联省自治与军阀割据——答陈独秀》（1922 年 9 月 10 日），欧阳哲生编：《胡适文集》第 3 卷，北京大学出版社 1998 年版，第 372 页。

② 胡适：《联省自治与军阀割据——答陈独秀》（1922 年 9 月 10 日），欧阳哲生编：《胡适文集》第 3 卷，第 376 页。

③ 刘楚湘：《癸亥政变纪略》，中华书局 2007 年版，第 33—39 页；参见《孤军》第 1 卷第 4—5 期合刊，1923 年 1 月。

意义①。曹锟贿选后，孟森称："近日舆论对于制裁军阀政府之策，往往倡言'坚壁清野'四字"。他认为，"此为国民求之在我，确有把握之一法。语其功用，最大者为表示不信任"。②他们认为军阀应该打倒，但主张用平和的或不合作的方式达到目的。

第二，一般的下层知识分子，对如何打倒军阀，也只能出于其经历开出自己的药方。

有人投书《孤军》杂志编辑部，提出通过宣传"好汉莫当兵"，使人人接受这样的药方，是推倒军阀的一个办法，因为"假使人人赞成'好汉莫当兵'那句话，人人自然就不当兵了，人人全不助桀为虐，吾知'作福作威''祸国殃民'的军官，必然变成无翼的老鸟，无腿的狗熊了。事实上果能达到那步田地，军阀这不就是推倒了么？"③这种打倒军阀的方法，是简单的、朴素的，难免带有幼稚的成分，实际上是无法去推行的。

第三，以国内有知识的青年和留学生为代表的青年知识群体，一般倾向于依靠实力打倒军阀。

---

① 蔡元培：《关于不合作的宣言》（1923年1月28日），《蔡元培选集》，中华书局1959年版，第213页。胡适也曾是持"好人政府"政治主张的重要成员，他对蔡元培的不与军阀合作的态度极表赞成，而且认为不合作本身就是一种抵抗，他说："蔡先生这一次的举动，确可以称为'不合作主义'。"见胡适：《蔡元培的"不合作主义"》，欧阳哲生编：《胡适文集》第3卷，第455页。"现在我们如果希望打倒恶浊的政治，组织固是要紧，民众固是要紧，然而蔡先生这种'有所不为'的正谊呼声更是要紧。""在这个猪仔世界里……还应该先提倡蔡先生这种抗议的精神，提倡'不降志，不辱身'的精神。"参见欧阳哲生编：《胡适文集》第3卷，第458页。

② 孟森：《坚壁清野与不合作》（1924年1月4日），《孟森政论文集刊》（下），中华书局2008年版，第884页。

③ 《读者之声"好铁莫打钉好汉莫当兵"——这是推倒军阀的宣传语》，《孤军》第3卷第3期，1925年8月。还有论者提出士兵不与军阀合作、参谋不与军阀合作、官僚不与军阀合作的"不合作主义"，认为要打倒军阀，这"真是正本清源、抽薪止沸的善策哪！"参见李怀清：《国民党采"不合作主义"打倒"军阀派"》，《学生文艺丛刊》第2卷第10期，1925年。

　　主要由留日学生创办的《孤军》杂志社的编辑，对于前述"好汉莫当兵"以打倒军阀的方法，是不赞成的，该社编辑在编发那封来信的同时，还附有一封回复说："足下推倒军阀的热心，是我们所大钦佩的。但是这个口号，则不敢赞成。正在就因为好汉不去当兵，所以才有军阀这种的流氓式土匪式的兵，故我以为我们要推翻军阀，不独自信不会祸国殃民的人，应该去当兵，还应该进一步去运动军阀的兵，个个成为真正的'好汉'，起来反对他们的长官，才是积极的办法呢！如果只是消极的劝人不当兵不独有因噎废食之讥而且不可能。试问这些兵打那里来是不是因为无食：我们要运动一个兵退伍，我们先得替他寻一条去路，中国目下有兵二百万谁有怎么大的力量来筹这二百万人的生计？所以我觉得，我们与其去劝好汉不当兵，不如去劝当兵的'好汉'起来革军阀的命。"①

　　《孤军》在其创刊宣言中，号召国民"靠着你们自己的实力，和一切的阀作战，铲除你们的当前障碍，一直开条血路去！这是叫做真正的近世式的政治奋斗，这才不愧做正正堂堂的国民"②。看来，他们是主张依靠民众、倾向用实力或革命的方式打倒包括军阀在内的各种"阀"。根据报人邵飘萍的观察，要想打倒军阀，必须有民众与军队的结合才能成功。因此当冯玉祥、胡景翼、孙岳联合成立国民军发动北京政变囚禁贿选总统曹锟后，邵飘萍似乎看到了希望，他撰写《国民军精神长在》一文表达了这样一种看法："自有'国民军'之名义，始觉军为应属于国民的。国民与军，乃成不可分离之关系。纵实际上此所谓军者未必真为一般国民所组织之军，然革命首领之已承认凡军应与国民发生不可分离之精神，始有'国民军'之名义出现。故此点之意味，可认为非常重大也。然则不问国民军的名义业已取消与否③，其与国民不可分离之精神，则永久存在。而将来之以此种精神打破

① 《读者之声"好铁莫打钉好汉莫当兵"——这是推倒军阀的宣传语》，《孤军》第 3 卷第 3 期，1925 年 8 月。
② 《孤军宣言》，《孤军》第 1 卷第 1 期，1922 年 9 月。
③ 1924 年 12 月中旬，冯玉祥通电取消国民军名义并解除其所任国民军总司令职务。

所谓'军阀'者，亦即起点于此观念矣。"①唤醒国民也是时人所想到与军阀斗争的一个方式。在关心国事的知识分子来说，"目睹军阀之祸国殃民，奈以文弱书生，手无寸铁，不能食军阀肉而寝其皮，乃效春秋诛罚之笔……痛诋军阀掠夺地盘，唤醒同胞，力图自卫，勿与胜利之军阀以谋皮也"②。这些知识群体则主张用打倒军阀的观念、精神唤醒民众，以削弱或打倒军阀。

第四，孙中山在与军阀的斗争中，屡挫屡起，他限于自身无力的现实曾联甲以倒乙，联乙以倒甲，但同时认为必须打倒军阀，解决军阀问题。五四之后，孙中山在反思反对军阀问题时说：必须"力除军阀主义"，"吾国必须统一，唯以民治为统一方法，然后可期永久"③，"对于此种万恶军阀，腐败官僚，以为非扫除净尽不可"④。他指出："中国人民对连续不断的纷争和内战早已厌倦，并深恶痛绝……坚决要求停止这些纷争，使中国成为一个统一、完整的国家。因而，我们正在尽力完成赋予我们的这一艰巨的历史使命"⑤，"彻底消灭造成国家一切混乱的主要根源——军阀主义"⑥，"合全国民意以与军阀奋斗，其效果必大。从前我们没有具体条理，今则有之，若以之宣传于士、农、工、商各界，则必表同情。由全国团结成为一体"，"军阀安有不倒？革命安有不成？"⑦"力除""扫除净尽""彻底消灭""合全国民意"等话语显示了孙中山对打倒军阀的决绝态度。应该说，孙中山打倒军阀的方案，与其联甲倒乙的反军阀又利用之的策略存在某种程度的矛盾。1924 年 1 月，

---

① 邵飘萍：《国民军精神长在》（1924 年 12 月 23 日），方汉奇主编：《邵飘萍选集》下册，中国人民大学出版社 1988 年版，第 495 页。

② 古蒋孙：《乙丑军阀变乱纪实》，第 1 页。

③ 孙中山：《与〈字林西报〉记者的谈话》（1920 年 11 月 25 日），《在广东省署宴会的演说》（1920 年 11 月 28 日），《孙中山全集》第 5 卷，第 429 页。

④ 孙中山：《在梧州群众欢迎会的训词》（1921 年 10 月 17 日），《孙中山全集》第 5 卷，第 618 页。

⑤ 孙中山：《在广州与苏俄记者的谈话》（1921 年 4 月），《孙中山全集》第 5 卷，第 527 页。

⑥ 孙中山：《附：孙逸仙宣言》（1922 年 8 月 17 日），《孙中山全集》第 6 卷，第 528 页。

⑦ 孙中山：《关于组织国民政府案之说明》（1924 年 1 月 20 日），《孙中山全集》第 9 卷，第 103 页。

孙中山在复苏联代表加拉罕电文中表示，国民党一大会议的目的"在继续辛亥革命事业，以底于完成，使中国脱除军阀与夫帝国主义之压迫，以遂其再造"①。孙中山把打倒军阀与反对帝国主义联系在一起的观点，显然接受了苏俄和中共在这一问题上的立场。但到他晚年北京政变后北上时，对皖系军阀段祺瑞和奉系军阀张作霖仍抱有某种程度的幻想和期望。

第五，由于国共合作的达成，孙中山逝世后国民党继续宣布了反对军阀的立场。

1925 年 5 月国民党发表的对时局的重要宣言明确表示："中国之内乱，由倚赖帝国主义以为生存之军阀所造成，本党前此已历举为国民告。军阀之大者把持中央政柄，借统一之名义，以迷惑国人；军阀之小者，割据地方，借联省自治之名义，以迷惑国人。其名义虽不同，其为造成内乱则一。本党（对军阀）向恃根本解决之旨。"②在当时国共合作的历史条件下，孙中山打倒军阀的遗志得到了继承；但国民党的右翼势力对于如何解决军阀问题，不仅不同于中国共产党人，实际上也不同于孙中山打倒军阀的主张，他们不理解孙中山思想的新发展，仍留恋"联甲倒乙"的方略，因为他们害怕革命运动的高潮将自己湮没掉。

三、中共与其他政治力量解决军阀之方略比较及作用

通过以上考察我们可以得出这样几点看法：

第一，在提出解决军阀问题的时间上，与其他政治力量和代表人物相比，共产党人最早提出了打倒军阀的主张。中共领导人在五四之前的早期共产主义知识分子阶段就已经在探索如何打倒军阀的方略问题了，其他各种政治力量及其代表人物则是五四之后相继探讨这一问题。中共无疑是最先发

---

① 孙中山：《复苏联代表加拉罕电》（1924 年 1 月 24 日），《孙中山全集》第 9 卷，第 130 页。
② 《对于时局宣言》（1925 年 5 月 22 日），荣孟源主编：《中国国民党历次代表大会及中央全会资料》上册，光明日报出版社 1985 年版，第 83 页。

起者。

第二，在解决军阀问题方略的内容上，与其他政治力量和代表人物相比，中共提出的方略最系统、完整、明确。中共不仅明确提出了打倒军阀的政治主张，还逐渐提出并形成了打倒军阀的途径、依靠力量、领导阶级、领导政党、发展目标等在打倒军阀问题上具有核心价值和重大指导意义的理论主张，指出军阀是阻碍中国"统一"和进一步"发展"的破坏性力量，因此，中国要统一和发展就必须"打倒军阀"；要打倒军阀就不能对军阀抱有幻想，不能用"改良"的方式，只能用革命的途径才能"真正"打倒军阀，才能实现国家"真正"的统一；在革命过程中，必须依靠广大的"人民群众"，他们是中国革命的真正力量和基础；革命群众必须在"革命政党"的领导下进行革命运动，革命政党是打倒军阀的中坚力量；由于军阀势力的强大，革命政党必须实行"政党联合"，发动"广大的""统一的"国民革命运动，在这个革命运动中无产阶级及其政党必须立于"领导地位"。可以看出，中共反对军阀、打倒军阀的理论，对于国民革命运动的发动、开展和革命高潮的到来，具有重要的指导意义。而其他政治力量或代表人物关于打倒军阀的方略，由于有的过于温和无力，有的过于空想和幼稚，无法实施；有的虽然朦胧认识到人民群众的力量，但对于如何依靠群众进行反对军阀的斗争、群众与革命政党的关系等问题则缺乏认识，其主张未免单薄；孙中山在与军阀的长期合作与斗争中有着沉痛的教训，他晚年认识到了人民群众的力量，决定联共、扶助农工，是他与军阀斗争的新阶段，可惜天未假其以年以遂其志；孙中山逝世后的国民党在国共合作的大背景下继承了孙中山打倒军阀的遗志，实际上实行了中共打倒军阀的主张，但其内部的分化则使打倒军阀的国民革命运动承受着极大的政治风险。在此情景下，说国共合作领导的以打倒军阀为主要目的（另一目标是打倒帝国主义）的国民革命运动和北伐战争，很大程度上是在中共打倒军阀的政治理论指导下完成的，是不为过的。

第三，中共及其他政治力量及代表人物解决军阀问题的方略，尽管各不相同，有的甚至有极大区别，但从整体上看，都是发出的解决军阀问题、打倒军阀势力的话语，都是反对军阀的声援者，是反对军阀的众声大合唱。必须看到，军阀内部虽然分裂，但相对革命势力，他们的力量还是强大的。如有论者注意到，军阀"自相残杀也是不尽的。死了一个旧军阀，必添了几个新军阀"①。军阀"内争靡已，事变无常，称雄一时独霸一方者，岁月变迁。新陈代谢，有如春笋暴发，秋叶飘零，其兴也勃焉，其亡也忽焉。旋起旋仆，不可数计"②。军阀虽然在裂变，但如果没有新的力量，并不会自动走向灭亡。这种新的力量必须在客观上结成反对军阀的统一战线，而不论他们是否处于内心志愿。这样，除了反对军阀的武力外，很重要的一项，就是各种政治力量对军阀政治的否定话语舆论的广泛传播所形成的巨大的思想与道义力量。话语尤其是政治性话语，不仅仅是一种言说，还是一种政治意识形态和政治实践活动，被认为具有"建立、培养、维护和改变世界"的意义③。"打倒军阀"的话语就其成分看，已呈一种众声合唱的状态，其中既有比较温和的联省自治派、废督裁兵派乃至各种各样的不合作主义派的声音，又有主张用武力或革命的方式打倒军阀的声音。而当时国共两党尤其是中共关于政治革命和社会革命的话语言说则是主流。这些声音经历了由少到多、由弱到强、由点到面、由分散到整体的发展轨迹，建构了"打倒军阀"的话语体系和认知体系，体现了新的政治力量凝聚并最终形成取得中心地位的历史发展过程。"打倒军阀"大合唱谱系的形成，标志着中国已经进入了近代以来空前未有的政治大革命与社会大变动的时期，这次革命较之辛亥革命更加激烈，这次社会大变动较辛亥革命时期更加深刻。辛亥革命虽然赶跑了皇帝、建立了民国，但原有的政治力量、军事力量和经济力量都得到了保存；而这次大革命不仅要打倒"封建军阀"，还要打倒军阀背后两个更难打倒的力量：一个是军阀背后的外国"帝国主义"，一个是军阀所依赖的国内"封建地主

---

① 思勤：《军阀小史》，《孤军》第 1 卷第 4—5 期合刊，1923 年 1 月。

② 前溪：《吊失败军阀》，《国闻周报》第 3 卷第 33 期，1926 年 8 月 29 日。

③ [英] 诺曼·费尔克拉夫：《话语与社会变迁》，殷晓蓉译，华夏出版社 2003 年版，第 62 页。

阶级"①。只有如此，才能彻底完成对内统一、对外独立的国民革命运动和国民革命战争的任务。要完成这样一个现代中国的"国家重建"任务，不仅初步形成了国共两党合作的新的中国政治中心力量，而且还动员了城市的工人阶级、乡村最大多数的农民阶级，以及期望重建国家和重建政治共同体的新知识分子。这些新的政治势力是发出反军阀时代呼声的基本力量，他们建构的反军阀的话语是与时代革命和社会变动需要相适应的新的话语体系和新的知识体系，而这个话语体系和其关键词汇主要是通过五四新知识群体和1921年成立的中国共产党建构的，并通过其知识传媒网络、政党组织网络、社会群体组织网络对社会进行了有效的动员和广泛的传播，当然其他知识群体、政党和知识传媒在事实上也参与和配合了这一舆论动员和知识传播②。

需要特别说明的是，以中共为主导的打倒军阀的话语体系的传播发挥

① 《毛泽东文集》第一卷，人民出版社1993年版，第37—38页。冯友兰晚年在他的回忆中，记述了1925年他到广州后所见这次国民革命给他留下的深刻印象。冯的解释未必符合当事者本意，却又朦胧地感觉到这次革命有了较前之辛亥革命不同的"深度"和"质量"。参见《冯友兰全集》第1卷，河南人民出版社2001年版，第59页。

② 本节所用的资料本身即说明了这一问题。中共创办的《向导》是中共中央的机关报，《中国青年》是中国共产主义青年团中央的机关刊物，这两种杂志在打倒军阀话语体系的构建和传播中具有不容置疑的中心地位，国民党舆论莫能望其项背。如有国民党人所说："共产党机关报《向导》周刊所发的言论，中国国民党各级党部无不视为金科玉律，奉行惟谨，而真正宣传中国国民党主义之刊物，转寂然无所闻。"（王季文：《中国国民党革命理论之研究》，出版机构不详，1927年，第三编第一章）；另一对中共舆论在国民党影响颇大抱有怨言的国民党青年感慨地称："我们这几年来所看见的刊物是些什么？我们谁都不能否认是《向导》《中国青年》……而这些刊物只是为共产主义而宣传。"（格孚：《一封信》，《现代青年》第69期，1927年4月4日）。王季文所言与格孚所言均转引自王奇生：《革命与反革命：社会文化视野下的民国政治》，社会科学文献出版社2010年版，第88页。王、格两人所说从一个侧面可证明中共所办的《向导》《中国青年》在国民革命时期已据舆论中心地位。就"打倒军阀"话语的建构和传播而言，中共占据了舆论话语权的中心地位，而其他各种知识群体自觉或不自觉地据这一舆论中心的周围，当然，争夺话语权领导地位的斗争也不可避免地在进行之中。在"打倒军阀"话语体系的传播过程中，就整体而言，中共主导的有关舆论媒介，与其他不同社会背景和知识背景下的报纸、杂志、宣言、纪实书籍，形成了多背景、多音部共同反军阀话语的知识网络。

了巨大的反军阀作用。随着舆论传播的深入，"打倒军阀"的话语逐渐为人们所接受。1923年4月，有论者指出："军阀是今日中国万恶之源……现在打倒军阀的运动，已经得到全国人民的了解了。"[1]同年8月，有论者的观察则稍有区别："'打倒军阀'的口号高呼了一年多，有革命精神的人们大概都已了解了'打倒军阀'的必要和打倒军阀的意义。"[2]论者黄居仁指出："'打倒军阀'这一句话，是充满了全国，差不多个个人都有一种印象在脑筋上。"[3]到1924年3月，恽代英就发现："在今天的中国，军阀两个字，同娼妓盗匪一样，成为很不雅的名词了。"[4]同年5月，中共中央局的报告中肯定地说道："在一九二二与一九二三年间，'反对军阀'已成了全国普遍的呼声。"[5]1925年，就有论者判定："就是（军阀军队中）许多很愿意革命的军人，也都有打倒军阀的话讲出来。"[6]"打倒军阀"的话语成为社会各界的普遍声音，已获得了社会"常识"的地位，达到了"效力最大"的状态。

当"军阀"之名"败坏"到恽代英所指出的如"娼妓一样"时，"军阀"就失去了自己存在的合法性、失去了道义上的支撑力量。与此同时，反军阀的话语体系已经得到社会的认同和信仰。这样，打倒军阀的话语传播和社会动员，便释放出一种强大的社会力量。所谓"得人心者得天下、失人心者失天下"，就是指社会舆论所释放的看不见、摸不到却又确实存在的近乎神奇的巨大力量。舆论话语的巨大压力，甚至使军阀中稍有新思想的人，也不愿与军阀为伍了，或从军阀中分离出来，或厌恶军阀战争。冯玉祥1924年

---

[1] 山水：《打倒军阀运动和陕西学生》，《共进》第35期，1923年4月10日。
[2] 康：《打倒军阀的意义》，《共进》第44期，1923年8月25日。
[3] 黄居仁：《打倒军阀》，《向导》第37期，1923年8月22日。
[4] 恽代英：《矫正对于"打倒军阀"的误解》（1924年3月16日），《恽代英全集》第6卷，第158页。
[5] 《中央局报告》（1924年5月14日），中央档案馆编：《中共中央文件选集》第1册，第253页。
[6] 环心：《革命军人与军阀的分别》，《共进》第86期，1925年。

11月下旬在受多方压力下宣布下野时称"绝不为害国残民之军阀也"①，可视为这种表现的反映。张学良 1924 年 12 月 1 日在北京大学欢迎大会上的讲话中也表白："良不过一军人，自己但知军事，他无所学。良决不愿为军阀，军人所以成阀，固不仅问分内事，且干预分外诸政。良意但作若事，不争权利，以免大（当）军阀。"②后来，他又称自己为"军阀一，且自承认为坏军阀"③，亦是对自身的反思。孙中山曾言："宣传之功，胜于武力"④，"今之中国舆论势力颇强，实比军力有加"⑤，敏锐观察到舆论话语的巨大力量；1923 年 4 月，他在一封给北京学生团体的信函中举例强调宣传打倒军阀的意义："北庭今日所凭借以祸国者，吴佩孚一人已耳……然佩孚之有今日，实则曩日之舆论为之，故居今日而欲灭佩孚，仍非先转移舆论，不易为功也。"⑥可见，孙中山在与军阀的斗争中，认识到争夺话语领导权的重要性和必要性，但国民党人在此方面仍进展不大，主要有赖于中共宣传之力。梁漱溟后来追述北伐战争胜利时指出，"在国民革命的号召下"，北伐能以"三万多支枪"之武装"制胜""诸大军阀二十倍之众者，全恃革命潮流先声夺人"⑦。梁漱溟这里讲的"革命潮流先声夺人"，当然是孙中山所讲"宣传之功"所造成。罗志田在探讨北伐能"赢在战场上"的潜在原因时认为，北伐军的胜利"恰恰是靠了无形战力的巨大作用"，这种"无形战力"之一就是"宣传"这一"新事物"："宣传的功效有助于造成战场之外的舆论，而舆论影响人心……国民党正是在这样一种有道伐无道的声势下，才能势如破竹，一举打垮实力

① 《冯玉祥自传》，军事科学出版社 1988 年版，第 79 页。
② 张学良：《在北京大学欢迎大会上的讲话》（1924 年 12 月 1 日），《张学良文集》上卷，香港同泽出版社 1996 年版，第 12 页。
③ 张学良：《与记者谈对沪案之意见》（1925 年 6 月），《张学良文集》上卷，第 16 页。
④ 孙中山：《复朱乃斌何汉强函》（1923 年 1 月 17 日），《孙中山全集》第 7 卷，中华书局 2006 年版，第 35 页。
⑤ 孙中山：《与胡特的谈话》（1924 年 1 月 13 日），《孙中山全集》第 9 卷，第 56 页。
⑥ 孙中山：《复北京学生联合会函》（1923 年 4 月 15 日），《孙中山全集》第 7 卷，第 337 页。
⑦ 梁漱溟：《中国统一在何处求？》，中国文化书院学术委员会编：《梁漱溟全集》第 6 卷，山东人民出版社 1993 年版，第 602—603 页。

更强的北洋军阀。"①而"打倒军阀"舆论话语之所以有如此威力，从根本上来说恰是由于北洋军阀的统治给国家和人民带来深重灾难，才使"反军阀"成为那个时代的社会主题和普遍呼声，而这种"宣传"或话语构造的成功效果，则是建立在对时代问题和时代主题准确把握的基础之上，是建立在中国近代以来历史发展和民生发展的强烈要求之上②。正因如此，此种话语体系才能取得社会的认同和支持。当然，"反军阀"话语的意义不仅在此，它更开启了中国规模更大、程度更深的新的中国革命过程。

---

① 罗志田：《乱世潜流：民族主义与民国政治》，上海古籍出版社 2001 年版，第 214—215 页。

② 对五四以来激进思想和行动本来持反对态度的吴宓 1924 年 8 月 25 日在收阅朋友的一封谈中国发生苏俄革命问题的来信后，在其日记中记朋友"云'国运所趋，必成苏俄均产而后已。此自大势所逼，并不在少数无知者所鼓吹而得成也。'"吴宓随而评此朋友所言并大发感叹道："亦实有见。盖民生之苦，非吾辈居京沪之留学生所能喻矣。"无疑，在吴宓看来，包括"反军阀"在内的中国社会激变要求和趋向是不可抗拒的社会发展潮流，而所以如此乃是"民生之苦"，是军阀统治致使人民无以为生，而"并不在少数无知者所鼓吹而得成也"。《吴宓日记》第 2 册，生活·读书·新知三联书店 1998 年版，第 279 页。

第五节　以"封建军阀"话语为中轴的
反封建理论阶梯建构

  近代中国，与数千年的古代中国相比，其最明显的变化，就是中国古代的影响和活动范围主要限于东方，近代则纳入了全球化的新的国际范围内。这种变化，一方面表现为中国由以往"天朝上国"的地位，而变为强权国际关系中被动乃至较弱势的一员，处于西方列强压迫的"九天之下"的"半殖民地"悲惨状态；另一方面表现为中国在新的国际关系的巨大压力下由旧而新的自强与革新状态，是中国在这种国际关系中冲突、抗争、融合、发展和复兴的向上历史过程。正是在这种沉沦和上升的矛盾斗争中，中国内部新生的资产阶级力量逐步积累和聚变，在经历了近代改良、改革而至辛亥革命，一举结束了"家天下"的千年帝制，建立了新式"共和制"的民国，实现了国家制度的千年"破壳"变局，为未来社会的全面、深刻、彻底的现代化转型，奠定了现代化第一阶梯的制度性框架。然而，历史发展往往并不一帆风顺，民国新制度的建立，并未像革命时期所渴望的那样新制一立即进入国富民强、社会康宁的局面，反而是政治倒退、军人乱政、国家分裂、社会失序的混乱状态，中国的前途益加危险。在此状态下，中国必须在辛亥革命的基础上，开拓新的道路。这是一个新的历史转变时刻，近代中国社会历史的发展，已经明确地把对外摆脱列强压迫、对内消除地方割据分裂局面的严峻使命摆到了新开拓者的面前。为完成国家发展和民族生存所赋予的历史任务，一批怀着拯救和复兴民族、改造和建设"新中国"的"新青年"知识分子逐渐积聚到一起，他们由"新文化"的启蒙探索，其中的一部分进而转变为共产主义者。他们的核心人物是陈独秀。陈独秀站在五千年中国文明与近代西方文明交汇的五四潮头，思虑千载历史理路，洞察万里国际思潮脉搏，提出了关于近代中国革命和中共革命理论的一系列重大问题，为中共的建立和中国革命的发展作出了重大的理论贡献。其中，关于"反封建"的思想理论，主要是由他提出并逐步形成初步的理论支点的。这些理论，在中共早期的理论发展中，具有重要的意义和特殊的价值，值得系统梳理和认真总结。"反封建"概念不是一个固定的概念，随着时局和思想的变动，"反封建"具体所指意涵是不断扩延的。学界对这一问题研究还十分薄弱①，本节就五四前后以军阀现象为重点内容的"封建"意涵的演变及"反封建"思想理论的形成和发展，做一梳理和分析。

一、所用的中国上古的"封建制度"意涵

陈独秀在 1915 年创办的《青年杂志》上发表的创刊词《敬告青年》一文中，提出了"封建制度"②的概念。特别值得注意的是，陈氏此处所说的"封建制度"，细考之其"封建"一词本义，尚不是今天通用的"封建"概念，而是指先秦时期所实行的"封建"制度。且看其文道："举凡残民害理之妖言，

① 主要有冯天瑜：《对五四时期陈独秀"反封建"说的反思》，《中共党史研究》2009 年第 7 期；李新宇：《五四"反帝反封"辨析》，《齐鲁学刊》2009 年第 3 期；赵图雅、斯钦：《五四新文化运动中陈独秀"反封建"思想评析》，《内蒙古师范大学学报》（哲学社会科学版）2008 年第 3 期。上述研究对探讨这一问题做了有益的探索，不过均把"反封建"视为一个固定的概念作为分析的基础。本节则从"封建"意涵演变的角度，探讨中国"反封建"概念、理论及其思想体系是如何在中国近现代革命的历史场景和语境中发生、演变的。本节所说的"五四前后"，其时间大致起于 1915 年，止于 1926 年，横跨一般所称的新文化运动、五四和国民革命时期几个时段，之所以如此界定，盖因思想很难用事件的起始标志来截然分隔的，有其独特的发展脉络，故特加界定并说明。

② 陈独秀：《敬告青年》（1915 年 9 月 15 日），《陈独秀文集》第 1 卷，人民出版社 2013 年版，第 92 页。

率能征之故训，而不可谓诬，谬种流传，岂自今始！固有之伦理，法律，学术，礼俗，无一非封建制度之遗。"① 可见，陈氏认为现在的这些"妖言""谬种"，不是指现在的"封建制度"，而是以往的"封建制度"的遗留。

如果说这里的语意还不够清晰、明确的话，那么 1916 年 12 月陈独秀在《孔子之道与现代生活》一文中的有关表述，则非常清楚地证明了笔者前面分析的"封建"所指非为"当时"的观点，如其文说："孔子生长封建时代，所提倡之道德，封建时代之道德也；所垂示之礼教，即生活状态，封建时代之礼教……封建时代之道德、礼教、生活、政治，所心营目注，其范围不越少数君主贵族之权利与名誉，于多数国民之幸福无与焉。"可见，"封建"指的是"孔子生长"时代的制度或生活样式，并非指民国初年的社会与制度。如他在文中又说："孔子之经……即在数千年前宗法时代封建时代，亦只行于公卿士大夫之人伦日用，而不行之于庶人，更何能行于数千年后之今日共和时代国家时代乎？"② 此处，更明显、具体地表明"封建时代"是"在数千年前"。这就非常明确地告诉人们，此时所说的"封建制度"或者"封建时代"，都不是指现实的社会制度和时代。也就是说，他这里的"封建"概念，还不是如有学者所说的引自日本或欧洲的概念，而是原原本本的中国固有的"周汉"时代的"封建"概念。其实，在最初的《敬告青年》一文中，他在提到"封建制度之遗"时，就在后面接着说此"遗"之"思想差迟，几及千载"③，即表明是很早以前的"制度"，这一认识与一年多以后在《孔子之道与现代生活》一文中对"封建"意涵的认定是一致的。还值得注意的是，他在《孔子之道与现代生活》一文中，认为当时的社会，是"共和时代国家时代"，而且他还提到了"今日文明社会"④ 这个提法，以与"数千

---

① 陈独秀：《敬告青年》（1915 年 9 月 15 日），《陈独秀文集》第 1 卷，第 91—92 页。
② 陈独秀：《孔子之道与现代生活》（1916 年 12 月 1 日），《陈独秀文章选编》上，第 155 页。
③ 陈独秀：《敬告青年》（1915 年 9 月 15 日），《陈独秀文集》第 1 卷，第 92 页。
④ 陈独秀：《孔子之道与现代生活》（1916 年 12 月 1 日），《陈独秀文集》第 1 卷，第 188、190 页。

年前"的"封建制度"和"封建时代"相区别。

这种语义到 1917 年他在《再答俞颂华》一文中仍是如此,他道:"孔子精华,乃在祖述儒家,组织有系统之伦理学说……其伦理学说,虽不可行之今世,而在宗法社会封建时代,诚属名产。"[①]可知,在创办《新青年》的前几年间,陈独秀文中所说的"封建",尚不是今天所使用的封建意涵。尽管当时"封建"的具体意涵指的是几千年前的彼"制度"和"时代",但陈氏却是着眼于"今日"而否定以往的彼"封建"的。这一时期,陈独秀主要关注的是思想和文化问题,故从中国历史上的"封建之遗"即上古的"封建制度"探讨,从这一思想的渊源和影响脉络路径立论,是理所当然的。由对中国上古"封建制度"意涵的探索,其思想进程,在中国整体趋势向革命发展的情况下,必然要向现代革命话语的路径转换。就此而言,尽管这一时期中共还未成立,但整体观之,这一时期是随后成立的中共"反封建"思想不可或缺的预备期和酝酿期。

二、由法俄大革命中的"封建"到中国近代"反帝反封"中的"封建""半封建"

随着陈独秀等人从思想文化领域的启蒙到转向政治领域的革命建党,要在中国进行现代革命救国的伟大事业,从中国古代的历史中寻找不到相应的理论和思想资源,只能到近代西欧资产阶级革命和东方俄国的十月革命中寻找经验和智慧。而其中,西欧资产阶级革命中的"封建"概念和俄国资产阶级革命及俄国十月社会主义革命中的资产阶级概念、封建概念,都是绕不开、避不过的基本性、核心性概念。由于中国革命的后发性,必然将这些基本的理论和概念,根据中国的革命实际,运用到对中国革命形势和革命策略的分析和理论思考中来。因此,陈独秀等人,由论说法国、俄国大革命中的

---

① 陈独秀:《再答俞颂华》(1917 年 5 月 1 日),《陈独秀文集》第 1 卷,第 239 页。

资产阶级所对立的"封建",在认识和分析清末民初辛亥革命尤其是五四前后阻碍历史发展的保守与割据势力等现象时,必然与法国、俄国大革命时期资产阶级对立的专制君主的"封建"属性相联系,而实际上二者在历史进程中扮演的角色和属性,也是十分相似的。

五四之后,陈独秀等加快了建立中国共产党的步伐,他的思想认识转到从世界革命的角度如何认识和分析当时中国的社会阶级状况、时代的历史性课题和发展的方向等重大现实问题上。1920 年"双十节"之际陈独秀在《国庆纪念底价值》一文中,由对"共和"价值的反思分析了欧洲资产阶级反"封建"的历史局限,并继而用"封建"这一概念分析了民初的社会和政治状况,这是他对"封建"概念认识和运用的一大转折。他道:"我们十分承认却只承认共和政治在人类进化史上有相当的价值,法兰西大革命以前的欧洲,俄罗斯大革命以前的亚洲,打倒封建主义不能说不是他的功劳。但是封建主义倒了,资本主义代之而兴,封建主义时代只最少数人得着幸福,资本主义时代也不过次少数人得着幸福。""主张实际的多数幸福,只有社会主义的政治。"[1]而在中国,虽然经过辛亥革命,即使"次少数人也没有像欧美中产阶级都得着了幸福,自由权利与幸福还是为最少数人所独占,直到如今还完全是封建主义恢复了固有的势力,支配一切。尊祀孔子及武人割据,这两件事就是封建主义支配一切精神方面及物质方面底明证。"他继续分析道:"这封建主义得势,也不过是一时现象,我以为即在最近的将来,不但封建主义要让共和,就是共和也要让社会主义。"[2]在此文中,"封建"的概念一方面指欧洲的资产阶级革命前的社会状态,一方面指当时掌握思想文化权力的尊孔派和掌握军政大权的军阀,这就把以往专指西周邦国制度的"封建"转到现代欧洲话语意义上的"封建"而指当代权势阶层,并用这一分析框架来分析辛亥革命后的中国权势状况。这种话语意涵的转化,是必然的。

---

① 陈独秀:《国庆纪念底价值》(1920 年 10 月 10 日),《陈独秀文章选编》中,第 31—32 页。
② 陈独秀:《国庆纪念底价值》(1920 年 10 月 10 日),《陈独秀文章选编》中,第 31—33 页。

因为，近代中国革命是中国进入现代国际体系后的必然产物，作为对这一历史进程状况的描述和分析，使用现代西方的某些概念不仅是适宜的，而且是必需的，只有这样，才能更准确地表达最早起于西方的现代革命运动对中国社会产生的共振和影响，才能真实地表达中国社会转型的具体历程。而陈氏由使用中国固有意义的"封建"一词转为使用引自西方话语的"封建"一词，恰是一种创造性的使用。中国原有意义上的"封建"虽然与西方话语中的"封建"内涵有相似之处，但无法与"资产阶级"之类概念相连、相对应，更不宜与现代"民主""革命"等概念相连、相对应，而将西语中的"封建"置换过来，虽然词名相同，而概念的意涵与资产阶级、无产阶级等现代概念相连接、相对应时，语义表达清楚、准确，不会产生歧义与意涵混淆，更宜于准确表达现代的社会状况和政治状况。转为现代意义用于指称现代社会现象，"封建"一词除具有与欧洲资产阶级对立的"专制"意涵外，当时还具民初背景下的"割据""落后"等意涵。因此，在此文中，陈氏由叙述欧洲资产阶级革命对象的"封建"很自然地过渡到民初仍为资产阶级革命对象但却因革命不彻底而得以"恢复故有势力，支配一切"的军阀等"封建主义"势力。这种置换，当然不是随意的，是陈氏从事革命理论与斗争实践的现实需要而加以思考和提炼而形成的，也与他接受共产主义理论尤其是共产国际关于"封建"问题的相关理论有很大的联系。不过，他对这一概念的接受，是有其对封建问题长期理论思考的基础、相关的知识积累储备，并出于分析革命形势制度革命政策的现实迫切需要，而有以致之。不过，尽管他已对"封建"概念进行了现代性置换，但在理论形态上还会呈现一时难以稳定的状况，在一个时期内，是游离于固有意义上的"封建"与现代意义上的"封建"之间的。这也说明，一种思想或概念的形成，并不是一蹴而就的。

陈独秀对"封建"的认识由指称中国孔子生活时代到欧洲资产阶级革命时代以至到民初当代的时空转变，但落于"当代"之"脚"站立得并不那么踏实。1920 年 12 月 1 日，陈独秀在《随感录·民主党与共产党》中使用"封建"一词时说："民主主义是什么？乃是资本阶级在从前拿他来打倒封建制度底武器。"① 显然,"封建制度"是与民主主义相对立的"专制"。因此从词义看,这里更突出了"封建"一词所赋有的专制性质,但是从时间看"封建"一词主要还是指"从前"。不过,这个"从前"已不是中国的"周汉"时代,而是欧洲的资产阶级革命时代,即此词是在现代革命话语体系中使用的。不久,他在一次讲演中提到"封建"一词时,其意涵仍是近代资产阶级革命的话语分析,他所说的"如今封建时代已经过去,进入资本制度的时代了。又发现两种阶级:代诸侯和地主阶级而起,是政府和资本家,从前的农奴,就是今日的劳动者。资本家能压逼劳动者,劳动者就要受资本家压逼",② 仍是从世界范围内来使用"封建"概念的。从其语义看,似乎是属于"资本制度"体系的,但前所多次强调的"封建主义"与这个体系是什么关系呢,显然作者对这些问题还没有思考清楚,还处于不自觉的状态。

随着中共的建立,作为主要创始人及领导人的陈独秀必须思考中国革命的一系列重大问题,在国内问题上,如阻碍中国社会发展的主要障碍军阀势力是一种什么样、什么性质的势力问题,对军阀势力持一种什么样的政策和态度问题,需要新成立的中国共产党人给予准确的解答,以确定今后的行动方向。由于军阀与南方资产阶级民主派的对立,陈独秀明确了军阀的"封建"属性,并进一步把军阀的封建属性与资产阶级的属性、乡村地主豪绅的社会属性放到中国统一体的认识框架内,认识到军阀的"封建"性、"半封建"性和乡村地主豪绅的"封建"性和"半封建"性,为中国革命的对象、性质等重要理论问题,做了可贵的探讨。

1922 年 8 月,陈独秀在《东方杂志》刊发文章对国际和国内的政治状况做了分析,认为一是"国际帝国主义的压迫",二是"国内军阀的扰乱",为两大主要问题。也就是说,前者是中国的国家独立问题、民族独立问题;

---

① 陈独秀:《随感录·民主党与共产党》(1920 年 12 月 1 日),《陈独秀文集》第 2 卷,人民出版社 2013 年版,第 94 页。

② 陈独秀:《如何才是正当的人生——在广东省立女子师范学校讲演会演讲》(1921 年 1 月 23 日),《陈独秀文集》第 2 卷,第 143 页。

后者是中国的国家统一、民族统一问题，都是关系到中国生死存亡的最大问题。陈独秀明确地指出："（一）倾覆军阀及卖国党，尤其首先要惩创勾结卖国党或希图割据的军阀，以实行国内和平与本部统一。（二）……反抗国际帝国主义的一切侵略，使中国成为真正独立的国家。"在国内问题上，陈独秀进一步分析说："中国政治纠纷之根源，是因为封建式的大小军阀各霸一方，把持兵权、财权、政权，法律舆论都归无效，实业教育一概停顿。"这一状况，造成了国家和民族的空前危机，必须消除。而这种军阀当政的状态是一种什么性质的社会状况呢？陈独秀分析说："封建的国家建设在军阀权力之上……半封建半民主的国家建设在军阀和人民两种权力之上。"[1]在陈独秀看来，中国的社会状况似乎处于"半封建"的状态。由西周的"封建"而到欧洲的"封建"，又由欧洲的"封建"到中国民初当下的"封建主义"，又由民初当下的"封建主义"而到"半封建"，其思想认识的演变轨迹随着革命斗争的深入，随着中共由孕育到诞生到成长的丰富实践，而逐步深化和明确。他更进一步提炼道："对内倾覆封建的军阀，建设民主政治的全国统一政府，对外反抗国际帝国主义，使中国成为真正的独立国家，这才是目前扶危定乱的唯一方法。"[2]这和中共二大"反帝反封"纲领内核的表述是一致的。中共二大通过的《关于"国际帝国主义与中国和中国共产党"的决议案》中指出了"脱离世界帝国主义的侵略和推倒封建制度的军阀"[3]的问题。二大会议通过的《关于"民主的联合战线"的议决案》中指出："中国名为共和，实际上仍在封建式的军阀势力统治之下，对外则为国际资本帝国主义势力所支配的半独立国家"，因此，中共必须联合"民主派才能打倒公共的

---

[1] 陈独秀：《对于现在中国政治问题的我见》（1922年8月10日），《陈独秀文集》第2卷，第268—270页。

[2] 陈独秀：《对于现在中国政治问题的我见》（1922年8月10日），《陈独秀文集》第2卷，第271页。

[3] 《关于"国际帝国主义与中国和中国共产党"的决议案》（1922年7月），中央档案馆编：《中共中央文件选集》第1册，中共中央党校出版社1989年版，第62页。

敌人——本国的封建军阀及国际帝国主义——之压迫"。① 二大会议通过的
《中国共产党第二次全国大会宣言》中指出："各种事实证明，加给中国人民
（无论是资产阶级工人或农人）最大的痛苦的是资本帝国主义和军阀官僚的
封建势力，因此反对那两种势力的民主主义革命运动是极有意义的：即因民
主主义革命成功，便可得到独立和比较的自由。"其目标是："（一）消除内
乱，打倒军阀，建设国内和平；（二）推翻国际帝国主义的压迫，达到中华
民族完全独立；（三）统一中国本部（东三省在内）为真正民主共和国。"② 这
就把"反帝反封"明确地与中华民族的独立、国家的统一制度上的民主这一
历史任务紧密结合起来。从历史的发展看来，中共二大确立了"反帝反封"
的革命纲领。陈独秀在此鲜明地通过《东方杂志》这一公共舆论传播媒介向
社会各界阐释中共二大的"反帝反封"纲领基本主张。这些思想当然不宜说
是陈独秀个人的，但以陈独秀在建党过程中的地位、威望和思想水平和他对
反封建问题的思考来看，这些思想成果是不能忽视他的贡献的。

值得提出的是，在这里，陈独秀把军阀定为"封建式""封建"的性质，
这一概念的使用，使中国革命从事实层面上升到理论层面，并进而显现了中
国革命的性质及其与世界革命的关系。因为，从事实层面看，军阀在中央者
干政弄权，在地方者各霸一方，国家陷于纷争混乱状态，严重阻碍了中国社
会的发展，为千夫所指，是必须将其打倒的。但组织人民起来打倒军阀，与
陈炯明率兵攻打孙中山有什么不同，这不仅是"胜王败寇"的问题，而是因
为孙中山资产阶级民主革命派是代表着中国救亡统一的方向的，而军阀之所
以祸国殃民，是因为代表着"封建"的衰败、暮落，将要退出历史舞台。这
就把反对军阀的斗争纳入资产阶级和社会主义革命的序列中来。"反封建"
是一个纲领，是一面旗帜，而把军阀定为"封建"性质，这是一个重大的理

---

① 《关于"民主的联合战线"的议决案》（1922 年 7 月），中央档案馆编：《中共中央文件选
集》第 1 册，第 65 页。
② 《中国共产党第二次全国大会宣言》（1922 年 7 月，）中央档案馆编：《中共中央文件选集》
第 1 册，第 114—115 页。

论突破，而且为以后的"反封建"向纵深发展选择了战略性基地。当时提出中国的国家和社会为"半封建"，之所以为半封建，是因为经过辛亥革命民主的洗练，"民主"势力有了一定的力量，和资产阶级革命前的"封建时代"不同，和资产阶级革命成功的国家也不同，故称"半民主"的对立面为"半封建"。这一称谓此时还主要是从政治视角来立论的，还未及考虑社会经济基础的因素。这表明，对"封建""半封建"的认识，还在探索与发展过程中。"半封建"的概念虽然革命经典作家早就表述过[①]，但陈独秀绝非照搬经典，而是一方面经过长达数年的认识、思考，另一方面又经过创办《新青年》、创建中国共产党、投身反军阀斗争等一系列革命斗争实践的磨炼，是理论与革命实践相结合的产物，到中共二大前提出这一新的概念，是一重要的理论创新成果。至此，可以说标志着中共"反封建"话语的初步形成。

三、"封建""半封建"与城市军阀"封建"到乡村地主"封建"

"封建"是一个重要的理论问题，也是一个重要的历史问题，还是一个重大的现实问题。陈独秀试图从社会历史发展阶段中探讨和解释社会发展的规律性问题。他在《革命与反革命》一文中，探讨"人类社会之历史，乃经过无数进化阶段及多次革命战争"，"今日之组织"即是这种进化和革命战争的结果。他总结说："其组织进化之最大而最显著者，乃是由部落酋长进化到封建诸侯王，由封建诸侯王进化到资产阶级，由资产阶级进化到无产阶级。"而"在每个进化阶段新旧顿变时，都免不了革命战争"。他认

---

① 列宁指出，应"反对各种封建主义现象或封建主义残余的农民运动"；列宁：《民族和殖民地问题提纲》（为共产国际第二次代表大会草拟，1920 年 6 月 5 日）；中共中央党史研究室第一研究部编：《关于民族与殖民地问题的决议》，《共产国际、联共（布）与中国革命文献资料选辑（1917—1925）》（2），北京图书馆出版社 1997 年版，第 117、142 页。其实，恩格斯早在 1851 年就使用过"半封建"概念，列宁 1912 年就提出中国是一个"落后的、农业的半封建国家"，参见陈金龙：《"半殖民地半封建"概念形成过程考析》，《近代史研究》1996 年第 4 期，第 228 页。

为，"革命之所以称为神圣事业"，是因为它"是推进人类社会组织进化之最有力的方法"。① 在这篇文章中，陈氏主要论证革命在"新旧顿变"之际发生的规律性及其"推进"人类历史进步的重大作用。在这一论证中，陈独秀笔下的"封建"是简易版的历史进化模式中的一个阶段，虽然与中国的社会历史发展阶段的实际状况不吻合，甚至与西欧的社会历史发展阶段的实际状况也不吻合，但毕竟是他尝试从"人类历史"发展这样一种宏观的世界性视野中探讨革命的规律性与其历史意义，而"封建"则是资产阶级革命前的一个历史时代，是毫无疑问的。这样，根据世界革命运动的历史规律，当下的中国，既需要继续进行资产阶级的革命，因此而有"封建主义"是合乎这一规律的。而此时，不是资产阶级革命尚未发生，而是资产阶级发生了，但经历了严重挫折，因此此时的"封建主义"是"封建势力"的"恢复"，而不是完整的"封建势力"，如陈氏此前所指的那样，是"半封建"。

随后不久，陈氏在《资产阶级的革命与革命的资产阶级》一文中，沿着"人类社会组织之历史的进化"角度，就中国历史上和现实中的"封建"问题进行了比较系统的理论性探讨。他主要从经济模式和生产力的发展水平，论证中国长期"停顿在家庭农业手工业自足的经济制度之下"，"封建军阀时代遂至久延生命，由秦汉以至今日，社会的政治的现象，都是一方面封建势力已濒于覆灭，一方面又回向封建，这种封建势力垂灭不灭的现象，乃是因为封建宗法社会旧有的家庭农业手工业已充分发展而有更进一步的倾向，但新生的经济势力（即资本主义的大工业）过于微弱，还不能取而代之的缘故。"② 值得注意的是，陈氏在这里一是把秦以后的社会称为"封建军阀时代"，这与我们后来说的秦以下的古代史是"封建社会"颇有相近之处，所不同的只是他认为"封建"与"军阀"是连在一起的；二是他提出"封

① 陈独秀：《革命与反革命》（1923 年 1 月 18 日），《陈独秀文章选编》中，第 222 页。
② 陈独秀：《资产阶级的革命与革命的资产阶级》（1923 年 4 月 25 日），《陈独秀文集》第 2 卷，第 347 页。

建""至久延续生命"长期"垂灭不灭"的问题，这个问题在 20 世纪 80 年代曾经引起热烈讨论，其实早在五四时期陈独秀就注意到这一历史现象；三是陈氏试图解释中国"封建"之所以"至久延续生命"，是由于"家庭农业手工业已充分发展而有更进一步的倾向"，解释中国"封建"长期延续的经济基础这一根本性问题。这表明，他对"封建"的认识，已从政治层面扩充到经济层面，显示了唯物史观对他的思想分析方法论所产生的影响。不仅如此，陈氏还用"封建宗法主义"与"资本主义"两个概念描述近代西力东侵问题，并说辛亥革命是"中国历史上封建帝制变化到资本民主之剧烈的开始表现"。[①] 在这篇文章中，陈氏认为，资产阶级在"半殖民地"中国的现实情况下，一部分是具有革命性的，这就是我们后来所说的民族资产阶级；另一部分因与封建军阀和外国势力有密切联系，是具有反革命性质的，这就是我们后来所说的买办资产阶级或官僚资产阶级。除此两派外，陈氏认为还有一种，是"非革命的资产阶级"，他们工商业的"规模极小"，但在中国社会中居于"最大多数"，是反帝反封建军阀的革命必须争取的重要力量，这就是小资产阶级。归纳其文，在陈氏看来，中国的封建社会至"鸦片战争"之际"开始大崩溃"，到"甲午、庚子两次战争"是"中国封建宗法的道德思想制度最后的崩溃"，"辛亥革命"本应将封建制度社会转变为资产阶级民主制度社会，但由于资产阶级的幼稚与软弱，"未曾发达到与封建官僚阶级截然分化的程度"，遂使政权"完全归诸帝政余孽北洋军阀之手"，"所以始终依赖他们的敌人——封建的北洋派"；即使到今天，由于资产阶级势力微弱"尚不足克服封建军阀"，因此，"革命的资产阶级应该和革命的无产阶级妥协，打倒共同敌对的军阀阶级"。[②] 这就从经济到政治，从古代到近代，封建军阀到资产阶级到无产阶级，系统地论证、阐释与探讨了殖民地的

---

① 陈独秀：《资产阶级的革命与革命的资产阶级》（1923 年 4 月 25 日），《陈独秀文集》第 2 卷，第 348 页。
② 陈独秀：《资产阶级的革命与革命的资产阶级》（1923 年 4 月 25 日），《陈独秀文集》第 2 卷，第 347—353 页。

中国国民革命的力量、无产阶级和资产阶级的合作、革命的对象是"军阀阶级"等革命过程中的重大理论问题。

1923 年 7 月 1 日,陈独秀撰写了《中国农民问题》一文。他指出,在像中国这样的殖民地半殖民地国家中,要进行反对外国帝国主义和本国封建军阀的斗争,"不可漠视农民问题"。从人口数量上看,农民占中国人口的"百分之七十以上","即此人数上看起来,我们应感其重要"。他认为,农民因外受"外货输入"影响一般物价增高而农产品价格低落,使中国农民经济大受打击;内受"军阀战争及水旱灾荒"影响,而使农民困苦失业流为兵匪之困,因此,农民深感痛苦。为解除农民的"此等痛苦",应该向农民进行以"排斥外力""打倒军阀""限田""限租""推翻贪官劣绅"为主要内容的宣传和动员。进而更有必要建立"农会""乡自治公所""佃农协会""雇农协会"等农民群体组织①,把广大农民动员到国民革命的组织系统中来。陈独秀的这一思想与此前刚刚闭幕的中共三大对农民问题的有关探索是紧密相连的。1923 年 6 月 12 日至 20 日,中共三大在广州召开。陈独秀在大会的报告中指出"我们很少注意农民运动和青年运动"②的工作缺陷问题,显示了今后要加强农民运动的动向。因而,在中共三大制定的《中国共产党党纲草案》中明确提到了"中国之国民革命及无产阶级和农民在此革命中所占的地位"问题,指出:"国民革命,这种革命自属于资产阶级的性质。但是在这个革命中间,无产阶级却是一种现实的最彻底的有力部分。""至于农民当中国人口百分之七十以上,占非常重要地位,国民革命不得农民参与,也很难成功。"③在这里,会议把农民放到了紧随无产阶级之后的重要

---

① 陈独秀:《中国农民问题》(1923 年 7 月 1 日),中共中央文献研究室、中央档案馆编:《建党以来重要文献选编(1921—1949)》第 1 册,中央文献出版社 2011 年版,第 278—285 页。

② 《在中国共产党第三次全国代表大会上的报告》(1923 年 6 月),中共中央文献研究室、中央档案馆编:《建党以来重要文献选编(1921—1949)》第 1 册,第 245 页。

③ 《中国共产党党纲草案》(1923 年 6 月),中央档案馆编:《中共中央文件选集》第 1 册,第 138—139 页。

力量，显示了对农民问题的高度重视。中共三大还通过了《农民问题决议案》，提出"结合小农佃户及雇工"以反帝反封建军阀及"贪官污吏，反抗地痞劣绅""以保护农民之利益而促进国民革命运动之必要"。[①] 陈独秀在大会报告中对以往忽视农民问题的反思与大会对农民问题的重视以及关于农民问题决议的制定与通过，说明党的领袖与党内高层就重视农民问题已达成高度共识，因此会议结束不久后的次月 1 日，就发表了陈独秀关于农民问题的专文，说明中共革命的基础农村和农民问题这一重大战略性问题，已经进入了中共认识的视野。1923 年 12 月，陈独秀在《中国国民革命与社会各阶级》一文中指出："人类经济政治大改造的革命有二种：一是宗法封建社会崩坏时，资产阶级的民主革命；一是资产阶级崩坏时，无产阶级的社会革命。"此外，还有"殖民地或半殖民地的国民革命"，"对内"是具有反封建性质的"民主革命"和"对外"的反抗殖民帝国主义的"民族革命"。"半殖民地的中国"就是"反封"的"民主革命"和"反帝"的"民族革命"的双重艰巨任务。为了完成这一艰巨任务，无产阶级除了要联合资产阶级外，还要联合广大的农民。陈独秀认为，"农民占中国全人口之大多数，自然是国民革命之伟大的势力，中国之国民革命若不得农民之加入，终不能成功一个大的民众革命"。[②] 值得注意的是，在这篇文章中，陈独秀认识到农民具有"革命之伟大的势力"，这一认识是对以前农民具有"非常重要地位"认识的深化，虽然他也提到农民有分散和"趋向保守"的缺点，但农民这一"伟大"的革命"势力"的定性，为以后重视农民运动和开展农民组织工作做了有意义的探索。

陈氏笔下的"封建论"不仅是他分析中国社会进化的重要理论环节，还是他认识中国近代革命运动发生、发展和演变的关键性支撑，更是他用

---

① 《农民问题决议案》（1923 年 6 月），中央档案馆编：《中共中央文件选集》第 1 册，第 151 页。

② 陈独秀：《中国国民革命与社会各阶级》（1923 年 12 月 1 日），《陈独秀文章选编》中，第 362、366—367 页。

以指导革命运动开展、决定革命发展方向、制定和实施革命斗争政策和策略的思想武器。中共三大通过的文件中及其后中共中央第二次对时局的主张中，分别以"封建的"和"封建"来确定军阀性质与资产阶级的区别，而把"封建"性质的军阀作为中国革命的对象。[①] 可见，中共三大的这些认识与陈独秀的思想是有密切联系的。在 1924 年 5 月举行的中共中央执行委员会扩大会议上通过的有关决议指出："中国享有土地及使用土地的制度在经济上有一种半封建半宗法的阶级关系，而政治上便是一种官僚军阀任意凌虐农民的景象。"因此，应该宣传、组织和领导农民进行反对土豪劣绅和军阀及帝国主义的斗争。[②] 中共扩大会议关于农村土地制度所反映"封建""阶级关系"的观点和对农民进行革命宣传、动员的认识成果，与陈独秀关于对农民革命潜力的探索，和国共合作后国共两党相继成立农民运动的相关组织进行农民运动的具体实践指导和探索，显然都是有密切联系的，思想认识的发展轨迹是明显的。中共四大通过的文件指出，中国民族革命的特点之一，就是"反对封建的经济关系，反对封建的军阀政治（如督军制，雇佣军队制，政权分裂，农民屈服于官绅，人民无法律的保护）"。[③] 此处的"封建"由以往注重政治与制度的层面扩展到经济的层面，而对"封建的军阀政治"的内涵也有了具体的列举说明。尤其值得注意的是，中共四大提出的军阀政治还包括了"农民屈服于官绅"，把压迫乡村农民的官绅也列入了"封建的军阀政治"的范畴。应该说，这些对"封建社会"及"封建军阀"的分析，以当时的认识水平看，虽不无粗糙之感，但已具有一定的理论雏形和理论要点。

---

① 《中国共产党第三次全国代表大会文件》（1923 年 6 月）；《关于国民运动及国民党问题的议决案》；《中国共产党对于时局之主张》（1923 年 8 月 1 日），中央档案馆编：《中共中央文件选集》第 1 册，第 146、178 页。

② 《农民兵士间的工作问题议决案》（1924 年 5 月），中央档案馆编：《中共中央文件选集》第 1 册，第 247—249 页。

③ 《中国共产党第四次全国代表大会文件》（1925 年 1 月），中央档案馆编：《中共中央文件选集》第 1 册，第 337 页。

由于确定了军阀的"封建"属性，那么在陈独秀看来，"统治中国的当然是封建的军阀官僚阶级"。[1] 就是说，统治阶级是属于"封建"性质的。他明确指出："现在统治中国的封建阶级里面，武的既然拿枪抢大钱，文的只得伸手讨小钱。"对于"他们这种分赃的怪现象"，"本没有什么稀奇"。[2] 他认为："统治中国的是封建的军阀阶级，他们勾结外国帝国主义者为后援，资产阶级、劳动阶级都在他们压迫之下，所以中国劳动阶级和社会主义者的目前工作，首先要做打倒军阀打倒帝国主义的国民革命。"[3]

由于军阀与官僚和买办资产阶级的结合，陈独秀在对"封建军阀"认识的基础上，对其整个统治阶级"封建阶级"的认识，结合中共民族民主革命的历史范畴，又回到1922年8月《对于现在中国政治问题的我见》一文中"半封建"的提法上。他在1926年9月《我们现在为什么争斗？》一文中，又使用了"半封建派"提法，"半封建派"包括当时的奉直军阀、官僚、洋行买办、地主豪绅、交通系、安福系、研究系、联治派、国家主义派、复辟派及新社会民主党等当权者及其依附势力。陈独秀指出当时正在进行的国民革命的两个目标，"就是打倒外国帝国主义和国内半封建势力"，即"民族革命""民主革命"[4] 两个方面。值得注意的是，为了实现打倒半封建势力派任务，陈独秀指出："应该和农民合作，惩治贪官污吏、劣绅、地主、土豪，而不应放任贪官污吏及驻军勾结劣绅、地主、土豪，蹂躏农民；因为农民是国民革命中主要的广大民众，劣绅、地主、土豪乃是半封建势力之真实基础。"[5] 此处陈独秀提出的"劣绅、地主、土豪乃是半封建势力之真实基

---

[1] 陈独秀：《可怜的伸手派》(1923年5月9日)，《陈独秀文章选编》中，第268页。

[2] 陈独秀：《可怜的伸手派》(1923年5月9日)，《陈独秀文章选编》中，第268页。

[3] 陈独秀：《关于社会主义问题——在广东高师的讲演》(1923年5月—6月20日)，《陈独秀文章选编》中，第301页。

[4] 陈独秀：《我们现在为什么争斗？》(1926年9月25日)，《陈独秀文章选编》下，第261—262页。

[5] 陈独秀：《我们现在为什么争斗？》(1926年9月25日)，《陈独秀文章选编》下，第264—265页。

础"的认识，是共产党人反"封建军阀"思想的逻辑延伸和革命斗争深入发展的重大标志，是重要的认识成果。在此前后，党内一些领导人也提出相近的认识，如瞿秋白1926年8月在一次演讲中认为，"在中国本来是地主阶级统治的国家，封建制度的国家"，到现在"中国的社会依然是封建的形式"，"军阀是封建社会的余孽，他实是代表地主买办阶级"，"地主与买办是军阀的命根，是军阀的经济基础"，因此，"我们要打倒军阀必须打倒地主"。为"打倒地主"，瞿秋白提出了"武装农民，组织农民自卫军""农民参加政权，乡村的政权归农民"的认识。① 毛泽东于同年9月在《国民革命与农民运动》一文中明确指出："农民问题乃国民革命的中心问题，农民不起来参加并拥护国民革命，国民革命不会成功。""经济落后之半殖民地，外而帝国主义内而统治阶级，对于其地压迫榨取的对象主要是农民，求所以实现其压迫与榨取，则全靠那封建地主阶级对他们以死力的拥护，否则无法行其压榨。所以经济落后之半殖民地的农村封建阶级，乃其国内统治阶级国外帝国主义之唯一坚实的基础，不动摇这个基础，便万万不能动摇这个基础的上层建筑物。中国的军阀只是这些乡村封建阶级的首领。""地主政权即军阀政权的真正基础。"② 值得注意的是，毛泽东在这篇文章中，明确把农民问题提到国民革命的"中心问题"的高度来认识，并把地主这个"农村封建阶级"看作内外反革命统治的"唯一坚实的基础"，在对农村革命极端重要性问题上，毛泽东的表述是最为清晰、完整的。毛泽东这一时期专在农村做农民运动工作，因此他对农民势力与中国革命关系的认识之深刻，是有其坚实的思想与实践根据的。同样从事农民运动的彭湃，从广东的农民运动的实践中，早在1924年12月的一份给广东区委农民运动委员会的报告中就认为，"不建立农民的

---

① 瞿秋白：《国民革命中之农民问题》（1926年8月），《瞿秋白文集》政治理论编第4卷，人民出版社2013年版，第374—386页。该文是瞿秋白1926年8月在广州做的演讲，同年11月30日发表在中共党内刊物《我们的生活》第4期。

② 毛泽东：《国民革命与农民运动——〈农民问题丛刊〉序》（1926年9月1日），《毛泽东文集》第一卷，人民出版社1993年版，第37—41页。

武装队伍，不把好的武器发给他们，我们的工作就得不到必要的结果"，①强调武装农民的必要性和重要性；到 1926 年 9 月他根据新的斗争形势又指出："革命的斗争，由都市而转入于农村，现在正是农村中革命势力与反革命势力不断的冲突到最利害的时期。"②这些认识，都是从实践中总结出来的真知灼见。尤其是彭湃指出的革命斗争由都市到乡村的转移问题，虽然主要说的是广东的情况，实际上全国也面临着将从城市革命转到乡村革命的转型期的考验。这种变化，与国共合作后"扶助农工"政策的推行、国共两党各级党组织成立指导农民运动的专门机构、北伐战争开始后随着军事的需要和推进在广东、广西、湖南、湖北、河南、四川、陕西、江西等开展了广泛的"农民运动"，陈独秀在给中共各级党部的信中，明确提出了"党到农民中去"的号召。③这样，由陈独秀等中国共产党人对中国革命对象的认识，由"封建军阀"而推进至农村的"封建"的劣绅、地主、土豪，是中国革命由上层推进到社会基层的重大步骤，也是中国由城市革命转向农村的关键逻辑起点。④

---

① 彭湃：《关于广宁农民反抗地主的斗争的五个报告》（1924 年 12 月—1925 年 2 月），《彭湃文集》，人民出版社 2013 年版，第 81 页。

② 彭湃：《花县团匪惨杀农民的经过》（1926 年 9 月 18 日），《彭湃文集》，第 270 页。

③ 陈独秀：《陈独秀给各级党部的信——对于扩大党的组织的提议》（1926 年 10 月 17 日），中共中央文献研究室、中央档案馆编：《建党以来重要文献选编（1921—1949）》第 3 册，中央文献出版社 2011 年版，第 425 页。

④ 李大钊在 1925 年底至 1926 年初探讨了农民对中国革命的重要性问题，他认为，"在经济落后沦为半殖民地的中国"，农业仍为"国民经济之基础。故当估量革命动力时，不能不注意到农民是其重要的成分"。李大钊：《土地与农民》（1925 年 12 月 30 日—1926 年 2 月 3 日），《李大钊全集》第 5 卷，人民出版社 2013 年版，第 98 页。周恩来也认识到农村的重要性，认为应向农村的"半封建"势力进行斗争。他说："各地民团，百分之九十是在土豪劣绅手中，他们利用此武装势力压迫农民，抽收苛捐杂税自肥中饱，简直是乡村军阀。""这些买办、大地主、逆党、土豪、民团、土匪、贪官污吏没有一种不是旧社会遗存的半封建势力，没有一种势力不是与革命为敌的。"我们现在"应加紧而内向半封建势力争斗"。周恩来：《现时广东的政治斗争》（1926 年 12 月 17 日），中共中央文献研究室、中央档案馆编：《建党以来重要文献选编（1921—1949）》第 3 册，第 520—521 页。如前文提到彭湃所考察发现的革命的斗争"由都市而转入于农村"现象即为一证。而实际上，自国共合作开始逐步发展起来的农民运动，随着北伐战争的推进，在湖南、湖北、

在上述探索的基础上，中国共产党在 1926 年 7 月第三次扩大执行委员会会议上通过的中央政治报告中，对军阀的"封建"属性问题作了进一步的解释，指出"军阀买办官僚新旧士绅之反赤运动"，"这都是中国的半封建势力，他们都公然站在帝国主义旗帜之下"；而"旧的士绅如城市及乡村之劣绅地主土豪，专替军阀官僚剥削农民，他们乃是中国半封建势力之真正基础"。①1926 年 11 月底，共产国际执行委员会第七次扩大会议上通过的关于中国问题的决议案中，力图在维持国共合作的局面下，乘革命军北伐节节胜利之际，把中国资产阶级性质的国民革命"一气呵成"地推进到社会主义的革命步骤，在这种情况之下，资产阶级可能"离开革命，或进而反对革命"，因此认为"统率"革命的无产阶级必须联合"农民和小资产阶级"继续进行革命。决议案指出："中国军阀之特质，就是他虽系武装组织，而同时他利用半封建性的整个国家制度，而成为中国之资本最初积累的分子之一。中国军阀的国家组织之存在，建筑在中国半殖民地的地位，中国地域的闭塞，中国经济的落后，以及乡村有很多的人口过剩等原因之上。""关于政权问题，中国共产党应当努力赞助推倒乡间的劣绅土豪的官僚政权，以革命政府之下级机关代替旧的半封建的官僚政权。"②对于这个决议案，尽管中共中央的意见是要先经过党内讨论待第五次代表大会再做决定，但它对中共的相关政策不可能不产生影响。1926 年 11 月中共在关于农民运动政纲草案中，提出"推翻城市和乡村中封建官僚（军阀土豪）（原文如此——引者注）的政权""在平民民主政权上统一全中国"③的运动目标，此处"军阀"

江西、河南、福建、陕西等省的农民运动迅速发展，也是革命开始向农村转移的重要体现。这为土地革命战争时期上述诸省农民武装暴动的发生奠定了不可或缺的群众性基础。

① 《中央政治报告》（1926 年 7 月），中央档案馆编：《中共中央文件选集》第 2 册，中共中央党校出版社 1989 年版，第 166—167 页。

② 《共产国际执行委员会第七次扩大全体会议关于中国问题决议案》（1926 年 11 月底），中央档案馆编：《中共中央文件选集》第 2 册，第 669、674 页。

③ 《中国共产党关于农民政纲的草案》（1926 年 11 月 4 日—5 日），中央档案馆编：《中共中央文件选集》第 2 册，第 434 页。

和"土豪"显然是城市和乡村两个需要被推翻的封建目标。政纲草案指出，"中国共产党现在已经应该指导这运动（指农民夺取政权的斗争——引者注），提出建立乡村农民政权之任务于农民协会——革命运动先锋队面前"。"只有依靠在乡村〈的〉农民政权之上"，领导国民革命的政权"才能巩固其地位"。① 到 1926 年 12 月中央特别会议上的"政治报告"中，明确提出了"推翻都市中封建的军阀政权，推翻乡村中封建的地主土豪劣绅政权"② 国内的政治斗争目标。而中央特别会议通过的"关于湘鄂赣三省农运议决案"中，指出："乡村政权问题即是农民政权代替封建式的土豪劣绅政权问题。""使农协成为统一乡村运动的唯一中心。""乡村中的武装必须统一在农民手中。"③ 这些探索，尽管还不免受分裂危机尚未充分暴露的国共合作框架的约束，尚难以完全从中共独立革命的角度思考问题，理论局限难以避免，理论的彻底性难以充分展示，但即使如此，这些理论认识成果，仍为国共合作破裂后中共转入农村进行土地革命战争进行了极为珍贵的理论资源的积累和准备。此处对"半封建势力"的含义及其社会基础问题进行了事实和理论说明，尤其是将"乡村之劣绅地主土豪"作为封建军阀社会统治的"真正基础"，是对"封建"性质的新阐释，预示了中共将开始进入乡村的农民革命运动的新阶段。至此，从中共二大到大革命失败前夕，中共的"反封建"革命话语有了新的实质性的、标志着中国革命未来新方向的突破性发展。

四、余论

需要特加说明的是，中共"封建军阀"话语建构对于其从上古中国封建

---

① 《中国共产党关于农民政纲的草案》（1926 年 11 月 4 日—5 日），中央档案馆编：《中共中央文件选集》第 2 册，第 436 页。

② 《政治报告》（1926 年 12 月），中央档案馆编：《中共中央文件选集》第 2 册，第 565 页。

③ 《关于湘鄂赣三省农运议决案》（1926 年 12 月），中央档案馆编：《中共中央文件选集》第 2 册，第 578—579 页。

意涵转为现代革命封建意涵，具有中轴媒介之价值，由此由古意变为今意，由西意转为中意，封建之新意始得落地。

归纳本节，可总结如下几个方面，再申而明之。

第一，从"封建"到"半封建"的思想认识，是陈独秀等中国共产党人长期探索的思想结晶。

中共的"反封建"理论的建构，虽然早在《新青年》创刊之初就提出反对"封建制度"的口号，但严格来说，那时所说的"封建"尚不是现代汉语中的"封建"之意，而是指于今已不合时宜的上古的制度。随着陈独秀对中国革命道路的探索尤其是对社会主义和共产主义理论的探索，把中国纳入世界近现代资产阶级革命和社会主义革命的历史视野中，自然对西方革命历史中与资产阶级对立的"封建"问题有越来越深的了解和把握。而近代中国革命，无论是辛亥革命，还是五四以后开展的国民革命，都是与近代全球化后国际关系变动与革命运动紧密联系在一起的。中国的辛亥革命，是对鸦片战争后中外关系尤其是中日甲午战争紧密相连的，甚至可以说是对这些冲击的"反映"。而五四运动、中共成立及其后进行的国共合作的国民革命运动，是与第一次世界大战的冲击、巴黎和会对中国思想界的刺激、十月革命对中国的影响等密不可分的。这表明，自鸦片战争到五四运动前夕，中国的思想与国际思潮的变动已处于波涛共流的状态。在这样一种情况下，中国的话语体系，自新文化运动后，越来越融入世界思想的河流之中。这样，我们就很容易理解陈独秀把法国资产阶级革命对立面的"封建"转化为中国当时资产阶级对立面的"封建"话语。而中国资产阶级革命的对立面就是军阀，因此，军阀自然被定为"封建"性质，而谓之"封建军阀"也就毫不奇怪。由于资产阶级现代工业大生产的生产和经营模式，与之对立的农业经济和小生产状态成为"封建经济"的标志性符号，因此，中国古代小农经济社会状况，也被作为"封建社会"的重要依据。事实也是，中国的"封建军阀"不可能是天上掉下来的，更不可能是西周封建制度的产物，而只能是清末政治势力遗存下的。追根溯源，以皇帝制度和地主经济制度为代表的中国古代社会，以全球化的话语逻辑理解，也只能是"封建社会"。因此，在陈独秀的笔下，中国古代农业自然经济及与之适应的宗法社会是属于封建时代的。

那么，对于民初是一种什么性质的社会，这是陈独秀等革命领袖和思想先驱要致力解决的紧迫重大课题。应该说，当时中国的"殖民地或半殖民地"的社会状况已是当时舆论的共识。而对内，既然"军阀"属于"封建"性的，那么中国社会是一种什么性质的呢？在最初的表述中，有时表述为"现代文明"社会，有时表述为"封建主义"社会，这种表述上的对立，看似矛盾实际上又是统一的，前者主要表述民主和共和的一面；后者主要表述"军阀统治"或旧思想统治的一面，并逐渐把落后的农业经济作为后者的一种基本标志。因此，"半封建"的说法因此而起。"半封建"应是"封建"一词表述民初中国社会出现困惑的情况下，而使用的一个新概念，用来反映民初在政治上既不同于以往的"封建帝制"、经济上也不同于以往的小农业经济，政治上有新兴资产阶级民主力量的成长、经济上有外国资本冲击、本国资产阶级经济的发展而对原有小农经济受到破坏的一种状况。应该说，这种概念的使用，在当时来说，是比较符合民初政治经济的历史实际的。除了用"封建"概念表述军阀、用"半封建"表述当时的社会进程，使用其他的概念，都不能清晰地表述民初社会的历史坐标。尽管这种概念是从西方革命话语体系中移植过来的，但在中国固有的话语里，没有现代资产阶级的概念，也就没有与资产阶级相对立的现代意义的"封建"概念；没有现代社会主义概念，也就没有与社会主义社会相对立的资本主义社会概念及封建社会概念。任何概念的提出绝不可能是凭空杜撰的，而是对社会现实中逐渐普遍化的一种新社会现象的本质性、符号性、为公众所能接受的标志性表述，具有很强的客观性。尽管"封建""半封建"甚至"半殖民地"诸概念是经典作家如马克思、列宁先后使用过的[1]，但从上面文章的梳理

---

[1] 可参见丁东宇：《马克思的封建社会概念》，《学术交流》2012 年第 6 期；陈金龙：《"半殖民地半封建"概念形成过程考析》，《近代史研究》1996 年第 4 期；陶季邑：《关于"半殖民地半封建"概念的首次使用问题——与陈金龙先生商榷》，《近代史研究》1998 年第 6 期；肖枫：《如何理解"半殖民地半封建"概念》，《世界历史》1986 年第 7 期。

中可以看出，陈独秀等使用这些概念，有一个逐步发展的过程，绝非生搬硬套的使用，而是根据中国的实际，将西方资产阶级革命、俄国社会主义革命发展过程中的思想成果尤其是马克思主义的理论成果，逐步地运用到中国的革命实践中的，是革命实践推动和思想家理论探索的结晶。当然，这种探索还是初步的，如尽管认识到中国社会已经处于半殖民地半封建的状态，但在中共党内还未形成完整的"半殖民地半封建社会"的概念表述，① 认识还不稳定，甚至还有反复，但整体演进的方向是随着革命的深入而前进的。

第二，从"封建军阀"到"封建地主"、从"城市革命"到"农村革命"的初步提出，是革命实践发展与思想飞跃互动而生的产物。

思想认识的飞跃与历史发展的推动是互动的，思想指导和引领时代潮流发展，实践又推动着思想前行。随着国共合作的推进、国民革命的深入和北伐战争的节节胜利等历史进程的依次展开，革命力量所触及的深度从社会上层已经达到了社会的底部，整个中国的社会大变动的序幕已经拉开，中国革命最伟大的潜力被陈独秀、瞿秋白、毛泽东、彭湃、李大钊等人先后认识，中国革命的对象由"封建军阀"逐步过渡到军阀统治的基础"封建地主"的新阶段。这是一个历史性的转折。中国历史上的历次革命，只是革上层统治者的命，只是改朝换代，从来没有进行过彻底性、全面性的革命，因此，中国没有发生性质的变化，虽然中国的物质文明和思想文化在向前发展着，中国几千年的小农经济依然存在，新的生产力（资本主义）没有形成和发展到质变的空间，旧的制度经过修复式的改革后仍然有很强的生存能力。但是，鸦片战争后的近代中西接触，西方大工业生产模式随着西方列强的入侵而进入中国，使得中国传统的小农经济模式失去了长期存在的合理性与可能性。鸦片战争以后中国所遭受的屈辱，列强的政治压迫和经济掠夺，迫使中国必

---

① 尽管蔡和森早在 1926 年在《中国共产党史的发展（提纲）》中，连用"半殖民地和半封建的中国"和"半封建半殖民地的国家"两种提法，但党内尚未形成稳定、通用的概念。《蔡和森文集》下册，人民出版社 2013 年版，第 795 页。另参见陶季邑：《关于"半殖民地半封建"概念的首次使用问题——与陈金龙先生商榷》，《近代史研究》1998 年第 6 期。

须通过彻底的民族民主革命，从上层到底层的"翻天覆地"的革命巨变，才能彻底摆脱中国的屈辱地位，求得民族的独立、国家的统一，政治上的民主和经济上的工业现代化，使中国成为独立、民主、富强的国家。而对于这种变动，乡村中具有政治权威和经济实力的地主害怕社会变动丧失了自己的优势地位，普遍是社会变革的反对者，是革命的对立面。对于这个阶级，如何认识地主势力的性质，是不容回避的问题。在中国的传统思想资源里，从来没有这么巨大、深刻、普遍的社会变革，即使王朝末期的农民大起义，也没有对地主势力形成摧毁性的打击，地主势力从来都是统治者社会治理的基本力量，因而不可能提供这方面的经验与思想来源。因此，当时的革命者只能从世界革命的历史中寻找理论资源。正如认识军阀的"封建"属性一样，既然地主势力是"封建"军阀的拥护者，是军阀统治的"真实基础"，那么地主势力或地主阶级无疑也是"封建"性质的。因此，从"打倒封建军阀"，到"打倒封建地主"，是中国革命发展的必然逻辑和必经道路，而从"城市革命"转向"乡村革命"的认识探索也初步地展现出来。这些，主要还处于认识的初步阶段，但正是这些初步的认识，为以后土地革命战争时期转移到农村进行广阔的革命斗争实践提供了清晰而坚实的坐标性指向。

第三，如何认识"反封建"话语的内涵及其"概念"的使用问题。

近年来，由于反思近代以来的西方话语对中国本土文化的消解，对近代历史上有关概念的使用进行了新的研究和重新评估，推动了学界对相关问题的思考。对问题的重新研究和评价，是学术研究进一步发展的必由之路。其中，"封建"或"反封建"是引起学界研究较多的概念之一，也出现了不同的认识。根据笔者的梳理和研究，我们可以看到，"封建""半封建"概念，是当时陈独秀等革命先驱和思想家们从中国社会发展的历史与国际革命演变的历史交汇的角度，从中国革命的现实力量与敌对力量对比的具体实际出发，从革命理论指导革命实践与革命实践催生革命理论的互动中，从《新青年》1915年创刊起，到大革命失败前夕的1926年年底止，进行了长达十余年的艰辛理论探索。他们的探索，对于准确地认识中国的社会实际和中国的革命实际，探索中国革命前进的道路和中华民族复兴的道路，作出了重大的理论贡献。正是在这种探索指导下，五四运动的爆发、中共的成立、国共合作领导的国民革命的开展、北伐战争打倒北洋军阀的胜利等重大历史性转折事件登上近代中国的历史舞台，一改辛亥革命以后的军阀纷争、民主革命势力颓废的状况，中国革命和中华民族复兴呈现出光明的前景。这表明，这些包括"反封建"理论在内的中国革命理论是符合中国的实际需要的，是经受了这一时期历史考验的。如果我们运用现代政治理论框架分析，认为孙中山是资产阶级民主革命的性质，那么他所对立的军阀，不是"封建"性质又是什么？问题不在于"封建"的称号，而在于"军阀"所作所为的基本特征是不是人们所认为的"封建"。当时，军阀是一种割据性力量，是一种专制势力，根据当时的界定，割据性是属于"封建"概念的一个义项，专制也是属于"封建"概念的一个义项。当然，今天有的学者认为西欧的"封建"并无"专制"的内容，而揆诸史实，西欧的封建也不是一个固定的概念，也随着历史的发展发生了演变，前期有割据、分散的特点，后期有专制和集权的特点。因此，将军阀定性为"封建"是既符合事实，又符合概念逻辑规范的。当时，不仅共产党人认为军阀是"封建"性质的，孙中山也认为军阀是"封建"性质的。孙中山曾指出："中国少部分著名的封建督军、破产的官僚、投机的政客此三种人形成中国之军阀政客。"① 其实，蒋介石在"清共"后很多年在他的日记中痛斥割据的地方实力派军人为"封建军阀"。就是说，军阀的封建性，是那个时代的主流意见。事实上，"封建"只是一个语言符号，看这个符号所反映的事物是不是符合事物的真实和本质②。应该

---

① 孙中山：《关于建立反帝联合战线宣言》（1924年1月6日），《孙中山全集》第9卷，第23页。
② 如马克垚曾指出："经过长期的研究，在前资本主义时代，大土地所有制和小生产的结合，是各国家、民族的共同经济特征，应该是没有问题的。无论你使用封建主义这一名词与否，但在此共同性下，如何认识各地区、国家、民族的特殊性，并从而对全世界的这一社会有进一步的认识，仍然是一个重大的历史研究课题。"[法]马克·布洛赫：《封建社会》上卷，张绪山译，商务印书馆2004年版，"中文序言"，第11页。

说，"封建"作为对"军阀"真实和本质的规定是符合事实的，是准确的。随着对军阀"封建"的定性，对军阀统治基础"地主""封建"的定性也就在情理之中了。地主的"封建"性质一方面是根据作为军阀的统治基础而认定的，另一方面是其经营的以消费为主的传统农业经济而认定的。当然，从经济上看，中国的模式与欧洲的模式是不同的，欧洲有领主经济，[①]而中国则是地主阶级，但是无论是欧洲的领主经济，还是中国的地主阶级，如马克垚所言，"在前资本主义时代"，各国家、各民族的共同经济特征，是"大土地所有制和小生产的结合"，既然主要经济基础是相同的，从社会发展的阶段看，或者无以名之，若名之，以西欧的"封建社会"为参考，名之为"封建"当是适宜的选项。恩格斯指出了欧洲地主（领主经济）与农民的关系："在中世纪，封建剥削的根源不是由于人民被剥夺而离开了土地，相反地，是由于他们占有土地而离不开它。农民保有自己的土地，但是他们作为农奴或依附农被束缚在土地上，而且必须给地主服劳役或交纳产品"。[②]中国的农民与欧洲的农奴虽有差异，但中国的农民因为生活需要也只能被束缚在土地上，通过缴纳政府的赋税或缴纳地租向国家或地主"进贡"。[③]

---

① 欧洲封建社会也并非都存在领主经济，在某些国家如法国只存在封建社会早期，以后就被地主经济所代替了。参见王渊明：《法国封建社会农民的生活状况与社会发展的关系》，《历史研究》1985 年第 5 期。

② 恩格斯：《美国工人运动——〈英国工人阶级状况〉美国版序言（1887 年 1 月 26 日）》，《马克思恩格斯文集》第 4 卷，人民出版社 2009 年版，第 320 页。

③ 关于"封建"概念的研究，已有学者做了有意的探索，如赵德馨：《列宁关于半殖民地半封建社会的学说》，《青海社会科学》1984 年第 4 期；王先明：《关于近代中国"半封建"问题的辨析》，《河北学刊》2009 年第 4 期；李红岩：《如何科学认识近代的"封建"论争》，《光明日报》2010 年 7 月 26 日；李红岩：《关于半殖民地半封建理论的来龙去脉》，中国社会科学院近代史研究所编：《中国社会科学院近代史研究所青年学术论坛：2003 年卷》，社会科学文献出版社 2005 年版；侯建新：《"封建主义"概念辨析》，《中国社会科学》2005 年第 6 期；冯天瑜：《对五四时期陈独秀"反封建"说的反思》，《中共党史研究》2009 年第 4 期；王渊明：《法国封建社会农民的生活状况与社会发展的关系》，《历史研究》1985 年第 5 期。从学术语境看，"封建"或"封建社会"作为研究的概念，只是标识一种历史客观事实或社会形态，并无褒贬和价值判断之意，经典作家在当时的历史场景中对此即有相当客观的论说，而在今天的学术语境下，更应该平心静气地站在汇通古今中西

应该说，近代以来，中国的话语系统已经发生了很大的变化，有些中文固有的本义在现代消失了，转为现代外来的新义。这是因为社会已经发生了根本性的变化，语言系统也必须随之发生相应的变化，以反映新的事物或新的认识。这类现象并非"封建"一词独然，如中国古义的"经济"，我们知道是"经世济民"之意，而与今天指"物质财富"的内涵全然不同；又如"革命"一词，古义是"根据天命变更而发生的改朝换代、王朝易姓现象"，与现代所指的社会根本变动、制度根本变革的内涵也有性质的巨大差异，古代认为的改朝换代的"革命"，在现代不认为是"革命"，古代农民造反被称为"贼寇"，现代则把农民造反名为"革命"；又如"党"，在古义中指"乡党""亲近"和"偏私"，在政治概念上原为贬义词，现代"党"的含义与之相比也已发生了性质上的不同；还如"共和"一词，中国原有的"共和"意涵是指君主世袭制下诸位摄制者代幼主共治之意，而现代的共和则指废除君主世袭制后，国家权力机关由选举产生并实行一定任期的政体，体现的人民的主权精神，与原有古义已有了性质的根本区别。这种古今词义的变化，是历史演变过程中常有的现象，是难以避免的。尤其是在近代以来中国进入全球化的国际关系中，文化交流、语言相互借鉴更是难以避免的，是历史进步、人类文化融合的现象。因此，以现代语义中的"封建"与中国古义的"封建"不符为由，认为不应使用这一概念，理由是不充分的；以中国的"封建"或"半封建"与欧洲不同或与其他国家不同为据，而认为不应使用这一概念或这一概念出了问题，如前所分析，其理由也是难以成立的。从"封建军阀"到"封建地主"，是中国共产党人在早期革命过程中根据波澜壮阔的丰富革命实际和从欧洲与俄国取得的思想"火种"，在古老的中国大地上为开创中华民族新生命、新文明而呕心沥血、冒险犯难而心有所得，"封建""半封建"概念逐渐被广泛采用，点点滴滴的思想力量汇成"反封建"

之变的新的历史高度和历史视野探讨这一问题。因此，这一问题是应该进行系统深入的学理探讨的。限于本论主题，恕不赘言。

革命的长河。它是从中国的土地上生长的，是富有中国特色的现代革命思想发展的重要成果。当然，由于它是在戎马年代淬炼的，不免带有那个时代的某些痕迹，如学理的论证尚不够充分、细密、周严，他们不可能像穷经皓首的学者那样甚至为考一字而成鸿篇巨著，他们是把这些思想观念作为革命的火种、斗争的武器进行社会动员的，是容不得半点水分的，是行之有效的、有生命力的基础性思想元素，是经受了严峻的时代考验和历史验证的。

从《新青年》创刊到大革命失败前夕的1926年年底，以陈独秀为代表的中国共产党人对革命理论的探讨取得了一系列重大成果，本节所探讨的"反封建"思想认识的发展只是其一。这一时期革命领袖和先驱们对中国革命的认识，为当时中国革命的发展和其后革命的进一步推进作出了不朽的历史贡献，在中国革命思想史上占有源头性、经典性的地位，是中国革命史上极为珍贵的精神宝藏，值得我们认真研究和探索。但是，学界迄今对这一时期的革命理论研究仍显薄弱。人们多把研究的视角放到20世纪30年代新民主主义革命理论的发展期和40年代的成熟期，这些研究当然是完全必要的，但是如果不对中共早期理论进行系统的研究，就难以厘清这些思想"何以如此"这样一个"源头"问题。"何以如此"正是中共早期革命实践探索和革命理论探索的历史进程，这一进程在相当程度上影响甚至框定了中共1927年后所要走的道路及其最终的航向（关于"封建"问题这些探索，对以后民国的学术研究尤其是社会理论，也提供了成为理论轮廓的基本概念及其论说方式，影响到三四十年代学术界的某些基本术语和基本论证，远远超出了革命阵营的范围，甚至成为当时学界和思想界占据主流的话语言说）。当然，后来的路更艰辛，好在从陈独秀到瞿秋白到毛泽东，尤其是大革命失败前夕的毛泽东，从文中他表达的思想那样，我们已经看到当国民党举起屠刀"清共、反共"后，毛泽东把革命的星星之火，带到了广阔的农村，带领中国共产党人走上农村武装革命的道路。这种轨迹，在我们的研究中已有所显现。动员农民参加革命，武装农民进行革命战争，教育和改造农民建设新社会、新中国，这个更广大的"反封建"的历史舞台，在毛泽东的名篇《湖南农民运动考察报告》于 1927 年 3 月发表几十天以后血与火的国共分裂中，徐徐展开。中国革命终于进入到"反封建"的底层（此后中国的新闻媒体、理论界、学术界乃至史学界也越来越关注底层尤其是下层人民的生活问题，发表了越来越多的经济史、社会史的研究成果，随着革命的深入，对中国底层人民尤其是农村和农民问题的研究，也越来越多，越来越深入）。这就是共产党人早期"反封建"演变的历史和逻辑，以及对这一历史和逻辑的认知。

第二章 | 清末民国省区制度之 | 变革与社会之演进

近代中国在师夷之长技之后是师夷之制度的变革。在这一变革阶梯中，在国家层面仿行西方宪政模式，在地方推行地方自治。省作为中央管理地方的最高层级，在实施地方自治过程中具有重要的使命。在这一制度变革阶梯环节，不仅中央层面的仿行宪政改革未取得成功，而且地方层面的地方自治改革也出现了诸多问题。就地方自治来说，中国传统治理模式虽有民间的自我管理模式，但那是以家族和宗法等家族伦理模式为主要手段进行自我管理的，与西方以法律、契约和宗教为主要手段进行分权式地方自我管理的传统不同。在清廷实行中央集权制的历史背景下，全面推行地方自治的变革，不仅不能有效维护清廷统治，反而分解了其治理基础。因为在推行地方自治的过程中，在镇压太平天国起义后地方督抚大员一度被中央收回的财政权力又被他们变相从中央手中夺回，而随着地方自治的发展、地方力量的增强，地方意识尤其是"省"的意识日益凸显，表明以"省"为代表的地方力量逐渐脱离清廷的管控而成为左右国家政治发展的重要力量。这种变化至辛亥革命各省独立而使省的力量正式登上近代中国的历史舞台。至此，无论是南京临时政府还是民国北京政府，虽有心将省的力量控制在其正常位序状态，但因省区势力既已突破制度藩篱获得军政特权就不肯轻易放弃，在几经较量后省区力量竟取得主导地位，央地关系倒挂，国家遂呈四分五裂之象。皖系、直系、奉系轮流坐庄，地方军阀各霸一方，省制中的军民分治问题、省制入宪问题、缩小省区问题、联省自治问题求解而不得其解，中国陷入了深刻的国家危机与民族生存危机。就是说，省制变革成为关系国家安危和民族生存的重大问题。这一问题，在南京国民政府时期仍然未能得到解决，冯系、阎系、桂系等地方实力集团与南京国民政府蒋介石集团各为其利仍纷争不断，亦不得其解。这些纷争严重阻碍了中国社会的发展和进步，必须解决。中共是以民族独立、国家统一、人民幸福与社会进步的民族复兴为历史使命的新型政党，具有为国家和人民献身的崇高理想，成为新的国家中心力量，因而完全摆脱了以往以省区地方私有、派系和特权结合的历史局限，克服了近代省区位置失序的弊端，使得省区变革在新的历史起点成为拱卫中央的制度性保障，在否定之否定的发展中终于摆脱了近代地方势力恶性循环周期，进而上升到新的发展阶梯，为国家的统一与发展奠定了坚实的制度支撑。

第一节　近代制度转型中的省制变革

地方最高管理层级的演变，自元代扬弃此前历代之郡、州、道、路制而确立省制后，明清两代相沿未变之史实，并非明清两代不想另创新制，而是因省制在国家现实空间治理和层级治理中已具有不可移动、不能移动的结构性功能。就是说，省制较之以往历代的地方最高层级，其与国家中枢的联系更加紧密了，在治理空间幅员辽阔常态管理下，其对于地理空间的疆域驾驭、权力空间的层级权力贯通、文化空间的中心认同，具有强大的制度性力量。然而，近代以来，在前所未有的外部冲击和内部压力下，中国从社会到国家均处于从传统到现代远远超越常态的巨大转型之中，省制作为与国家联系最为重要和紧密的地方最高层级制度，与整个社会与国家的艰难转型一样，也经历了从传统体制到现代体制的曲折而艰难的发展过程。在近代省制不断改易和变动的背后，呈现的不仅仅是省制转型的困境、新旧交织和中西纽合等多重面相，更系乎民族的兴衰、社会的治乱、国家的统一抑或纷争等那个时代的大问题。无疑，近代省制的历史，是与近代中国的历史命运这个重大问题紧密联系在一起的。对于这样一个重大历史问题，学界进行了一定的探究，然而，整体看来，主要是对辛亥革命前后个别时段的研究，而且主要限于对省级机构改革的研究。其实，近代省制从近代国家现代化转型[①] 的

---

① 本节所说的"国家现代化转型"，非政治理论学界所说的"现代民族国家"之意，而是指从制度事实出发，探讨近代中国从王朝国家制度到现代共和民主国家制度的转型与发展历史，进而形成近代中国制度转型的历史叙事并提炼出中国近代制度历史的话语理论。

角度看，其内容十分丰富。正是因为这一课题的重要性和内容的丰富性，对这一课题进行系统、深入、全面的研究无疑就显得十分必要和重要。本节主要拟就清末民初的省制、南京国民政府的省制和新民主主义革命体系的省制三个方面加以分析。

一、清末民初：以日渐严重的分离主义为主要面相的省制

从清末到民初，中国从千年王朝国家体制，向近代共和国家体制转型。在这一急剧大转型的历史背景下，在多种力量的作用下，原有的国家秩序与社会秩序逐步松弛，省制作为国家秩序与社会秩序的建构力量，在转型期呈现了以分离主义为主要面相而又同时具有其他复杂多面性的建制性力量。

其一，从近代思想潮流看，彰显地方主义与近代省区自治和地方自治的省制面相。

清末民初，引自西方的地方自治观念与分权思想勃兴，自治观念与分权观念大体上属于近代民主观念的一种具体表现形式与实践形式，因为在反对中国传统专制体制问题上，一是要从土壤上培育乡自治、县自治乃至省自治的系统民治工作，养成民治的习惯与素养，夯实现实君主立宪制或民主共和政治的基础；同时，要在体制上实行地方分权的制度，防止专制体制对人民权利和地方权力的侵蚀。维新派梁启超即提出"以提倡实学，唤起士论，完成地方自治政体为主"。[①]他后来在《政闻社宣言书》中又向清廷提出"确立地方自治，正中央地方之权限"的主张[②]。革命派孙中山也是地方自治的积极提倡者，他在晚清进行革命的过程中就设计，"各省立一自治政府"，"设

---

① 梁启超：《戊戌政变记》（1898年12月10日开始），（附录二　湖南广东情形），梁启超著，汤志钧、汤仁泽编：《梁启超全集》第1集，论著一，中国人民大学出版社2018年版，第616页。

② 梁启超：《政闻社宣言书》（1907年10月7日），李华兴、吴嘉勋编：《梁启超选集》，上海人民出版社1984年版，第544页。

立省议会，由各县贡士若干名以为议员。所有该省之一切政治、征收、正供，皆有全权自理，不受中央政府遥制……以本省人为本省官，然必由省议会内公举"。[①] 民国成立后，地方自治思潮得到进一步的发展。戴季陶指出："共和国民之第一公权，即为自治权……人民之自治权，即为民权之实现，地方之自治行政，即为平常主义之实现。非人民有完全之自治权，其国家绝不能发达，亦绝不能统一。"[②] 这种地方自治思潮，不但对清末反对和瓦解清王朝的统治具有很大的思想性力量，对于反对民国北京政府时期的军阀专制也具有积极的意义。顺此潮流，晚清之"新政"即有地方自治的实验，民国北京政府也时断时续地在各地举办自治，确也显示了从思潮到实践的逻辑力量，但却始终难成主流，属于被当政者压抑的"低音"。另一方面，在反对集权的同时，往往不可避免地出现那种过分强调地方分权的现象，无形之中又消解了国家观念和中央政府治理的合法性，使得地方观念、省区观念大为抬头，省界意识成为一种思想潮流，成为一种广泛的思想力量。1902年，欧榘甲写了一本《新广东》的小册子，他提出的主张是："广东者广东人之广东也，非他人之广东也……广东之政权、财权、兵权、教育权、警察权、铁路矿山权、土地所有权、森林权、海权，莫不宜自操而自理之。"[③] 这就强烈地表达了以"省"为标志的地方"自立"意识。杨笃生写了一篇《新湖南》，内中也说："湖南者吾湖南人之湖南也。"[④] 这也是强调本省意识，宣传本省"自立"意识。而且，这种省界意识由于过分地强调了本省区域的特殊性、重要性，也就不可避免地具有排他性的力量。当时就有留日学生群体

---

① 孙中山：《致港督卜力书》（1900 年六七月间），《孙中山全集》第 1 卷，中华书局 2006 年版，第 193 页。

② 戴季陶：《中国人民之自治力》（1913 年 1 月 7 日），唐文权、桑兵编：《戴季陶集（1909—1920）》，华中师范大学出版社 1990 年版，第 597—598 页。

③ 太平洋客（欧榘甲）：《新广东》，张枏、王忍之编：《辛亥革命前十年间时论选集》第 1 卷上册，生活·读书·新知三联书店 1960 年版，第 287、310 页。

④ 杨笃生：《新湖南》，张枏、王忍之编：《辛亥革命前十年间时论选集》第 1 卷下册，生活·读书·新知三联书店 1961 年版，第 614—615 页。

对留学生中以省为单位的同乡会活动所反映的越来越强烈的省界意识表达了质疑:"省界甚严,此省不能参与他省……同是支那人,同具亡国之忧,此疆彼界,意何为者?"① 在民初的南北战争中,除了政治原因外,以省界为标识的地方主义也发生了重要影响,熊克武对民初南北战争中川省强烈的省界意识力量的体会是:"靖国、护法两役,北军入蜀者,兵不可谓不众,械不可谓不精,卒未能得志而去。滇、黔两军素称善战,无一全师而还,此固由客军行动大失人心所至,尤以省界观念,排外心理之助力为多。"② 这种以"省"意识或"省界"意识为核心的地方主义崛起之时,借地方自治观念与省自治观念作其合法理论支撑,中西混合、新旧难分,其势挟新兴的西方观念与当时崛起的地方主义和地方军事力量,成为左右国家政治发展的强大力量。

其二,从现实力量的趋向看,呈现日渐强化的分离主义的省制面相。

清末,在内忧外患的冲击和压力下,国家中枢的权力逐渐呈式微之势,清廷不得不整体上放松对各省督抚大员的控制甚至仰仗地方力量达到挽回颓势从而进一步巩固政权的目标,这样,一些地方疆吏、军事将领在特定时期和特定情况下获得了朝廷许可的财政自辟权乃至自主募兵权。这就突破了清代中期以前乃至历代王朝财政由朝廷统一调配、军权由朝廷统一管控的体制,开启了省级单位权势坐大、逐渐疏离中枢的趋势③,这就是在征伐太平天国过程中兴起的"湘军""淮军"崛起的景象,以一省区域之名而公然冠之于军队,表明了省级地方军事力量的增强而中央军事力量的严重下降这一事实。清末尽管有以省为名的军队,但毕竟未能变成普遍性的事实,那只是特定紧急时刻下的紧急应对之策,湘军和淮军在太平天国被平定后,除了裁

---

① 来函:《寓江西陈君致浙江同乡会书》,《浙江潮》第3期,1903年4月。

② 《中华民国史纪要(初稿)》,中华民国十一年(1922年)七月至十二月。台北"中央文物供应社"1983年版,第757页。

③ 刘伟:《晚清新政时期中央与各省关系初探》,《华中师范大学学报》(人文社会科学版)2003年第6期。

汰、遣散外，其精锐被整合为国家建制的军队体系。虽然湘军和淮军未能演变为威胁清廷的异己性力量，但是其省兵模式、督抚掌控兵权和财权乃至兵为将有的前例，却并未成为过去的历史，仍活跃在时人的思维中，一旦有适宜条件和环境，则会重演。由小站练兵起家的袁世凯在担任直隶总督兼北洋大臣后，形成了类似湘淮军而又超越湘淮军的、兵为将有的以带有地方色彩的"北洋"名之的北洋军事与政治力量。这支似乎既属于地方又属于中央的性质模糊的军政集团，在清末鼎革之变和民初十数年的政局变幻中，虽然在辛亥鼎革之际一度走上国家的中心舞台，但由于其"北洋"的地域性限制，并未能成功引领国家政局，始终未能脱离省区集团的属性，自然无法成为全国真正的中心力量，而只能是人们所称的"北洋"力量。

除了北洋军政势力外，乘辛亥鼎革之际而起的各省都督群体，更是一支新崛起的地方省区军政力量。李大钊在民国成立的当年，就敏锐而深刻地洞察到省在新旧交替、政权鼎易之际的强大分离趋势，他痛切指出："满清末叶，各省督抚握权渐重，益以政运趋新，地方日增活动，省见因以稍启。革命军兴，各省以次脱离满清羁绊，宣告独立，自举都督，此不过一时革命行军之计画也。而孰知省界之分，以是及于人心者匪鲜耶。试思一国设省……宁可省自私之。乃近顷用人行政，省自为治，畛域日深，循是以往，数年或数十年后，势至各省俨同异国，痛痒不关，即军事财政之协助，系乎国家兴亡者，将亦有所计较而不为矣。至神州粉碎，同归于尽，始追悔痛恨于向者省见之非，晚矣！"[①]李大钊所担忧的，是以都督势力为基础的各省地方军政力量的崛起，将会导致"神州粉碎"之势。果然各省督军很快即形成对中央政柄的一股强大分离力量。这支新起的力量在社会大转型、制度大转型的背景下，给省制框架带来制度之内和制度之外的巨大冲击。

而以孙中山所率领的"南方"从同盟会到国民党的政治力量，基本上也是以广东、湖南、浙江、湖北等省为单位集合起来的新的军政力量。他们力

---

① 李大钊：《隐忧篇》(1912年6月)，《李大钊全集》第1卷，人民出版社2013年版，第2页。

量的这种区域性，虽然在辛亥革命爆发和民国成立之际使得他们短时间走上中央的舞台，但由于其力量所限，使得他们很长时间内是同南方的个别省份联系在一起的，省制是他们很长时间内所特别关注的关键性问题，在某种程度上，可以说他们所主张的某种省制的利益就是他们的利益。

清末民初的省制与国家中枢的关系，整体上是逐步走向分离状态的。辛亥革命是具有特殊标志意义的历史性事件，一方面，在政治上它标志中国从两千年的帝制转向了民主共和制，长期看是中国历史的巨大飞跃，无疑是进步的；另一方面，从具体的历史链条看，辛亥革命恰恰是清末省制分离主义突破藩篱乘隙而出的契机。民初当政者袁世凯无疑深切感受到省制分离主义力量的威胁，频出重招，力图遏制，一方面加强中枢集权，另一方面削弱与改革省制，并将地方军权、财权收归中央，甚至酝酿废省存道的地方制度大改革来消解省制分离主义趋势；但一者由于省制分离主义势力正盛而难以遏制，二者则因为袁氏私心自用与帝制自为更激发了省制分离主义的反弹与扩张，当袁世凯帝制闹剧失败之际，省制分离主义破壳乃变成为具有相当"合法性"的政治力量。此后，无论皖系、直系、奉系等轮番控制中央政权者均为某省地方主义的力量，中央者不再是全国的中央，而地方各省也是根据自己地方的军事实力而论高下的"地方"了。陈独秀1923年就地方政权军事化这种乱象批评道："军队应该属于国家，湘军、滇军、粤军、桂军、奉军等名，已经很表现地方主义的色彩，不成其为国家的军队了。"[1]正是由于地方军事化、各省督军割据化，引起各省纷争不断，国政日非，便有"废督裁兵"论的兴起；而在纷争无解、统一无望的现实下，"自治"思潮与"联治"思潮相互吸收、融合，"省自治"与"联省自治"的思潮相互激荡[2]，地方实力派借机"合法"地发展省的力量，并且通过省议会的程序，修改省制，重

---

① 陈独秀：《陈家军及北洋派支配下之粤军团结》(1923年5月9日)，《陈独秀文集》第2卷，人民出版社2013年版，第358页。

② 参见胡春惠：《民初的地方主义与联省自治》，中国社会科学出版社2001年版；谢从高：《联省自治思潮研究》，中国社会科学出版社2009年版。

新制定和颁布省的制度、体制乃至省宪，体现了现实中分离主义思想与西方地方自治思想合流的复杂面相。省制在复杂的历史合力下，作为行政管理与区域管理制度，乃演变为关系国脉民命的政治大问题，成为关系国家统一和政局稳定的关键性因素，使得省制具有了新的内涵与地位，成为近代国家与社会转型中关键性的一个重大问题。这一问题的焦点和症结就在于，省制越来越地位模糊，甚至成为国家将要被裁撤的对象，如清末康有为就提出废省改制论①，民初中央政府多次提出废除省制的规划②，而事实上，地方省权却越来越强，省区军政力量成为国家政治生活的主角，这就是普遍性的各省军阀割据自雄现象。如何解决这一时代性问题，成为关系中国未来发展命运的问题。

其三，从政制功能看，仍能呈现其维护和强化中央统治、巩固中央驾驭边地重大作用的省制面相。

近代省制在呈现其地方主义和日渐强化的分离主义面相的近代之"变"同时，还有其未"变"之处，即其仍具有加强国家统一和国家领土安全的强大制度功能。晚清采取了如下举措：一是在西北的边疆地区，1878 年左宗棠从阿古柏手中收复其所占地区，1882 年沙俄被迫归还了伊犁地区，因"故土新归"，清廷于 1884 年在此设新疆省建制，以加强对西北边疆的驾驭与治理；新疆设省，无疑有力地巩固了西北边防，维护了国家领土的统一与安全，是重要的制度安排。二是东南的台湾，历史上属于福建政区管辖，1883 年中法战争爆发后，清廷鉴于海防薄弱，于 1885 年决定从福建省析划台湾

① 1912 年冬，康有为目睹民国新立后各省都督专权局面，提出废省议之说，并说道"废省之议……鄙人倡言二十余年，上言之于朝，屡发之于所作《官制考》及《国风报》，至今岁国人遂渐有改省为道之议"。他列举省督有七大害、行省有十大害，阐释其费省的立论根据。康有为：《废省议》（选录）（1912 年冬），汤志钧编：《康有为政论集》下，中华书局 1981 年版，第 743—758 页。

② 参见陈明：《熊希龄内阁时期的废省筹议》，《历史研究》2017 年第 2 期；李琴：《试析民初废省论争》，《贵州文史丛刊》2005 年第 4 期；邹小站：《民初省制问题争议》，《民国史研究》第 1 辑，社会科学文献出版社 2017 年版，第 36—96 页。

置省，1886年正式设省以建设海岛，加强海防；但甲午战争失败后被日本侵占，尽管如此，设省的意义还是不可忽视的，抗日战争胜利后，台湾省又光复回归祖国；尽管今天台湾岛内有"台独"势力，但台湾作为中国一个省的地位和事实不能改变、难以改变，省制作为一种法制，具有法律上的效力，是不可能因某些政治力量的改变而改变其法律性质和法律地位的。三是对于所谓"龙兴之地"的东北，清廷于1907年改制，将奉天（盛京）、黑龙江、吉林三个将军辖地改为三个行省，以加强东北地区与关内地区的融合。这样，通过以上省制的建制①，对国家疆域和省区进行划设、调整和整合，以确保国家政区的统一与领土安全，省制确实具有无可替代的制度力量，生动地显示了省制所具有的正面价值。

其四，从制度变革看，呈现出根据时势不断进行改革和调整的省制面相。

根据时势所需，清末民初还对省制进行了近代化的制度设计与改革，如在议会制度方面，清末设置了省咨议局，民初也实施了省议会的相关制度；在军政民政制度方面，在清末督抚改制的基础上，民初根据近代地方制度通例对省进行军民分治，民事方面设民政长或省长专理民政，在省民政框架内设教育、实业、警务等专职管理机构；省司法则逐步在省政改制基础上立于独立地位。整体上省制框架处于近代转型之中②。在此制度体系下，在兴办省区内的地方教育方面，清末各省举办高等学堂和中小学堂，民初各省高等学堂则陆续改制为大学、学院或专门学校，其中小学堂则改制为中学和小学，为国家和社会储备了大批现代化人才；在举办实业方面，推进省区地方现代工业企业和商业发展，均作出了积极的努力。在省司法领域，也处于向

---

① 可参见贾小叶：《晚清台湾建省的台前与幕后》，《史学月刊》2016年第7期；白纯：《清代台湾建省述略》，《台湾研究》1996年第4期；高月：《从藩部到行省——清代政府对新疆的再统治（1875—1911）》，《文化纵横》2018年第3期；方银儿：《徐世昌与东北建省》，《历史教学问题》1995年第5期。

② 参见关晓红：《清季外官改制的试办与成效》，《史学月刊》2011年第11期；钱端升等：《民国政制史》下册，上海人民出版社2008年版，第351—381、433—452、455—463页。

近代的艰难转型之中。这些改革，既在思想上多与地方自治观念相连接，也在实践中与省区自治思潮所激发的正向价值相配合。省制改革在省级层面上体现了由传统向近代现代化区域建设发展的历史进程。

因此，近代省制所呈现的矛盾性、包容性和多面性，淋漓尽致地演绎和展示了省制历史发展的复杂面相。尽管如此，其主要面相所呈现的无疑是各省自立、分立状态，即清末导其源、辛亥予其隙、袁氏败亡助其成的地方各省军阀割据自雄局面，一方面是国家缺少足以统摄各省的中心力量，另一方面则是各省自雄的地方军事力量纵横天下，强用民意、消解国家的政治中心，国家遂陷于长时段的南北分裂、各省分立的碎片化状态。这一不正常的状态困扰着时人。在此情况下，历史发展客观上提出了迫切需要解决的时代性问题：如何结束各省军阀林立和相互纷争的状况，达到中国统一的道路？国共合作进行的国民革命运动和在此基础上进行的北伐战争，致力于解决这一历史性课题。

二、南京国民政府：名为统一于主义之下、实为立足于实力之上的省制

乘北伐胜利之威崛起的蒋介石建立了国民党的南京国民政府，虽然北伐战胜了北方割据的军阀，但整体上却沿袭了清末民初的省制面貌，当然也表现了新的历史时期的新特点和新内容。

其一，从思想发展方向上看，呈现出三民主义标识的省区地方主义与地方自治的省制面相。

在南京国民政府时期，清末民初所形成的地方主义力量仍然很强大，地方自治观念仍然有巨大的空间。其原因仍是国家和社会的中心力量未能正式形成与确立，国民党固然以其三民主义标识统摄人心，但因国民党逐渐成为特殊利益阶层，无法取得社会多数精英和民众的信赖，更加激起新一轮的地方主义与地方自治思潮的此起彼伏，与其三民主义争夺省区民众的支持。国

民党为保持其三民主义的统治地位，虽然有消解地方主义和地方自治之意图，但却无力完成意识形态的控制版图，而且日益彰显的地方主义所结缘的"地方自治"，也是孙中山一贯宣传的政治思想与主张。地方自治是孙中山的三民主义基本政治理论之一，是孙中山从训政到宪政设计的过渡阶梯，从县自治到省自治的完成，是实现宪政的一个必备条件①。因此，地方自治虽然为国民党所不待见，却又不能不是国民党官方的一个招牌，一种施政方向。而地方自治所依赖的地方力量，又必然和地方主义扭结在一起，地方主义仍然具有清末民初所形成的省界排他意识，因此又必然具有排斥其三民主义意识形态的特性，使得地方自治成为官方非常棘手的一种虽欲却之又无法却之的制度安排。正因为如此，南京国民政府建政开始，曾根据孙中山的政治学说，一度制定出实施地方自治的计划与具体步骤，但后来又半途中断，到抗战中后期，又将地方自治与官治合为一体，地方自治为其表，官治为其里，这就是新县制的实施。抗战胜利后，国民党为争取其合法性，又重提地方自治，实行地方选举，地方势力与派系利益纠结在一起，弊端层出，实际呈现的是县界观念、省界观念尤其是利益驱动下的矛盾与纷争，对南京国民

① 体现孙中山的地方自治思想在1920年11月9日修正的国民党总章中规定：在军政到训政时期，"以文明治理督率国民建设地方自治"。此后在宪政时期，"地方自治完成，乃由国民选举代表，组织宪法委员会，创制五权宪法"（《中国国民党总章》（1920年11月9日修正），《孙中山全集》第5卷，第402页）。孙中山的地方自治思想在《中国国民党第一次全国代表大会宣言》和《国民政府建国大纲》中又有进一步的阐释与规定，在省，"各省人民得自定宪法，自举省长；但省宪不得与国宪相抵触。省长一方面为本省自治之监督，一方面受中央指挥，以处理国家行政事务"；在县，"确定县为自治单位。自治之县，其人民有直接选举及罢免官吏之权，有直接创制反（及）复决法律之权"（《中国国民党第一次全国代表大会宣言》（1924年1月23日），《孙中山全集》第9卷，第123页）。还规定，"在训政时期，政府当派曾经训练考试合格之员，到各县协助人民筹备自治"，"凡一省全数之县皆达完全自治者，则为宪政开始时期。国民代表会得选举省长，为本省自治之监督；至于该省内之国家行政，则省长受中央之指挥"；"在此时期，中央与省之权限采均权制度"，"县为自治之单位，省立于中央与县之间，以收联络之效"（《国民政府建国大纲》（1924年1月23日），《孙中山全集》第9卷，第127—129页）。孙中山关于地方自治的思想，在国民党通过的总章、宣言和政府建国大纲中都有明确的规定，是南京国民政府无法回避而不能不承认的。

政府不但难以形成维护的力量，反而是负面的、抵抗的和内耗的力量。当然，在省区范围内地方主义和地方自治，也具有稳定地方秩序、加强地方建设、保护地方文化、推进地方教育的功能与力量①。

其二，从现实力量看，呈现地方实力派系权力争夺与分离主义的省制面相。

可以说，正是为了结束民初政治碎片化的各省分离的状态，致力于扫除割据状态，势力主要限于南方广东一省的国民党，和刚刚成立、以统一中国为最低现实目标的中国共产党进行了政治上的密切结盟，形成了第一次国共合作，国民党摆脱以往的纯粹依靠武力进行统一的思路，国共致力于动员为数广大的城市工人和农村农民加入到打倒军阀消除割据、统一中国的革命队伍中，极大地消解和动摇了省制分离主义的社会基础，使得原本看起来"无解"的分离主义趋势，受到了釜底抽薪的打击。正是在这样的历史条件下，国共合作进行的国民革命运动和在这一运动基础上进行的北伐战争，以出人意料的速度和力量打败了碎片化的北洋军阀。而乘机崛起的军事强人蒋介石却背离国共合作的初意，在占领上海和南京后，在从广东迁到武汉的国民政府之外另立南京国民政府，虽然仍打着孙中山三民主义的旗号，实则是以蒋系嫡系武力为基础而建立的政权。这一政权，虽然是通过平定北洋割据势力而建立的，但由于北伐时军力不足，这种平定大多乃是通过与被讨伐各地方实力派力量妥协而使其输诚收编而达成的。因此，北洋的省制分离主义的基因不可避免地传递到南京国民政府治理体系之内。南京政府即得益于北洋省制分离主义军事集团向其输诚而乘军事胜利之威得以建立，但其建立之后却一直不能不受困于省区分离主义各军事集团而无以自拔，直至与其失去对大陆的统治而伴随始终。

南京国民政府的核心人物无疑是蒋介石。蒋介石本身虽然是以黄埔军事力量起家的，但其依靠的却是江浙的金融力量，实际上也是省区地方性的，

---

① 如桂系、晋系、滇系各省地方实力派的"模范省"建设、地方自治建设。

因此其高层政治圈的人物也是以江浙人物为核心的。这种用人与经济利益的地方性，显然具有排他的性质，使得本来就具有基因传统的省制分离主义在南京政府体制内活跃起来。在此背景下，蒋介石不仅与北方以"西北"这一区域符号为标志的"西北军"冯玉祥集团产生了多次巨大的军事冲突，也与以占据山西一省而成为"山西王"的阎锡山集团发生了多次严重军事冲突，更与在北伐前已归附南方革命阵营的新桂系李宗仁、白崇禧集团发生了多次尖锐政治对立与军事冲突①。不仅如此，南京国民政府还与边地的云南省主席龙云、新疆省主席盛世才等地方实力派也发生了各种形式的冲突。这种冲突，在毛泽东看来，是"军阀重开战"②。在省区地方实力派人物看来，蒋介石也是"军阀"③；而在蒋介石看来，各地方实力派首领，也是他在日记中一再痛骂的"封建"和"军阀"④。可见毛泽东对南京国民政府军事冲突双方称为军阀并非背离了事实。尽管如此，南京国民政府体制内的军阀，还是表现了与北洋军阀时代的不同，即他们没有能完全碎片化，还在南京国民政府体制下和其标榜的三民主义旗号下，有分，也有合；有战，也有和解与合作。

---

① 金以林：《地域观念与派系冲突——以二三十年代国民党粤籍领袖为中心的考察》，《历史研究》2005 年第 3 期；郭绪印：《论南京国民政府时期国民党派系斗争》，《民国档案》1991 年第 1 期；张同新：《国民党新军阀混战史》，人民出版社 2010 年版。

② 毛泽东：《清平乐·蒋桂战争》（1929 年秋），《毛泽东诗词集》，中央文献出版社 2003 年版，第 16 页。

③ 在胡汉民、冯玉祥等看来，蒋介石就是阻碍党治的军阀。冯玉祥日记记道："汉民先生说，五年来只见军治，不见党治，军阀不推断，不能完成党治。颇有一些理由"（《冯玉祥日记》第 3 册，1932 年 6 月 9 日，第 637 页）。冯玉祥考虑其"革命方案"的内容有"铲除帝国主义之势力"及"打倒军阀、买办及一切妥协投降分子"（《冯玉祥日记》第 3 册，1932 年 6 月 10 日，第 638 页）。

④ 蒋介石在日记中，确实多年把地方实力派称为"军阀"甚或"封建"，1929 年他在与桂系和冯系集团发生军事内争后，蒋自知内争、内战必为舆论所反对，故在年底的日记中似有反悔自责但又自我表功地记道："一年已尽，马齿徒增，无补于人类之幸福，反使内忧外患与日加增。为党国之故而诱（誉）毁集于一身，不惟无益于民生，而且为军阀盗贼以及一般亲友作奴隶牛马，人格几将丧失殆尽"（《蒋介石日记》手稿本，1929 年 12 月 31 日）。次年，他在日记中尤称冯、阎为"封建"，记道："完成国家统一大业，先要打破冯阎封建思想"（《蒋介石日记》手稿本，1930 年 4 月 18 日）。

而且总的趋势，虽然省制分离主义始终存在，但在大的方面，尽管有分歧和纷争，省制分离主义的力量在越来越缩小，国家认同、民族认同的力量在扩大，尤其是在对外民族战争中，鲜明地体现了无分南北、无分省区精诚团结的民族大义面相。

其三，从政制功能上看，仍具有维护国家统一、整合区域治理的省制面相。

省制在南京国民政府时期，也是国家用以遏制和制约地域分离、分裂，维护国家统一和中华民族整合的重要制度载体、重要手段和重要力量，省制无论如何已成为沾胶于国家统一框架下、具有区域整合性和向心功能的地方制度体系。南京国民政府在省制改革上，将甘肃析为青海、宁夏和甘肃三省，以省制加强对相关少数民族区域的治理；在西南析出西康省，加强对川藏地区的治理；对于北洋时期设置的河北以北绥远、察哈尔、热河三都统区改为省制，分置绥远、察哈尔和热河三省，并改奉天省为辽宁省、直隶省为河北省。这些地区的建省、改省或改名，绝不是无关紧要的，是对国家的整合和统一的强化，在很大程度上说，改革是必要的，也是比较成功的。同时，南京国民政府还在抗战胜利后在日伪统治时期东北省区划小实践的基础上，根据全民族抗战前所设想的省区缩小方案，将东北划分为9省，这也是一次省制缩小实践的重要尝试。这些省区的整合与调整[①]，是重要的制度改革，具有重要的制度遗产价值，即使那些缩小省区的改革，有的后来又进行新的合并、改划与整合，但也可从中吸取必要的镜鉴。尤其是南京国民政府时期的省制分离主义，绝大多数并不是反对与挑战国家主权（清末民初均可作如是观），而是他们难以降心相从以蒋介石为代表的南京国民政府利益集团的统治，而省制本身的生命无法自存于国家体制之外，如云南的龙云，即所谓的新滇系，与蒋不和，蒋一直担心龙云反叛，而云南作为中国的一个省，使龙云找不到反叛国家的任何正当根据，即使在抗战时期汪精卫另立伪

---

① 其调整演化具体大略可参见郑宝恒：《民国时期政区沿革》，湖北教育出版社 2000 年版。

中央政府、汪极力拉拢龙云的情况下，龙云虽一度私与汪交，且龙云与蒋又有巨大矛盾，但始终未出现蒋担心的局面。之所以如此，民族危机情况下，省制的内向作用恐是一因。新疆盛世才在特定环境下虽有严重的分离主义倾向，但新疆作为中国的一个省，从制度和法律上看，没有任何在理性和事实上支持其进行分离到底的根据，因此，当蒋对盛世才示好时，盛世才很快投入蒋的怀抱。这其中，省制所具有的拱卫中枢的向心制度力量，不能不是一个重要的因素。因此，可以说，当特殊势力削弱与特殊思潮消失后，省制便恢复为国家权力结构中的一个常态的进行地方最高层级区域管理、拱卫国家中枢权威、维护国家统一与安全的重大制度性保障。

其四，从政制改革上看，呈现了制度调整和改革的省制面相。

南京国民政府时期，鉴于北洋时期省督军、督办专权之弊政，对省制进行了改革，废止了民初省督军、督办军事体制，改革省政府体制为委员制，在省政府设主席，主管省民政；同时在省政府体制外设立国民党省党部，尽管省党部效用有限，但也可看到当政者具有从体制上以对省政专断力量进行牵制与监督的制度安排之用意。同时，在省政府机构设置上，省政府的机构设置更加完备，省政府主席下设省政府委员会议，省政府下设处、厅、局、室等职能机构，处设秘书处、保安处、警务处、卫生处、统计处、社会处、会计处、合作事业管理处，厅设民政厅、财政厅、教育厅、建设厅，局设地政局，室设人事室。省体制的科层设置较民初更为完备，省的地方治理功能更为细化与强化。省行政机关外，还有临时参议会机构，作为省级民意和咨询机关。在司法方面，设省高等法院，作为全省司法审判机构。为了加强对省内各县的管理，在民政厅下设管理一定数目县市的各行政督察专员，并设行政督察专员公署，为省政府的派出行政督察机关，是省制的延伸，以强化对县域社会的管理。这套省政管理体制①，从制度层级上来说，较之中国古代的省区督抚管理和民初北京政府的都督和督军管理来说，更具有常态社会

---

① 钱端升等：《民国政制史》下册，第381—413、447—454页。

管理和现代社会管理的性质，是中国近代省制转型中的一个重要过渡阶段，对中共新民主主义革命政权省制体制的建构，也具有启发和援引的意义。

三、新民主主义革命政权：为中心力量所统摄的集中民主体制下的省制

值得注意的是，中共新民主主义革命体制下的省制，与清末民初的省制内涵及南京国民政府体制下的省制内涵有很大的不同。其主要点在于，中共所建立的政权，是由一批新型的革命家所开新、创建的带有新的主义、新的理想、新的观念、新的组织所建构的新的体制，禁止近代以来的省制离心主义的熏染与传袭，反对地方主义和省界意识的扰乱，消解地方派系利益的纠葛与冲突[1]，其制度目标是为了民族独立、国家统一和社会康安的民族复兴（中共话语里简化为"反帝反封"）。中共革命是一个历史大"洪流"，无论来自任何地方的人，一旦进入这个洪流就失去了原来的地缘属性，即"都是来自五湖四海，为了一个共同的革命目标，走到一起来了"[2]，是属于"革命的人"了。这是一个有明确的民族历史使命、严明的组织纲纪和崇高的政治理想、深刻的理论体系、严密的空间管理能力和高效的组织管控水平的现代政治组织，虽然有其国际背景和国际性体系，但中共是为中国的命运而诞生

---

[1] 在发动国民革命运动之际，陈独秀就指出，陈炯明等军阀"地方主义的色彩"，"不知有中国"，"是国民运动之障碍，这是我们所以反对他的重要之点"，认为"无论何省军队、工人、农民、学生，凡是为国民革命而奋斗的都团结在一个旗帜之下"（陈独秀：《陈家军及北洋派支配下之粤军团结》(1923年5月9日)，《陈独秀文集》第2卷，第358—359页)，明确表明了中国共产党人反对地方主义的坚定立场。毛泽东在长期的根据地革命斗争中，明确地反对各种形式的地方主义。他在井冈山时期明确指出"军阀军队残余的小团体主义是造害红军最大问题之一"，并认为："小团体主义不消灭……红军只是一个好听的名称罢了！"（毛泽东：《给林彪的信》(1929年6月14日)，《毛泽东文集》第一卷，人民出版社1993年版，第69页)抗战时期他又提出"缩小山头主义""肃清山头主义"的问题（《毛泽东文集》第三卷，人民出版社1991年版，第345页)。

[2] 毛泽东：《为人民服务》(1944年9月8日)，《毛泽东选集》第三卷，第1005页。

和成长的，在近代中国的国家转型过程中，从其登上中国的政治舞台开始，即显现了一种崭新的力量和崭新的路向，在改造中国和再造中国的历史进程中，成为一个新的中心力量，从小到大，从中国历史的边缘，逐步走向中国历史舞台的中央。其中，省制是中共从中国历史舞台边缘走向中央的重要制度通道，是中共实现政治使命的一种重要的区域空间管理制度。其省制有其独特的内涵与面相。

其一，秘密状态的新民主主义革命体系内的省制。

从中国传统历史疆域的组成观察，中共省制是其力量发展到一定阶段才形成的。中共在建党之际，其组织如"星星之火"，散布在辽阔中国幅员内，仅在北京、上海、济南、武汉、长沙、广州等工业有所发展的大城市，建有党的地方小组或支部，另在日本的东京和法国的巴黎，在中国的留学生中建立海外地方支部，其组织名称亦不统一。到1921年建党时，各小组党员全国仅数十人。1921年建党后，在中央局之下，开始设地方委员会，发展党员和党的组织，到1922年6月，中央局下有北京地委、上海地委、武汉区执行委员会、湘区执行委员会、广东区执行委员会和济南独立组，共有党员195名。这时的党，还主要是知识分子的党。中共二大以后制定了后来称为"反帝反封"的民族民主革命纲领，随之注重工人运动，接着联合国民党实行国共合作发动"国民革命运动"，动员工人尤其是广大农民参加革命，中共逐渐发展为"群众的党"。中共的组织在城市和农村得到较快的发展。但到大革命失败前，中共虽然在某些省份设立了党组织，但并没有称为"省"的组织，地方高层称为"区"。但其时的区，实际上已经是省一级的组织了。大革命失败后，正式组建党的省级组织，如中共南方局1927年8月组建了广东省委，1930年8月组建了广西省委、云南省委、福建省委，由于情况特殊，当时的一些地委和特委，由于直接归南方局管，从层级看也是省级的组织；1927年8月，北方局设置并领导了顺直省委、山西省委、山东省委；1928年10月，北方局还组建了满洲省委；长江局1927年10月设置了浙江省委、湖北省委、湖南省委、河南省委、江西省委、四川省委、安徽临时省委、陕西省委等。① 这一时期的省委，都是在国民党统治区秘密建立的，主要是为了发动反对南京国民政府统治的武装暴动而组织的。这些省，主要是党的省委，而且是地下的，除了领导暴动外，还领导工人运动、学生运动，以扰乱国民党的统治秩序。在整个中共未掌握全国政权以前，这种省制始终在国民党的高压下尽可能地在一些省份秘密存在。

其二，连成一片的根据地内的省制。

大革命失败后，中共进行了武装的土地革命，建立了苏维埃的地方和全国政权，形成了大大小小的革命根据地区域。中共在大的连成一块的根据地，如中央革命根据地的苏区中央局辖区内划设数个省，曾先后不同时期设江西省委、福建省委、粤赣省委、赣南省委、闽赣省委、湘赣省委、湘鄂赣省委②，并在根据地设置苏维埃政府和省军区组织。抗战时期，大块的如华北基本连成一块的根据地，也设有数个省委或省级区党委，省级行政机关和省级军区，而北方局所代辖的山东省，是一个统一的根据地，有省党的组织、政府和军队的组织，是一个具有较完整管理区域和组织的省级建制；华中局所辖的根据地，也设省级边区党委和政府③。解放战争时期，随着解放战争的胜利推进，中共解放区越来越连成一片④，其省的组织建设越来越规范，省成为中共国家建设的重要制度环节。

其三，孤悬、隔离于对立军政体系的中共省制。

中共在土地革命过程中，处于星火燎原的革命状态，在国民党统治较为

---

① 中共中央组织部等编：《中国共产党组织史资料》第2卷上"土地革命战争时期"（1927.8—1937.7），中共党史出版社2000年版，第190、199、207页。省级组织演变其间相当复杂，此仅举省级组织成立之际大略，后同。

② 中共中央组织部等编：《中国共产党组织史资料》第2卷上"土地革命战争时期"（1927.8—1937.7），第222页。

③ 中共中央组织部等编：《中国共产党组织史资料》第3卷上"抗日战争时期"（1937.7—1945.8），中共党史出版社2000年版，第153—175、176—192、193—214、232—238页。

④ 中共中央组织部等编：《中国共产党组织史资料》第4卷"全国解放战争时期"（1945.8—1949.9），中共党史出版社2000年版，第398—1699页。

薄弱的环节，就有可能建立革命政权。这一时期，如湘鄂西根据地的湘鄂西省委、鄂豫边临时省委、湘鄂赣省委。鄂豫皖根据地亦是一块远离中央革命根据地的地区，曾成立鄂豫皖省委①，在国民党军事围攻下，红四方面军和红二十五军先后转移，剩下的武装坚持游击战争。此外，远离中央革命根据地的陕北根据地，后来成为红军长征战略转移的最后立足点和开展新的革命斗争的发祥地。虽然孤悬在外，但其坚韧顽强的制度生命活力，显示了中共省制所特有的制度力量与品格。

其四，省之上的中央局、中央分局制度。

中央局和中央分局及边区政府②是省委和省行政之上的介于省和中央进行连接的中间组织。就其性质说，具有分中央的性质，而就其管理来说，则具有省区管理的性质，在革命根据地处于分散的特定历史条件下，这级组织的设置是必要的。尤其在抗日战争时期，在广大的北方发动了广泛的人民抗日游击战争，北方局和边区政府在党政军方面的配合与合作，保证了根据地之内的密切合作和各被敌分割的根据地之间的合作，对于军事的配合、民众的后勤保障和整个华北游击战的整体抗战，都发挥了重要的组织与制度功能。但是，随着革命的推进、中国革命全国胜利的取得，大区建制在新中国成立后就显得越来越不适应常规时代的发展需要，大区制成为制约各省发展的障碍，在国家制度上大区制也缺乏历史和法律根据，于1954年底五大行政区终至撤销。至此，中国的省级管理体制又恢复到正常的区域管理状态。

其五，中共省制机构的改革与现代建制。

中共省制的设置，是缘于传统区空间管理和地方高层需要而设置的管理机构，最早设置的是党的省委。中共省委在省制中居于核心地位。省级政府

---

① 中共中央组织部等编：《中国共产党组织史资料》第2卷上"土地革命战争时期"（1927.8—1937.7），第185—259页；《中国共产党组织史资料》第3卷上"抗日战争时期"（1937.7—1945.8），第153—238页；《中国共产党组织史资料》第4卷上"全国解放战争时期"（1945.8—1949.9），中共党史出版社2000年版，第123—397页。

② 中共中央组织部等编：《中国共产党组织史资料》第2卷上"土地革命战争时期"（1927.8—1937.7），第190、199、207、222、230、239页。

[省级苏维埃政府、抗战时期的行政主任公署（省）]、省代表会议（土地革命战争时期的省工农兵代表大会及抗战时期的参议会）则分别是行政机关、人民意志代表的机关。另有省军区机关、省级司法机关。省级行政框架下，分设教育、建设、财政、民政等管理机构。此外，还有属于党的省委管理的群众团体，如青年团体、学生团体、妇女团体、儿童团体、文学和社会团体等现代群众社团机构，作为行政和党务框架的延伸与辅助。这在中国是一套新的管理机制，是从晚清以来以效率和民主为标志的行政机关改革和变革的重要体现。

可以说，中共的省制，在最大程度上消除了近代以降的省制分离主义和地方主义的弊端，虽然常常处于山区和乡村的区域隔离状态，却又有着体系内统一调配、指挥的"一盘棋"秩序的单元性，是一个完整体系内的区域战斗堡垒。从它的生成看，是随着国共分裂后中共革命武装政权的逐步建立和发展的，尤其是在土地革命战争、抗日战争和解放战争的血与火的锤炼中建立与发展起来的。中共的省制，是区别于中国历史上的省制和近代其他类型的省制的一种创新性的制度体系，在政治上，有中共省委，保证中共的方针、政策的贯彻落实，省政府与省的人民代表机构则分别是行政机关和决策机构，而两者是议行合一的体制。在国共政权对立的土地革命时期，中共体系下的省区域虽然狭小，环境条件较差，但对于维护根据地政权建设，发挥了重大的制度保障功能。在抗战时期，中共虽然在国共合作抗战的条件下取消了苏维埃体制，虽然承认国民政府的合法地位，但自有从中央到地方的组织体系；因此，中共在敌后根据地所设置的各省级党委、省级行政、省级军区组织，处于根据地的党政军重要决策层级，对于根据地的坚持、壮大和发展，发挥了重要的作用。到解放战争时期，中共的这一组织系统更加充实而完善，在与国民党争夺中国命运的决战中，发挥了重要的组织支撑功能，并为新中国的省区制度的建设与发展奠定了坚实基础。中共新民主主义政权体系内的省制，在革命与战争的条件下，是一种创新型的省制，既具有独立运作的能力，又与新民主主义政权体系进行着有机的联通、合作与配合，有效地发挥了省级地方高层级制度体系的作用，是一种高效灵活、上下联动的制度建构，它摆脱了北洋时期和南京国民政府时期所存在的分离主义倾向，在民主集中制的框架内，对新民主主义革命政权的发展和革命的最终胜利，具有重要的保障功能。其所以能如此，就在于新民主主义省制是在中国革命的中心力量的统摄下正常运作的，克服了近代以来省制缺乏中心统摄的根本症结，为新民主主义政权的国家治理，发挥了制度所蕴含的最大价值。这也是共产党人能从中共一大时期的几十个人的小党、散布于各地的几个支部的星星之火，很快成为燎原之势，从城市工人运动到农村革命武装，从各省农村根据地最后又全面包围了城市。居于省而可得天下，便突破了近代省制分离主义的窠臼，使得这种新省制成为向革命的中心势力凝结的最为得力的制度力量。由是，根据形势的发展先建立了苏维埃共和国，而后建立的各敌后抗日根据地，最后依据各解放区的新民主主义革命政权而于 1949 年 10 月 1 日成立了中华人民共和国中央人民政府，这乃是其历史发展的必然逻辑与结果。当然，从客观上看，革命根据地形成的新的省制建构，正由于是在"革命根据地"的战争环境下形成的，其运行模式与逻辑不可避免地带有"革命"与"战争"年代的经验，中共在全国执政后，在和平建设时期面临的主要是以经济建设为中心的社会发展任务，则不能不是一个历史性的考验。正如在战争中学习战争一样，在经济建设中学习经济，也是一个客观的历史过程，并不是不可逾越的。中共经济建设在经历了历史性的考验和积累后，学会了掌握经济规律及其奥秘，各省区的经济在全国统一稳定的市场经济体系里，地方的多样性与国家的一元性得到了高度的融合与统一。

四、余论

以上研究的是近代省制演化历史的主要方面，当然这还不是其全部，限于篇幅，省制实际运作状况以及近代各历史时期省负责人、各厅部处负责人的省政人物群体状况这两个在近代省制演变中亦十分关键的问题，未能纳入本节的研究内容中，只能另文再叙；此外，关于中共对省区少数民族区域自治的政策与实践问题，因为涉及内容过于丰富，也只能再进行专文探讨。仅通过对以上内容的梳理与研究，无疑可以看出，晚清至北洋时期的省制分离主义，是病态的省制、异化的省制，然而在近代中国社会转型的历史条件下，又具有一定的必然性和客观性；南京国民政府时期的省制，一方面仍具有晚清至北洋时期碎片化的痼疾，同时也具有一定的制度回归性，省制的两面性和多重性较为明显。新民主主义革命体系内的省制，避免了前两种体系的弊端，是向心性的、为中心所统摄的省制，从国家现代转型的角度看，是民主与集中两相契合、传统制度与现代制度有机融合、制度价值符合时代发展方向、现代性制度结构完备、功能高效的省政体制，体现了制度"变"与"不变"的演进路向，成功实现了由传统向现代的革命性、上升性转轨，是近代中国省制发展的最新阶段，也是中国省制常规功能在新的历史条件下的复归与提升，为新中国的成立、国家完成对大陆的统一，作出了重要的制度性力量，也为新中国的地方政权建设，奠定了重要的制度基础。

近代中国，由于国家的中心力量式微，出现了军阀走上前台的历史，这样的历史不会再重演了；但是地方主义以至地方分离主义，是值得我们认真思考和对待的问题。从近代历史上看，中央政府针对特定情形，果断在新疆设省、析划台湾为省、划设东北三省，以及改划绥远、热河、察哈尔三省，改奉天为辽宁省，划设青海省、宁夏省和西康省等，都是带有重大标志意义的制度创新和制度改革，是值得认真总结和深思的。省制就是一种常态的主流地方层级制度，具有拱卫中央的制度属性，具有制度同质性的符号，有利于加强国族认同、国家认同和文化认同，对于新形势下加强国家安全、维护国家统一和社会稳定，具有重大的制度价值和现实意义。因此，对近代省制转型问题的系统、深入的研究，无疑十分必要和亟须开展。

第二节　清末民初省和中央关系之演化

　　中国历代当治世大安之局奠定之际，中央与地方关系下行上达井然有序，社会稳定发展，财富得以创造积累，人民得以安居乐业，国家处于承平状态；而到王朝末期，地方与中央关系则上下失序，社会处于动荡、停滞或倒退状况，财富无以创造与积累，人民处于饥饿与流离状态，国家处于乱世危机。而近代中国，内忧外患，所遭遇问题之险峻，远超中国历代王朝末期所面临危险程度。在此情况下，中央与地方关系又处于上下失序的状态，只是这时的失序，与汉唐末期的群雄与藩镇割据相比，遇到了前所未有的外部思想冲击与外部势力的压迫，因而呈现出更加复杂的形态，即在此衰世、乱世发生之际，一方面握有地方权柄之人延续历史惯性呈分离之相，另一方面则是列强裂我疆土而形成各自势力范围。因此，此世之危已非历史上王朝更替一家一姓之兴亡，而实为亡国灭种万劫不复空前大难。故中国整个民族生命中最深层的勇敢、智慧、担当乃至献身之力量被激发而予以抗拒之，表现出乱的离心惯性力量与求治的向心纠偏力量的双向发展趋势。而且，就具体事实来说，离心的力量在巨大的危机面前，也具有向心的一面；而向心纠偏的力量，在极端的时刻，也往往用看似反向的力量表达正向的动机，因而在央地关系中呈现出相对复杂的历史面貌，其中，以省与中央的关系的表现最为典型，本节试加以梳理与分析。

一、清末至民初袁世凯时代的中央关系之演化

省是元代开始正式作为地方最高层的管理单元的。明清以后依然实行省制，说明此制在实践中是适合作为中国地方最高管理层级的；尤其明清两代，国家中枢的权力进一步得到加强，这与省制较以往同类制度更能强化对地方政区的管理不无关系。在清代前中期，朝廷与省督抚的关系更加紧密，省制更为有机地融入国家对全国疆域的整合与地方社会的治理机制之中。然而，近代鸦片战争后，在西方军事进攻和工商业经济冲击之下，清廷节节败退，受西方刺激而起的太平天国运动也进一步消耗了朝廷的元气，一些封疆大吏乘机掌握省级兵权和财权，而开省扩权越矩之滥觞。至中日甲午海战清军战败，更加削弱了清廷的实力，其驾驭各省的力量更形虚弱，国家的权力进一步下移。而此时在思想界，西方的地方自治思想得到空前传播。受此思想推动和内外现实压力，清廷于两难中开始变法及实行新政，在政治制度中"规定了自治制度"，其"政治改革，一方面是筹备宪政，一方面是举办自治"，"地方自治的完成，以七年为期"。[1] 而在此新政中，各省督抚借举办地方自治之际，地方收支自行经管，"中央政府已是外强中干，地方政治更成尾大不掉之势"。[2] 不仅如此，地方自治思想的进一步发展，还激起民众强烈的地方主义思潮，突出本省、本地意识，将省区地方与国家对立起来，进一步推动了地方离心倾向的发展。广东人欧榘甲以"太平洋客"署名发表《新广东》一文，明确提出省"自立"的思想，他说："夫自立者，天地之大义，生人之本分，不可不担当不力行者也……早宜树独立旗，击自由钟，以奋我国民之精神，以复我天赋之权利……以除阻我文明之进步矣，何况其衰颓至于今日者乎？"[3] 并说："今日所谓朝廷

---

① 行政院新闻局编：《地方自治》，行政院新闻局印行，1947年版，第3页。

② 胡春惠：《民初的地方主义与联省自治》，中国社会科学出版社2001年版，第3页。

③ 太平洋客（欧榘甲）：《新广东》，张枬、王忍之编：《辛亥革命前十年间时论选集》第1卷上册，生活·读书·新知三联书店1960年版，第274—275页。

者，其势力衰弱不能自保，过于我民乎？……彼既曰卖地卖民，以求自安其种类，我亦何可不求自立，以求安我种类乎？"①欧氏在这里分析了"自立"合乎天地自然之理与独立自由人权之理的合理性及清廷自身实力不足保其自身这一自立的现实原因后，进一步明确宣布了自立的要义："鄙人敢有一言，奉告诸君，必梦寐思想，时刻不忘，乃可以树起自立之精神者，则曰广东者广东人之广东也，非他人之广东也……广东人实为广东地主，则广东之政权、财权、兵权、教育权、警察权、铁路矿山权、土地所有权、森林权、海权，莫不宜自操而自理之。"②在欧氏看来，其所以能公开、自信地宣布他的广东"自立"理论，是有源其所理解的中西理论的支持的，他说：中国古代的"窦融所谓保守地方，归命朝廷，西人所谓地方自治，属土自主，以助政府，稽之于中国则有征，考之于各国则有例"，③是有充分扎实的立论根据的。从欧氏"自立"理论看，确实受到西方地方自治理论的启发与影响，但自立思想却不同于地方自治思想，地方自治思想是在地方自治制度和法规的规范与约束下的行为，而自立思想虽有来源于自治思想的成分，却超越了自治的制度性范畴，是一种脱离原来制度体系而独自谋求地方出路的思想表达，不可避免地带有初始性、离心性的力量，但这种思想对于清末冲破清廷的藩篱而向民主革命的道路上发展，无疑是有意义的。但是，这种自立思想具有离心倾向，表示"以广东之人，办广东之事，筑成广东自立之势，以建全中国自立之起点"④，显然是主张先分后合的。但欧氏的思想是具有模糊性的，他是主张有自立之"政体"的，还主张有"自立之海陆军，自立之财政，自立之

---

① 太平洋客（欧榘甲）：《新广东》，张枬、王忍之编：《辛亥革命前十年间时论选集》第 1 卷上册，第 274 页。

② 太平洋客（欧榘甲）：《新广东》，张枬、王忍之编：《辛亥革命前十年间时论选集》第 1 卷上册，第 287 页。

③ 太平洋客（欧榘甲）：《新广东》，张枬、王忍之编：《辛亥革命前十年间时论选集》第 1 卷上册，第 287 页。

④ 太平洋客（欧榘甲）：《新广东》，张枬、王忍之编：《辛亥革命前十年间时论选集》第 1 卷上册，第 287 页。

外务",已俨然如国,甚至自立为国亦所不惜,显然是走过头了。不过,由于他还表示,"中国自分之,中国自合之,亦易事耳"①,其最后还是要"合"的,但只是如果分了,"合"则未必易了,"分合易事论"未免陷于书生之见了。地方自治和地方自立的思想,对于清末和民国时期以省为单位的思想的发展,起到了推波助澜的作用。综合起来看,这种思潮一方面对于推进近代民主思想乃至革命思想的发展具有积极意义,另一方面又具有滋生地方分离主义的推动力量,而且这种思想潮流与地方实力派势力相表里和交织,在清末民初的历史大变局中,使得省与中央的关系,变得越来越难以按常态发展演化,越来越难以预测。

晚清新政就是在这样的省与中央关系的复杂而微妙的背景下展开的,地方省区力量与革命性力量已经暗暗滋长到足以推翻旧体制的状态,只等待着导火线引爆的一刹那而合力登上历史舞台。② 因此,当武昌宣布首义之后,其他各省无论革命者、立宪者还是旧官僚,先后自立都督,共同宣告了清朝命运的终结,实在是既出乎意料之外又合乎情理之中的历史结局。但是清廷的突然灭亡,给历史的发展留下了巨大的权力断裂式空隙,国家中心出现了权力真空,缺乏了能够统摄国家和社会的中心政治力量。任何国家的正常运行,都必须有其中心力量所维持的足以为全国所信赖的权威和足以支撑其权威的全国性力量。然而,辛亥革命后的新民国恰恰缺乏这样的力量和局势,各种政治力量都是以省区为标志的地方性力量。南方的孙中山革命派主要是以广东、湖南、浙江和湖北等南方省区的同盟会革命党的力量为主体而形成的,北方的袁世凯集团则主要以其北洋军事力量为主体而形成的,而居于两

---

① 太平洋客(欧榘甲):《新广东》,张枬、王忍之编:《辛亥革命前十年间时论选集》第 1 卷上册,第 309、310 页。

② 历史确有其相似的地方,恰如政治学者亨廷顿指出的那样,"要革命,一个革命集团是不够的。要有许多集团从现存秩序中离异出来才足以酿成一场革命。革命是社会中'多种机能性障碍'的产物"。清末武昌起义所引起的辛亥革命就与亨廷顿这一精彩的看法十分相近。参见 [美] 塞缪尔·P. 亨廷顿:《变化社会中的政治秩序》,王冠华等译,生活·读书·新知三联书店 1989 年版,第 253 页。

者之间，则是更为分散的省区立宪派、各省实力派，因此，缺少国家中心力量的民初政局，实际上陷于省区分散、各自分立的状态，虽有企图扭转乾坤之力之人，但若无既能从宏观上完全弥合各方对立、长时段包容万物、全局融合各方共识，又能从微观上谨慎处理冲突与歧见以致逐渐消弭各方猜疑而能最终走出雷区的妙法胜算，而各持己见、各怀己志、各呈己能、各发己愤，则必在短暂的合作后呈现各怀其心、各走己路的危险破裂之局，结果是不仅冲突双方两极在相互政治斗争与军事斗争中严重受挫，而且参与其间的其他政治与社会力量也会遭受重大打击，而制度体系更会因此而遭到严重破坏以至功能失常，国家制度恢复常态的道路将十分艰难而漫长，非有十数年到数十年的转型不为功。而民初之际，恰恰就遭遇到这样一种发展中的陷阱。这大概与亨廷顿所研究的发展中国家现代化转型初期遭遇到的政治衰竭现象比较接近。①

辛亥鼎易之后，新的民国是建立在各"自立"省区联合的基础之上，但崛起的各省实力派都督在晚清离心潜伏的积累后而乘机走上前台，分离形势日益明显。如李大钊当年忧心忡忡所言："满清末叶，各省督抚握权渐重……革命军兴，各省以次脱离满清羁绊，宣告独立，自举都督……近项用人行政，省自为治，畛域日深，循是以往，数年或数十年后，势至各省俨同异国。"②而面对此危局，南方开始集其心思以法限袁，提高省权，以防其专权；而北方袁世凯及其军政集团则力图突破法律限制，扩张其权力，袁氏集其心思削弱省权以至欲"废省存道"，省制由是和集权论与分权论、联邦制论与单一制论等问题紧密地联系在了一起，成为扭动时局的大问题，如李大钊1916年对这一问题的分析："元年议省制，民党中有主张民选省长者，反对者乃为简任之说，大唱统一之论以抵之，而联邦论、民选论几无自容矣！

---

① 在亨廷顿看来，政治参与的突然扩大，使得原有的政治秩序无法解决，各种矛盾进一步激化，在一个没有有效的政治机构也没有能力去发展这些政治机构的社会里，会导致政治的混乱或动荡。见［美］塞缪尔·P. 亨廷顿：《变化社会中的政治秩序》，第176—181页。

② 李大钊：《隐忧篇》(1912年6月)，《李大钊全集》第1卷，人民出版社2013年版，第2页。

袁氏专政，权威日炽，邦人士乃渐悟集权之祸，一至此极，遂幡然变计，复唱联邦论矫制集权之潮流。然自袁氏殂陨，集权论虽未大张旗鼓，而联邦论大有偃旗息鼓之观。"①因省权问题涉及集权（单一制）与联邦两种体制，因此袁世凯与主要集中于南方诸省的国民党势力展开了激烈无序的争斗，愈斗愈乱愈纷，相向乃以武力，以致发生宋案与"二次革命"之战争，依靠北洋武力袁氏暂时为得胜一方，但却流失了执政合法性，而迷信武力的袁氏为弥补其合法性竟然复辟称帝，以致合法性完全流失，至此原为中间力量的梁启超联合蔡锷等也加入反袁阵营并率先在云南起义发难，其他各省纷纷响应，又是省区联合通过战争的力量而使袁氏帝制梦破产。制度在国家政治机器的运作中已经无法解决这类矛盾，而只能靠省区武力联合这种非常方式，达到缓解国家危机的一种途径。但这种非制度的省区联合解决方式，不可能从根本上解决问题，以后的问题解决反而强化了依赖省区武力联合的既有路径。这种路径，对"后袁世凯时代"省和中央政府的关系模式有深刻的影响。

二、民初"后袁世凯时代"的省自治与联省自治所反映的省与中央关系

所谓民初"后袁世凯时代"，即指袁世凯去世后的皖系、直系和奉系军阀轮流掌握北京政府的时代，而其每一派军阀的执政，都是以一省军阀为核心联合同派系的其他几个亲近省区的军事力量为基础而控制中央的，其他对立的派系上台也是以一省军阀为核心联合其他亲近的诸省军事力量通过战争击败在台上的军阀而成为新的主人，这样就形成了皖系、直系和奉系三派通过武力战争胜负递次淘汰的循环。这种非制度化的以省区武力联合决定国家中枢人事安排的方式之所以能被人们接受，就在于这在袁世凯时代已经成为解决重大矛盾和冲突的既有路径，因而时人反而见怪不怪。因此，以省为标

---

① 李大钊：《省制与宪法》（1916 年 11 月 9 日），《李大钊全集》第 1 卷，第 384 页。

志的军事力量，越来越在国家的政治生活中扮演重大的角色。不仅有先后掌控国家中枢权力的"皖系""直系"和"奉系"，也有控制一省或数省的"滇系""桂系""粤系""晋系"等。至此，国家沦为地方化的国家、省区化的国家，"后袁世凯时代"所兴起的带有严重地方主义色彩的省自治与联省自治思想就是在这种省区分立的背景下出现的。一方面，地方主义与当时的军阀政治具有互动性，无论哪一派系的军阀都是以地方省区为基础的，无形助长了地方主义思想的发展，而地方主义也为地方军阀实力的维持和发展提供了思想支持。因此军阀往往支持地方主义行为以及与地方主义有联系的地方自治。但是，另一方面，地方主义和地方自治也具有反军阀统治的倾向，地方主义对本地以外的军阀是持排斥态度的，地方自治则具有排斥军阀专制统治的性质。但整体上看，军阀竭力把地方主义和地方自治纳入为己所利用的渠道，而地方上的民主革命力量则力图将地方自治纳入民主革命的范畴。

省自治运动和联省自治运动是 1920 年从湖南开始的。是时，青年毛泽东具有鲜明的民主自治思想。他热心湖南自治而且具有敏锐的认识。在运动推动初期，他于 1920 年 6 月就提出了"湖南人民的自决"这样一个问题，他说："湖南的事，应由全体湖南人民自决之。"① 在这里，"自决"与"自治"是同义的，如他在同年 9 月提出建立"湖南共和国"的主张时，就说"湖南人没有别的法子，唯一的法子是湖南人自决自治"。② 毛泽东明确指出："湖南自治运动是应该由'民'来发起的。"③ 他力图将湖南省的自治拉入"民"的范畴而避免军阀的操纵。他针对"湘人治湘"之说，提出其与"湘人自治"的区别，认为："'湘人治湘'，是对'非湘人治湘'如鄂人

---

① 毛泽东：《湖南人民的自决》（1920 年 6 月 18 日），《毛泽东早期文稿》，湖南出版社 1990 年版，第 487 页。
② 毛泽东：《湖南建设问题的根本问题——湖南共和国》（1920 年 9 月 3 日），《毛泽东早期文稿》，第 505 页。
③ 毛泽东：《"湖南自治运动"应该发起了》（1920 年 9 月 26 日），《毛泽东早期文稿》，第 517 页。

治湘皖人治湘等而言，仍是一种官治，不是民治。如果驱汤驱张，目的只在排去非湘人，仍旧换汤不换药的湘人治湘起来，那么，奉天的张作霖，直隶的二曹……广西的陆荣廷，云南的唐继尧……都是本省人……比那'非湘人治湘'的汤芗铭、张敬尧，'非鄂人治鄂'的王占元……到底有什么区别？"他说："我们所主张所欢迎的，只在'湘人自治'一语……我们主张组织完全的乡自治，完全的县自治，和完全的省自治。"① 他主张"各省自治"。② 他基于这种人民自治的思想，用以反对失去合法性的北京政府"段祺瑞的统一论"，而"为要建设一个将来的真中国"。③ 毛泽东当时的思想还在民主革命的范畴，他之所以主张湖南自治，是因为他看到在军阀当政的条件下的统一是假统一，不是人民的统一、中国真正的统一，即他所说的"真中国"。

和毛泽东将"湘人治湘"与"湘人自治"做明确的区分不同，驱张的重要实力人物湘军司令谭延闿于 1920 年 7 月发表通电④ 中明确地将"湘人治湘"和"湘人自治"胶合在了一起。谭在通电中表示："湘人此次用兵，纯本湘人救湘，湘人治湘，一致决心……本湘民公意……采用民选省长及参事制……揆之国人共同心理，必当不约而同，望我护法各省，一致争先，实行此举，则一切纠纷可息。"⑤ 11 月 6 日，谭延闿又通电表示，对于西南护法军政府取消自主之说，予以否认，而提出"联省自治"主张，表示："军府实由各省以创生，军府为各省组合，非二三人所能消灭，各省主义自然不能以二三人为转移。所有粤中岑陆林诸人宣言，当然不能承认，并不发生何等效

---

① 毛泽东：《"湘人治湘"与"湘人自治"》（1920 年 9 月 30 日），《毛泽东早期文稿》，第 523—524 页。

② 毛泽东：《"全自治"与"半自治"》（1920 年 10 月 3 日），《毛泽东早期文稿》，第 526 页。

③ 毛泽东：《反对统一》（1920 年 10 月 10 日），《毛泽东早期文稿》，第 530—533 页。

④ 其背景是，因直皖矛盾更趋恶化，1920 年 5 月 20 日，驻守湘南的直系吴佩孚通电北上，6 月 7 日北归郑州。而属于皖系的湖南督军因失去武力，6 月 11 日逃离长沙。属于南方系统的谭延闿率领湘军在此之际随即北进，12 日占领长沙，26 日占领岳阳，湖南全境回归湘军势力。

⑤ 胡春惠：《民初的地方主义与联省自治》，第 167 页。

力……此后各省以武力戡祸乱，不如以民治奠国基，宜仍互结精神，主张联省自治贯彻救国之初衷。"[①]谭的"联省自治"说显然有用此以因应、对抗西南护法军政府岑、陆、林取消自主和北方的武力统一压力。但却不料，谭延闿随即于 11 月稍后被湘军实权人物赵恒惕"以兵变手段挤走"[②]，谭被迫离开长沙赴沪，但谭氏所提倡的湖南自治和"联省自治"的旗帜，被赵所延续并加以利用下来。在此背景下，湖南以制定省宪法和选举省长为主要标志的自治在继续推进，但时断时续，至湘军援鄂战争失败后，赵氏为求自保，经一定修改和投票通过程序，1922 年 1 月 1 日由省长赵恒惕公布了《湖南省宪法》，1922 年 10 月 1 日赵恒惕被省议会正式选举为省长。这就是湖南省自治的标志性"成果"。但当赵恒惕的合法地位实现后，并未兑现省宪规定所给予人民的自治权力，乃于 1922 年 1 月 17 日以"倡无政府"罪名，封禁湖南劳工会，逮捕并杀害了劳工会主任黄爱和干事庞人铨。而宪法中规定的省议会的监督权力，"从来都是省长独大，而不必理会省议会的清谈"。[③]其实，这种省自治，正是毛泽东当时所批评的官治而非民治，这种官治本质上还是军阀统治。

但各省督军正是看到了湖南省自治的官治实质，自湖南提出自治并倡议"联省自治"后，得到西南各省实力派军人的纷纷响应，这也是他们对抗直系北京政府"武力统一"的凭借。这样，四川的刘湘、广东的陈炯明、贵州的卢焘、云南的唐继尧和属于皖系的浙江督军卢永祥等军事人物都先后表示实行省自治或联省自治，以求自保或求地区性扩张。而在此名义下，地方士绅的自治热情因受到鼓舞，湘、川、浙、粤、贵、滇各省区形成了一定规模的自治运动及制定省宪活动。因受湘、川、浙、粤、贵、滇上层督军省自治影响，鄂、闽、赣、苏、皖等省以绅士群体和旅外同乡自治团体为主，也推

---

① 《谭延闿否认岑陆取消自主电》，《申报》1920 年 11 月 6 日。

② 成晓军：《试论谭延闿研究中的几个问题》，《江海学刊》1991 年第 6 期，第 138 页。

③ 张海鹏主编，汪朝光著：《中国近代通史》第 6 卷"民国的初建（1912—1923）"，江苏人民出版社 2007 年版，第 403—404 页。

动本省实行自治运动及制定省宪的努力。实力派军人所推动的省自治与以民间士绅和同乡自治团体所推动的自治，都具有排斥外来军阀的一面（如四川自治排斥主张"大西南"的唐继尧），但省军阀还具有排斥北方直系的武力统一与南方孙中山的北伐统一的用意，而由本省士绅和自治团体所推动的省自治运动所要排斥的往往是在本省的外籍督军（如湖北自治排斥王占元），两者用力方向并不相同甚至互相矛盾，但却又互相利用援引，共同构成了联省自治的矛盾性、多向性和复合性的这一历史运动[①]。

当谭延闿在湖南发表省自治和联省自治主张之时，思想界确曾引起巨大反响。近代以来，国是日非，战乱不断，而民国以降，更形成了南北对峙和军阀混战的局面，而长期的南北对峙和拉锯战争，给各省尤其是作为用兵战场的南方各省造成了很大痛苦、损失和灾难。正是在这样一种厌战的氛围下，以反对"武力统一"为重要标志的省自治和联省自治一时给人们的长期战争焦虑、痛苦乃至绝望似乎带来了一线希望。正是如此，人们各怀其目的，纷纷提倡和响应。尤其是关心国事的思想界和知识界人士，致力于改造中国的国民党和年轻的共产党人，也都参加了对这一问题的讨论。以梁启超、章太炎、胡适等为代表的思想界和教育界的知识人士，对联省自治持赞成和支持的态度。在湖南自治发动不久，梁启超即于 1920 年 9 月 7 日受湘人熊希龄、范源濂之请代为草拟了《湘省自治法草案》，他在草案前面的说明开头即有"湘省连年为南北战争之场，兵匪交相为虐"[②]的表白，表明他草拟省自治法草案即是为了解决连年战争所带来的困扰这一难解的现实问题，显然他对湖南自治运动是支持的。章太炎在谭延闿提倡自治之初即受邀到长沙表示赞襄，并撰写《联省自治建议书》为之献策，他在关于联省自治通电中指出："自联省自治之声一起，虽狂狡不得不顺此潮流……自治云者，必以本省人充军民长官，本省人充军队警察，而长官尚须本省人民公举，不

---

① 可参见胡春惠：《民初的地方主义与联省自治》，第 220—310 页。

② 梁启超：《湘省自治法草案》（1920 年 9 月 7 日），汤志钧、汤仁泽编：《梁启超全集》第 10 集，中国人民大学出版社 2018 年版，第 199 页。

由政府除授，斯为名实相称。如是层累以成联省政府，则根本巩固，不可动摇。是故各省自治为第一步，联省自治为第二步，联省政府为第三步。"① 可见章氏对联省自治所寄之重大期望。胡适在一篇讨论"联省自治与军阀割据"关系的文章中说："根据于省自治的联邦制，是今日打倒军阀的一个重要武器"。② 显然，他这里的省自治，指的就是联省运动里的自治，而且他的这一观点，如他所说是与他的"朋友陈独秀从反对联省自治"的观点对立的。无疑，胡适与梁启超、章太炎一样，也是对联省自治持乐观和支持态度的。在联省自治运动期间，还有一批学人如蔡元培、朱经农、丁燮林、高一涵、李剑农、陈达材等，也纷纷表达支持性意见，推动了联省自治舆论在社会上的声势。

而孙中山和共产党人，对联省自治运动基本是持批评和否定态度的，逐渐认识到联省自治运动为军阀割据所利用这样一个现实问题，而这一点，恰是梁启超、章太炎和胡适等远离现实斗争但又关心现实政治的知识名士所往往忽略的。孙中山本来对于地方自治是一贯支持的，对于省自治也一直持肯定的意见。但是，对于这种在当时国家已经陷于四分五裂状态而这一思潮又确实具有抵抗统一的倾向性时，就不能不引起他的注意，他在有关批函中表示："以分县自治为立国，联省只能成官治，不能达自治。"他这里的"官治"，指的是省军阀集团的统治，此意可见他在同日有关复函中所言："欲求真正自治，自非排除恶势力之束缚不可；欲排除恶势力之束缚，又非驱逐依附军阀之内奸不可。此为根本问题。"③ 在他看来，恶势力、军阀、内奸是一个共同体，联省不能达成真自治，只能是为军阀集团恶势力所控制的官治。共产党人蔡和森站在革命的立场上，明确反对胡适所持的"联省自治是打倒军阀割据的重要武器"观点，认为其说乃"牵强皮相的分析是很谬误

---

① 章太炎：《章太炎与各省区自治联会电》，《申报》1921 年 1 月 6 日。
② 胡适：《联省自治与军阀割据——答陈独秀》，《努力周报》第 19 期，1922 年 9 月 10 日。
③ 孙中山：《批林支宇函》(1922 年 12 月 30 日)、《复林支宇函》(1922 年 12 月 30 日)，《孙中山全集》第 6 卷，第 657—658、655 页。

的",宣布"我们也可以大胆告诉胡适之先生:打倒军阀割据的第一步在民主的革命"。① 与蔡和森认识相近,正如胡适所说,陈独秀是反对联省自治的,陈氏明确指出:"现在有一派人主张联省自治为解决时局的办法,这种主张是未曾研究中国政治纠纷之根源在哪里。中国政治纠纷之根源,是因为封建式的大小军阀各霸一方⋯⋯并不是因为中央权大地方权小的问题⋯⋯他们的联省论,完全建设在武人割据的欲望上面,决不是建设在人民实际生活的需要上面,所以他们这种主张⋯⋯不过联省自治其名,联督割据其实,不啻明目张胆提倡武人割据,替武人割据的现状加上一层宪法保障。"② 他针对胡适、陈达材等人的联省论又进一步指出:"拿联省自治来救济中国,简直是药不对症⋯⋯因为中国此时的病症,是武人割据不是中央专权⋯⋯若在现时群雄割据的扰乱中,鼓吹联省自治,上有害于国家统一,下无益于民权发展,徒以资横梗中间的武人用为永远巩固割据之武器,使老百姓更陷于水深火热之中。"③ 陈独秀在中共创办的第一份公开发行的中共中央机关报《向导》周报的发刊词中劈头就说:"现在最大多数中国人民所要的是什么?我们敢说是要统一与和平。为什么要和平?因为和平的反面就是战乱,全国因连年战乱的缘故⋯⋯所以大家都要和平。为什么要统一?因为在军阀割据互争地盘互争雄长互相猜忌的现状之下,战乱是必不能免的⋯⋯所以大家都要统一。我们敢说:为了要和平要统一而推倒为和平统一障碍的军阀,乃是中国最大多数人的真正民意。近代民主政治,若不建设在最大多数人的真正民意之上,是没有不崩坏的。"④ 他在《向导》创刊号开头所说的这一段

---

① 蔡和森:《武力统一与联省自治——军阀专政与军阀割据》(1922年9月20日),《蔡和森文集》(上),人民出版社2013年版,第110、113页。

② 陈独秀:《对于现在中国政治问题的我见》(1922年8月10日),《陈独秀文集》第2卷,人民出版社2013年版,第270—271页。

③ 陈独秀:《联省自治与中国政象》(1922年9月13日),《陈独秀文集》第2卷,第276—277页。

④ 陈独秀:《本报宣言——〈向导〉发刊词》(1922年9月13日),《陈独秀文集》第2卷,第278页。

话，就是要把民意从联治派知识分子所赞襄的联省自治的虚幻中和割据武人所制造的短暂绥靖苟安中引导和唤醒起来，转到进行和平与统一的革命斗争中来，因而称为"向导"，可见其初意之殷切，应是无疑的。陈独秀给出的道路是："只有集中全国民主主义的分子组织强大的政党，对内倾覆封建的军阀，建设民主政治的全国统一政府，对外反抗国际帝国主义，使中国成为真正的独立国家，这才是目前扶危定乱的唯一方法。"[①] 正是在面对军阀割据这一时代主题问题上，是走割据的联省自治的道路，还是走和平与统一的革命道路，中共与南方的孙中山民主革命派找到了共同点，并很快走到了一起，建立了打倒军阀的国共合作的统一战线，这就完全否定了胡适颇为自信、自得所作的论断："我们可以大胆地说：打倒军阀割据的第一步是建设在省自治上面的联邦制的统一国家。凡反抗这个旗帜的，没有不失败的。"[②] 而历史表明，胡适的这种颇为自负的判断，确实太武断了，可视为一种严重地脱离中国近代现实政治的、如蔡和森所批评的"牵强皮相的分析""很谬误"的书生之见。因为联省自治虽然有针对北洋军阀的一面，但此时的整个国家，其主要矛盾却远不是集权主义问题，而恰恰是近代以来越来越强烈的地方主义与省区军阀割据主义问题，这个问题已经成为那个时代迫切需要解决的大问题了。

三、小结

从晚清至民初省与中央的关系看，在省与中央权力的博弈中，往往因特定时势造成省权不断突破原有制度约束而愈来愈膨胀进而形成新的权力运行模式的趋势。整体上看，这种发展轨迹可分为三个阶段。

第一阶段是晚清时期，省权乘太平天国造成的清廷治理危机、军事危机

---

① 陈独秀：《对于现在中国政治问题的我见》（1922 年 8 月 10 日），《陈独秀文集》第 2 卷，第 271 页。

② 胡适：《联省自治与军阀割据——答陈独秀》，《努力周报》第 19 期，1922 年 9 月 10 日。

和统治力下降等特定情况，得以突破定制而较前权力大为扩张，而在清末新政中又进一步获得地方权力。清廷经此诸阶段之变，地方已成为尾大不掉之势，尽管尽力试图收回某些因特定情境所下放省权，但往往遭到越来越顽强的抵抗，致使中枢权力流失越来越多，朝廷力量越来越虚弱，已经不起大的军政危机的挑战。究其原因，一是清廷因内外交困逐步失去改革勇气，竭力固化其自身特殊利益，因而无法调动来自各方面力量的坚定支持，无法有效应对各方面的挑战，遂失去了领导与治理国家的能力，失去了国家中心力量的资格，能量日益衰微。至辛亥革命之际，朝廷已是只有其名其形，而无其实其质了。在此消彼长的博弈中，省权的扩张遂日益膨胀而崛起。二是随着西方思想观念的传入而形成的地方自治观念及地方自治实践的推行，地方势力在合法思想资源的支持与国家颁布的地方自治制度的保护下，与地方主义思想观念和势力相结合，受革命党和立宪派两大势力的推动，在反对清廷专制体制的同时，也滋生了省区分离主义的强大力量。就是这支力量在辛亥鼎革之变中起到了对清廷釜底抽薪的重要力量。三是从晚清起，中国就处于从社会到国家的全面转型之中，原有的制度体系已经不适应形势发展的需要，整个制度体系呈现出巨大的结构性松动状态。在这一变动过程中，因处于上下连接关键位置的省权是整个体系结构中最活跃的部位，因而省级权力结构充分利用这一特殊位置和时机从中枢机构获取了较以往更多的重要权力。由于省权的扩张，致使整个体系失去平衡而极为脆弱，一旦遇到重大事变，整个体系即有瘫痪与解体的可能。这也正是辛亥革命发生之际，在革命省份先起义之后，接着就是一些非革命省区为时势所推动先后宣布脱离清廷而独立。而其时，省权已扩张到具有"独立"（脱离清廷）的资格与能量。

第二个阶段是从民初到袁世凯去世。民国成立，南京临时政府固然有其独自的历史属性，可以作为一个独立的历史阶段，但如果从中央与地方关系演变的角度看，这个时期尚无法构成一个独自一体的阶段。因为，南京临时政府短暂三个月所暴露的中央与地方关系问题，延续到袁世凯北京政府时期，问题的性质是一致的，就是中央政府如何解决省权过大的问题。南京临时政府存在的三个月内，已经呈现出省权过大问题，但由于其存在时间过于短暂，这一矛盾无形中被掩盖了。到了袁世凯时代，这一问题便充分暴露出来。这个问题的出现，是自晚清时期积累已久的问题，到民国成立后，变得较晚清更加突出了。除了我们常说的革命与保守、民主与专制这些政治属性的对立外，客观的事实则是各省都督均力图保住晚清以降尤其武昌起义后获得的各省军政、民政、财政和人事任用大权，而援用西方的分权理论和联邦理论，力主实行中央与省分权的制度和国家联邦的体制，以此固化各省权力；而居于中央地位的袁世凯则力图收回各省的军事、用人和财政大权，一方面实行军民分治以削省都督大权，一面企图以废省或缩省消除晚清以来的省尾大不掉之威胁。在袁世凯看来，削弱省权乃至废省都是有正当理由的，必须实行；而在握有省权者看来，分权于省是顺应近代地方自治的潮流，收回省权，就带有专制集权的性质，因此，抵抗收回省权也是有理论支撑的。因此，两种势力在交织对峙，难以妥协。问题是，袁世凯面对的不仅是省都督分权的威胁，还有政治上对立的国民党的威胁。在内外夹击中，袁世凯采用了进一步集权乃至恢复帝制的办法，以致使其削省和废省的行为彻底失去了合法性，使得这场博弈归于失败。这一阶段省与中央权力的博弈，主要表现为尾大不掉的省势力，成为一股强大的思想潮流和现实力量，具有地方自治理论和民主理论的支持，袁世凯的收权缺乏新的理论支持，因而被目为专制集权。而事实上，袁世凯在观念上也确实缺乏新的思想和理论支持，在政治上缺乏顺应民主潮流的改革以至逆流而行，演化为纯粹的权力争夺，遂失去了政治斗争的制高点，尤其最后竟然走上违背民主潮流的帝制复辟不归路，遂使其在中央与省区的博弈中以身败名裂而告终。

第三个阶段，在"后袁世凯时代"，已不可能再真正推行削省和废省，省区地方主义大行其道。在中央者，国家政权地方化更为显著；在地方者，省自治和联省自治成为一时显象。这种现象，充分显示了省与中央关系的倒置。考察当时的省自治与联省自治，一方面，激于北洋军阀掌握政权，因袁世凯帝制复辟的历史而使得北洋军事集团在政治上失去了合法性，成为一个纯粹依靠军事力量维持其存在的"专制"性力量，因此，北洋军阀的武力统一，是为北洋以外的省区所反对的。另一方面，南方的孙中山革命力量，经过辛亥革命后的一系列事变与打击，失去了政治上的勇气和军事上的力量，一时处于消沉状态，但孙中山统一中国的意志和计划并未改变。在这种情况下，各省的割据状况，是现实中的常态，联省自治理论的兴起和发展是对这一现实无奈的迁就、认可与妥协，是一种暂时苟安的幻觉。实际上，联省自治只是一个口号或笼统的概括，并没有严谨、系统的学理支撑和全局性、计划性、周密性的组织安排，是一场各说各话、各唱各调的混杂体，自然无法为中国未来寻找出路。因为到了这个阶段，省区地方主义力量已经暴露了自身的严重弊端及其危害性，中国的问题依靠省区力量无计划、无组织的混杂组合已经无法解决中国的任何重大问题。因此，新诞生的中共敏锐地认识到军阀纷争这个必须解决的历史时代主题，那就是只有联合南方的国民党民主革命力量，组织起中国民族民主革命的统一战线，消除晚清以来逐渐形成的地方割据力量，创建中国的和平与统一、民族复兴的大业。正是在这样的革命进程中，中共逐渐成为中国革命和领导中华民族复兴的中心力量，只有在这个中心力量的领导和组织下，省与中央的关系才能回到国家正常的秩序结构中。这就是清末民初省与中央关系演变的历史大势及其历史性破题。

第三节　南京国民政府省制建构

——以全民族抗战前为例

　　南京国民政府全民族抗战前省制变革是近代中国省制变革的一个重要历史阶段。近代中国省制变革包含近代省权变革、近代省职能变革和近代省区之区划变革三个主要问题。其中，近代省权变革包括省政府机构、省议会、省党部机构等省权配置的变革与中央地方关系下省权消长的变革。这一时期，大体经历了南京国民政府初期的省区分治与权势平衡、二次北伐完成后关于省财权、人事权和军事权的央地博弈与武力纷争、中原大战后集权与分治的微妙平衡三个阶段的演变。本节主要考察的问题是，全民族抗战前，在"央地关系"博弈下国民政府省权模式经过怎样的变革过程？其解决方式与其效果如何？以往对此关注较少①，本节对这一问题做一考察和分析。

一、省区分治与权势平衡：南京国民政府成立初期省制变革

　　南京国民政府建立后省与中央的关系，与广州国民政府时代有深刻的历

---

① 　以前相关研究尚少，且主要限于国民政府省政府机构改革的研究，亦仅见白贵一：《论20世纪30年代南京国民政府的省制改革》，《河南师范大学学报》2008年第5期，第71—74页；梁华玮：《国民政府实行省政府合署办公制度缘由探析》，《许昌学院学报》2015年第1期，第89—93页。目前关于国民政府省权问题的研究尚付阙如，本节主要从央地关系视域下对省权消长实际状态做动态考察与分析。

史渊源。1924 年 1 月在广州举行的国民党一大通过的大会宣言中，规定的省制基本原则是"各省人民得自定宪法，自举省长"，"省长一方面为本省自治之监督，一方面受中央指挥，以处理国家行政事务。"大会宣言规定，"中央及地方之权限，采均权主义"，即"不偏于中央集权制或地方分权制"。所谓均权主义，即"凡事务有全国一致之性质者，划归中央；有因地制宜之性质者，划归地方"①。这里的"地方"，主要是指省区行政区划单位。大会宣言中对省制的这一规定，与孙中山手拟的《国民政府建国大纲》的规定是一致的。在《国民政府建国大纲》中，分为军政、训政和宪政三个时期。在军政时期，"政府一面用兵力以扫除国内之障碍，一面宣传主义以开化全国之人心，而促进国家之统一"。训政时期当"一省完全底定之日，则为训政开始之时"；而"凡一省全数之县皆达完全自治者，则为宪政开始时期"。县为自治单位，"省立于中央与县之间，以收联络之效"。②孙中山的"建国大纲"和国民党一大宣言之所以选择省与中央的均权模式，一方面孙中山出于其一贯民主理念，往往将中央集权制与"专制"相等同，所以反对实行中央集权模式；另一方面又鉴于民初军阀割据的严酷现实，又容易将分权与地方"割据"联系起来。这样，折其中选择均权模式。实则，均权模式是最难把握的一种制度，而其侧重仍是分权倾向。1926 年 10 月 19 日国民党在其中央与各省区联席会议通过的《省政府对国民政府之关系议决案》中，也大体按性质分为省和国民政府各自管理的权限范围。③正是此时"各省联席"的状况，影响了在省与国民政府关系上带有分权属性。这种均权模式或联合分权属性，对以后的政治模式必然产生路径依赖。

而南京国民政府是在北伐取得长江以南的胜利的基础上建立的。宁汉合

---

① 孙中山：《中国国民党第一次全国代表大会宣言》（1924 年 1 月 23 日），《孙中山全集》第 9 卷，第 123 页。
② 孙中山：《国民政府建国大纲》（1924 年 1 月 23 日），《孙中山全集》第 9 卷，第 127—129 页。
③ 《省政府对国民政府之关系议决案》（1926 年 10 月 20 日中央各省区联席会议通过），荣孟源主编：《中国国民党历次代表大会及中央全会资料》上册，光明日报出版社 1985 年版，第 281—282 页。

流后，形成了以各派联合的南京国民政府，一方面这个政府要完成原定继续北伐奉系集团的任务，另一方面却内部矛盾重重。这是由于，南京国民政府是建立在各派军政势力联合的基础上，这种联合，是一种以地方利益、集团利益和个人利益相交换与平衡为基础的联合，即使蒋介石所代表的黄埔系军人集团在形式上超越了地方形态，而实际上其所代表的仍主要是江浙财团和黄埔军人联合的利益。因而，一旦共同的对手所构成的危险消失，其内在的利益矛盾便不可避免地暴露出来，如特委会时期的桂系主导的讨唐战争。蒋与桂系亦有很深的矛盾，蒋因自身实力不足，尚能隐忍未发。各派分立，南京政府权威性不足。对于当时局面，张静江即主张"中央政府之权完全消除，而任各军区自由处置"；蒋鉴于当时现实，也在日记中表示"赞成相对分治"①。所谓"相对分治"，就是虽然有"中央"之权，但各省区势力应保持大致平衡。此时南京国民政府公布实施的《省政府组织法》只是规定省政府受国民党中央之指导并奉国民政府命令"综理全省政务"②，但回避了以前类似的省与中央关系的具体规定，反映了当时政治的混沌状态。

正是由于各方势力大体平衡，蒋在第一次下野复出时与各方达成的交易条件，即商定"两广由任潮，两湖由德邻负责处理，余任北伐"③的分工约定。两广、两湖是对李济深和李宗仁南方势力的划分，而对北方，则把国民军冯玉祥和晋军阎锡山纳入。1928 年 2 月 3 日国民党二届四中全会决定"于广州、武汉、开封、太原"设立中央政治会议分会，北方的冯玉祥主政的开封分会辖河南、陕西、甘肃（后甘肃又析出青海省和宁夏省），阎锡山主政的太原分会辖山西、绥远、察哈尔三省，以与南方的广州分会和武汉

---

① 《蒋介石日记》，1927 年 11 月 15 日。

② 《省政府组织法》（1927 年 6 月 27 日），中国第二历史档案馆：《国民党政府政治制度档案史料选编》下册，安徽教育出版社 1994 年版，第 297 页。次年公布的《修正省政府法》也只是规定了"中央法令"云云，也回避了省与中央关系的具体规定。见上书第 299—300 页。

③ 《蒋介石日记》，1927 年 12 月 27 日。

分会相当①。这无疑是南京政府与各省区军事集团达成的一种权力分治交易。在这种各方力量交易联合情况下，国民政府自 2 月开始进行对奉系的北伐。蒋于 2 月 15 日在徐州召集"各总指挥就职训话"并"搭车由徐州往开封"，16 日与来迎接的冯玉祥相会于开封，17 日两人"约为兄弟，乃换兰谱"②，以加强联冯纽带；同时联合晋阎。在此实力联合的基础上，共同北伐。

这一时期，蒋"赞成相对分治"，与其背后江浙财团与江浙地缘的特殊利益诉求亦有关。1928 年 3 月，蒋在日记中还强调"组织江浙，强固省政府"的注意要点③，把东南省区作为他事业发展的根基。

但当北伐军进军迅速、1928 年 6 月 2 日奉系张作霖宣布"出关"，国民革命军进入北京后，其思考重点开始由"相对分治"转为权力集中。6 月 11 日和 12 日，蒋突然在日记中连续写道"统一意志，整齐理论"和"统一思想，建设中华民国"，而到 6 月 14 日，他又提出"统一思想，以定法律"，并"入扬城到中学校讲演以三民主义为中国中心思想统一中国"④，反映了蒋思想的急速转变。但能否转变"分治"现状，关键是如何处理各省区所掌握的军事力量。基于此，蒋在 7 月 5 日发布通电，明确提出"非裁兵无以救国"，要害在"裁兵"。接着，他先后提出了《军事善后案》《军事整理案》《裁兵意见书》，表达了裁兵和编遣军队的计划。他在 7 月 28 日的日记中记道"立国之难，威信不足，无以行令"的感慨⑤，在思考如何立"威信"对各省区"行令"了。蒋此时的集权想法竟被白崇禧极言为"虽推总司令，称帝亦所愿意"⑥，其所隐喻之意显然与此前"相对分治"截然不同了。

---

① 《政治委员会改组案》（1928 年 2 月 3 日第二届中央执行委员会第四次全体会议通过），荣孟源主编：《中国国民党历次代表大会及中央全会资料》上册，第 519 页。

② 《蒋介石日记》，1928 年 2 月 11 日、12 日、15 日、16 日、17 日。

③ 《蒋介石日记》，1928 年 3 月 16 日。

④ 《蒋介石日记》，1928 年 6 月 11 日、12 日、14 日。

⑤ 《蒋介石日记》，1928 年 7 月 28 日。

⑥ 《蒋介石日记》，1928 年 8 月 3 日。

二、省财政权、人事权与军事权的博弈：省制变革与武力纷争

随着蒋思想的转变，他在逐步推动国民党按其计划实施。8月8日至15日，国民党二届五中全会在南京举行。会议开幕当天，蒋在日记中就表示，"如欲必余任主席，则必有任免权……财政统一"，并表示"政治分会不能为执行机关"①。显然，蒋要统一各省财政和人事，还要限制不久前国民党二届四中全会通过的四个政治分会。当然，军事出身的蒋介石，更不会忘记统一军事。全会通过的《整理军事案》规定，"军政军令，必须绝对统一"，"破除旧日一切以地方为依据，以个人为中心之制度及习惯"。此点最为紧要。会议还决定了统一财政和统一国民党的思想理论。也是在这次会议上，决定"各地政治分会，限于本年年底，一律取消"。② 可见，加强集权统一的制度安排具有鲜明针对性，就是要结束各省分治模式。这无疑是很断然的处置，蒋也料到会有阻力乃至反抗，但他在9月13日的日记中表示，"今北伐既成，以东南三省为基础，尚何疑惧畏缩之有，今决以赤诚实力做去，成败利钝在所不计也"，并以"余为一代领袖"自处。③ 此处之"何疑惧畏缩之有"与"实力"，无疑包括了武力乃至战争方式。

乘北伐胜利之威，蒋又以其强人形象于10月8日担任了国民政府主席，取得其"为一代领袖"的身份。此时他踌躇满志，为了驾驭和统一各省，乃对各省区人事、财政亲自筹划和具体安排。他在10月10日的日记中记道："今日与礼卿、雪暄商议北平各军之收缩，与果夫商提皖

---

① 《蒋介石日记》，1928年8月8日。
② 《整理军事案》（1928年8月14日第二届中央委员会第五次全体会议通过），《政治分会存废案》（1928年8月14日第二届中央委员会第五次全体会议通过），荣孟源主编：《中国国民党历次代表大会及中央全会资料》上册，第538、544页。后国民党中央又决定政治分会延至次年3月结束。
③ 《蒋介石日记》，1928年9月13日。

建厅李范一，苏建厅曾养甫事，与德邻商两湖财政，与任潮商广东财政之统一。"① 此后，蒋日记记到他亲自安排各省人事，如 10 月 11 日记"明日……提立夫为苏厅长"，10 月 20 日记"下星期拟定四川省府人选，安徽财厅、建厅人选，江苏省府人选"，10 月 22 日记"决定文官与参军人选，江苏与安徽省府人选"，10 月 23 日记"与静江先生谈浙江省府人选问题"，10 月 28 日记"约会石曾、静江，决各省委员，皖鄂人选"，10 月 31 日记"到政治会议，发表江浙川新各省政府委员名单"，11 月 5 日记"定皖县长、省委人选"，11 月 6 日记"解决浙财厅人选"。② 可以说，蒋介石从 10 月到 11 月上旬持续安排了一系列省政府及省厅的人事问题。蒋这样做，显然是要控制省级重要官吏的人事任用，并通过安插信赖人员以便控制省区力量。

但是，人事和财政的布控，显然不如军事重要。而且，蒋在财政和人事上真能够插得上手的，也主要限于其军事力量控制的江浙皖少数几个省。因此，蒋真正倾注心思的，还是如何将地方军事权力收归南京政府这一要害问题上。这就是他收束军权、强力推进军队统一编遣的制度规划。1928 年 12 月 19 日，国民党中央政治会议通过了《全国编遣会议条例》，确定了编遣会议的职权范围并规划了编遣工作定于 6 个月内完成的时间期限。随即，在 1929 年 1 月 1 日至 25 日，编遣会议在南京召开。会上各方意见分歧明显，蒋深感"余乃为内外夹攻之人"，但仍认为"今日形势，编遣事非强制执行，似不为功"③。会议根据冯玉祥所提一、二集团军优先"加"中央直辖和阎锡山所提各集团军平均裁编"加"中央直辖两种不同编遣方案，经过冲突、折冲，通过了《国军编遣进行程序大纲》。根据会议通过的方案，各集团军通过编遣，均保留 11 个师，南京政府则可控制 3 个编遣区；同时，将全国军队的一切权力收归中央，现有国民革命军总司令部及各集团军司令部均予取

---

① 《蒋介石日记》，1928 年 10 月 10 日。

② 以上可参见《蒋介石日记》的当天记载。

③ 《蒋介石日记》，1929 年 1 月 5 日、8 日。

消，各集团军无权自行调动与任免军官①。这样从制度上，二、三、四集团军首领的军权被严重削弱。蒋虽在南京政府安排各集团军首领以部长级及以上高位，但各将领都不甘作离山之虎。如广东李济深在会议期间就表示不满，蒋已认为其"心死无望"，会议结束后，据蒋日记记载，28日"任潮由京来沪，回粤。余顺其意，准之"；1月29日，蒋日记又记道"闻冯阎皆有回去之意，余允其回"，并称"一勉强则尤不可为矣"，亦意识到冯阎的不满②。

实际上，编遣会议加深并加剧了蒋与各方的矛盾。会议不久，就爆发了因"湘变"而起的蒋桂战争，蒋以其强大兵力、内部收买、拉拢盟友、高举"党国"旗帜等多重手段取得倒桂的胜利，将势力扩充到两湖。当蒋桂矛盾激化之初，冯对蒋的除桂谋划就不赞同，认为"徒哑哑以消灭异己为是务。吾恐方灭一秦，又生一仇也"③，明确认为蒋武力"消灭异己"，并非长策。3月26日，蒋做好充分准备后，下达了讨桂令，在南京国民政府看来，所要解决的是"省权过重"④问题。但当日冯玉祥在日记中道："现在多将党及主义离开，而为一己一系争权利，国家分裂之象，又经形成，同室之戈，一操再操，黄台之瓜，三摘四摘。"⑤显然，冯认为蒋的讨桂战争并无道义上的支持，只是为"一己一系争权利"而已。正是此种心理，冯在蒋的讨桂之战中持骑墙态度是很自然的，而冯的态度和做法势必引发蒋的不满。当蒋倒桂获胜后，冯深为警惧，为保存实力，避免战线过长，决定将自己部队"撤至关中"，并表示"中央与蒋非属一事……中央乃全国人共有之中央，非少数人长久包办之中央"⑥，强调蒋介石南京国民政府少数人不足以代表中央，并无

---

① 张海鹏主编，杨奎松著：《中国近代通史》第8卷"内战与危机"，江苏人民出版社2007年版，第31页。

② 《蒋介石日记》，1929年1月20日、28日、29日。

③ 《冯玉祥日记》第2册，第578页。

④ 《对于政治报告之决议案》（1929年3月27日第三次全国代表大会通过），荣孟源主编：《中国国民党历次代表大会及中央全会资料》上册，第639页。

⑤ 《冯玉祥日记》第2册，第581页。

⑥ 《冯玉祥日记》第2册，第626页。

合法性；况且在"军事方面，各军同属国军，而待遇显不平等"①，做法不公，亦难以具有领导其他力量之资格。因此，冯的反蒋是坚决的，虽几经发动而部下及盟友屡被收买甚至背离，但冯屡败屡起；尤其当阎锡山亦感到自身受蒋威胁时，冯阎决意联合，各省区反蒋力量遂结成了以阎锡山为首、冯玉祥及李宗仁为副的反蒋大联盟，双方从 1930 年 3 月至 10 月，形成了投入百万大军的空前规模的"中原大战"，给人民生命财产造成极大牺牲和巨大国力消耗。对于战争起因，在蒋看来是冯部"盘踞西北诸省以抗命"②，是"各省分离分子所控制的军队多抗不奉命"③；而在反蒋派看来，如冯所说，是蒋为"一己一系争权利"，而不是出于公意。原属国民军和晋军系统后被纳入南京政府并任高官的徐永昌晚年在回忆录中仍认为"第一集团军则不但要存在，且要扩大，以图压制各单位，故逼出一个十九年大内战"④，也是指蒋的私心问题。这场严重消耗国力的大规模战争，用心不正，失去了战争的意义，也没有解决编遣会议所要解决的问题。中原大战后，蒋和南京政府虽是胜利者，给冯阎李各军事集团沉重打击，冯阎李均被宣布褫夺职务，开除党籍，但蒋介石却也"制造"了冯玉祥、阎锡山、李宗仁等军事将领普遍反蒋的对手⑤，而且他们各派都主力犹存，各省的分治状态并没有根本消除。

三、集权与分治的微妙平衡：中原大战后的省制变革

中原大战是以蒋介石的胜利而结束，南京国民政府在形式上又恢复了统一，但除了蒋嫡系控制的省份外，原属于其他各集团军的省区，大部分仍在原系统掌握之中，而向其输诚的其他派系将领控制的省份，仍对蒋保持半独

---

① 《冯玉祥日记》第 2 册，第 637 页。
② 吕芳上主编：《蒋中正先生年谱长编》第 2 册，台北"国史馆"2014 年版，第 464 页。
③ 董显光：《蒋总统传》（一），台北中华出版事业委员会 1957 年版，第 141 页。
④ 徐永昌：《求己斋回忆录》，中华书局 2016 年版，第 310 页。
⑤ 冯玉祥就说，"我以为蒋之敌人是自己造的"（《冯玉祥日记》第 3 册，江苏古籍出版社1992 年版，第 735 页）。冯的话，有一定道理。

立状态。原属于冯系的韩复榘虽然在中原大战前就脱离冯系归属南京国民政府，并在中原大战中为蒋效力，但大战结束后山东省也就成为韩复榘的统治区；原冯系的宋哲元在继晋系杨爱源、东北军刘翼飞之后掌握察哈尔省；山西也是由原阎系的商震和徐永昌相继掌握，绥远先后由徐永昌和傅作义掌握，而与阎声息相通。原属冯系的陕西，则由杨虎城掌握，实际也有很大的独立性；蒋扶植的湖南何键，也具有自成体系、保存实力倾向；云南的龙云、四川的刘文辉、刘湘都有很大的独立性。而蒋扶植的广东陈济棠，在接替李济深控制广东后，也把广东视为独立、半独立地区；东北军张学良更是由于在中原大战中助蒋有功，其控制的东北政务委员会及东北省区具有很大的独立性，而且关内平津地区乃至华北大部也在其控制之下，其部属王树常、于学忠先后接管河北省。实际上，在中原大战后蒋所新增加能够控制的，就是刘峙和何成濬分别主政的豫鄂两省。这就是说，尽管中原大战代价巨大，蒋亦只是取得了微弱的收获，其他省区的独立性和半独立性并未因中原大战消失，而且还呈现出新矛盾和潜在的新危机。在这种情况下，一方面，南京国民政府表现了强烈的集权要求；另一方面，各省区分治的事实仍然普遍存在，两者保持一种微弱的平衡，或者说是"不偏于中央集权或地方分权"[①]的折中现实版。

中原大战后，蒋对各省区力量的"异动"现象，基本上相对谨慎，不再采取以前动辄讨伐的武力方式，宁愿用政治或其他方式解决，反映了他心理的微妙变化。他在1931年1月21日的日记中，记载了对原冯系孙连仲和韩复榘等行为的复杂应对心态："接韩孙电，乃知孙连仲部不易调赣，为韩复榘所煽动，狼子野心殊不可驯。山西孙良诚部闻亦有变故，时局又在酝酿之中，应慎重考虑之。"[②]稍后，他又对各省动向担心，称除江西红军外，其他

---

① 《改革政制推进政治以实行三民主义案》（1934年1月25日第四届中央委员会第四次全体会议通过），荣孟源主编：《中国国民党历次代表大会及中央全会资料》下册，光明日报出版社1985年版，第225页。

② 《蒋介石日记》，1931年1月21日。

广西之桂军、山西之"叛部"、山东之冯部、四川之"劣军"皆须安置"妥备","不使生变,牵一发而全身动,可不慎与?"①2月14日,他在日记中竟然表露了对此前频繁内战的反思并且将内战的责任推卸为是受他人挑拨而"吾人不察"之故,他说:"自彼加入政府以后,政府即行不安,党部因之内讧,二年来,内战不息者,其原因固不一端,而推究总因,实在其政客私心自用,排除异己之所致,吾人不察,竟上其当,且受不白之冤,年来牺牲部下与人民损失如此之多,痛定思痛,莫能自已。"②蒋这里所透露的是两年来造成巨大牺牲和损失的内战之发动,是受别人鼓动、挑拨所致,大有战争应该避免之意,这样他把频繁内战的"总因"推给"彼"了,而这个"彼""政客"正是当时与蒋意见尖锐对立的胡汉民。姑且不论胡的"挑拨"是不是内战发动的"总因",但蒋反思内战并似有悔过这一事实是值得注意的。2月17日,蒋又因速记员所记"东北西北"擅自登报一事在日记中道,"东北西北作战一语,恐起东北之疑",并表示"恐欲盖弥彰,故心甚烦躁"③,反而透露了他对东北军异动的疑虑。

蒋对地方省区力量的异动表示了担忧和谨慎,但对与其政见不同的立法院院长胡汉民则是比较粗暴地采取了限制自由、囚禁汤山的措置,这一行为立即引起西南省区力量的反弹,如陈济棠在晚年回忆录中所言胡汉民被禁汤山后广东方面"咸主实行分裂"④,而其他反蒋势力也强烈指责。对于各方反应,蒋在日记中道:"南北叛逆其心未死,犹欲蠢动,处置稍一不慎,必贻大患,凛乎!若朽索之御六马,可不慎乎!"⑤1931年9月11日,蒋在日记中道:"冯玉祥又勾结雷中田,怂恿叛变。杨虎城亦有批邓宝珊之意,其内情复杂,非由中央派员不能治平也。"⑥胡汉民被囚禁事件引发了宁粤之争,

① 《蒋介石日记》,1931年1月27日。
② 《蒋介石日记》,1931年2月14日。
③ 《蒋介石日记》,1931年2月17日。
④ 陈济棠、王铁汉:《陈济棠自传稿·东北军事史略》,中华书局2016年版,第49页。
⑤ 《蒋介石日记》,1931年3月31日。
⑥ 《蒋介石日记》,1931年9月11日。

随之又发生九一八事变，国民党争权夺利与软弱无能之行，激发起国人普遍愤慨和反对，如蒋所言"此时中央实处于内外夹攻之中"①。于是蒋在年底又以退为进，第二次辞职暂避被动局面。1932年年初，蒋又联汪再起，以汪主政、蒋主军，即"实际上由余之行动统一，只有礼让他人得名"②的方式再次握有南京政府实权。二次复出的蒋介石，鉴于以往教训，大体仍持以前与各省区实力派的谨慎相处模式。11月27日，他在得知贵州毛光翔与王家烈之争后，指出"西南封建争斗正未有艾，国事至此，除建立基本区域外，岂有他术乎哉"？③表示了无奈和另谋对策的考虑。

而此时，外有强敌之患，南方有中共红军力量兴起，其统治区内有各省区势力异动，蒋所说"建立基本区域"，亦为一种应对预案。鉴于外部环境日益危险，蒋在1933年8月日记中，提出"西北为复国之基础"，并表示"为应将来国际变局，惟有中央准备迁都西安，树立中心旗帜"；并进一步考虑，"大战未起以前，如何掩护准备，使敌不甚加注意，其惟经营西北与四川乎？"④但迁西北或西南是以后的准备计划，而对于目前，蒋则是考虑如何能稳定各地方势力，他在前一日的日记中提醒"注意"的事项有"一、对张安置；二、对冯方针；三、对刘湘态度；四、对阎、孙魁元，韩、杨方针"，而次日即考虑了"一、张来中央。二、刘湘扶助。三、对冯限制。四、对阎放任。五、对孙联络。六、对杨领导。七、对韩督察。八、对于培植。九、对商龙傅提携"⑤的应对之术，虽然大体上是分而治之谋略，也颇符合各自特色，可谓颇费心机，用术甚深。而对于未来国防重心等问题，蒋亦有具体考虑，在日记中记道"以成都为中心之国防……西安、成都、昆明之交通"诸项，并发出"抑除整理内政，寄军令于内政之外，不在江海作军备，（在）

---

① 《蒋介石日记》，1931年10月31日。
② 《蒋介石日记》，1932年1月30日。
③ 《蒋介石日记》，1932年11月27日。
④ 《蒋介石日记》，1933年8月4日、5日、17日。
⑤ 《蒋介石日记》，1933年8月25日、26日。

积极整顿陕川，以作最后复兴之基乎"的感谓①，预着先筹。正当蒋以为局
势渐趋平稳、预料筹划未来后方基地之际，由广东军人发动的"福建事变"
发生，系因反对蒋介石南京国民政府对日妥协而起。事变到 1934 年 1 月下
旬被蒋瓦解、镇压失败。福建事变虽平，但各地局势仍不平静，蒋在日记中
时常关注各地"异动"情形。1934 年 9 月 4 日，他在日记中道："白逆巡视
赣南，煽动部队，此逆不除，民族不安，非先平两粤，无以定国安民。"②但
两粤他并未能"平"得了。为了安抚晋阎，蒋于 11 月 8 日飞太原晤谈，在
与阎会谈中谈到"对内中央有力，地方有权"的问题③。或受与阎所谈启发，
蒋回南京后"发表政见，分用人与行政权限，行政则中央只问各省方案之核
定与定期之考成，不加预问与干涉，而仅责其成效"；并称"救国之道惟在
免除内战，故中央尚为地方解除困难与避免牵制，而地方当一本中央整个方
针，与体察艰巨之困难，守法奉命，同上正轨"④。蒋此时的态度，是在内外
压力下，谋求内部团结共渡难关的表示。他稍后又表示，"对中央与西南各
方皆取和协态度"，并发表"划分中央与地方权责宣言"⑤。随后，国民党中
央委员会对其中央与地方的权责做了具体的规定，"中央对于地方免除其掣
肘之虑，消释其疑难之端；同时地方对于中央，亦应本休戚与共之真诚……
一扫往昔割据与形同对立之形势"，"中央与地方采均权制"，"不偏于中央
集权，或地方分权"。对于人事和经济问题，则规定"用人大权虽操之中央，
而保荐人选则不妨属于地方"；此外，对于地方行政、经济、财政和军事问
题有了更为明确的规定⑥。这些规定，大体上仍取均权态度，只是对地方的

---

① 《蒋介石日记》，1933 年 9 月 7 日、11 日。
② 《蒋介石日记》，1934 年 9 月 4 日。
③ 《蒋介石日记》，1934 年 11 月 9 日。
④ 《蒋介石日记》，1934 年 11 月 15 日。
⑤ 《蒋介石日记》，1934 年 11 月 27 日。
⑥ 《划分中央与地方权责之纲要案》（1934 年 12 月 2 日第四届中央执行委员会第五次全体
　会议通过），荣孟源主编：《中国国民党历次代表大会及中央全会资料》下册，第 249—
　250 页。

权限有了更为具体的规定，而另一方面也体现了南京政府集权的诉求，但这种诉求在具体实施上却并不容易落实。

可见，蒋与南京政府的做法是在尽力避免造成与省区实力派冲突与决裂的僵局。可以说，基于此种思考，蒋对西南这块战略后方基地，尽管早欲纳入直辖省区，但却在等待时机。当他"围剿"中央红军时，终于抓住机会。他在日记中披露了真实心迹："以'剿匪'为掩护抗日之原则言之，避免内战……仍以'亲剿'川黔'残匪'以为经营西南根据地之张本，亦未始非策也。"[①] 当然，红军这时已到川黔，并非真是蒋有意设局"放水"；是红军牵了蒋的鼻子，蒋则利用了这个时机实现他的西南计划。而在"围剿"中央红军到西南的过程中，蒋还另有所得，在其日记"注意"事项里提到"一、缩小省区；二、发展地方经济"[②] 的问题。

由于日本在华北进逼，蒋介石南京政府对内政策渐转缓和。1936 年 2 月 17 日，他在日记中记道："对内既不能用武力贯彻主张，即应用政治以求得统一。"[③] 基于这种转变，他主张"对桂应以经济与建设为重"，并表示"胡如入京，则两广当不再用武力为主"。[④] 但因长时间的纷争，各方难以形成共信，时局仍在变动，蒋介石于 1936 年 6 月的日记中记称各方势力动态并不明晓，"一、鲁韩态度不明如昔；二、湘何心犹未定；三、冀宋之心不安。四、川刘与滇龙相同。全局安危在于本身运用之何如耳。五、粤陈如先来接洽，则先对粤安置亦可。六、对桂运用之门"[⑤]。尽管蒋运用手段时常有变，心曲甚深，并不一定获得各方真心认同，直到全民族抗战爆发前夕，蒋仍在猜测"鲁韩态度""川刘动向"，并强调"安定各省军阀政策"[⑥]，表现了这一时期南京政府与省区实力派间始终仍保持微妙而非正常的平衡关系。

---

① 《蒋介石日记》，1934 年 12 月 29 日。

② 《蒋介石日记》，1935 年 2 月 26 日。

③ 《蒋介石日记》，1936 年 2 月 17 日。

④ 《蒋介石日记》，1936 年 2 月 22 日。

⑤ 《蒋介石日记》，1936 年 6 月 13 日。

⑥ 《蒋介石日记》，1937 年 4 月 1 日。

这一时期，各省区实力派的力量经过此前几次战争较量受到削弱和一定遏制，但其实力犹存，地缘性权势网络犹在，南京政府并未能取得省区权势的真诚归心，实际上仍充斥着各方与南京政府权力的较量与冲突。除了福建事变外，1936年六七月间还发生了两广事变，这都是震动全国局势的事变。尤其是红军到达陕北后，经过与"围剿"红军的东北军的军事较量，使得形势发生了反转，东北军、十七路军转而与红军联合，东北军并进一步联络华北的宋哲元、韩复榘、傅作义，山西的阎锡山和四川的刘湘等，准备组织"西北大联合"，只是由于日本帝国主义的进逼使民族矛盾进一步激化以及由此造成的国际局势的变动，才使得这一计划未能实现，转"反蒋"为"逼蒋"。可以说，这一时期省区势力虽然受到一定遏制，但仍具有相当大的能量和增量，南京政府也只能维持一种微弱而又微妙的平衡。尽管这是一种微弱而又微妙的平衡秩序，却为即将到来的抗战全面爆发之际各方和解与同赴国难提供了值得各方依赖的政治环境。

四、小结

南京国民政府央地关系博弈下的省权制度变革与民初的省区割据状况有着必然的联系。正是由于民初省区军阀割据给国家和人民造成巨大灾难，才使得消除军阀割据、完成国家统一成为当时历史发展的客观需要和紧迫历史任务，这就导致怀有历史使命自觉的中共与国民党形成第一次国共合作，并领导、推动了以打倒军阀、统一中国为主要目标的国民革命运动的兴起以及北伐战争的胜利。可以说，北伐之所以能以少胜多取得胜利就是顺应了历史发展的客观要求。但是，南京国民政府建立后却未能很好地完成这一历史任务，只能是"形式上"的统一。因为南京国民政府是以各军事集团的力量联合为基础而建立的统一，仍是"分治的统一"。尽管统一并不是各方都反对的，但当统一意味着放弃地盘、军队和利益时，又是他们绝不愿意牺牲的。尤其在编遣军队这一重大问题上，蒋介石集团把自己的特殊利益完全置于其他集团之上，正常的制度改革无法有序展开，在体制内却只能依靠军事和战争手段解决。这是最下之策。而频繁依靠武力这种非常手段，不仅造成其体制内秩序纷乱与合法性流失，也给社会造成巨大灾难，而且无法真正有效解决省权过大问题。直到全民族抗战爆发前夕，省权过大问题仍没有得到有效解决。从实质上看，所谓省权过大乃至省区过大问题，从根本上说并不仅仅是省制本身的问题，与省权联系最为密切的是统治者本身及其制度权威出了大问题，核心是当政者已蜕变为特殊利益集团，其思想、行为难以代表国家和民族利益，代表的只是特殊地区、集团、阶层乃至个人利益，自然无法形成各方公认的能够领导秩序、解决和消除各种分歧和纠纷的合法政治权威及由政制军的权威制度。换言之，如果以正当目的和政治方式解决，形成政治权威，情形会好得多。事实也是，全民族抗战前夕，蒋终于悟到"政治解决之途"，情形乃得大有好转。但是，他还是过于迷信武力与权术，以致逼迫张杨"剿共"逼出了"西安事变"。其省权制度模式一直处于变动之中。直到全民族抗战之前，省制变革一直成为牵引中国时局演化与社会变动的中枢和问题焦点，也恰恰揭示了近代以来省制变动给时局和社会所造成的巨大冲击力。

第四节　近代革命中的中共省制建构

——以土地革命时期为例

　　省制是中国自元代起就实施的中央政权之下的地方最高层管理制度。中共成立初期，虽提出对外独立、对内统一的复兴国家的现实纲领和最终实现共产主义的最高纲领，但由于组织力量、人才和经验不足，中央组织之下，开始只是在一些有新兴工业的都市设置支部，以后随着力量的壮大，组织逐步充实，但到大革命失败前，中央之下设置的层级是区委。"区"带有一定的模糊性，意为一定的区域，可大可小，有的是一个省一个区委（如湖南区委）；有的是两个省一个区委（如 1925 年 10 月至 1926 年 8 月的豫陕区执委、1927 年 2 月至 7 月的陕甘区执委、江浙区委）；有的是几个省一个区委如北方区委（1925 年 10 月至 1927 年 5 月），开始时负责"管理直隶、山西及东三省"，随后还包括察哈尔、热河、绥远三特区及西北一些地区的领导关系①。随着大革命的发展，中共的层级组织越来越下移与细化，组织管理的范围和幅度也越来越充实与广阔，其力量已经遍布大革命势力所波及的两广、两湖、福建、江西、四川、河南、浙江、安徽和陕西等地。而随着北伐战争的进军和国民党新右派蒋介石势力的崛

---

① 中共中央组织部等编：《中国共产党组织史资料》第 1 卷"党的创建和大革命时期"（1921.7—1927.7），中共党史出版社 2000 年版，第 95 页。

起，国共合作受到严重威胁，中共组织如何发展成为一个不容回避、急迫需要解决的重要问题。尤其在四一二反革命政变后，中共组织如何独立发展，成为更为急切的问题。正是在这种情况下，中共适时地把省委制运用到党的组织体系中，这是中共将传统地方最高层管理体制——省制的创造性运用，是中共组织制度网络中极为关键的一环，对于土地革命的开展、武装斗争的推进等都具有重要的推动意义，其制度价值与历史转折意义亦尤为突出。以往学界对中共省制问题尚未涉及，本节拟对此作出初步的梳理、探讨和分析。

一、中共省委的创制

正是在大革命走向失败之际，中共省制走向了历史舞台，可以说是中国共产党人因应危局的一项制度举措。根据史料显示，中共五大通过的《组织问题决议案》便强调党的领导方式上要实行"集体的指导，从中央省委以至支部"①。这里强调"集体领导"无疑是对以往"家长制"的纠正，而后面的"从中央省委以至支部"则是指贯穿集体领导指导的所有层级。值得注意的是，此处出现了"省委"这一中央之下的一级组织，省委取代了之前的"区委"。中共五大是1927年4月27日至5月9日在武汉召开的，《组织问题决议案》所决定的"省委"制的实施时间，应是大会闭幕之际生效的。换言之，从1927年5月上旬开始，中共省委制度就得以创设。从各省的省委文件看，大致从5月起，各省的"区执委"开始逐步改称为"省委"。这绝不仅仅是名称的改变，就中共而言，这是一次组织体系内区域管理制度的重大改革和完善，但这一改制还要经过党的章程规定的法定程序认可。1927年6月1日，中央政治局会议通过的《中国共产党第三次修正章程决案》第二章

---

① 《组织问题决议案》，中央档案馆编：《中共中央文件选集》第3册，中共中央党校出版社1989年版，第88页。

"党的建设"之第十七条，规定了党的地方组织体系为"省—省代表大会—省委员会""市或县—市或县代表大会—市或县委员会""区—区代表大会—区委员会""生产单位—支部党员全体大会—支部干事会"等四级体系①，对应了当时中国行政区划管理的层级体系。这样，"省委"就取代了大革命时期设置的与中国现有行政区划有别的"区委"，与行政管理体制不合的区委之下的"地委"组织也被撤销。显然，这一管理体制，预示了中共进行全面的国家治理的制度设计（"省委"不是某个人的随意简称，而是由党章明确规定的，党章第四章"省的组织"明确规定，省委员会简称为"省委"②）已进入实践。

党章对省委内部组织中的委员人数、内部人事、主要结构、职权等问题进行了明确规定。关于省委的正式委员人数及候补人数，规定"由省代表大会决定"；规定"省委员会可推举省委员若干人组织常务委员会处理日常事务"，省委"每六个月召集一次省代表大会报告省委员会工作，及改选省委员会"；省委"得指导省委之下各种机关；得指导与监督省委机关报及指定省委机关报主任；得分配工作人才；得分配省委经费；得经过党团指导省政府及其他社会团体之工作方针"。党章还规定，省设省监察委员会，省监察委员会不得由省委委员兼任。省委不得取消省监察委员会之决议，但省监察委员会之决议，必须得省委员会之同意，方能生效与执行。遇有意见不同时，则移交省委员会与省监察委员会联席会议，如联席会议再不能解决，则移交省党部大会或中央监察委员会解决之。③ 可见，省委的内设组织、人事、职权、组织运作和监督等方面均有明确严格的规定，为省委工作的开展奠定了必要的制度依据、约束与保障。

---

① 《中国共产党第三次修正章程决案》（1927 年 6 月 1 日中央政治局会议决案），中央档案馆编：《中共中央文件选集》第 3 册，第 144 页。

② 《中国共产党第三次修正章程决案》（1927 年 6 月 1 日中央政治局会议决案），中央档案馆编：《中共中央文件选集》第 3 册，第 147 页。

③ 《中国共产党第三次修正章程决案》（1927 年 6 月 1 日中央政治局会议决案），中央档案馆编：《中共中央文件选集》第 3 册，第 147—148、151—152 页。

党章还就省委对县市党委及其辖区的领导与决定性权力进行了规定，关于县或市党代表大会的召开、县委或市委委员及候补委员会人数，须经省委同意。市或县的划分，由省执行委员会决定之。① 可见，省委对县或市委的工作具有全面的和决定性的领导权和管理权。

党章还规定了中央对于省委领导与决定性权力，规定省委委员、候补委员的人数要经过同级代表大会"决定"，但又规定须经中央委员会之"同意"。显然，经中央委员会的"同意"，这个"同意权"是具有最后裁决权力意义的。党章还规定，省委设立的必要条件是"各省有两个市或县委员会以上"，同时中央委员会认为有组织"必要时，即派员到该省召集省代表大会，由该代表大会选举省委员会"。这里，中央委员会认为的"必要时"并"派员到该省召集"这一决定，对于省委的设立更为关键。而对于尚不完全具备立即设立省委条件的省份，党章规定"中央委员会认为必要时得委托一个市委员会暂代省委员会之职权"，为进一步设立省委做准备；而有的省不能成立省委，则规定将其"附属于邻近之省委员会或直接隶属于中央委员会"。② 这样，中共就通过以省委为主要管理层级和区划单元制度，有效地将全国各地通过省委置于区域化管理的组织网络。在中共的组织网络中，中共的"省"与北洋政区的"省"和南京国民政府政区的"省"的比较固化形态是不同的，它不是稳定不变的，而是根据形势的变化和工作需要，规定省委管辖的"省之范围由中央委员会规定并得随时变更之"③，这就把中国固有的"省"创造性地纳入中国革命所需要的动态变动体系之中。对于省组织与中央的关系，党章还规定省委对于中央委员会须每月就省委及县委或市委

---

① 《中国共产党第三次修正章程决案》（1927年6月1日中央政治局会议议决案），中央档案馆编：《中共中央文件选集》第3册，第148—149页。
② 《中国共产党第三次修正章程决案》（1927年6月1日中央政治局会议议决案），中央档案馆编：《中共中央文件选集》第3册，第147页。
③ 《中国共产党第三次修正章程决案》（1927年6月1日中央政治局会议议决案），中央档案馆编：《中共中央文件选集》第3册，第147页。

工作作书面的报告①。这样，通过省委对中央的定期报告，便可将省委在其辖区的工作置于中央的领导、管理与监督之下，中央对于省委具有全面的、决定性的领导、管理与监督权力，从而保证了中央方针、政策的有效贯彻和实施。

根据中共五大决议和党章修改后的规定，各地原中共区执行委员会先后改制为中共省委。有关资料显示，1927 年先后成立了 15 个省委。中共湖南区委于 1927 年 5 月改为中共湖南省委，书记夏曦（随后又组织了湖南临时省委，郭亮代理书记）；同年 5 月成立的还有中共安徽临时省委（在汉口成立）、书记柯庆施，中共顺直省委、书记彭述之。中共江苏省委成立于 1927 年 6 月，书记陈延年；同年 6 月成立的还有中共浙江省委、书记庄文恭，中共河南省委、书记罗亦农（由张景曾代理），中共山东省委、书记吴芳、常务委员邓恩铭等。中共湖北省委于 1927 年 7 月成立，书记罗亦农；7 月还有中共陕西省委正式成立、书记耿炳光（中共中央于 5 月即决定成立省委，并指定书记人选）。中共江西省委于 1927 年 8 月成立，书记汪泽楷；8 月成立的还有中共四川临时省委、书记傅烈（6 月中央即已决定成立临时省委及书记人选），中共广东省委、书记张太雷。1927 年 10 月，中共满洲省委正式成立，书记陈为人（5 月中共中央即决定成立）。1927 年 12 月，中共福建临时省委成立，书记陈明；同月成立的还有中共云南临时省委、书记王德三。② 此后，随着土地革命战争的推进，其他省又先后成立了一些省委。在上述成立的省委中，湖南、湖北、广东、江西、福建、四川、安徽、河南、陕西等受大革命运动影响较大、农民运动发展比较充分的省份成立省委较早，后来中共发动的武装暴动和革命根据地也主要建立在这些省份的交界地区及省区之内。

---

① 《中国共产党第三次修正章程决案》（1927 年 6 月 1 日中央政治局会议议决案），中央档案馆编：《中共中央文件选集》第 3 册，第 148 页。

② 据中共中央组织部等编：《中国共产党组织史资料》第 2 卷下"土地革命战争时期"（1927.8—1937.7）（中共党史出版社 2000 年版）相关资料整理。

当时正是国共处于分裂、大革命运动面临失败、中国革命陷于严重危机的关头，在这样一种特殊时刻，中共很快在革命条件较好、地位比较重要的省区先后设立了省委，形成了全国性的能够应付危机、实施中央决策和应对措施的正式而稳定的组织网络，是一种重要的制度创设。此后，中共中央便通过省委，向全国各地传达、发布最新方针和政策，成为组织和动员广大民众参与中共革命十分重要的组织机构和层级。在中共发动的反抗国民党的城乡武装暴动中，新成立的省委随即承担了新的重大政治使命。

二、省委与各省区武装暴动

在大革命失败危难之际，虽然 5 月就有省委成立，但大多数是在 7 月底至 8 月正式运作的，当时正是中共面对危机从酝酿到实施暴动的关键时刻。据现有资料显示，时间被标为"一九二七年六月初"的《中央通告农字第五号——农运策略》的下发单位为"各省省委员会及各级农民协会党团"[1]，"省委"是第一下达单位。1927 年 6 月 6 日发出的《中央通告农字第七号——纠正农民无组织行动》指示，下发单位署为"各省省委"[2]，"省委"为独立下达单位。6 月 14 日发出的《中央通告农字第八号——农运策略的说明》指示，下发单位为"各省委特委临委"，这里不仅有"省委"，还增加了"特委"和"临委"。之所以增加，从前文所述的省委成立的情况中可知，虽然中央已经决定成立省委，5 月也成立了中共湘、皖、顺直等省委，但其他省的省委正在筹备之中。因此，除了省委外，未成立省委区域的特委和临时委员会也是下达单位[3]。值得注意的是，在土地革命刚刚到来的时刻，中央给省委或以省

---

① 《中央通告农字第五号——农运策略》（1927 年 6 月初），中央档案馆编：《中共中央文件选集》第 3 册，第 156 页。

② 《中央通告农字第七号——纠正农民无组织行动》（1927 年 6 月 6 日），中央档案馆编：《中共中央文件选集》第 3 册，第 173 页。

③ 关于"特委"组织，未成立省委区域的特委往往由中央直辖。

委为牵头的接连三份指示中，恰恰指示和讨论的是同一个问题，即农民运动问题，实质上是农村革命问题。正是在第三份指示中，中共中央指出："现在中国革命已发展到了以农村革命为中心的新阶段"，"农民运动的中心问题，固然是土地革命，但是土地革命是一个过程，在此过程中，现在阶段主要特点是农民政权之争斗……非有建立农民之革命民权的目标，不能使此等贫民形成斗争中的领导者……亦须立此目标以指挥暴动……没有争政权的目标，单纯解决土地问题是不够的……必须以建立民权为目标"。指示强调："农民政权的斗争与土地的斗争，直接要求本党十二分注意农民武装的问题……这个问题非常严重，各省军部及农民部，均须积极切实准备，同时必须号召农民加入军队。"该指示还提出了"为土地革命农民政权而奋斗"的设计。[1] 可见，省委在这一新的历史阶段的重要使命，就是与土地革命联系在一起的[2]。

正是为了"广大的发动土地革命的争斗"，中共中央在汪精卫背叛革命后，果断决定发动"南昌暴动"和湘粤鄂赣四省的"秋收暴动"。为在湖南发动暴动，中央意在靠近广东的地方，在"湘省委指导之下"，组织以毛泽东为书记的湘南特委发动湘南暴动，以成立湘南革命政府[3]。中共中央在 8月 3 日发布的《中央关于湘鄂粤赣四省农民秋收暴动大纲》中指示四省发动秋收暴动，对于鄂赣粤是一般性的指示，主旨在于牵制和分散四省当局的力量；对于湖南，则具体指示计划建立湘南革命政府，为此组织湘南特别委员会，再次明确以毛泽东为特委书记[4]。毛泽东以前对农民和农村工作实践的丰富斗争经验和认识，凸显了他对于这一工作的重要性，使得中共中央在考

---

[1] 《中央通告农字第八号——农运策略的说明》（1927 年 6 月 14 日），中央档案馆编：《中共中央文件选集》第 3 册，第 178—179、184—185、191 页。

[2] 需要说明的是，鉴于本节所论主旨所限，不可能讨论关于在白区工作的省委所进行的所有工作，如城市工人罢工和青年学生运动工作，另文再叙述。

[3] 《中央致前委信——关于组织湘南革命政府及特别委员会问题》（1927 年 8 月 1 日），中央档案馆编：《中共中央文件选集》第 3 册，第 238 页。

[4] 《中央关于湘鄂粤赣四省农民秋收暴动大纲》（1927 年 8 月 3 日），中央档案馆编：《中共中央文件选集》第 3 册，第 240—243 页。

虑湘南农村秋收暴动时首先考虑由他来领导进行。四省秋收暴动就是中共"建立新的革命政权"①的重要举措。以上四省及其他各省的秋收暴动与其他农民暴动，主要是由各省或邻近的省委"指导"并多由特委具体主持实施的。在扭转革命航向、纠正妥协退让错误、确定土地革命和武装反抗国民党方针的八七会议上通过的《最近农民斗争的决议案》明确强调："共产党现时最主要的任务是有系统的有计划的尽可能的在广大区域中准备农民的总暴动，利用今年秋收时期农村中阶级斗争剧烈的关键。"这就给各省委领导农民暴动下达了明确的任务。

湖南是大革命时期农民运动发动最为充分的地区，大革命失败后虽然遭受湖南新军阀和地主豪绅的反复摧残，但仍蕴藏着巨大的革命潜力。在"总暴动"的既有方针下，中央在原来主张湘南暴动的基础上，对湖南革命力量又作了更为乐观的估计，将在湖南的暴动方针发展为"全面暴动"。1927年8月9日的指示认为，应进行"全省农民暴动规复全省政权……要明白湘南计划只是全省暴动计划中之一部分，只有在全省暴动之下湘南计划才能实现才有意义"②。为贯彻这一全面暴动的新方针，中央指派彭公达为省委书记。但湖南省委对于如何执行中央暴动计划，当时出现了两种意见：省委书记彭公达提出的全面暴动计划，主张湘中以长沙为中心，湘南以衡阳为中心，湘西以常德为中心，湘西南以宝庆为中心，进行全面起义。而毛泽东则根据湖南实际状况，不同意全面起义，主张集中力量，"缩小范围"，以湘中长沙为中心。经过讨论，毛泽东的意见得到多数赞同。在彭公达看来，湘省委实际上仍是以毛泽东为书记，湘省计划的实施是"毛泽东主义的胜利"③。湖南省委根据会议意见，制定了以长沙为中心的暴动计划上报中央，中央于8月23日批复

① 《中央关于湘鄂粤赣四省农民秋收暴动大纲》（1927年8月3日），中央档案馆编：《中共中央文件选集》第3册，第240页。
② 《中央致湖南省委信——临时中央政治局对于湘省工作的决议》（1927年8月9日），中央档案馆编：《中共中央文件选集》第3册，第308页。
③ 《中共湖南省委关于湖南暴动计划谈话记录》（1927年10月4日），《湖南革命历史文件汇集（乙种本）（1927—1931年）》，中央档案馆、湖南省档案馆1984年印行，第5页。

指示，"你们决以长沙为暴动起点的计划，在原则上是对的"，但认为不能忽略各地的暴动工作，仍认为湘南为一发动点，长沙为一发动点，在宝庆一带如有可能亦可做一暴动点，并指出湘南、湘中的暴动"尽可能的同时发动"①。在8月29日中央常委会通过的两湖暴动决议案中，中央指出两湖的农民暴动必须于9月10日开始，湖南的暴动分为湘南区、湘中和湘东区、湘西区三区"全省范围的暴动"，"暴动成功之后组织湖南省临时革命政府"②。正如湖南省委谈话记录所说的，由于湖南省委是"毛泽东主义的胜利"，湖南暴动的执行还是缩小到以长沙为中心的范围。起义发动之际，毛泽东回到湖南，以中共湖南秋收起义前敌委员会书记的身份召集会议，确定了分三路进攻长沙的部署。在当时敌强我弱的总形势下，起义爆发后，三路进攻长沙均受挫，起义主力遂兵退文家市、萍乡，转进井冈山农村山区，保存了武装革命斗争的火种。向山区转移、向农村转移，预示了中共革命武装斗争发展的新方向。从湖南秋收暴动的个案中，充分展现了中央、省委和起义核心领导者对形势判断的共识和差异所在。省委作为中央的下属机关组织，无疑是尽力贯彻中央的全面暴动方针的，但在了解湖南实际和农民武装的起义直接领导人毛泽东看来，中央制定的暴动计划脱离了湖南革命力量的实际，无法实施全面暴动计划，只能根据革命力量缩小范围选择局部区域进行暴动，在起义受挫后又及时取消了长沙暴动的计划，转而退兵逐步向农村山区战略转移。这种做法显然与中央的全面暴动计划是有很大距离的，甚至被认为是单纯"军事冒险主义"。尽管如此，湖南省委在实践中，鉴于湖南的实际，又在很大程度上实施了毛泽东的暴动方案，在8月30日致中央的信中指出，"兄处（指中央——引者注）谓此间是军事冒险，令将长沙暴动计划取消，实在是不明了此间情形"，"兄谓此间专注意长沙工作"，"因为我们的力量只能做到湘中起来，各

---

① 《中央复湖南省委函——对暴动计划、政权形式及土地问题的答复》（1927年8月23日），中央档案馆编：《中共中央文件选集》第3册，第350—351页。
② 《两湖暴动计划决议案》（1927年8月29日中央常委通过），中央档案馆编：《中共中央文件选集》第3册，第363—364页。

县暴动，力量分散了恐连湘中暴动的计划也不能实现"①。因此，尽管起义发动后暴动队伍在起义过程中受到挫折和损失，但革命的精华保留了下来，这与湖南省委深受毛泽东的影响是有一定关系的②。这里显示了新成立的省委这一组织体系，一方面，对革命形势、武装斗争和革命战争的经验和能力还十分有限，在执行中央的方针过程中存在机械照搬和脱离实际的问题；另一方面，由于身处暴动中心地带，对地方状况比较熟悉，也会受到暴动前线领导意见的影响。应该说，省委尽力执行中央暴动方针，对于暴动的及时发动和革命斗争的开展，对一省革命力量的统一领导之作用，无疑是必须肯定的。

　　湘鄂西农民暴动也是在中央、省委和特委的直接指示和领导下发动的。在长沙秋收暴动之际，湘西地区和湘西北地区各县就先后发动了暴动。为进一步贯彻中央总暴动的计划，湖南省委把湘西作为湖南暴动的重点区域。中共湖南省委于1927年11月就湘西暴动问题发出专门的指示信，指示湘西"发展党员，加强武装"，特委"对于各县当积极着手恢复并发展"，并表示经费方面"当尽力筹措接济"，干部方面"数日内即派学瓒来你处任组织工作"③。省委派原书记彭公达前往湘西特委担任书记，发动湘西暴动。根据分工，特委分派特委委员陈协平负责湘西北各县暴动工作。陈协平到贺龙家乡桑植县组织农民暴动，时值桑植县政府以贺龙被国民党政府通缉为由，纠集地方武装"清剿"贺龙家乡一带，造成了贺龙家乡地区的恐怖，引起民众愤怒。陈协平与当地组织取得联系，传达了湘西特委关于组织暴动的指示。在当地党组织的领导下，组建了农民武装，发起了围攻桑植县城的军事行动。根据当时党内报告说："湘西南特委力量不大，工作还积极……但

①　《中共湖南省委致中央信——不同意取消长沙暴动及湘南暴动问题》（1927年8月30日），《湖南革命历史文件汇集（省委文件）（1927年）》，中央档案馆、湖南省档案馆1984年印行，第118—119页。

②　《中共湖南省委关于湖南暴动计划谈话记录》（1927年10月4日），《湖南革命历史文件汇集（乙种本）（1927—1931年）》，第5页。

③　《中共湖南省委致湘西信——反对新军阀战争，发展党员，加强武装》（1927年11月），《湖南革命历史文件汇集（省委文件）（1927年）》，第400—401页。

对省委报告及省委指导很密切……湘西情形比湘西南好……湘西农民都会用枪，工作很可以发展。"省委对湘西特委及各县均曾派了人去，派出去的人都经过了详细的谈话……巡视时，省委要他们讨论党的策略及决定工作计划。""湘鄂西问题，应造成一个割据局面，在阴历年底以前应有一联席会议……此处应成立一特委，作如何创造割据局面的工作。"①而此时，贺龙于南昌起义军征粤受挫后辗转上海汇报。根据武装斗争形势的发展，贺龙向中央建议在湘鄂西发动武装暴动。他于11月所拟的《湘鄂西暴动计划》分析了湘西和鄂西状况，提出第一步由他"派人协同本党同志密赴各地活动。第二步将鄂湘西分若干区域实行暴动，组织工农革命军"的计划②。中央遂"决定在湘西北组织特委，发动群众，造成暴动割据的局面，并派贺云卿、周逸群等同志返湘工作"③。中央于12月给湖南省委的信中也指出，在湘西"贺龙在那一带颇有历史关系，他还有好多流氓式的旧部可以发生关系（中央曾介绍这些线索由湖北省委转给你们），你们应派人去利用这些条件（当然，不能幻想条件可靠）在暴动的立场上发动当地的工农斗争和党的组织，尽可能形成一个割据局面"④。贺龙、周逸群由上海返回湘西，途经湖北，在鄂西地区决定与当地党组织联合开展年关斗争，召集地方革命武装组织了统一的工农革命武装起义部队。起义部队组成后，在湖北监利境内打土豪、攻团防，形成了革命声势。这时，湘西华容县委决定暴动，要求起义部队挥师南下策应。贺龙遂领导部队南下华容，沉重打击了地方土劣武装。为了进一

---

① 《伍桐的报告（口头报告的记录）——湖南现状及长沙暴动组织经过》（1927年12月28日），《湖南革命历史文件汇集（省委文件）（1927年）》，第459—460、463页。
② 贺龙：《湘鄂西暴动计划》（1927年11月），《湘鄂西苏区革命历史文件汇集（省委文件）（1927—1932年）》，中央档案馆、湖北省档案馆、湖南省档案馆1986年印行，第449页。
③ 《中央关于成立湘西北特委给郭亮的信》（1928年1月9日），转引自《湘鄂西革命根据地史》编写组：《湘鄂西革命根据地史》，湖南人民出版社1988年版，第22—23页。
④ 《中央致湖南省委信（一）》（1927年12月15日），中共江西省委党史研究室等编：《中央革命根据地历史资料文库·党的系统》（1），中央文献出版社、江西人民出版社2011年版，第137页。

步开辟湘西割据区域，贺龙、周逸群转进到贺龙家乡桑植县洪家关。基于贺龙在当地的威望和关系，在湘西北特委的发动下，组织了一支3000多人的武装，正式成立了工农革命军，贺龙任司令，下辖一师两团和相关地方支队武装，为开辟湘鄂边地区的武装斗争建立了坚强的力量。湘鄂西早期的连续性的暴动线索大致如此。由此可以看到，湖南省委、地方特委、县委和湖北的地方党委为暴动做了基本的动员和组织，这是湘鄂西暴动的基础；同时，贺龙这种在当地有威望、有广泛社会关系的魅力型领袖人物以及以贺龙、周逸群为中心的湘西特委成立后的组织动员，也是湘西暴动走向规模并最终发展为湘鄂西割据政权的关键性因素；而中共中央在审时度势后决定开辟湘鄂西割据区的高屋建瓴的指示，也是一个极为重要的因素。

福建闽西暴动表现了福建党组织的领导特点。在福建临时省委成立前，闽南特委在大革命失败后由中央派陈少微到福建组织成立，及时向各县传达了八七会议有关武装反抗国民党统治的精神，对有党的基础和农民发动条件较好的地区产生了重要的动员作用。福建临时省委于1927年底成立后，在翌年1月给闽西龙岩的指示中，指出不应对国民党抱有幻想，应坚决地同国民党军队展开斗争，"整顿党的组织"，"尽量发展同志"，"加紧宣传训练"，目前战术应由平和县党组织领导的"带武装的斗争以至游击战术"逐步发展到"没收土地，杀土劣贪官，收缴敌人枪械以至暴动夺取政权"①。临时省委对闽西永定的农运、工运和军事工作给予指示，指出"永定工作特别是党的组织方面最近有了很好的进展"，并介绍邻近的县"平和党部及农运颇有发展，因饶平、大埔影响，斗争日趋剧烈，有爆发趋势，因此有与永定联络呼应必要，你们应特别注意！"②随着革命斗争的发展，福建临时省委在强调"训练自己

---

① 《中共福建省委致龙岩函——对过去所犯机会主义错误的批评及对今后工作方针的指示》（1928年1月20日），《福建革命历史文件汇集（省委文件）（1927—1928年）》（上），中央档案馆、福建省档案馆1984年印行，第47、49页。

② 《中共福建省委致永定函——有关农运、工运、军事等工作的指示》（1928年1月24日），《福建革命历史文件汇集（省委文件）（1927—1928年）》（上），第92、95页。

的武装队伍——工农革命军之外", 还要"发展兵士支部的组织, 使他们拿他们的武装, 向他们的长官反攻", 这和之前一再批评"军事冒险主义"即反对开展敌方军队工作有了明显改变, 并明确指出"民众革命的情绪和力量, 一天高涨一天, 横溢在中国的各省、各乡村中。在这样的政治局面下, 正是中国共产党担负起自己的责任, 领导工人、农民武装暴动, 夺取政权, 建设苏维埃 (工农兵代表会) 政权之时"①。为了实施暴动, 临时省委把全省的暴动划分为四个区, 而把龙岩、永定与平和三县列为第一区的优先位置, 指出"乡村暴动, 即须先在乡村当地肃清地主绅士, 及没收土地财产, 以鼓动起更广大群众工作, 切不可一刻停顿。然后才可以去攻城"②。著名的闽西龙岩后田暴动、平和农民暴动和永定暴动就是在这样的多次动员和指示下, 三县地方党组织于 1928 年春先后发动了暴动和游击战争。在闽西, 新成立的临时省委在动员闽西暴动方面, 方向选择合乎三县革命实际, 起义后虽然受到挫折, 但基本上保持了革命精锐, 为以后创建闽西革命根据地创造了条件。应该说, 除了地方基层党组织的坚强领导和起义军的敢于斗争外, 中共福建临时省委的指示、动员与组织是暴动得以开展的一个重要因素③。

湖北黄麻起义是根据中央暴动指示, 省委、特委领导地方基层党组织发动的。在八七会议指示下, 中共湖北省委于 8 月召开会议制定秋收起义计划, 决定分为七个暴动区域, 各区设立党的特别委员会为领导暴动的机关。其中, 中共鄂东特委辖黄安、麻城、黄冈、蕲春、蕲水等县④。在鄂东, 随

① 《福建省各县负责同志联席会议文件——关于目前政治任务决议案》(1928 年 2 月 9 日),《福建革命历史文件汇集 (省委文件) (1927—1928 年)》(上), 第 110—111 页。
② 《福建政治现状及目前工作大纲》(1928 年 2 月 9 日),《福建革命历史文件汇集 (省委文件) (1927—1928 年)》(上), 第 115—116 页。
③ 需要解释的是, 闽西武装力量的发展, 在战略上配合与支援了毛泽东领导的红四军在赣南根据地的开辟和发展。红四军入闽后, 闽西逐渐与赣南根据地联结在一起, 成为此后中央革命根据地的重要组成部分。
④ 《大事记》(1927 年),《鄂豫皖革命根据地》编委会编:《鄂豫皖革命根据地》第 4 册, 河南人民出版社 1990 年版, 第 433 页。

着北伐战争进行而形成的工农革命运动有很大的发展，虽经四一二反革命政变和七一五反革命政变，工农革命力量仍有很大的力量，尤以黄安和麻城两县农民武装力量最为突出。10月间，湖北省委鉴于黄、麻两县当时尚有相当数量的武装和很好的群众运动基础，"派吴光浩、王志仁等到黄、麻地区，建立了中共鄂东特委，统一领导黄、麻等县的武装起义"。特委要求继续发动起义，并于11月初在七里坪召开党的活动分子会议，作出"武装夺取黄安县城，建立革命政权和革命军队的决定"。[①] 鄂东特委调集黄安农民自卫军全部、麻城农民自卫军一部及七里、紫云等区农民义勇队，于11月14日攻占黄安县城，建立黄安农民政府，起义武装建立工农革命军鄂东军[②]。黄麻起义遭到国民党的镇压和围攻，起义部队受挫，但突出敌人围攻的起义军转进到黄陂北部敌人力量薄弱的木兰山坚持游击战争，改编为工农革命军第七军。1928年4月，起义军又重新恢复黄麻地区，同时开辟了河南光山南部的柴山堡一带新区，形成了在鄂豫交界区域进行武装割据的局面[③]。随着革命斗争的发展，鄂东特委改组为鄂东北特委，武装力量发展到河南商城的南部，红色区域进一步扩大，为鄂豫边革命根据地的形成奠定了基础[④]。在黄麻暴动过程中，湖北省委组织的特委起到了根据中央暴动精神组织、动员和统一领导的作用。当然，就省委而言，在"总暴动"的政策下有"左"的成分，但在革命发生危机的情况下，动员民众起来暴动又是必要的，况且省

[①] 王树声等：《从黄麻起义到鄂豫边割据》，《鄂豫皖革命根据地》编委会编：《鄂豫皖革命根据地》第4册，第26页。

[②] 王树声等：《从黄麻起义到鄂豫边割据》，《鄂豫皖革命根据地》编委会编：《鄂豫皖革命根据地》第4册，第26页；《中共黄安特委关于黄麻农民暴动情况的报告》(1927年12月14日)，《湖北革命历史文件汇集（特委文件）(1927—1934年)》（一），中央档案馆、湖北省档案馆1985年印行，第6—23页。

[③] 王树声等：《从黄麻起义到鄂豫边割据》，《鄂豫皖革命根据地》编委会编：《鄂豫皖革命根据地》第4册，第31页。

[④] 《中共鄂东特委给中央的报告——关于政治、组织、宣传及工作布置、对中央的请求》(1929年3月12日)、《何玉琳给中央的报告——鄂东北特区最近以来工作概况》(1929年9月8日)，《湖北革命历史文件汇集（特委文件）(1927—1934年)》（一），第41—134页。

委也在不断地总结吸取教训，如指示各地在暴动中要"深入农村斗争""建立苏维埃""反对冒危险的攻取县城和过早的攻取县城""由部份（分）的乡村割据，进而造成几县联合的割据"等①，这都是比较切合由暴动到割据的革命实际的。而随着鄂东工农革命军发展到一定程度、割据形成一定局面，面临从鄂豫交界到鄂豫皖交界的割据发展走向时，与中央的直接联系和中央对鄂豫皖的直接指导也就成为自然和必然的。

作为暴动，当然远不止此几例。大革命失败后，中共在湖南、湖北、江西、福建、广东、广西、四川、河南、陕西等省普遍发动了武装暴动②。本节之所以选择 1927 年下半年至 1928 年春于土地革命的中心地带——湖南、江西、湖北和福建四省发动的四起暴动作为分析样本，不仅因为这四起暴动都是由省委领导和策动的，而且发动的这些暴动都成功的建立并逐步发展成为大块的根据地，并先后在根据地建立了省委制度体系，这正是本节讨论的主题。这四起暴动可谓各有特色：湖南的秋收起义是以毛泽东为事实上中心的湖南省委发动和直接领导的；贺龙、周逸群领导的湘鄂西暴动，是在原来湘鄂两省省委和特委发动基础上，以形成"割据的局面"为目标，由中共中央直接组织，以贺龙、周逸群为中心的湘西特委进入鄂西和湘西做了进一步的领导和发动；闽西暴动是福建临时省委于 1927 年年底组成后发动的，临时省委积极贯彻中央暴动方针，领导和指导了闽西各县的一系列武装暴动；黄麻起义则是湖北省委组织的鄂东特委具体领导的③。实际上，在一般情况

---

① 《中共湖北省委关于各县工作决议案》（1928 年 2 月 10 日省常委会通过），《湖北革命历史文件汇集（省委文件）（1928 年）》，中央档案馆、湖北省档案馆 1984 年印行，第 238、240、248、243 页。

② 据统计，这一时期发动暴动和起义的地方多达全国 12 个省、约 140 多个县，可见暴动次数之多、范围之广。参见中共中央组织部等编：《中国共产党组织史资料》第 2 卷上"土地革命战争时期"（1927.8—1937.7），中共党史出版社 2000 年版，第 3 页。

③ 鄂东特委几经变更，因最初鄂东特委辖县较多，起义时省委又在鄂东特委之外，组织了领导黄安、麻城等县起义的黄安特委。参见《中共黄安特委关于黄麻农民暴动情况的报告》（1927 年 12 月 14 日），《湖北革命历史文件汇集（特委文件）（1927—1934 年）》（一），第 6—23 页。

下，大多数的暴动都是在特委这一党的组织下具体发动的。就湖南秋收起义来说，本来拟定湘南起义是由以毛泽东为书记的湘南特委领导的，后来省委决定发动以长沙为中心的全省性暴动，就非省委领导不可了，还成立了以毛泽东为书记的前敌委员会这一具体指挥机构。就是说，非全省的局部地区的暴动，是由特委直接领导的，事实上贺龙领导的湘西暴动就是由专门成立的以贺龙为中心的湘西特委领导的。可见，特委是适应暴动而在党内普遍设立的机构。根据有关规定，在设置省委的省份，特委直接归省委指导，而在未设置省委的省份，特委归中央指导①。实际上，发动一省全面暴动的条件往往并不具备，多数情况下发动的仍是局部地区的起义。因此，一般情况下省委是通过组织和领导特委而实施暴动计划的。闽西暴动之所以是临时省委直接领导，是因为临委成立后即发动了暴动，且临委也是刚由闽南特委改组而成，但随着革命形势的发展，福建临委组织了闽西特委以统一领导闽西的武装斗争②。总之，省委成为一省内代表中央领导全省暴动的地方最高指导、决策及执行机构。

三、省委与农村武装暴动及红色区域壮大后的根据地之建省

如上所述，暴动是省委或省领导的特委组织与发动的，暴动后成立的武装力量也是由省委和特委领导的。但是，省委以至特委是党的领导组织，不是军事组织，暴动后成立的武装根据军事形势的变化，时常转战不同地带乃

---

① 《中国共产党党章》（1928 年 7 月 10 日通过），中央档案馆编：《中共中央文件选集》第 4 册，中共中央党校出版社 1989 年版，第 475—476 页。

② 福建临时省委指出："遵照中央指示，在斗争剧烈的区域可设特别委员会。现在闽西一带已经到了革命工农与豪绅资产阶级短兵相接的时期，上杭、永定、平和、龙岩四个县委应即各出代表二人在永定成立闽西特委……关于特委的召集，省委已指永定特派员 ××× 同志负责。"参见《中共福建临时省委给上杭、永定、平和、龙岩四县委的指示——关于成立闽西特委及了解永定农暴情况》（1928 年 7 月 9 日），《福建革命历史文件汇集（省委文件）（1928 年）》（下），中央档案馆、福建省档案馆 1984 年印行，第 31—32 页。

至跨省区作战，武装力量与党的领导组织显然并不是同在一起，这就势必出现省委、特委对起义后的部队如何领导及其相互关系问题。

本节主要通过以毛泽东领导的起义部队及其创建的根据地为例，来阐释从在白区工作的省委到根据地的军队前委到特委再到前委统一领导红色武装进而创建根据地省委的历史发展逻辑。就是说，农村武装和根据地的使命，从制度上说，就是要达到建立红色区域的省进而建国，在红色区域推行根据地的省区地方治理。本节固然用的是个案，展现的则是中共组织发展的历史规律，这就体现了普遍性寓于特殊性之中，并通过个案的特殊性和典型性体现了共性。尽管毛泽东领导中共武装的历史大家并不陌生，但我们所阐释的省委组织体系发展之理路则是一种新的分析视角，与以往的研究角度则不相同。这里的第一层逻辑点是，毛泽东领导和率领的湖南秋收起义部队受湖南省委领导。省委的领导是本节阐释的第一层逻辑。起义受挫部队转进到湘赣边界的井冈山后，毛泽东是以前委书记的身份与井冈山地区宁冈、万安、遂川等县的地方党组织和武装建立联系的。就是说，前委组织是我们叙述的第二层逻辑。但前敌委员会毕竟是军事组织，如何更有效地组织与开展地方党的政治工作与政权建设工作，还需要建立领导这一边界斗争的党的领导组织。因此，1927 年 12 月，毛泽东就曾以前敌委员会名义向江西、湖南两省委及中共中央报告边界情况，"建议组织边界特委"①。这是我们探讨的第三层逻辑的酝酿。

恰 1928 年 3 月湘南特委代表周鲁巡视根据地时，根据湘南特委决定，宣布取消以毛泽东为书记的前敌委员会，根据湘南特委贯彻湖南省委南下军事行动而致"三月失败"事件。不过，毛泽东率部南下湘南后，需要接应在湘南暴动中失利的朱德所部，乃有朱毛两军会师井冈山的历史性时刻，乃有朱毛两部合编成立以朱德为军长、毛泽东为党代表的中国工农革命军第四军；但就党的领导组织来说，自"取消前敌委员会，各县工作，顿失领

---

① 《中共江西省委转来毛泽东同志的信》（1928 年 5 月 19 日），余伯流、陈钢：《井冈山革命根据地全史》，江西人民出版社 1998 年版，第 213 页。

导"①。为此，毛泽东多次提出组织边界特委的要求②。正是在这样的一种历史形势下，江西省委在4月24日表示"暂时将湘赣边特委建立，以毛泽东为书记，万安、永新、宁冈、遂川等地的工作由他指挥。"③（这说明至迟到4月下旬，江西省委已经批准成立湘鄂边界特委）。江西省委"批准湘赣特委之组织（茶、攸、酃县、宁冈、莲花、永新、遂川）"正式成立的时间，应是指定5月21日、22日为召开特委代表大会的时间④。这是第三层逻辑的现实。

湘赣边界特委这一层级成立后，统一领导红四军和边界各县党的组织，红色区域逐渐扩大，以至于毛泽东在给中央的汇报中说：6月23日永新宁冈交界之龙源口一战，第四次击破江西敌人之后，湘赣边区"有宁冈、永新、莲花三个全县，吉安、安福各一小部，遂川北部，酃县东南部"，达到"边界全盛时期"⑤。

但历史的逻辑是不能推理的，正当湘赣边特委成立、边界迎来大发展的盛况之际，特委遇到了新的问题。因特委在事实上归属赣湘两地，湖南省委1928年6月19日则认为湘赣边特委"应受湖南省委的指挥"，并强调"中央前亦有如此决议，应即查照！"⑥并于6月26日再次指示向湘南发展，指

---

① 《中共湖南省委巡视员杜修经的报告——红四军的组成和状况，湘赣特委成立和边界分配土地情况，湘南情形》（1928年6月15日），《湖南革命历史文件汇集（省委文件）（1928年）》，中央档案馆、湖南省档案馆1984年印行，第40—41页。

② 金冲及：《毛泽东传（1893—1949）》，中央文献出版社2004年版，第183页。

③ 《中共江西省委给中央的报告——目前政治形势与朱毛红军发展情况》（1928年4月25日），《江西革命历史文件汇集（省委文件）（1927—1928年）》，中央档案馆、江西省档案馆1986年印行，第229—230页。

④ 《中共江西省委转来毛泽东同志的信》（1928年5月19日），余伯流、陈钢：《井冈山革命根据地全史》，第212页。会议实际上于5月20日至22日举行，选出了边界特委会成员，毛泽东当选为特委书记。

⑤ 毛泽东：《井冈山的斗争》（1928年11月25日），《毛泽东选集》第一卷，人民出版社1991年版，第61—62页。

⑥ 《中共湖南省委给湘赣边特委及四军军委的信——对付二次"会剿"的策略与红军的改造，边界各县土地革命、游击战争、发展党的组织与加强特委指导等》（1928年6月19日），《湖南革命历史文件汇集（省委文件）（1928年）》，第52页。

定杨开明任特委书记，毛泽东随军出发；并派省委巡视员杜修经同杨开明前往落实省委指示①。特委痛于3月湘南特委代表周鲁错误领导导致失败的前车之鉴，冒着抗命压力决议"不同意湖南省委主张"②。这就显示了根据地边界特委与在白区工作的湖南省委主张的差别。以致在中共湖南省委看来，边界特委和红四军"死守着罗肖［霄］山脉，毛泽东的保守观念在中间作怪"③。因此也就出现了杜修经、杨开明"只知形式地执行湖南省委向湘南去的命令"，在其鼓动下红29团不顾特委和红四军领导劝阻执意南下，结果招致8月"边界和湘南两方面的失败"④。这表明湖南省委的指示，严重脱离了边界武装斗争的实际。红色边界的生存与发展，必须切合边界的实际需要进行调整。正是在这一历史形势下，才有了第四层逻辑的展开：11月6日重新组织了前委，根据中央的指定，毛泽东为前委书记⑤，边界特委和红四军"统辖于前委"⑥。由于前委"管理地方党"，与特委职权有交叉，而前委作为军事指挥机构，"有时要随军行动"，所以"特委仍有存在的必要"⑦。这样，如杜修经所言，前委又成了"变象（相）的特委"⑧。之所以是"变象（相）的特委"，应指四军前委，不仅领导四军，还领导地方的特委党组织，是军队和

---

① 《中共湖南省委给湘赣边特委的指示信——红四军向湘南发展，杨开明任特委书记》（1928年6月26日），《湖南革命历史文件汇集（省委文件）（1928年)》，第67页。
② 毛泽东：《井冈山的斗争》（1928年11月25日），《毛泽东选集》第一卷，第60页。
③ 《毅宇关于湖南各地情形的报告》（1928年7月31日），《湖南革命历史文件汇集（省委文件）（1928年)》，第125页。
④ 毛泽东：《井冈山的斗争》（1928年11月25日），《毛泽东选集》第一卷，第60页。
⑤ 《中共中央致朱德、毛泽东并前委信》（1928年6月4日），中国人民解放军总政治部办公厅编：《中国人民解放军政治工作历史资料选编》第1册，解放军出版社2002年版，第74页。
⑥ 毛泽东：《井冈山的斗争》（1928年11月25日），《毛泽东选集》第一卷，第77页。此时，特委书记已为谭振林，军委11月14日新选朱德为书记。
⑦ 毛泽东：《井冈山的斗争》（1928年11月25日），《毛泽东选集》第一卷，第77页。
⑧ 《中共湖南省委巡视员杜修经的报告——红四军的组成和状况，湘鄂特委成立和边界分配土地情况，湘南情形》（1928年6月15日），《湖南革命历史文件汇集（省委文件）（1928年)》，第40页。

地方党的统一领导机构。但是，这时的前委，既然能领导特委，故绝非"特委"，而具有比特委高一组织层级、与省同级的组织功能了。这样，湘赣边特委与红四军前委的活动范围，根据武装斗争形势的发展，需要更广大的天地，已实非湖南省委所能领导范围所限了[1]。

正是变相的新"特委"——新的四军前敌委员会的成立，适应了加强新开辟的武装斗争地区和新的形势下统一军队和地方组织的党的领导需要。恰逢1928年12月彭德怀、滕代远率领的红五军两个纵队上井冈山宁冈县新城与红四军会师，而湘赣边界又面临湘赣之敌正准备对井冈山根据地的第三次"会剿"。1929年1月，根据前委决定，由前委和毛泽东、朱德率红四军主力出击赣南"围魏救赵"，彭德怀率部留守井冈山迎敌。但军事情况瞬息万变，南征的红四军在强敌的围追堵截中无法完成"围魏救赵"计划，经历初期大余受挫、圳下村一再失利的严峻局面后，经2月10日至11日瑞金大柏地一战消灭追敌两个团兵力，才转败为胜、大振军威。但此时井冈山根据地业已失守，彭德怀亦率红五军南下赣南游击。因此前委决定，放弃原定回师井冈山的计划，向闽、赣边界地区出击。红四军于3月14日歼灭守城的闽西长汀守军郭凤鸣旅，取得俘敌2000余人、缴获大批武器、攻占长汀县城的重大胜利。此役具有标志性意义。从赣西井冈山到闽西长汀，红四军历经千难万险，驰骋转战千里，在赣南和闽西开阔的平原和高山之间，毛泽东敏锐地意识到中国革命武装发展的更大空间。他在长汀召开前委扩大会议，决定"以赣南闽西二十余县为范围从游击战术，从发动群众以至于公开苏维埃政权割据，由此割据区域"，"闽西赣南一区内之由发动群众到公开割据……这是前进的基础"[2]。这时，红五军在彭德怀率领下于1月底下山后一路南下

---

[1] 根据中央指示，前委"在江西境内时受江西省委指导，在湖南境内时受湖南省委指导，同时与两个省委发生密切关系"。参见《中央致朱德、毛泽东并前委信》（1928年6月4日），中央档案馆编：《中共中央文件选集》第4册，第257页。

[2] 《红四军前委关于攻克汀州及四、五军江西红二、四团行动方针等问题向福建省委和中央的报告》（1929年3月20日），江西省档案馆等编：《中央革命根据地史料选编》中册，江西人民出版社1982年版，第67页。

游击，且战且走到达瑞金，4月1日红四军回师瑞金与红五军会合整编，力量进一步壮大。

历史的发展充满曲折。就在此时，福建省委转来中央2月7日的来信，与红四军前委发展红色割据区域的决议完全不同。前委4月3日接到中央交通员区寿昌送来中央2月7日写给毛泽东、朱德及湘赣特委的来信，指出目前"党若不能团结广大的工农群众尤其是产业工人群众于党的周围，任凭……农村苏维埃区域还能继续建立，红军的组织如你们所领导的队伍在其他区域又能存在，但仍然不能促进这一革命潮流的高涨"，强调"目前党的主要工作在建立和发展党的无产阶级基础（主要的是产业工人支部）与领导的工农群众日常生活的斗争和组织群众。"[1] 就是说，中央并不认为红军武装的壮大和割据区域的发展是党的主要工作，而是认为以产业工人为基础的组织工作即城市工作才是中心和主要工作。因此，中央认为湘赣边特委领导的这支部队并不必要"在其他区域又能存在"。这和湖南省委一再要求毛泽东率部回湘南和湘东的思路基本是一致的，即红军的发展和割据力量只能起到偏师的作用，并没有进一步发展的前途和必要。因为目前统治势力居于优势，农村割据因"得不到城市援助，致使许多苏维埃区域都相继失败"[2]。据此逻辑，必须先把城市产业工人的斗争作为中心工作做好。为了不妨碍这个中心工作，中央并不赞成把红色割据区域连接成为一个区域、部队进行集团作战的做法和计划，而是要"坚决的执行有组织的分编计划"，即"分编我们的武装力量，散入各乡村中去"。中央明确指示"现在你们的部队不管是仍留在赣南的三南或又退入湘东，必须采取这一决定"，并强调"中央依据于目前的形势，决定朱毛两同志有离开部队来中央

① 《中央给润之、玉阶两同志并转湘赣边特委信——关于目前国际国内形势以及党的策略方针》(1929年2月7日)，江西省档案馆等编：《中央革命根据地史料选编》中册，第55页。
② 《中央给润之、玉阶两同志并转湘赣边特委信——关于目前国际国内形势以及党的策略方针》(1929年2月7日)，江西省档案馆等编：《中央革命根据地史料选编》中册，第55、53页。

的需要……因为朱毛两同志留在部队中，目标即大，徒惹敌人更多的注意，分编更多不便"，同时表示"湘（赣）特委组织仍暂存在，其改组办法由你们自己决（定）"①。根据中央来信指示，是要将本已扩大到数省范围的武装割据区域和已经扩大的红军力量，分散为原湘赣边特委甚至更小的形态。中央的这一决定是否受到湖南省委意见的影响不得而知，但将武力分散到湘东区的思路，与湖南省委的多次主张是相吻合的。

面对中央来信中要分散队伍并要朱毛离开部队的指示，红四军前委于4月4日和5日召开前委扩大会议进行讨论。根据会议精神，毛泽东在代表前委给中央的信中明确指出：其一，"抛弃城市斗争，是错误的；但是畏惧农民势力的发展，以为将来超过工人的势力而不利于革命，如果党员中有这种意见，我们以为也是错误的，因为半殖民地中国的革命……没有农民斗争的发展超过工人的势力而不利于革命本身的"。其二，前委意见以为，中央提出的"将队伍分得很小，散向农村中"可以"保存红军和发动群众"的主张，"是一种不切实际的想法"，因为红军多不是本地人，分散后在"恶劣环境中应付不来"，反而"容易被敌人各个击破"。其三，朱毛离开队伍去中央工作的问题，前委认为"中央若因别的需要朱、毛二人改换工作，望即派遣得力人来。我们的意见，刘伯承同志可以任军事，恽代英同志可以任党及政治，两（人）如能派得来，那是胜过我们的"。②前委经历了湘赣闽革命战争的具体过程且在战争前线指导，军队和根据地不断地波浪式向前发展，证明了前委领导的正确。因此，前委关于根据地和红军的意见送达中央后，引起了争论，应该说受到中央的重视，逐渐影响到中央此后的决策。在这里，作为"变相特委"的四军前委在根据地发展关

---

① 《中央给润之、玉阶两同志并转湘赣边特委信——关于目前国际国内形势以及党的策略方针》（1929年2月7日），江西省档案馆等编：《中央革命根据地史料选编》中册，第53—57页。

② 《前委致中央的信》（1929年4月5日于瑞金），江西省档案馆等编：《中央革命根据地史料选编》中册，第71—73页。

键问题上发挥了重大影响。

而在这时，红四军前委体制在内部运行过程中的权限等问题，引发了分歧和争论。红四军第二次入闽在闽西龙岩、永定、上杭及其周边地区大力开辟创建根据地的时候，红四军内部产生了对党管军队的意见和质疑，主要意见是认为"权太集中前委了"，这种论争发展到红四军前委书记和军长的职权关系、前委与军委的关系、民主与集中的关系等一系列问题，以致在军内领导层发生了严重的意见分歧。作为前委书记的毛泽东无法消除越来越严重的意见分歧，在6月8日的前委扩大会议上愤而辞去前委书记一职。但毛泽东离职后，前委失去中心。根据8月下旬到达上海的陈毅向中央的汇报，中央研究了红四军存在的问题并很快形成一致意见，经周恩来、李立三、陈毅三人深入讨论所形成的共识，陈毅代表中央起草、经周恩来修改审定以中央名义于9月28日签发了致四军的指示信。中央来信关于前委和毛泽东职务等问题指出"此时红军由前委指挥"是"可以的"，"党的一切权力集中于前委指导机关，这是正确的，绝不能动摇"；"朱毛两同志仍留前委工作。经过前委会议，朱毛两同志诚恳接受中央指示后，毛同志应仍为前委书记，并须使红军全体同志了解而接受"①。根据返回红四军的陈毅传达的中央指示，12月28日至29日召开中共四军九大会议即古田会议，选举毛泽东为书记，毛泽东又回到红四军前委书记的领导岗位。会议通过了党对红军绝对领导的原则，使得前委在领导根据地开辟的斗争中具有了更为明显的中心领导地位。根据形势发展的需要，前委随后率部返回江西根据地，于1930年2月在吉安县陂头村召开了由四军前委、赣西特委代表、红六军委代表、红五军代表（红五军代表因赣江所隔，委托红六军黄公略代表）及江西省委巡视员等参加的联席会议。联席会议决定将红四军军委前委，扩大为四、五、六军及领导赣西南、闽西、

---

① 《中央给红军第四军前委的指示信——关于军阀混战的形势与红军的任务》（1929年9月28日），《中共中央文件选集》第5册，中共中央党校出版社1990年版，第483、486、489页。

湘赣边等割据区域的共同前委，毛泽东为前委书记①。联席会议还决定，将原赣西、赣南、湘赣边三个特委合并，成立中共赣西南特委②，为统一领导三个地区的党的地方领导机构。这样，前委这一机构便成为领导湘赣闽粤边界的统一领导机构，这对上述红色区域连成一个大的根据地，是极为必要的。这时前委体制是对湘赣边界特委指挥党政军体制的新发展。这是第四层逻辑的充实。

而至 1930 年 6 月，随着红色区域的发展，根据中央指示，由四军、六军和十二军组成红一军团，原中共红四军前委改为红一军团前委，毛泽东仍为前委书记。红一军团成立的同时，成立了中国革命军事委员会，毛泽东任主席。这样，红一军团和中国革命军事委员会的成立，对中央红军和中央苏区的发展与形成，具有重要的历史转折意义。这时，彭德怀率领的第五军也根据中央指示在湘鄂赣根据地改编为红三军团，一度攻占湖南省会长沙，并于 7 月 30 日成立了湖南苏维埃省政府。根据地武装发展到此，即能自建省级政权机构，自非原设置在白区的省委所能领辖，而根据地武装占领城市后建立省级政权机构，正是毛泽东所言"枪杆子里面出政权"在省级层面的首次实践。历史发展至此，发生了新的转折。红色区域里面，第一次有了省的建制。虽然红三军团因遭到国民党湖南省政府主席何键调集重兵反扑及时撤离了长沙，但第一次在红军控制区建立省级政权的制度设计则付诸实践了。有了第一次的实践，就有了后来进一步建省的奋斗和争取。红三军团 8 月 23 日从长沙撤离后转进在湖南浏阳永和，与毛泽东率领的红一军团胜利会师。根据中央指示，两军团合编，组建中国工农红军第一方面军，朱德为总司令，毛泽东为总政治委员，彭德怀任副总司令，滕代远为副总政治委员。红一方面军总部成立的同时，成立了中共红一方

---

① 《前委通告第一号——联席会议的结论并宣告前委成立》（1930 年 2 月 16 日），江西省档案馆等编：《中央革命根据地史料选编》中册，第 172—174 页。

② 《赣西南特委向省委报告——一九二九年八月以后的赣西南》（1930 年 6 月），江西省档案馆等编：《中央革命根据地史料选编》中册，第 182 页。

面军总前委，毛泽东为总前委书记，并宣布成立中国工农革命委员会，毛
泽东为主席。这时，中国革命的武装力量发展已非常强大，建立了统一领
导武装斗争的军事领导机构。10月4日，红一军团占领江西重镇吉安，此
时江西的绝大部分区域已为红色区域。10月7日，江西省苏维埃政权宣告
成立。江西省苏维埃政府是中共武装建立的第一个有效行使权力的政权机
关，体现了中共武装的强大力量。这表明，中共在根据地已经具有建立省
级政权体系的力量和治理能力。这是第四层逻辑的进一步展开和制度性的
初步建立。

江西苏维埃省建制的创立，表明了中共已经具有了进一步建国的能力。
此时，革命形势在全国空前高涨。在成立省级政权的基础上，建立新的苏维
埃国家政权，已经具有基础了。正是在这个时候，大致从8月到10月，中
共中央鉴于全国各苏区已成规模，为了加强各地苏区的党的统一领导，多次
讨论成立"苏区中央局"的问题，并很快形成了明确一致的实施意见[1]。中
央政治局根据"湘鄂赣联接到赣西南为一大区域"的情况，决定要巩固和发
展它成为"苏区的中央根据地"，"因此，中央政治局便决定在中央苏区立
即设立中央局，目的在指导整个苏维埃区域之党的组织，同时，并在苏区
成立中央军事委员会以统一各苏区的军事指挥"，并决定在基层苏维埃政权
选举的基础上，成立"苏维埃中央临时政府"[2]，"各特区等于省，特区下暂
只设县或独立市苏维埃政府"[3]。对于苏区中央局的组织，10月中旬中央决定
派项英前往主持，后又决定在项英未到达苏区前，中央局可先行成立，"暂

---

① 中共中央组织部等编：《中国共产党组织史资料》第2卷上"土地革命战争时期"
（1927.8—1937.7），第208—209页。
② 成立中华苏维埃共和国临时中央政府之事，早在1930年5月在上海英租界召开的全国苏
维埃区域代表大会通过的决议中就已经议定，决定由1930年11月7日召开的第一次全
国苏维埃代表大会成立，后根据形势变化而有所推延。
③ 《中央政治局关于苏维埃区域目前工作计划》（1930年10月24日），中央档案馆编：《中
共中央文件选集》第6册，共中央党校出版社1989年版，第429、431—432、437—
440页。

以泽东同志代书记"。① 实际上，苏区未收到中央来信，中央局并未先行成立，项英 1931 年 1 月初到达苏区宁都小布后，中央局于 1 月 15 日正式成立。中央局书记为周恩来，周未到前项英代理书记，除项英外，毛泽东、朱德、任弼时、王稼祥等 6 人为委员，以项英、毛泽东、任弼时、王稼祥 4 人为常委，由毛泽东负责军事。4 月，苏维埃中央军委由毛泽东担任主席。1931 年 11 月 7 日至 18 日间在江西瑞金叶坪村召开的中华工农兵苏维埃第一次全国代表大会上，成立了中华苏维埃共和国临时中央政府，毛泽东当选为中央执行委员会主席和中央人民委员会主席。苏维埃共和国是中共通过武装暴动，由在农村建立割据区和根据地逐渐发展壮大而确立的国家政权。有了红色区域的国家政权，红色区域行省制的实施普遍展开，这是本节阐释的第五层逻辑。

随着苏维埃共和国的成立，原来一些根据地的党的特区委员会相继改为省委或新设省委，在中央革命根据地建立的中共省委计有：1931 年 5 月，成立闽粤赣省委（1932 年改名为福建省委）；1931 年 7 月，成立湘鄂赣省委；1931 年 8 月，成立湘赣省委（1931 年 8 月成立临时省委，10 月经召开省代会选举正式成立）；1931 年 9 月，成立赣东北省委（1932 年 11 月改名为闽浙赣省委）；1931 年 10 月，成立江西省委（1930 年 10 月成立省行委，1931 年 10 月成立临时省委，11 月经召开省代会选举正式成立）；1933 年 4 月，成立闽赣省委；1933 年 8 月，成立粤赣省委；1934 年 5 月，成立赣南省委。此外，其他革命根据地也建立了中共省委。在湘鄂西革命根据地，1931 年 6 月成立湘鄂西临时省委，1932 年 1 月成立湘鄂西省委，1934 年 11 月成立湘鄂川黔省委，1936 年 2 月成立川滇黔省委；在鄂豫皖革命根据地，1931 年 5

---

① 《中央关于对付敌人"围剿"的策略问题给一、三两集团军前委诸同志的指示》（1930 年 10 月 29 日），中央档案馆编：《中共中央文件选集》第 6 册，第 477、482 页。为成立苏区中央局，中央曾于红军攻战长沙期间，派关向应前往苏区组织中央局。此前，关向应抵长沙附近后，因战区相隔，无法通过。红四军不久也引兵入赣，故关向应"复来中央"。

月成立鄂豫皖临时省委，1932 年 1 月成立鄂豫皖省委，1933 年 2 月成立川陕省委，1934 年 12 月成立鄂豫陕省委；在陕甘宁革命根据地，1935 年 9 月成立陕甘晋省委，1935 年 11 月成立陕北省委，1935 年 11 月成立陕甘省委，1936 年 5 月成立陕甘宁省委。此外，红军在长征途中还设置了存在时间较短的省委机构，如川康省委（1935 年 2 月至 7 月；1936 年 4 月至 7 月。按：两次省委名称相同，但具体辖地与领导人不同）、大金省委（1935 年 10 月至 12 月）、金川省委（1935 年 12 月至 1936 年 7 月）、四川省委（1935 年 11 月至 1936 年 2 月）。[①] 这些省委都是苏区的省委，有与之相配的苏维埃省政府机构、省军区军政机构以及工会、青年团、妇女会等群众团体机构，是一个非常严密、完备的现代国家的复合型地方政权系统。

这个系统是中共通过各省的省委发动各省武装暴动、建立革命武装力量开辟农村革命根据地而逐步建立起来的，党的组织省委及其下级的特委、县委系统成为在武装斗争和根据地开辟及发展中的中心力量，军事斗争系统统一于党组织的领导和指导下，形成了既符合中共的组织原则又与革命历史运动实际相结合的一套组织体制。这样，在原有的国民党统治区的省区系统和中共在国民党统治区设置的省委组织系统外，在中共武装开辟的苏区达到一定幅员后，面临着根据地及其武装要不要继续发展、有没有前途的大问题。这是一个大关口。这一问题必然涉及对中共革命的前途、中共农村武装革命的前途的认识与把握，实是一个关乎中共革命成败胜负的大问题。在这个大关口、大问题上，在那样的紧急形势下，毛泽东根据半封建半殖民地的中国国情率先开辟的农村包围城市、武装夺取政权的道路，成为中共革命的必然选择。因此，当苏区发展到一定规模后，必然要设置和划分根据地的省区，在此基础上建立工农兵为国家主人的新型国家，并在这个新型的国家之内，根据国家体制建构的基本要素，及时将各根据地的特区改为省或新建省，将

[①] 中共中央组织部等编：《中国共产党组织史资料》第 2 卷上、中 "土地革命战争时期" (1927.8—1937.7)，中共党史出版社 2000 年版，第 283—1129 页。

中共特区委员会（特委）改为省委或新建省委，建立起与省委组织对等的省级军政机关。这一过程，充分显示了中共在土地革命斗争中，将开创革命政权、继承国家传统区划规制、吸取现代国家民主治理元素诸方面有机结合进而开新、创造历史的生动画卷，表明中共不仅具有坚定的革命信念，还有鲜明的现代政治意识，并对传统政区体制进行了创造性的改造和继承，在土地革命根据地政权建设上，留下了极为珍贵的建政经验与制度遗产。当红军进行长征战略大转移，经过长征淬炼的革命精锐转进有待凭他们去登场、驰骋与施展的北方大高原和大平原这个更广阔的舞台时，而留守各苏区的省委、特委的勇士们亦历经艰辛显示了中共组织生命力的无比强大与忠贞。与之相比，原在国民党统治区地下工作的省委力量却几被破坏摧残殆尽，无疑更显示了农村武装道路的正确性。经过土地革命的烈火淬炼，中共根据地省级组织在迎接全面抗日的烽火中，在争取中华民族解放的伟大斗争中，发挥了新的历史作用。需要说明的是，本节所说的逻辑，是历史的逻辑，亦即对历史发展轨迹与规律的把握，是对具体历史事实、真实和真相所体现的发展之理路的探讨；就本节来说，中共省制是如何从白区发展到红色区域的，如果不从具体的、个案的历史着手，是难以展现中共红色区域省制的建构过程、具体而微的真相和历史发展的整体逻辑链条是如何形成的，是难以理解和把握中共省制是经历了如何复杂甚乃曲折的经历发展起来的。正因如此，它的生命力量才无比顽强与旺盛。

四、中共红色省制建构的制度价值与历史意义

通过以上对土地革命时期中共省制创设与运用问题的系统梳理与探讨，我们对中共红色省制建构的重大制度价值与其历史性转折意义，初步形成如下体悟与历史认知。

第一，省制是在大革命失败之际，中共中央决定实施的党的地方最高层级的制度安排，是一项十分重要的制度创新。它适应了大革命失败后中共在

有群众运动和民众武装力量条件较好的省份发动武装暴动的特殊斗争需要，由省委负责对全省范围内暴动区域的选择、组织和领导，形成了以省为具体组织体系领导单元的全国暴动网络，在省委之下形成了特委这一更为具体、目标和任务更为明确的暴动领导机构，从而在许多大革命时期工农运动有基础的省区，都相继爆发了省委和特委领导的农村暴动，形成了轰轰烈烈的普遍性的农村武装革命高潮，由此形成了大大小小的割据区，并逐渐汇聚成大的苏区革命根据地，在根据地又新建了中共省的组织并创建了省苏维埃政府体制，为以新型工农兵为主体的国家制度的形成与发展奠定了重要的制度条件。这表明，从在白区地下工作的中共省委到根据地创建的省的党委和省苏维埃政府，中共的制度创新能力得到充分的发挥和体现。

第二，中共省委制的建构，形成了强大的整合力、执行力和融合力，有力地发挥了省制所具有的制度力量，使得在发动武装暴动过程中能够充分调动省内地区间的力量进行整合与调遣，使得组织力量得到极大程度的发挥。不仅如此，省际之间力量的整合力亦非常强大，起义爆发后的武装力量发展到一定程度时多在数省边界展开，这时的边界特委虽不免出现归属某某省"属地主义"领导的困惑，但无论归属哪一省领导，省委决议的执行力均会得到贯彻。从领导力来说，即使特委困惑甚至明知省委指示不尽符合实际也必须去执行，表现了省委领导的权威力量。省委对中央亦复如此，省委机关往往一再受到破坏，但这些机构在未接到撤退通知前，尽管环境险恶，均能在屡受破坏后不断地恢复与重建，坚守不曾退却。这里固然有"左"倾冒险主义严重错误的沉痛教训，但显示了中共组织的强大执行力量。正因如此，省委组织虽然并非没有错误，甚至常犯错误，但在坚守革命的大方向的前提下，又不断地克服自身错误、改正自身缺点，调整与革新政策，因此能将组织内的力量打成一片，组织间的整合与流通越来越顺畅。正因如此，特委、前委互为转换，特委与省委也互为转换，在这种互为转换的螺旋式上升中，革命武装力量及其根据地在险恶的环境下不仅没有被消灭，反而越战越勇，由小到大，由弱变强，由平地到山岗，又由山岗到平地，根据地越来越大，各根据地的特委乃得改为省委。历史的辩证法在这里得到充分彰显。

第三，中共一成立即以建立新的国家政权为目标，而在最初阶段，由于中共党员较少，力量有限，只在全国为数不多的现代工业大城市建立了支部，党员主要是以知识分子为主。国共合作后，党员人数迅速扩大，党员中的工人和农民成分越来越多。随着北伐战争的进行，中共领导的工农运动尤其是农民运动，在珠江流域、长江流域和黄淮流域之间蓬勃展开。受大革命熏陶的农民运动发展起来的群体，成为中共革命的基本力量。这个群体不在大城市，甚至不在中等城市和小城市，而散布于广大的农村。中共原有的在大城市所建的支部以及后来所建的地方委员会及多为跨省的区委员会，主要沿用以往城市领导和动员的方法，尚不能深入广大乡村。而省是中国几百年以来久相沿用的最基本的行政区划，除了下辖少数城市外，其广大的辖区恰是农村。中共省委制的设立，对于普遍发动广大乡村的农民进入中共的革命体系，是最适宜的动员、组织与领导体制。正是通过省委发动各地的农民暴动，中共成功地实施了土地革命的战略方针，建立了以农民为主体的工农革命武装及其革命根据地，并在广大的农村革命根据地建立了省县乡苏维埃地方政权和苏维埃国家政权。应该说，中共省委制的实施，对于中国土地革命的发动与开展，具有重要的制度意义。

第四，中共省层级权力体系在推进农民暴动和建立农村革命根据地的过程中，一改近代以来省级权力体系与中央权力分离乃至对抗的关系模式，一扫民初地方军阀割据对抗中央和国民党地方实力派对抗国民政府乃至"军阀重开战"的上下失序状态，中共省级权力体系成为中共革命运动中最为重要和关键的地方最高层正式管理机制。中共省委层级凝聚、拱卫在中央核心层级之下，大大加强了中央的政治中心权威与力量，如此一层率领一层的凝聚、拱卫力量，从省委至特委至县（市）委而以至区乡支部基层，贯通无碍，使得中央组织具有特别强大的领导力量。中共中央的方针、政策和措施，通过省委逐级下达，能够得到充分的贯彻实施，这样能够在极端危险和艰难困苦的环境和情况下，上下一致，同心合力，形成强大的力量，克服一切困难和危险，战胜一切貌似强大的对手。中共的这一强大力量的形成，从与近代中央权力虚悬弱化、地方分离力量崛起导致国家纷乱状态对比看，中共之所以强大和有序，在相当程度上就在于中共的地方最高级层省权力体系对中央的维护和拱卫，是极为重要和关键的因素之一。盖因为，中国长期的历史传统形成了以省为政区治理单元的模式，省在政治上具有承上启下的枢纽链位序，历史上的藩镇割据和清末民国的军阀势力崛起都是在这一层级上发生了失序问题，直接导致的是国家政局的重大动荡与社会的大混乱。而中共建立的省委制对中央的凝聚和拱卫，彻底革除了历史上藩镇和近代军阀自为一体对抗中央之弊，将省与中央的位序关系在新的历史起点上回归到健康轨道。因此，当中共中央将土地革命的方针和政策通过新创制的省委进行实施时，尽管炮声隆隆、枪林弹雨，但已预示着中共革命在发动武装暴动和建立根据地的历史进程中，将中国的政治引入了有序运作的新轨道。

第三章 | 现代国家之转型

在现代国家之转型的历史过程中，梁启超对现代国家制度转型的探索具有重要的历史地位，不可忽视，尤其是他长期所坚持的反专制的思想，不仅具有丰富的内容，而且对中国近现代历史的转型与转折，发挥了重大的影响。在梁启超短暂的"开明专制论"中，曾经担心革命之后出现专制的复辟和内乱，不幸言犹在耳，民初就发生了军阀的纷争与内乱。军阀纷争导致的国家四分五裂状态，造成那个时代的中国面临十分急迫的国家危机，为了应对这一危机，国家统一乃成为那个时代的历史主题。在此情形之下，新成立的中共与国民党携手建立了国共合作的反对北洋军阀的统一战线及在此统一战线领导之下进行了统一中国的北伐战争。但因北伐战争而握有国民革命军实权的蒋介石却在占领南京、上海后屠杀昔日的盟友中国共产党人，用军事手段建立了南京国民政府。但这个政府与中共的较量，不仅是1949年军事上的最后失败，而且深埋其中的还有民心的早已丧失，国民政府在全民族抗战前其在赋税和灾荒上的应对就是一个典型，蒋介石在全民族抗战前对腐败问题的认识与应对上也是一个典型案例。历史表明，国民党不能承担完成中国现代转型的历史任务。建立独立、民主、自由、繁荣的新中国这个历史任务，只能留给了中国共产党人。

第一节　梁启超对现代国家制度转型的探索

——以反专制为例

对于梁启超的政治思想研究中与"反专制"问题相关的探讨，学界重点所关注的，一是他的"开明专制"理论①，二是他的民主思想②，而对

---

① 关于梁氏"开明专制"思想的探讨，主要可参见彭南生：《梁启超的"开明专制"思想新探》，《华中师范大学学报》（哲学社会科学版）1991 年第 3 期；阎平：《历史的悖论——评梁启超的开明专制思想》，《徐州师范大学学报》（哲学社会科学版）1997 年第 3 期；李丹：《谈梁启超的开明专制思想》，《吉林师范大学学报》（人文社会科学版）2008 年第 6 期；付茹：《论梁启超"开明专制"思想》，《理论学习》2007 年第 4 期；蔡永飞：《梁启超"开明专制"思想述评》，《政治学研究》1988 年第 4 期；李福鑫：《从"开明专制"到"民主共和"——梁启超孙中山国家观之比较》，《云南社会主义学院学报》2014 年第 4 期；张昭军：《"中国式专制"抑或"中国式民主"——近代学人梁启超、钱穆关于中国古代政治制度的探讨》，《近代史研究》2016 年第 3 期；蔡双全、王正相：《梁启超"开明专制论"之学理辨析》，《江苏社会科学》2017 年第 4 期。

② 关于梁氏的民主思想探讨的成果相当丰富，主要可参见蔡尚思：《梁启超在政治上学术上和思想上的不同地位——再论梁启超后期的思想体系问题》，《学术月刊》1961 年第 6 期；王好立：《从戊戌到辛亥梁启超的民主政治思想》，《历史研究》1982 年第 1 期；胡绳武、金冲及：《关于梁启超的评价问题》，《学术月刊》1960 年第 2 期；胡绳武：《梁启超与民初政治》，《近代史研究》1991 年第 6 期；熊月之：《论戊戌时期梁启超的民权思想——兼论梁启超与康有为思想的歧异》，《苏州大学学报》（哲学社会科学版）1984 年第 3 期；茅海建：《论戊戌时期梁启超的民主思想》，《学术月刊》2017 年第 4 期；王瑶：《梁启超对卢梭思想的容受与推演》，《天津社会科学》2019 年第 5 期。

他长期对专制体制的批判乃至坚决否定的历史面相研究还十分薄弱[①]。通过系统通读、梳理梁启超思想的有关文献，就可以发现，梁启超大致从早年流亡日本明确提出"专制"这一概念到五四时期退出中国政治舞台的长期政治活动中，对中国历史和现实中的专制思想及其行为基本上是持批判和反对态度的，明显地体现了"反专制"的思想态度；当然，个别时期他的态度有所波动，但即使如此，实质上他也没有完全背离这一基本态度。人常言梁启超善变，但整体看来他变的只是形式，是一种策略，而不变的，则是反对专制这一思想主线。梁启超的反专制思想，具有十分丰富与深刻的内容，不仅在清末民初的社会变革与发展中产生过重大推动力和影响力，而且他的这一思想对中共成立前后的思想发展也具有不可忽视的意义。当然，梁启超的反专制思想，无疑是其民主思想的组成部分，但就具体来说，由于学界以往所重点关注的是他的开民智、设议会、行宪法方面以"立"为主的思想内容，而对他与"立"明显不同的"破"的方面，也就是他对传统"专制政体"批判的思想内容的关注，明显还比较薄弱，缺乏系统梳理和深入探讨。因此，对于梁氏是如何批判和反对中国历史上和清廷的专制之弊的，其"反专制"思想经历了哪些演变，以及其"反专制"思想有什么样的时代特征与历史价值，是需要进行新的系统研究的。本节无意重复前贤关于梁氏民主思想"立"的方面的已有认识，而拟专就对梁氏在"破"的方面对"专制政体"的批判问题，做一新的系统的梳理与考察，力图对上述问题作一回答。

[①] 明确以梁启超"反专制"为论题的迄今仅见林庆元《论梁启超对封建专制制度的批判——兼谈近代民主观念薄弱的原因》（《福建师大学报》（哲学社会科学版） 1981年第1期）一文。该文明确提出梁的"反封建专制"的问题，但文章的相当内容仍是正面分析梁的民主思想，至于对梁"反封建专制"思想的探讨、分析，则比较笼统、薄弱。事实上，梁使用的是"专制政体"或"专制"概念，还未使用"封建专制"这一概念。

一、对中国专制历史与现实的认知和批判

梁启超对中国专制历史与现实的系统认知，是流亡日本后，通过学习西学，从中西制度的对比中，开始进一步反思中国衰败之因的。1899年他在《论支那宗教改革》一文中阐释其师康有为所"发明"的"孔子之教"时，宣布其主张的"此""六主义"与所反对的"彼""六主义"，其中之二即是"平等主义非专制主义"，[①] 明白宣誓了他反对"专制主义"的态度。在他同年撰写《自由书》时，读到在《亚东时报》有题"草茅危言"为日人深山虎太郎所撰的三篇文章，分别是《民权篇》《共治篇》《军权篇》，梁氏认为深山氏诸文"皆本泰西硕儒政体之论，切中中国时病者"，遂照"录其全文"，内中认为，中国"自秦汉以降，沦胥至今……上有背天之政府，而无顺天之君"，"专制为治，独裁为政……所谓其人存则其政举，其人亡则其政息"，"故天下百年而无十年之治，天灾人祸，接踵而至，生灵鱼肉，肝脑涂地，宗社亦随而亡。历朝相袭，如环之无端"。此"三千年宿弊"，正是必须"摆脱"的"专制独裁之治"。[②] 显然，梁启超是完全赞同深山氏关于中国自秦汉以降为专制的观点的。而且在梁氏看来，不仅中国自秦汉以降的专制历史的认识是符合实际的，它还是认识中国现实弊政的重要途径和利器，即所谓"切中中国时病"。这种专制政治，在梁氏看来显然是不合理的，是必须否定和批判的。梁启超

---

① 梁启超：《论支那宗教改革》（1899年），《饮冰室合集》第1册"饮冰室文集之三"，中华书局1989年版，第55—56页。这时，梁还在《各国宪法异同论》（1899年）一文中特别说明"旧译为君主之国"之政体，根据西文法律文意而译称为"专制政体"。见《饮冰室合集》第1册"饮冰室文集之四"，第71—72页。

② 梁启超：《自由书·草茅危言》（1899年），《饮冰室合集》第6册"专集之二"，中华书局1989年版，第13—14页。他在同年所完成的《爱国论》一文中，也指出"吾中国自秦汉以来，数千年之君主，皆以奴隶视其民，民之自居奴隶"的问题。其意在说明君不与民共之，实行君主专制，则民不爱其国；君与民共之，行君主立宪，则民视为己国而爱国。梁启超：《爱国论》，《饮冰室合集》第1册"饮冰室文集之三"，第71页。

对专制批判的思想资源，一方面来自西学西哲对"封建专制"的批判，是从中西对比的角度认识中国专制的历史与现实问题；另一方面来自中国秦汉以前的儒教经典①，认为秦汉以后背离了以前的传统而走入专制道路。

正是基于此，他对中国专制政治的批判是十分猛烈尖锐的，在他看来，"中国人不知有国民也，数千年来通行之语，只有以国家二字并称者，未闻有以国民二字并称者"。而"国家者，以国为一家私产之称也……其权无限，奴蓄群族，鞭笞叱咤，一家失势，他家代之，以暴易暴，无有已时"。②而揆诸现实，"今我中国国土云者，一家之私产也。国际（即交涉事件）云者，一家之私事也。国难云者，一家之私祸也。国耻云者，一家之私辱也。民不知有国，国不知有民"。③梁启超此处所言，其重心在于说明，正因为中国这样一种国和民的关系状况，国家得不到国民的支持，使得中国在于当时的国际竞争中一再处于无力抵抗的地位；考其实，这种现象，恰是说现实政治乃为国民无权、国与国民对立的"专制"政治状态。他在另一篇文章中，批评中国的落后是由于"民贼自私，愚其黔首，遂使聪明锢蔽，人才衰落，黄农之胤续，将为皂隶"，④也是说帝制的"专制"事实。他在著名的《自由书》之"国权与民权"部分也指出："言民事者，莫不瞋目切齿怒发曰：彼历代之民贼，束缚驰骤，磨牙吮血，以侵我民自由之权，是可忍孰不可忍！"⑤

---

① 他认为中国先秦时期，"思想勃兴，才智云涌，不让西方之希腊"。但先秦之后，"二千年来孔子之真面目湮而不见，此实东方之厄运也。故今欲振兴东方，不可不发明孔子之真教旨"。他比附先秦儒家文献《礼记》中的"天下为公""小康""大同"等观念，认为"小康者，专制之政也，大同者，平等之政也"，"春秋之法制，皆所以抑制君主之专横"。见梁启超：《论支那宗教改革》（1899 年），《饮冰室合集》第 1 册"饮冰室文集之三"，第 55、59 页。

② 梁启超：《论近世国民竞争之大势及中国前途》（1899 年），《饮冰室合集》第 1 册"饮冰室文集之四"，第 56 页。

③ 梁启超：《论近世国民竞争之大势及中国前途》（1899 年），《饮冰室合集》第 1 册"饮冰室文集之四"，第 60 页。

④ 梁启超：《日本横滨中国大同学校缘起》（1897 年），《饮冰室合集》第 1 册"饮冰室文集之四"，第 79 页。此时，梁氏尚未流亡日本。可见，梁氏此反民贼思想亦其来有自。

⑤ 梁启超：《自由书》（1899 年），《饮冰室合集》第 6 册"饮冰室专集之二"，第 24 页。

沿着对中国历代政治批判的思路，梁启超认为"我中国畴昔，岂尝有国家哉？不过有朝廷耳"。"朝也者，一家之私产也"。以往的国家，是"朝代"的国家。这种朝代的国家，"于吾所谓中国者何与焉"？[①] 他借用日人和西人对中国"老大帝国"的称号的刺激，一方面鲜明地提出"吾心目中有一少年中国在"，[②] 呼唤他心目中"少年中国"的降临；另一方面承认"老年时代"的存在，"造成今日之老大中国者，则中国老朽之冤业也"。而其心目中，规划着"制出将来之少年中国者，则中国少年之责任也。彼老朽者何足道，彼与世界作别之日不远矣"。[③] 这些话语，强烈地表现了他去旧迎新的思想。旧的，就是一家之私的专制制度。

在梁启超看来，这种一家之私之国、家不分的专制性制度，是中国积弱的根源之一。他从近代西方资产阶级革命时期的民主、平等、自由理论出发，反观中国历史，激烈地认为中国"盖数千年来，不闻有国家，但闻有朝廷。每一朝之废兴，而一国之称号即与之为存亡"。"我国民数千年醉迷于误解之中"，"试观二十四史所载，名臣名将，功业懿铄，声名彪炳者，舍翊助朝廷一姓之外，有所事事乎"？他认为乃系"一姓之家奴走狗"而已。由此造成"独立之志气全萎。但使有一姓能箝制我而鞭笞我者，我即从而崇拜之拥护之……若是者盖千余年于兹矣"。[④] "数千年之民贼，既攘国家为己之产业，絷国民为己之奴隶"，"遂使一国之民，不得不转而自居于奴隶"。[⑤] 此在朝廷者，显然是专制，而在臣在民者，则是一种国民奴性的思维。梁

---

① 梁启超：《少年中国说》（1900 年 2 月 10 日），李华兴、吴嘉勋编：《梁启超选集》，上海人民出版社 1984 年版，第 124—125 页。

② 梁启超：《少年中国说》（1900 年 2 月 10 日），李华兴、吴嘉勋编：《梁启超选集》，第 122 页。

③ 梁启超：《少年中国说》（1900 年 2 月 10 日），李华兴、吴嘉勋编：《梁启超选集》，第 126 页。

④ 梁启超：《中国积弱溯源论》（1900 年 5 月 28 日），易鑫鼎编：《梁启超选集》上卷，中国文联出版社 2006 年版，第 11—12 页。

⑤ 梁启超：《中国积弱溯源论》（1900 年 5 月 28 日），易鑫鼎编：《梁启超选集》上卷，第 13 页。

启超认为"中国所以永远沉埋之根源，皆在于此"。今欲救中国，"非从此处拔其本，塞其源，变数千年之学说，改四百兆之脑质，虽有善者，无能为功"。① 可见，梁启超通过对西方民主思想理论的参考与吸收，形成了非常犀利、明确的对中国历史之"专制"与"民贼"斗争的思想。这种思想，在他这一时期的文章中反复呈现，如他说："彼民贼之呕尽心血遍布罗网，岂不以为算无遗策，天下人莫余毒乎？顾吾又尝闻孟德斯鸠之言矣，'专制政体，以使民畏惧为宗旨。虽美其名曰辑和万民，实则斫丧元气，必至举其所以立国之大本而尽失之。昔有路衣沙奴之野蛮，见果实累累缀树上，攀折不获，则以斧斫树而捋取之。专制政治，殆类是也。然民受治于专制之下者，动辄曰，但使国祚尚有三数十年，则吾犹可以偷生度日；及吾已死，则大乱虽作，吾又何患焉？然则专制国民之苟且偷靡，不虑其后，亦与彼野蛮之斫树无异矣。故专制之国所谓辑和者，其中常隐然含有扰乱之种子焉。'呜呼，孟氏此言，不啻专为我中国而发也。"在他看来，正是这种专制制度，为"中国积弱之故，盖导源于数千年以前，日积月累，愈久愈深，而至今承其敝而已"②。他主张把西方之"新理新说公诸天下，将以一洗数千年之旧毒"，即用西方的自由、独立、民主等"新"观念、"新"理论、"新"思想来洗除中国"旧"有的"专制"之毒。③ 后来他在研究卢梭学案时，指出

---

① 梁启超：《中国积弱溯源论》（1900 年 5 月 28 日），易鑫鼎编：《梁启超选集》上卷，第 12—13 页。

② 梁启超：《中国积弱溯源论》（1900 年 5 月 28 日），易鑫鼎编：《梁启超选集》上卷，第 30—31 页。

③ 梁启超：《十种德行相反相成义》（1901 年 6 月 16 日，7 月 6 日），汤志钧、汤仁泽编：《梁启超全集》第 2 集，国家清史编纂委员会·文献丛刊，中国人民大学出版社 2018 年版，第 291 页。梁启超的这些西方"新理新说"，一方面，其流亡日本后，政治上所持的改良思想必然吸收西方的近代民主思想的有关资源；另一方面，据梁当时在上粤督李鸿章书中透露，梁启超流亡日本后，李鸿章曾通过伊藤博文和天津日本领事郑君及东亚同文会井深君，三次向梁表示慰问。尤其值得注意的是"并教以研精西学"，"'以待他日效力国事'云云"。梁在上书中称，"但使一日不死，必倡民权之公理，顺地球之大势，以导我四万万同胞，使进于文明，以为他日自立之地步。是即启超所以报效国家，亦即启超所以答公拳拳之盛心者也。"见梁启超：《上粤督李傅相书》（1900 年 3 月 31 日），汤志钧、

"我中国数千年生息于专制政体之下"，① 明确地把专制与政体结合起来。因此，要消除专制，就必须改变这个专制政体。

从对专制制度的批判到"一洗数千年之旧毒"专制政体，从呼唤"少年中国"到提出"论新民为今日中国第一急务"，② "新民"乃为梁启超改造中国主张合乎逻辑的必然发展。他说："为中国今日计，必非恃一时之贤君相而可以弭乱，亦非望草野一二英雄崛起而可以图成，必其使吾四万万人之民德、民智、民力，皆可与彼相埒"，"新民云者"，乃"在吾民之各自新而已"，③ 即"新"全国四万万之国民而已。而反观中国历史，"昔者吾中国有部民而无国民"。④ 而要将此四万万之国民为"新民"，必有所本，因此，既不能"如心醉西风者流，蔑弃吾数千年之道德、学术、风俗，以求伍于他人"；又不能"如墨守故纸者流，谓仅抱此数千年之道德、学术、风俗，遂足以立于大地也"。⑤ 到"新民"这里，梁启超在激烈反传统的同时，也呈现了调适与温和的改革态度。这在思想上，与他在 1901 年到 1902 年对中国历史、文化及学术的系统梳理与研究，存在一定的关系。这期间，他在研究西方政治学理论的同时，也系统地研究了中国的历史与学术，如 1901 年

汤仁泽编：《梁启超全集》第 2 集，国家清史编纂委员会·文献丛刊，第 237、243 页。梁这时期的思想可谓颇为"激进"，正因如此，这一时期他与孙中山多有合作，这种思想认识既可视作"因"，也不排除因与孙联系合作而受"革命"思想之影响。可见郭世佑：《筹划庚子勤王运动期间梁、孙关系真相》，《历史研究》1998 年第 5 期。

① 梁启超：《卢梭（Jean Jacques Rousseau）学案》（1901 年 11 月 21 日，12 月 1 日、21 日），汤志钧、汤仁泽编：《梁启超全集》第 2 集，国家清史编纂委员会·文献丛刊，第 347 页；周兴梁：《试论一九〇〇年前后孙中山与梁启超的关系》，《贵州社会科学》1984 年第 5 期。

② 梁启超：《新民说》（1902 年 2 月 8 日至 1906 年 1 月 9 日），汤志钧、汤仁泽编：《梁启超全集》第 2 集，国家清史编纂委员会·文献丛刊，第 529 页。

③ 梁启超：《新民说》（1902 年 2 月 8 日至 1906 年 1 月 9 日），汤志钧、汤仁泽编：《梁启超全集》第 2 集，国家清史编纂委员会·文献丛刊，第 532、530 页。

④ 梁启超：《新民说》（1902 年 2 月 8 日至 1906 年 1 月 9 日），汤志钧、汤仁泽编：《梁启超全集》第 2 集，国家清史编纂委员会·文献丛刊，第 533 页。

⑤ 梁启超：《新民说》（1902 年 2 月 8 日至 1906 年 1 月 9 日），汤志钧、汤仁泽编：《梁启超全集》第 2 集，国家清史编纂委员会·文献丛刊，第 534 页。

的《中国史叙论》《尧舜为中国中央君权滥觞考》，1902 年的《论中国学术思想变迁之大势》，对中国历史上下数千年的贯通性梳理和研究，使梁启超对中国灿烂的历史文化有了一定的了解和理解，逐渐在对传统历史持猛烈批判和否定的态度、认识到中国存在的根本性弊端及与时代落伍的同时，另一方面又能认识到中国历史伟大、灿烂的一面。这些研究和梳理，使得他在论及"新民"时，虽然对传统采取了批判和改造的态度，而整体上看又在探索"建设"的道路。在他所设定的"新民"指标中，包含了"公德""国家思想""进取冒险""权利思想""自由""自治""进步""自尊""合群""义务思想"等以"民主"和"自由"为核心的思想观念。这些观念，从性质上说，是反对专制的；从内容上说，可以说是其"新民"诸要素的集合即"政治能力"之谓。他指出："或曰：吾国民以久困专制政体之故，虽有政治能力不能发达，斯固然矣。虽然，亦有在专制政体不能及之时，不能及之地，不能及之事，而吾民不克自发挥其政治能力如故也，是乃大可痛者也。"① 梁启超在此一方面承认"专制"困民，但另一方面又认为亦不可把一切责任推诿专制而了事，其意在使"民"要养成自治的政治习惯和政治能力。

为培养"新民"，梁启超进而提出"新史学"的"革命"。他把"新史学"作为救国的重要工具和手段，认为"今日欧洲民族主义所以发达，列国所以日进文明，史学之功居其半焉"。② 于此，他把史学的重要性上升到"史界革命不起，则吾国遂不可救"的高度，指出"悠悠万事，惟此为大！"③ 从"新史学"立言，他认为中国几千年的旧史学之四弊在"一曰知有朝廷而不知有国家"，"二曰知有个人而不知有群体"，"三曰知有陈迹而不知有今务"，

① 梁启超：《新民说》（1902 年 2 月 8 日至 1906 年 1 月 9 日），汤志钧、汤仁泽编：《梁启超全集》第 2 集，国家清史编纂委员会·文献丛刊，第 654—655 页。
② 梁启超：《新史学》（1902 年 2 月 8 日至 11 月 14 日），汤志钧、汤仁泽编：《梁启超全集》第 2 集，国家清史编纂委员会·文献丛刊，第 497 页。
③ 梁启超：《新史学》（1902 年 2 月 8 日至 11 月 14 日），汤志钧、汤仁泽编：《梁启超全集》第 2 集，国家清史编纂委员会·文献丛刊，第 501 页。

"四曰知有事实而不知有理想"。① 其中，"知有朝廷而不知有国家"，即与"专制政体"有直接的关系。在这种"专制政体"话语下，他认为中国的历代"正统"观念，"千余年来……一言蔽之曰，自为奴隶根性所束缚，而复以煽后人之奴隶根性而已。"② 显然，这种造成奴隶根性的"正统"观，与"专制政体"话语体系有着密切联系。

从反对专制的思想出发，梁启超在《释革》一文中，根据日文的翻译话语，比较了英国1832年的议会改革和法国1789年的大革命中的"革"这一核心概念，并与中国古代之"汤武革命"相较，而认为泰西是"以仁易暴"之变革，而中国古代是"以暴易暴"之革命。梁取其"革"，则以"革"乃"天演界中不可逃避之公例也"。他从进化论的角度论证说："凡物适于外境界者存，不适于外境界者灭，一存一灭之间，学者谓之淘汰。淘汰复有二种：曰'天然淘汰'，曰'人事淘汰'……人事淘汰，即革之义也……夫我既受数千年之积痼，一切事物，无大无小，无上无下，而无不与时势相反，于此而欲易其不适者以底于适，非从根柢处掀而翻之，廓清而辞辟之，乌乎可哉！乌乎可哉！此所以 Revolution 之事业（即日人所谓革命，今我所谓变革），为今日救中国独一无二之法门。"③ 梁此所说的革命虽称为"变革"，但他同时呼唤进行"经学革命，史学革命，文界革命，诗界革命，曲界革命，小说界革命，音乐界革命，文字革命"④ 等，与孙中山革命派所进行的推翻清政府的"政治革命"渐行渐近，而他的"一切事物，无大无小，无上无下……非从根柢处掀而翻之"的"破坏"之主张，又与他培养"新民"的建设主张是不无其内在紧张以至矛盾的。梁氏尽管在革命与改革问题上存在矛

---

① 梁启超：《新史学》（1902年2月8日至11月14日），汤志钧、汤仁泽编：《梁启超全集》第2集，国家清史编纂委员会·文献丛刊，第498—499页。

② 梁启超：《新史学》（1902年2月8日至11月14日），汤志钧、汤仁泽编：《梁启超全集》第2集，国家清史编纂委员会·文献丛刊，第506页。

③ 梁启超：《释革》（1902年12月14日），李华兴、吴嘉勋编：《梁启超选集》，第368—370页。

④ 梁启超：《释革》（1902年12月14日），李华兴、吴嘉勋编：《梁启超选集》，第370页。

盾心理，但他反对专制政体、变革中国数千年以来的专制政体的态度是明确的。为此，他系统梳理、阐释了中国数千年"专制政治进化"的历史概貌，尖锐、明确地指出："中国者，世界中濡滞不进之国也。今日之思想，犹数千年前之思想；今日之风俗，犹数千年前之风俗；今日之文字，犹数千年前之文字；今日之器物，犹数千年前之器物。然则进化之迹，其殆绝于中国乎？虽然，有一焉，专制政治之进化，其精巧完满，举天下万国，未有吾中国若者也。万事不进，而惟于专制政治进焉，国民之程度可想矣。"[1] 在他看来，在专制条件下，"则以国土为私产，以国民为家奴，虐政憔悴，民不堪命"。[2] 他把中国专制政治化分为十三期共四大期，认为"自黄帝以至周初，为封建未定期；自周以至汉初，为封建全盛期；自汉景、武以后至清初，为封建变相期；自康熙平三藩以后，为封建全灭期。由酋长而成为封建，而专制之实力一进化；由真封建而变为有名无实、有实无名之封建，而专制实力又一进化；举名、实而扫之，而专制实力又一进化。进化至是，盖圆满矣。莽莽数千年，相持相低昂，徘徊焉，翱翔焉，直至最近世……上下千古，其感慨何如哉！"[3] 在梳理、剖析了中国数千年专制政治演化历程及其弊后，他又从与欧洲及日本的政体的比较中总结道："论者知民权之所以不兴，由于为专制所压抑；亦知专制之所以得行，由于民权之不立耶！"[4] 而正是由于专制政治达到极致，极端压抑了民权，致中国"乃反以此而自弱于世界乎？噫！"[5] 梁

---

① 梁启超：《中国专制政治进化史论》（1902 年 5 月 22 日至 1904 年 6 月 28 日），汤志钧、汤仁泽编：《梁启超全集》第 3 集，国家清史编纂委员会·文献丛刊，中国人民大学出版社 2018 年版，第 424 页。

② 梁启超：《中国专制政治进化史论》（1902 年 5 月 22 日至 1904 年 6 月 28 日），汤志钧、汤仁泽编：《梁启超全集》第 3 集，国家清史编纂委员会·文献丛刊，第 427 页。

③ 梁启超：《中国专制政治进化史论》（1902 年 5 月 22 日至 1904 年 6 月 28 日），汤志钧、汤仁泽编：《梁启超全集》第 3 集，国家清史编纂委员会·文献丛刊，第 433 页。

④ 梁启超：《中国专制政治进化史论》（1902 年 5 月 22 日至 1904 年 6 月 28 日），汤志钧、汤仁泽编：《梁启超全集》第 3 集，国家清史编纂委员会·文献丛刊，第 434 页。

⑤ 梁启超：《中国专制政治进化史论》（1902 年 5 月 22 日至 1904 年 6 月 28 日），汤志钧、汤仁泽编：《梁启超全集》第 3 集，国家清史编纂委员会·文献丛刊，第 444 页。

氏大约于 1902 年下半年撰拟了《拟讨专制政体檄》一文,表达了与专制政体"不与共立"的鲜明立场。他表示:"我辈实不可复生息于专制政体之下,我辈实不忍复生息于专制政体之下。专制政体者,我辈之公敌也,大仇也!有专制则无我辈,有我辈则无专制,我不愿与之共立,我宁愿与之偕亡!"他历数专制政体之罪责道:"使我数千年历史以脓血充塞者谁乎?专制政体也。使我数万里土地为虎狼窟穴者谁乎?专制政体也。使我数百兆人民向地狱过活者谁乎?专制政体也。"具体言之,专制政体之罪有十之数:一是"天之生人,权利平等",而专制政体制造贵贱,命令者被命令者分贵贱等级,为"逆天理。其罪一也"。二是"人之意志,各有自由",而专制者强己好恶意志为他人之意志,为"拂人性。其罪二也"。三是"有治人者,有治于人者,此国法也",而专制者惟作治人,不作治于人,即不受任何监督,为"蔑国法。其罪三也"。四是"一国之土地,一国人所共有也",而专制者将天下之土地财产占为己有,为"盗公产。其罪四也"。五是将"私公产为己物,罪既重矣",而专制者只知挥霍,为"始乱之终弃之也。其罪五也"。六是专制者只知榨取人民之膏血以饱其无限之私欲,是"虎狼之噬人类也。其罪六也"。七是专制者"不徒视我辈为犬马,且视之为土芥也。其罪七也"。八是专制者统治等级森严、"遍布爪牙"、层层下压,底层人民暗无天日,专制者为"阿鼻地狱之魔王也。其罪八也"。九是竟为外来侵略中国者代之"虐我",代外人以"压我","其罪九也"。十是颠倒黑白,"妄引古经","逆天愚民,莫此为甚","其罪十也"。[①]

正是由于专制政体在近世暴露的这些根本性弊政,在梁启超看来,专制政体不仅有害于民,即使对中国的统治者而言,亦是"有百害于君主而无一利"。他指出:"今民间稍有知识者,莫不痛心疾首于专制政体,其恶之也,

---

① 梁启超:《拟讨专制政体檄》(约 1902 年下半年),李华兴、吴嘉勋编:《梁启超选集》,第 380—383 页。此文为未刊稿。尽管此文未刊,但也反映了梁氏反对专制体制的鲜明思想与立场。

殆以此为吾害也。至如君主，若君主之私人，则莫不殚其精，竭其术，以维持回护专制政体，其爱之也，殆以此为吾利也。"然而梁经过再三思考后认为："窃以为专制政体之毒，其害民者一，而害君主者常二。民之受害者有时而可避，君主之受害者无地而可逃；民受害而他人犹以相怜，君主受害而后世且以为快。故吾敢断言曰：专制政体之于君主，有百害而无一利。"他就君主专制政体本身之毒害分为十项（按：外夷构衅及流寇揭竿两项有他因者不计入内——引者注）加以论证道："一曰贵族专政，二曰女主擅权，三曰嫡庶争位，四曰统绝拥立，五曰宗藩移国，六曰权臣篡弑，七曰军人跋扈（如唐藩镇之类），八曰外戚横恣，九曰金壬朘削（如李林甫、卢杞之类），十曰宦寺盗柄。此十者，殆历代所以亡国之根源……至求此十种恶现象所以发生之由，莫不在专制政体。专制政体者，实数千年来破家亡国之总根原也。"他分析道："中国君统之乱本何在？在彼十种恶业；十种恶业之乱本何？在专制政体。专制政体一去，则彼十种者无所附以自存，不必以人力坊（防——引者注）之也。"① 而"苟非专制政体，则此十种恶现象者，自一扫而空；若是乎，吾中国数千年脓血之历史，果无一事焉而非专制政体贻之毒也"。② 他历数中国专制之害后指出："专制政体之不能生存于今世界，此理势所必至也。以人力而欲与理势为御，譬犹以卵投石，以螳当车，多见其不知量而已。故吾国民终必有脱离专制苦海之一日，吾敢信之，吾敢言之。"③ 此后，他在分析国民性格中爱国心之薄弱的形成原因时，也认为是"我国国民，习为奴隶于专制政体之下，视国家为帝王之私产，非吾侪所与有。故于国家之盛衰兴败，如秦人视越人之肥瘠，膜然不

---

① 梁启超：《论专制政体有百害于君主而无一利》（1902 年 11 月 30 日），汤志钧、汤仁泽编：《梁启超全集》第 4 集，国家清史编纂委员会·文献丛刊，中国人民大学出版社 2018 年版，第 63—66 页。

② 梁启超：《论专制政体有百害于君主而无一利》（1902 年 11 月 30 日），汤志钧、汤仁泽编：《梁启超全集》第 4 集，国家清史编纂委员会·文献丛刊，第 67 页。

③ 梁启超：《论专制政体有百害于君主而无一利》（1902 年 11 月 30 日），汤志钧、汤仁泽编：《梁启超全集》第 4 集，国家清史编纂委员会·文献丛刊，第 73 页。

少动于心"。① 他在关于国民品格中"服从"问题的辨析中，一方面强调合理、合法与合乎程序的"服从"美德的必要与重要，另一方面也指出"可不服从少数之专制，而不可不服从多数之议决"② 这样的基本前提，表明了他反对专制的思想。

可以说，梁启超从 1899 年在《论支那宗教改革》公开提出"专制"概念，到 1903 年的《服从释义》，其间情绪与思想虽有缓有激，但反对专制的思想是清晰和明确的。

二、从"新民说"到"开明专制论"

梁启超在明确反对和批判"专制"的思想轨道上，到 1904 年突然沉寂下来。以前，人们在研究梁的思想时，较多强调他流亡日本后到 1900 年梁、孙合作的影响，但是 1900 年康、梁与孙中山的合作基本停止③ 后，梁的思想虽然有较为温和的一面，提出了与"反"和"破"不同而主旨在"建"和"立"的"新民"主张，但他很多系统的反专制理论则是在 1902 年提出的，直到 1903 年，梁仍持明确和坚决的反专制立场。可见，梁的思想变化轨迹，自有其自身之因。梁对"专制"的态度，当然在相当程度上也和他对革命的立场有关。

1904 年，他开始研究中外革命的后果问题。他先研究了俄国具有革命性质的无政府主义党（虚无党）的历史，明确指出："虚无党之手段，吾所钦佩，若其主义，则吾所不敢赞同也。彼党之宗旨，以无政府为究竟，吾闻之边沁曰：'政府者害物也，然以其可以已他害之更大者，故过而废之，宁

---

① 梁启超：《论中国国民之品格》（1903 年 3 月 12 日），汤志钧、汤仁泽编：《梁启超全集》第 4 集，国家清史编纂委员会·文献丛刊，第 175 页。

② 梁启超：《服从释义》（1903 年 5 月 25 日、6 月 9 日），汤志钧、汤仁泽编：《梁启超全集》第 4 集，国家清史编纂委员会·文献丛刊，第 203 页。

③ 参见张海鹏主编，李细珠著：《中国近代通史》第 5 卷"新政、立宪与辛亥革命（1901—1912）"，江苏人民出版社 2006 年版，第 180 页。

过而存之.'持消极论以衡政府，亦不过至是而止矣。如必曰无之，则岂有无政府，而能立于今日之世界者？岂惟今日，虽至大同太平以后，亦固有所不可也。故以近世社会主义者流，以最平等之理想为目的，仍不得不以最专制之集权为经行。"① 在这里，专制不是应该被打倒的对象，却是一个不得不需要的"必须的恶"了，甚至怀抱"最平等之理想"的"社会主义者流"也必须用之。随之，他又系统研究和剖析了中国历史上的"革命"造成的严重后果问题。他指出，"革命"可划分为最广义、广义和狭义三类，他研究的是专指"以兵力向于中央政府者是也"（属狭义——引者注）。他认为，"吾中国数千年来，惟有狭义的革命"。他认为，中国数千年来的革命，与近代西方欧美的革命相比不同，有七个特点：一是中国"有私人革命"，而无"泰西"的"团体革命"。泰西的团体革命，指的是英国的国会革命、美国的省议会革命和法国的大多数议员发起市民附和的革命。而考之中国数千年，多"若张角之天书，徐鸿儒之白莲教，洪秀全之天主教，虽处心积虑，历有年所，聚众稍夥，然后从事，类皆由一二私人之权术"。"故数千年莽莽相寻之革命，其蓄谋焉，勠力焉，喋血焉，奏凯者，靡不出于一二私人"。② 二是"有野心的革命，而无自卫的革命"。他认为，革命的正义，"必起于不得已者也"，自卫的革命，"每用进取"。而中国的革命，固然也有自卫和反抗压迫的成分，但其革命的动机，如"陈涉不过曰：'苟富贵，毋相忘。'项羽不过曰：'彼可取而代也。'汉高不过曰：'某业所就，孰与仲多'"。即使有的起于自卫，"然于大局，固无关矣"。在他看来，中国历史上的百数十次之革命，"无论若何好名目，皆不过野心家之一手段也"。③ 三

① 梁启超：《论俄罗斯虚无党》（1903年11月2日），汤志钧、汤仁泽编：《梁启超全集》第4集，国家清史编纂委员会·文献丛刊，第236—237页。
② 梁启超：《中国历史上革命之研究》（1904年），《饮冰室合集》第2册"饮冰室文集之十五"，第31—32页。
③ 梁启超：《中国历史上革命之研究》（1904年），《饮冰室合集》第2册"饮冰室文集之十五"，第32页。

是"有上等下等社会革命，而无中等社会革命"①。他分析了历代上层王朝更替易主和下层人民起义暴动，比之近代泰西因其中流社会自身利害关系而起于革命不同。梁氏此点似与第二点"野心家手段"论相同。细考之，此论则不免牵强，中国历史上的历次农民起义、暴动，从根本上说来，也是社会底层人民无法生活被迫揭竿而起的。梁氏此意在通过历史上中国"狭义"革命之弊论证现实中革命的不正当性，但显然刻意渲染了中国历史上革命和暴动的不合理成分。四是从"革命之地段"看，近代泰西是某党某派的"单纯革命"，而中国历史上则是群雄蜂起的"复杂革命"。他认为，"中国无革命则已，苟其有之，则必百数十之革命军，同时并起，原野厌肉，川谷䦼血，全国糜烂，靡有孑遗，然后仅获底定。苟不尔者，则如汉之翟义，魏之（册）丘俭，唐之徐敬业，并其破坏之目的亦不得达，更无论成立也。故泰西革命，被革命之祸者，不过一方面，而食其利者全国；中国革命，则被革命之祸者全国，而食其利者并不得一方面。中国人闻革命而战栗，皆此之由"。② 五是从"革命之时日"看，近代"泰西之革命，其所敌者在旧政府，旧政府一倒，而革命之潮落矣。所有事者，新政府成立善后之政略而已。其若法兰西之变为恐怖时代者，盖仅见也。故其革命之时日不长"。而"中国不然，非群雄并起，天下鼎沸，则旧政府必不可得倒。如是者有年，既倒之后，新政府思所以削平群雄，绥靖鼎沸，如是者复有年。故吾中国每一度大革命，长者数十年，短者亦十余年"。故"中国革命时日之长，真有令人失惊者。且犹有当注意者一事，则旧政府既倒以后，其乱亡之时日，更长于未倒以前是也"。"泰西革命，蒙革命之害者，不过一二年，而食其利者数百岁。故一度革命，而文明之程度进一级；中国革命，蒙革命之害者动百数十岁，而食其利者不得一二年，故一度革

---

① 梁启超：《中国历史上革命之研究》（1904 年），《饮冰室合集》第 2 册"饮冰室文集之十五"，第 32 页。

② 梁启超：《中国历史上革命之研究》（1904 年），《饮冰室合集》第 2 册"饮冰室文集之十五"，第 34—35 页。

命，而所积累以得之文明，与之俱亡"。① 此处，梁氏从发掘中国历代革命之害出发，对中国历代鼎革之史的负面表现不无夸大与失实之处，但其对中国历代鼎革之际所导致的大动乱、大动荡及其对生产力和社会文明在客观上所带来的破坏问题，确具有深刻的反思与批判性，故从总结人类历史发展的得失来看，又是有其思想价值的。六是从"革命家与革命家之交涉"看，中西又大不相同。近代"泰西革命家，其所认为公敌者，惟现存之恶政府而已，自他皆非所敌也。若法国革命后，而有各党派之相残，则其例外仅见者也"。而"中国不然，百数十之革命军并起，同道互戕，于旧政府之外，而为敌者，各百数十焉。此鼎革时代之通例，无庸枚举者也。此犹曰异党派者为然也，然其在同党，或有事初起而相屠者，如武臣之于陈涉，陈友谅之于徐寿辉之类是也；或有事将成而相屠者，如刘裕之于刘毅，李密之于翟让之类是也；或有事已成而相屠者，如汉高祖、明太祖之于其宿将功臣皆是也……即如最近洪杨之役，革命之进行，尚未及半，而韦昌辉与石达开同杀杨秀清矣，昌辉旋复谋杀达开矣，诸将复共杀昌辉矣……其后陈玉成被卖于苗沛霖，而上游始得安枕；谭绍洸被弑于郜云官等，而苏州始下，金陵随之而亡"。梁启超认为起义军或革命团体内部的内讧和互相残杀，乃"真吾中国革命史上不可洗涤之奇辱也！"② 梁此处把中国古代和近代的农民起义、农民战争或王朝更迭都通指为近代所称的革命，并用这一概念重点分析中国历代起义和起事者阵营内部复杂关系、山头派系矛盾的处理与内讧、内耗问题，确是具有极其深刻的、血的乃至惨败的严酷教训，提出这一问题显然是很有意义的；但是，其在研究方法上将中国古代"革命"人物与西方近代革命者进行比较，显失妥当；而且，这些历史上的教训在深刻总结并被认识后，是可以改变的，尤其是在当时的革命者看来，

---

① 梁启超：《中国历史上革命之研究》(1904 年)，《饮冰室合集》第 2 册"饮冰室文集之十五"，第 35—37 页。
② 梁启超：《中国历史上革命之研究》(1904 年)，《饮冰室合集》第 2 册"饮冰室文集之十五"，第 37—38 页。

是可以避免的。不过梁氏的这一认识也绝非杞人忧天，后来在革命过程中乃至革命后，程度不同地发生了梁氏所担心的这种局面，实值得后人铭记与警醒。七是梁启超还特别分析了革命容易招致外患这一重大问题，尤其是"近数十年间，西力之东渐"的情况下，革命有可能不仅不足以救中国，实"反陷中国于不救耶"。① 当然，历史证明，尽管辛亥革命时期不排除个别国家有干涉野心，但鉴于中国革命的迅速成功与国际间力量的相互制衡，梁氏担忧的那种列强乘中国革命内乱之际而瓜分中国的危险局面没有出现。整体观之，梁氏这里所分析的七种情况中，前六种主要分析中国历史上在国家权力斗争中因缺乏公共权力观念、法治观念、妥协容忍观念而导致的乱中之乱，而其主旨则是以中国历史上有如此之固弊，警示革命党及世人勿蹈此旧辙。而在具有坚定革命信念的清末革命党人看来，当代的革命与中国历代以往的姓氏革命不同，今所进行的是与以往性质完全不同的共和革命，自是不具有说服力的。值得注意的是，梁氏论证中国不易实行革命的主要根据，其思路与其之前对中国历代专制政体弊端的分析是一致的，主要是从中国传统政治之弊来立论的，实际上仍未脱臼批判中国传统政体是专制政体的认识这一大体思路。

但是，为了对抗革命派的革命，梁启超在披露传统政治文化之弊的同时，也在尽力发掘传统与现代西方思想一致的成分。他参照西方学科分类中的法学学科，撰写了《中国法理学发达史论》②《论中国成文法编制之沿革得失》③，竭力发掘中国传统法律文化中的现代性成分和积极因素，旨在为未来中国建设现代法律制度提供思想资源和依据。他撰写《中国殖民八大伟

---

① 梁启超：《中国历史上革命之研究》（1904 年），《饮冰室合集》第 2 册 "饮冰室文集之十五"，第 38—39 页。

② 梁启超：《中国法理学发达史论》（1906 年 3 月 25 日、4 月 8 日），汤志钧、汤仁泽编：《梁启超全集》第 5 集，国家清史编纂委员会·文献丛刊，中国人民大学出版社 2018 年版，第 427—473 页。

③ 梁启超：《论中国成文法编制之沿革得失》（1906 年 5 月 8 日—7 月 6 日），汤志钧、汤仁泽编：《梁启超全集》第 5 集，国家清史编纂委员会·文献丛刊，第 476—523 页。

人传》①，为近代中国在西方殖民主义压迫的客观情势与话语下，发掘史迹被遮蔽的明清时期中华民族在海外开拓者如哥伦布式传奇历史人物"八大伟人"加以彰显，意在阐释中华民族适应"于今日生存竞争界之表征"，无疑是以此激励民族的自信和进取精神。他还针对日人所谓"中国之历史，不武之历史。中华民族，不武之民族"，而"耻其言"，发掘中国历史上的"民族之武"，撰写了洋洋洒洒的《中国之武士道》长篇文章②，把春秋时期的孔子列为中国历史上的首位武士道者，其下至"汉景、武以还，武士道消灭"，以"孔子为二千年来全国思想之中心点"，③孔子以下有曹沫、弘演、鬻拳、先珍等各阶层武士道者 70 多人。在梁氏看来，武士道之所以在景武之后不存，是专制政府势力形成使然。"文、景、武三代，以直接间接之力，以明摧之，而暗锄之"；而梁氏对此遮蔽之历史之发掘，是"以锦绷葆迎中国之武士道"，他呼唤道："一灵未沫，轮回不谬，魂兮归来。"④尽管他发掘中国"武士道"历史未必恰当与有效，但其从中国历史文化深处寻找适应近代社会思想资源的用心是明显的。

梁启超从之前全面、激烈地批判中国历史上的专制制度，到 1904 年后转为主要精力在寻找中国历史上的现代性潜质，其转因固然是外受其师康有为的思想诱导和赴美的切身感受⑤，而其内因则是他从思想深处认识到因列

① 梁启超：《中国殖民八大伟人传》（1905 年 2 月 18 日），汤志钧、汤仁泽编：《梁启超全集》第 5 集，国家清史编纂委员会·文献丛刊，第 52—56 页。

② 梁启超：《中国之武士道》（1904 年 12 月 28 日），汤志钧、汤仁泽编：《梁启超全集》第 4 集，国家清史编纂委员会·文献丛刊，第 571—628 页。

③ 梁启超：《中国之武士道》（1904 年 12 月 28 日），汤志钧、汤仁泽编：《梁启超全集》第 4 集，国家清史编纂委员会·文献丛刊，第 572 页。

④ 梁启超：《中国之武士道》（1904 年 12 月 28 日），汤志钧、汤仁泽编：《梁启超全集》第 4 集，国家清史编纂委员会·文献丛刊，第 627—628 页。

⑤ 据《梁启超年谱长编》载，1902 年，针对梁启超的激进态度，康有为"当时写两封很长的信专讨论革命自立问题，一封是《复美洲华侨论中国只可行君主立宪不可行革命书》，一封是《与同学诸子梁启超等论印度亡国由于各省自立书》"。康的思想对梁启超思想的转变显然产生了影响。梁启超后来在《清代学术概论》中回忆 1902 年康劝梁到 1904 年转变的情形道："启超既日倡革命排满共和之论，而其师康有为深不谓然，屡责备之，继

强环逼尤其是 1900 年八国联军攻陷北京严酷现实所彰显的越来越严重和迫近的亡国危机，及对正成声势的"革命"所可能造成的破坏和内乱的警惧，因而他的政治思想确实发生了转变，这从他 1904 年这一年的作品中就有明显的体现。而顺此转变，1905 年，梁启超在为重印的郑所南《心史》①所写序中，进一步发掘了中华民族儒家文化传统中的坚贞不屈的高贵品格，他指出："吾读所南先生之书，而叹儒教之精神，可以起国家之衰而建置之者，盖在是矣！盖在是矣！夫先生盖舍儒教外，他无所学者也。先生之人格，求诸我国数千年先民中，罕与相类……其行谊之高洁肖，其气象之俊伟肖，其主义之单纯肖，其自信之坚确肖。其实行其所持之主义，百折而气不挫也肖，其根本于道心道力，予天下后世以共见也肖。"他期望以此书"超度全国人心，以入于光明俊伟之域，乃所以援拯数千年国派（脉——引者注）"。②

以婉劝，两年间函札数万言。启超亦不慊于当时革命家之所为，惩羹而吹齑，持论稍变矣。"丁文江、赵丰田：《梁启超年谱长编》，上海人民出版社 2009 年版，第 189、196 页。梁氏与其师康有为书信也透露了他流亡日本后至 1902 年的思想激进之点滴，如 1899 年他在上康有为书中表示，"国事败坏至此，非庶政公开，改造共和政体，不能挽救危局"，并以"今上贤明，举国共悉"之由谓"将来革命成功之日"，设想将光绪"举为总统"；1902 年在上康有为书中又说，"中国以讨满为最适宜之主义"，分见梁启超：《上康有为书》（1899 年夏秋间）、《上康有为书》（1902 年 5 月），汤志钧、汤仁泽编：《梁启超全集》第 19 集，国家清史编纂委员会·文献丛刊，中国人民大学出版社 2018 年版，第 178、199 页。梁启超思想的转变，与他 1903 年赴美有半年的游历考察也有关联，通过赴美考察游历，使他认识到中国与美国国情的差距，转而在政治和思想上持更为温和的态度，也是一个重要的因素。

① 郑所南原名郑思肖，是南宋末年诗人、画家，福建人，南宋灭亡后，郑学伯夷、叔齐不食周粟品格，不臣服元政权，其所完成的集诗、文、自述而汇编为《心史》，以宋末"德祐"年号为宗。其文字饱含血泪，讴歌南宋爱国志士，痛斥奸臣佞徒，抨击了元军的暴行，表达了其忠贞不贰的品格。其《心史》完成后，郑氏自知在当时环境下无法印行，晚年将其重缄用铁匣封好，藏于苏州承天寺眢井中。此书在枯井中沉埋 350 余年后，在明末崇祯十一年（1638 年）被发现，成为一部奇书。其所承载的忠贞不屈的民族精神和体现的民族血脉，在民族危机之际，具有巨大的感召力。梁氏之序，其意即在此。

② 梁启超：《重印郑所南〈心史〉序》（1905 年），汤志钧、汤仁泽编：《梁启超全集》第 5 集，国家清史编纂委员会·文献丛刊，第 293—294 页。

正是基于对本民族文化的自信与自爱，在梁启超看来，中国历史上的专制政体似乎也变得含情脉脉，甚至不那么违背历史潮流了。当然，主要是出于为应对革命派的共和主张，梁氏于 1905 年提出了他颇具特色的"开明专制论"。这样，他就由原来激烈地反对专制政体，转为主张实行"开明专制"的国家模式。梁启超的思想随感情而波动，常常"不惜以今日之我，攻昨日之我"，而实际上，梁的这种转变，并不仅仅是感情在起作用，而是有其严密的学理逻辑支撑的。根据他的理论，其一，对于"专制"，他解释了三种现象，第一种现象为，专制非必"限于一人而已。或一人，或二人以上，纯立于制者之地位，而超然不为被制者，皆谓之专制"。第二种现象为，专制还是"能以自然人之资格，超然立于被制地位以外者"，非专制还包括"不能以自然人之资格，超然立于被制地位以外者"。第三种现象为，"一国中有制者有被制者，制者全立于被制者之外，而专断以规定国家机关之行动者也"，"其由专断以得此者，谓之专制"。① 其二，他把世界上的国家大致分为"非专制的国家"和"专制的国家"两类。他把非专制的国家又分为三种：一是"君主贵族人民合体的非专制国家"，二是"君主人民合体的非专制国家"，三是"人民的非专制国家"；他把专制的国家也分为三种：一是"君主的专制国家"，二是"贵族的专制国家"，三是"民主的专制国家"。② 其三，他把专制与非专制还划分为"完全之专制""不完全之专制"，而"今日之中国，可谓之不完全之专制"。对于这种"不完全之专制"，他认为是"非专制"。与这种"不完全之专制"相对应的，还有"不完全之非专制"。他认为，无论是"不完全之专制"，还是"不完全之非专制"，都是无制。因此，他认为"革命"中"今日中国之国民，乃欲求得不完全之非专制"，而"不完全之非专制"与"不完全之专制"两者，实际上"相去

① 梁启超：《开明专制论》（1905 年），《饮冰室合集》第 2 册"饮冰室文集之十七"，第 17—19 页。
② 梁启超：《开明专制论》（1905 年），《饮冰室合集》第 2 册"饮冰室文集之十七"，第 17 页。

几何"，① 没有优劣之分，其潜台词是说明没有革命的必要。其四，他进一步把国家制度分为"良"的"开明制"和"不良"的"野蛮制"，认为既有野蛮的专制，也有野蛮的非专制；既有开明的专制，也有开明的非专制；既有纯粹的开明专制，也有变相的开明专制。他认为，国家制度的根本，在于能否对内调和竞争、对外促进竞争，二者相因为用，一以贯之，为立制之精神，国家体制能遵此精神者为良，反此精神者为不良，此与专制国与非专制国无关。而在专制国家，"其立制者，以自然人的一己之利益为标准，则其制必不良；以法人的国家之利益为标准，则其制必良"。② 他解释说，因为一个自然人的利益范围，无论如何总不能与国家利益范围相吻合，若其全部分不相合，则其利益全部分与国家利益相矛盾；若其一部分不相合，则其利害亦一部分与国家相矛盾。这样，必有其一部分或全部利益不利于国家。因此，梁氏认为："凡专制者，以能专制之主体（指专制者个人——引者注）的利益为标准，谓之野蛮专制；以所专制之客体（指国家及人民——引者注）的利益为标准，谓之开明专制。"③ 在他看来，法国国王路易十四"朕即国家"是代表野蛮专制精神者，普鲁士国王腓力特列"国王者，国家公仆之首长也"是代表开明专制精神者。④ 梁氏认为，国家重要的是野蛮与开明的区别，至于专制与非专制，"固可勿问"，⑤ 反不是根本问题了。而以专制的客体利益为标准的开明专制，又包括"偏重国家之利益者"和"偏重人民之利益者"两类。在中国的历史上，"儒、墨皆以人民之利益为标准，法家则以国家之利益为标准"。⑥ 在西方历史上，古代西方希腊雅典哲人亚里士多德排斥专制，但"亦主张开明专制"；近代英国"契约论"思想家霍布士是"开明专制"论的代表人物，德国的"开明专制主义者"是倭儿弗。倭氏同

① 梁启超：《开明专制论》(1905 年)，《饮冰室合集》第 2 册"饮冰室文集之十七"，第 20 页。
② 梁启超：《开明专制论》(1905 年)，《饮冰室合集》第 2 册"饮冰室文集之十七"，第 22 页。
③ 梁启超：《开明专制论》(1905 年)，《饮冰室合集》第 2 册"饮冰室文集之十七"，第 22 页。
④ 梁启超：《开明专制论》(1905 年)，《饮冰室合集》第 2 册"饮冰室文集之十七"，第 23 页。
⑤ 梁启超：《开明专制论》(1905 年)，《饮冰室合集》第 2 册"饮冰室文集之十七"，第 23 页。
⑥ 梁启超：《开明专制论》(1905 年)，《饮冰室合集》第 2 册"饮冰室文集之十七"，第 24 页。

时代的洛克主张自由主义之论，此后的国家政治学说受自由主义者影响。梁氏把洛氏以后的"开明专制论"称为"变相的开明专制论"，把倭氏及其之前的称为"纯粹的开明专制论"。他认为，"变相的开明专制论"于此时"方日起而未有艾也。"① 其五，梁氏分析了适用"开明专制"的特定国情与时间。就国情来说，他认为适用"开明专制"者一为"国家初成立时"，二为"贵族横恣，阶级轧轹"即国家纷乱、分裂时，三为"国家久经不完全的专制时"，四为"国家久经野蛮专制时"，五为"国家新经破坏后"；就"开明专制"实现的时代之长短情况来说，除三类特殊情况"民智幼稚之国""幅员太大之国""种族繁多之国"皆"宜久用开明专制"外，普通国家，则必经过开明专制时代而使社会上一阶梯，"而此时代，不必太长，且不能太长"。而经过此"开明专制"时代后，"即进于立宪，此国家进步之顺序也"。但若经过立宪之后，而复退于野蛮专制，"则必生革命。革命之后，再经一度开明专制，乃进于立宪"。因此，在梁氏看来，"开明专制者，实立宪之过渡也，立宪之预备也"。他认为英国、法国、德国、俄国和日本均先后经历过开明专制阶段。仅美国未经历此一阶段，但是承受了英民的民性，即有其基因传承，当属例外。② 其六，根据中国的现实国情，梁氏认为"开明专制适用于今日之中国"。其依据和理由为，一是"中国今日万不能行共和立宪制"，所以如此是由于中国今日既为"君主专制国"，要"易以共和立宪制，则必先以革命"。但是，在梁氏看来，"革命决非能得共和而反以得专制"。根据德国政治理论家波仑哈克的解释，

---

① 梁启超：《开明专制论》（1905 年），《饮冰室合集》第 2 册"饮冰室文集之十七"，第 26—30 页。其时，日本在亚洲崛起，在梁氏看来无疑是最生动的例子；而欧洲的德国由于俾斯麦的强国政策的深刻影响也正积极实施扩张，容易被认为是"开明专制"成功的例子；而俄国也属于实行"开明专制"政策的欧亚大国。这些属于"开明专制"类型的强国，在世界范围内正在谋求世界霸权，尤其是梁氏目睹新起的日本，其治理模式似大有"方日起而未有艾"之概。梁氏有此感是自然的。

② 梁启超：《开明专制论》（1905 年），《饮冰室合集》第 2 册"饮冰室文集之十七"，第 37—39 页。

国家运行依赖国家内部各势力、利害间相互制约的"权衡",那种"数百年卵翼于专制政体之人民,既乏自治之习惯,又不识团体之公益,惟知持各人主义以各营其私,其在此等之国,破此权衡也最易。既破之后,而欲人民以自力调和平复之,必不可得之数也。其究极也,社会险象,层见叠出,民无宁岁,终不得不举其政治上之自由,更委诸一人之手,而自帖耳复为其奴隶。此则民主专制政体之所由生也"。也就是说,君主专制政体下的国民革命后,不但未能享得共和之福,反而会导致革命复革命、内乱复内乱、专制复专制的恶性循环,后果极其险恶。与这种结果相比,在梁氏看来,如能实行"纯良之开明专制,宁非中国之福?"二是"中国今日尚未能行君主立宪制",梁氏认为之所以如此,是因为一方面"人民程度未及格",另一方面"施政机关未整备"。因此,其结论为只能实行"开明专制"。[①] 总起来看,梁氏之所以转向"开明专制",是出于现实的考虑,一方面是担心和恐惧革命局面下不但不能取得共和的成功,反而出现循环内乱的后果,进而导致"民主共和"招牌下的专制;另一方面认为人民未经训练和养成、各项客观条件尚不具备,不仅革命后导致恶果,即使写在纸上的君主立宪也只能是一纸空文。尽管梁氏反对革命也反对立即实行君主立宪,但就他的根本思想,还是认为"专制的国家"要"劣于非专制的国家"。之所以如此,是由于专制者"立于制者之地位,而超然不为被制者,则其人必能任意自伸其权力于无限。制者之权力,既能任意伸之于无限,则被制者之地位,随而不能得确实之保障"。[②] 就此看来,"开明专制说"是梁氏走向宪制和民主的一个阶段。这个阶段,似乎在他看来,"最速犹非十年乃至十五年不能致也"。[③]

可以看到,梁氏的"开明专制论",是他激烈的反专制思想发生的一

---

① 梁启超:《开明专制论》(1905 年),《饮冰室合集》第 2 册"饮冰室文集之十七",第 49—83 页。
② 梁启超:《开明专制论》(1905 年),《饮冰室合集》第 2 册"饮冰室文集之十七",第 19 页。
③ 梁启超:《开明专制论》(1905 年),《饮冰室合集》第 2 册"饮冰室文集之十七",第 82 页。

个标志性的转向，这个转向就是由原来猛烈地抨击中国历史上的专制政体，到转而赞成和提倡实行"开明专制"。梁常以今日之我否定昨日之我。在以往的研究中，有研究者把他的"开明专制论"视为他在理论上的贡献，视为他对民主与专制理论二分法的突破与创新，似乎偏离了梁氏这一理论的实际。梁的"开明专制论"，并非是在原有"专制"与"民主"理论上，自觉地进行另外一种理论探讨，而是"否定了昨日之我"，把原来说的秦以降他所揭示出来曾经存在的专制政体的历史，在很大程度上遮蔽了，是与原来的理论具有矛盾性和对立性的。这种认识，是他有意从概念的逻辑上一层一层推演出来的。他之所以如此，是为了在现实中对抗革命党要推翻"专制的满清政府"，一系跟随其师而不愿意通过革命实行共和制，二系困于革命有遭致内乱和为外患所乘的危机，而费尽思虑层层论证，意在一方面维护清政府的存在，另一方面期盼清政府实行"开明专制"，容纳各方人才，进而复兴民族和国家。尽管他在逻辑上层层推导，而其理论前后的内在张力却是难以避免的。就梁氏而言，"开明专制论"只是一种现实面前所需要的权宜性理论，其思想深处所称许的，还是与专制对立的宪制政体。[1] 从某种意义上说，"开明专制论"是康梁一派在与革命派的"革命主张"与清廷新政所标示的"君主立宪"之路的两面博弈中，为处在"他者"的夹击中不得不别出心裁而提出的一种应对策略。因此，这种看似在为清廷出牌的"开明专制论"，在当时的历史条件下，似可以看作是康梁一派在困境和尴尬中自树旗帜的一种标识。对梁氏所称"劝"的这种苦心，清廷出于戊戌旧恨当然不会领情，也不会真正成

---

[1] 如后来梁氏自己所说："吾所论我国民对于现政府所当行者，本有两大方针：一曰劝告，二曰要求。其言具在本报第四号，可覆按也。所劝告者在开明专制，而所要求者在立宪……则君主立宪制，非十年乃至二十年以后不能实行。"梁启超：《答某报第四号对于〈新民丛报〉之驳论》（1906 年 5 月），汤志钧、汤仁泽编：《梁启超全集》第 5 集，国家清史编纂委员会·文献丛刊，第 547 页。可知，提出"开明专制论"，是意在"劝"清廷不要实行专制而实行"开明专制"，而非真心主动"要求"的目标。"开明专制"只是梁氏于现实下的权宜之策，其目标还是君主立宪政治。

为他们的治国之策。因此，这一理论在当时的历史条件下，只能是一种空洞的、纯粹的"理论"①。

三、反专制体制是其思想主线

如果根据梁启超自己所言，其提出"开明专制论"是用来"劝"清廷的，就此一思维逻辑来分析，其所以"劝"朝廷"开明专制"，显然在梁的心目中，还是不"开明"的"专制"。也就是说，梁氏在潜意识上和思维的逻辑起点上，都是把清廷作为"专制"体制来立言的。因此，他的理论无怪乎革命派认为他"自相矛盾"，而在他表达的"自相矛盾"中，其内心的理论深处，还是把专制和民主两对概念划分开来着的。他在 1905 年所撰写的文章中，仍将中国的历史用专制理论来分析，如他分析不能革命的原因时仍是按以前分析的调子说："在历史上久困君主专制之国，一旦以武力颠覆中央政府，于彼时也，惟仍以专制行之，且视前此之专制，更加倍蓰焉。"并拿"我国三千年间之历史"来作论证的根据。②

梁启超同年在随后的《现政府与革命党》中论及清廷以杀革命党为能事的行为，如指出"政府全不自省，而惟以淫杀为事，甚且借此为贡媚宵达之捷径。舞文罗织，作瓜蔓钞，捉影捕风，缇骑四出，又极之于其所往"③等，此类任意罗织罪名、滥捕滥杀之行事，以当时流行政治常识分析，则仍是专制体制下之行为。

---

① 当然，就"开明专制论"思想的价值看，在近代中国有其应有的历史价值，民初梁氏在现实实践中，仍时而闪现这一思想的痕迹。而且，关于梁氏提出"开明专制论"对此后之历史的影响亦不可忽视。

② 梁启超：《申论种族革命与政治革命之得失》（1906 年 3 月 9 日），汤志钧、汤仁泽编：《梁启超全集》第 5 集，国家清史编纂委员会·文献丛刊，第 400 页。

③ 梁启超：《现政府与革命党》（1907 年 2 月），汤志钧、汤仁泽编：《梁启超全集》第 6 集，国家清史编纂委员会·文献丛刊，中国人民大学出版社 2018 年版，第 225 页。

梁氏 1905 年在讨论俄罗斯专制引起俄罗斯大革命[1]问题时，对比清廷还是冠之"专制"，只不过与强俄相比是个实力屡弱的专制，如他说"我国虽号称专制，而此瘘痹之政府，其专制之根础，脆弱殊甚"。[2] 梁氏这里借用"号称"这种常识性语言，无疑表明他仍然把清廷视为"专制"的政体。

显然，梁氏很快放弃了他所提倡的"开明专制论"，重新使用起"反专制"话语，回到反专制的立场。1907 年，他参与了政闻社的创办。在其所完成的《政治与人民》和《政闻社宣言书》两文中，以"实行国会制度，建设责任政府""巩固司法权之独立""确立地方自治"等相号召，在思想上，仍坚持对专制政体的批判与否定立场。如他指出："专制国家之所以得存在，皆由人民未厌专制政治，常消极默认以为之后援，苟其厌之，一变其消极默认之态度为积极的反抗，一变其后援之势力而为前敌，则此雷霆万钧之力，无论若何骄悍险诈之政府而卒莫能御。故通观各国前事，当人民之求国会以改良其政治也，其前此专政治上之权者，未尝不出死力以思压其流，而最后之胜利终不属彼而属我者。"[3] 明确显示了他与专制敌我不两立的态度。他在《政闻社宣言书》一文中，进一步用"反专制"话语详细阐释了他的思想。他认为，中国的当务之急，是建立责任政府，"减杀君权之一部分而以公诸民"。而"久惯专制之君主，骤闻此义，辄皇然谓将大不利于己，呻吟焉而忍不能与，必待人民汹汹要挟，不应之则皇位且不能保，夫然后乃肯降心相就"。在这一转变中，国民所造成的政治势力是关键。"遍翻各国历史，未闻无国民的运动，而国民的政府能成立者；亦未闻有国民的运动，而国民

---

① 梁启超：《俄罗斯革命之影响》（1905 年 1 月 20 日、2 月 4 日），汤志钧、汤仁泽编：《梁启超全集》第 5 集，国家清史编纂委员会·文献丛刊，第 19 页。

② 梁启超：《俄罗斯革命之影响》（1905 年 1 月 20 日、2 月 4 日），汤志钧、汤仁泽编：《梁启超全集》第 5 集，国家清史编纂委员会·文献丛刊，第 28 页。

③ 梁启超：《政治与人民》（1907 年 10 月 7 日）、《政闻社宣言书》（1907 年 10 月 7 日），汤志钧、汤仁泽编：《梁启超全集》第 6 集，国家清史编纂委员会·文献丛刊，第 242—243、253—254 页。

的政府终不能成立者；斯其枢机全不在君主而在国民。"①他指出："吾以为虽专制之国，其政府亦从民意以为政也……苟其国民，对于专制政治，有一部分焉为反对之意思表示者，则专制之基必动摇；有大多数焉为反对之意思表示者，则专制之迹必永绝……前此我中国国民，于专制政体之外，曾不知复有他种政体，则其反对之之意思无自而生，不足为异也。比年以来……稍有世界知识者，宜无不知专制政体不适于今日国家之生存。"②他强调说："国民诚能表示其反对专制之意思，而且必欲贯彻之，则专制政府前此所恃默认之后援，既已失据，于此而犹欲宝其敝帚以抗此新潮，其道无由……吾党同人，诚有反对专制政体之意思，而必欲为正式的表示。"③他表示："所谓改造政府，所谓反对专制，申言之，则不外求立宪政治之成立而已。立宪政治非他，即国民政治之谓也。"④

在光绪皇帝、慈禧太后先后驾崩后，政局虽有所变，但载沣摄政后仍欲巩固清皇室的权力，与梁氏的思想追求显然不合。梁氏清楚地认识到清廷不改革、抗拒民意所造成的巨大政治危机，阐释专制无力抗拒民意的普遍规律。他说："今五大部洲中，无复能有一国焉率专制之旧，而自立于天地者……今者立宪之一语，亦既人口诵而家耳熟，而朝野上下，亦且谓八年以往，吾国之方英、美，驾德、日，可操券而待矣。虽然，吾尝闻诸法儒孟德斯鸠曰：凡一国之立，必有所恃，专制政体之国恃威力，少数政体之国恃名誉，而立宪政体所恃以立国者，则道德也。"⑤但清廷在人民压力下进行的预

① 梁启超：《政闻社宣言书》（1907 年 10 月 7 日），李华兴、吴嘉勋编：《梁启超选集》，第 539 页。
② 梁启超：《政闻社宣言书》（1907 年 10 月 7 日），李华兴、吴嘉勋编：《梁启超选集》，第 540 页。
③ 梁启超：《政闻社宣言书》（1907 年 10 月 7 日），李华兴、吴嘉勋编：《梁启超选集》，第 541 页。
④ 梁启超：《政闻社宣言书》（1907 年 10 月 7 日），李华兴、吴嘉勋编：《梁启超选集》，第 541 页。
⑤ 梁启超：《立宪政体与政治道德》（1910 年 3 月 11 日），汤志钧、汤仁泽编：《梁启超全集》第 7 集，国家清史编纂委员会·文献丛刊，中国人民大学出版社 2018 年版，第 88 页。

备立宪变形走样，败坏了道德风气，"列官千百，无让贤之举，而断之以国之将亡，本必先颠。今也一国之风气，以视令升所痛哭者何如？若是将陆沉之不暇，而安用此虎皮蒙马之宪政为也？"①梁氏不仅提出专制在当今时代世界无存在之可能与必要这一问题，还揭示了清廷不顾国家将亡之危机借假立宪行真专制的倒行逆施为不智之举。

而此际，日本对朝鲜的吞并，更加剧了梁启超对中国生存危机的担忧。在他看来，专制政体往往为外力所乘导致国家沦亡，要保国必须废专制而行宪制。他分析说："今世立宪国，君主无政治上之责任，不能为恶，故其贤不肖，与一国之政治无甚关系，惟专制国则异是。国家命运，全系于宫廷，往往以君主一人一家之事，而牵一发以动全身，致全国亿兆，悉蒙痛毒，征诸我国史乘，其覆辙若一邱之貉，而朝鲜则其最近殷鉴之显著者也。"②朝鲜被日本吞并而亡国，原因多种，而在梁氏的解读中，则是其专制政体这一根本原因，表明了他鲜明的反专制思想。

他对于宣统短暂时代风雨飘摇的国内外局势多有分析，而在分析政党状况时，他又明确指出专制政体与现代政党的对立，指出："今中国之国民，实生息于专制政体之下……此政党之所以难成，立其原因一也。"③他在解释国人对立宪之制的误解时，根据近代的政治学理论，对专制又做了理论上的分析，指出："专制国之君权，无限制者也。立宪国之君权，有限制者也。立宪之与专制，所争只此一点，而我国人士所最苦于索解者，亦即在此一点。盖我国数千年来之视君权应无限制，几若天经地义。故一闻限制君权之

---

① 梁启超：《立宪政体与政治道德》（1910 年 3 月 11 日），汤志钧、汤仁泽编：《梁启超全集》第 7 集，国家清史编纂委员会·文献丛刊，第 90 页。
② 梁启超：《朝鲜灭亡之原因（参观本号"著译"门：〈日本并吞朝鲜记〉）》（1910 年 9 月 14 日），汤志钧、汤仁泽编：《梁启超全集》第 7 集，国家清史编纂委员会·文献丛刊，第 477 页。
③ 梁启超：《将来百论》（1911 年 2 月 9 日—6 月 26 日），汤志钧、汤仁泽编：《梁启超全集》第 8 集，国家清史编纂委员会·文献丛刊，中国人民大学出版社 2018 年版，第 168—169 页。

说即疑与侵犯君权同义，此最不可不辩也。"①这里，梁氏又把中国数千年君主制度，视为专制体制。

民国成立后，梁氏很快从君主立宪制的拥护者转为共和立宪制的拥护者，人们往往看到他"善变"的一面为其因，而从其思想深处看其不变的"反专制"思想才是更根本之因。与专制对立的，不仅是君主立宪，更是民主共和。何况梁氏有一个短暂时期的思想是倾向共和宪制的。民国既然已经实行了共和民主制，从某种程度上说，是他想做而无勇气做的。既然新的民国已立，梁氏转向共和制也就水到渠成。他明确指出："今我国民流至贵之血以求共和，凡以除专制也。"②对于此新成立的民国，梁氏深感需要改变以往革命时代的"破坏"观念，实行"保育政策"，其中之一即进行新思想和新社会的建设。他指出："我国积数千年之惰力性以有今日，虽微今次革命，已不得不务行保育政策以求起衰矣。革命以后，抑更甚焉。今次革命，由表面观之，则政治革命、种族革命而已；若深探其微，则思想革命实其原动力也。盖数千年公共之信条，将次第破弃，而数千年社会组织之基础，将翻根柢而动摇。夫僵腐之信条，与夫不适时势之社会组织，苟长此因而不革，则如淤血积于心脏，徒滋病源，革之诚是也。然嬗代之时间太促，发动之力太剧，则全社会之秩序破，非亟有道以维系之，而社会且将自灭……革命时代国中分子，正与釜中沸水同一情状者也。又如脱辔之马，折柁之舟，非衔勒而维系之，则匪直不能利用而反滋害。法国革命之惨酷，皆坐是也；而最后之结局，乃至复返于专制，亦坐是也。"③梁氏担心民国成立后由于思想激荡、社会秩序不立，国家陷于再度动乱之中，而后果如法国那样"复返于专制"的状态。结合民国成立后政局的反反复复，应该说梁氏的担心和思考是

---

① 梁启超：《敬告国人之误解宪政者》(1911年2月9日)，汤志钧、汤仁泽编：《梁启超全集》第8集，国家清史编纂委员会·文献丛刊，第170—171页。

② 梁启超：《中国立国大方针》(1912年12月1日—1913年1月16日)，汤志钧、汤仁泽编：《梁启超全集》第8集，国家清史编纂委员会·文献丛刊，第422页。

③ 梁启超：《中国立国大方针》(1912年12月1日—1913年1月16日)，汤志钧、汤仁泽编：《梁启超全集》第8集，国家清史编纂委员会·文献丛刊，第423页。

不无价值的。

随着民国政局的发展，梁氏对民初政情民情与专制政权关系的认识与现实政治联系起来，显示了他在积极参与政治的同时，其思想家可贵的理性一面。他指出："凡一国之政象，则皆其国民思想品格之反影而已，在专制政体之下且有然，在自由政体之下则尤甚。在专制政体之下，其消极的反影可见也；在自由政体之下，其积极的反影可见也……在专制之下，言论行动皆受若干之制限束缚，其思想品格不能尽情暴露也……亦既以自由为政，则如掇去磐石以使匀者毕出，萌者尽达……国民之所长所短，乃尽揭以与天下共见矣。吾国废帝制布民政亦既一年，夫固反乎数千年之旧而有此一年也，而数千年来国民性习所酝酿蓄积者，亦于此一年中尽发挥而无所廆。"而"其恶影响所及，不仅在政治而已。而一年来混沌之政象，实由此等思想所酝酿孕育，故每下愈况，迁流而不知所届"。[1] 对于此中社会"恶影响"，梁氏并不赞成那种"愤世之士，至有讴歌专制政治，而日尸祝克林威尔、拿破仑之出世者"，鲜明地指出："夫岂专制政治之果可羡，毋亦谓苟有此物，尚足以稍裁制国民恶德之一部分，使不能尽情自恣而播于众，以为天下笑也。"[2] 此处虽谈的主题是国民性习问题，而其中所反映的反对专制的思想则是明显的。

梁氏归国后，为培植政党政治，他提倡"政治上之对抗力"，以为破解中国历史上长期专制的习惯力，其中仍反复阐释了他反对专制和预防专制的思想。他指出："非独君主国有专制也，即共和国亦有之。"[3] 可见，他既与袁世凯在政治上有相互联合以对抗国民党人之举，亦有防备实力强人袁世凯专制之意。他强调专制的致命后果是"国非专制，则断不至酿成革命，人民稍

① 梁启超：《一年来之政象与国民程度之映射》(1913年4月16日)，汤志钧、汤仁泽编：《梁启超全集》第8集，国家清史编纂委员会·文献丛刊，第558—559页。

② 梁启超：《一年来之政象与国民程度之映射》(1913年4月16日)，汤志钧、汤仁泽编：《梁启超全集》第8集，国家清史编纂委员会·文献丛刊，第559页。

③ 梁启超：《政治上之对抗力》(1913年1月1日)，汤志钧、汤仁泽编：《梁启超全集》第8集，国家清史编纂委员会·文献丛刊，第499页。

有政治上之对抗力，则政象断不至流于专制，其间因果关系之迹，既历历易见矣。"①他认为，"使能于革命前革命中酝酿成一种强健正当之对抗力而保持之，则缘革命之结果，而专制可以永绝，而第二次革命，可以永不发生。"②他分析革命后复发生专制的问题说："畴昔厌苦专制之人，一旦为革命之成功者，则还袭其专制之迹以自恣，如弱媳见凌于恶姑，及其生儿娶妇，则还以己身二十年前所受之痛苦加诸其媳也。而多数被治之民，前此憔悴于旧朝专制之下而莫敢喘息者，易人以专制之，而莫敢喘息如故，如久隶奴籍之人贩鬻他主，而安之若素也。若此者，无论革命后仍为君主国体，或变为民主国体，而于政象之革新，国运之进化，丝毫无与焉。其仍为君主国体者，则易姓之君主专制也，其变为民主国体者，则或少数之枭雄专制，或多数之暴民专制也。其易姓之君主专制，则中国二千余年之史迹是也。其少数之枭雄专制，则克伦威尔之在英……其多数之暴民专制，则法兰西大革命后十年间是也。"③整体看来，专制没有好结果，"专制继起之结果，必为革命"。④

在民国初年翻云覆雨的吊诡政局中，梁启超在那个时代反对专制是真诚的，甚至是无畏的。当袁世凯 1915 年筹划称帝之际，梁启超不顾个人安危，先是在"筹安会"出台后即发表《异哉所谓国体问题者》⑤，后当袁氏称帝时

① 梁启超：《政治上之对抗力》（1913 年 1 月 1 日），汤志钧、汤仁泽编：《梁启超全集》第8集，国家清史编纂委员会·文献丛刊，第 500 页。
② 梁启超：《政治上之对抗力》（1913 年 1 月 1 日），汤志钧、汤仁泽编：《梁启超全集》第8集，国家清史编纂委员会·文献丛刊，第 500 页。
③ 梁启超：《政治上之对抗力》（1913 年 1 月 1 日），汤志钧、汤仁泽编：《梁启超全集》第8集，国家清史编纂委员会·文献丛刊，第 500 页。
④ 梁启超：《政治上之对抗力》（1913 年 1 月 1 日），汤志钧、汤仁泽编：《梁启超全集》第8集，国家清史编纂委员会·文献丛刊，第 502 页。
⑤ 梁启超 1915 年 8 月 20 日在文中明确反对恢复帝制的主张，他质问并警告国体变更者"吾欲问论者，挟何券约，敢保证国体一变之后，而宪政即可实行而无障？如其不然，则仍是单纯之君主论，非君主立宪论也。既非君主立宪，则其为君主专制，自无待言。不忍于共和之弊，而欲以君主专制代之，谓为良图，实所未解！今在共和国体之下而暂行专制，其中有种种不得已之理，犯众谤以行之，尚能为天下所共谅。今如论者所规画，欲以立宪政体与君主国体为交换条件，使其说果行，则当国体改定伊始，势必且以实行

即与其弟子蔡锷将军秘密离京发动反对袁世凯复辟帝制的护国战争。正是由梁启超等所策划、发起和引发的护国战争，及随之而起的全国性反袁称帝运动，迫使袁世凯于1916年3月不得不宣布取消帝制。梁于该年3月25日在所著《国民浅训》（1916年）的序中，叙及反对袁世凯称帝的缘由道：民国成立后，"国家组织，面目一新，不料袁世凯用权术骗得大总统一席，重复专制起来。将新组织一概推翻，事事恢复前清之旧，腐败残虐，转加十倍。不到四年，索性公然自称皇帝。幸而全国人都怀义愤，费尽无数力量，誓将彼驱除，依旧还我今日之共和国体。"[1]梁氏反对专制、拥护共和的立场是明确坚定的。而根据梁启超后所叙及的最初策划反袁之经历，即"当筹安会发生之次日，蔡君（蔡锷——引者注）即访余于天津，共商大计，余曰：'余之责任在言论，故余必须立刻作文，堂堂正正以反对之，君则军界有大力之人也，宜深自韬晦，勿为所忌，乃可以密图匡复。'蔡君韪其言，故在京两月，虚与委蛇……又招戴君戡来京面商……蔡君临行时托病，谓须往日本疗养，夜间自余家易装以行，戴君则迳往香港。余于两君行后，亦潜赴上海。余到上海，实十二月十八日也，而蔡、戴两君亦以十九日到云南"[2]等等，更见梁氏反对专制的镇定、智慧和勇敢。而蔡锷于1916年9月在给《盾鼻集》所作的序中，把梁、蔡师徒为反对袁氏复辟帝制恢复专制最初筹划时以身殉国的精神，表露得更为细致、真切，他道："帝制议兴，九宇晦盲。吾师新会先生居虎口中，直道危言，大声疾呼，于是已死之人心，乃振荡而昭苏。先生所言，全国人人所欲言，全国人人所不敢言。抑非先生言

立宪誓国民，宣誓以后，万一现今种种不得已之理由者依然存在，为应彼时时势之要求起见，又不得不仍行专制，吾恐天下人遂不复能为元首谅矣。夫外蒙立宪之名，而内行非立宪之实，此前清之所以崩颓也"。梁启超：《异哉所谓国体问题者》（1915年8月20日），李华兴、吴嘉勋编：《梁启超选集》，第671页。

[1] 梁启超：《国民浅训》（1916年3月25日），汤志钧、汤仁泽编：《梁启超全集》第9集，国家清史编纂委员会·文献丛刊，中国人民大学出版社2018年版，第469页。
[2] 梁启超：《盾鼻集·国体战争躬历谈·（二）云贵首义》（1915—1916年），汤志钧、汤仁泽编：《梁启超全集》第9集，国家清史编纂委员会·文献丛刊，第422—423页。

之，固不足以动天下也。西南一役……先生与锷不幸，乃躬与其事。当去岁秋冬之交，帝焰炙手可热，锷在京师，间数日辄一诣天津，造先生之庐，咨受大计。及部署略定，先后南下。濒行，相与约曰：'事之不济，吾侪死之，决不亡命；若其济也，吾侪引退，决不在朝。'"①由此可知，梁氏不仅躬身其事，而且是蔡锷发动护国战争的精神导师；而其"事之不济，吾侪死之"和"若其济也，吾侪引退"的约定，更显示了其师徒在国家危难之际勇于献身的忠诚无畏和事成后的淡泊高洁之心。这出自蔡锷将军之口的铿锵之言，可以穿透时空而长存于世，也生动显示了梁氏在反对袁氏专制称帝中所承担的不可或缺的重大历史性角色。

民国政局尽管变幻不定，梁氏却仍不改其反对专制体制的初衷。继反对袁世凯帝制专制自为之逆行而发动护国战争后，1917年梁启超又参与了反对张勋挟持溥仪复辟逊清之举。梁氏在以其个人名义所发《反对复辟电》中，指出今之复辟乃"桓玄、朱温时代之专制而已。夫专制结果必产革命，桓玄、朱温，宁有令终？所难堪者，则国家之元气与人民之微命也。"②他所拟《代段祺瑞讨张勋复辟通电》中也指出："今张勋等以个人权位欲望之私，悍然犯大不韪以倡此逆谋。若曰为国家耶？夫安有君主专制之政，而尚能生存于今日之世者。"③他鲜明地表达了反对复辟专制帝制和对新生民主共和制的拥戴。他在1920年撰写的《军阀私斗与国民自卫》一文中，对于军阀专制暴政对国家和人民的摧残极为愤慨，主张国民起而自卫，他尖锐地指出："凡有权力者恒喜滥用，权力者非徒兵权武力而已，法律上政治上之诸权力，苟无最后最高之制裁，其势非至于滥用焉而不止也。托诸总统，则总统滥用；托诸内阁，则内阁滥用；托诸国会，则国会滥用；托诸地方官吏地

---

① 梁启超：《盾鼻集·序》（1915—1916年），汤志钧、汤仁泽编：《梁启超全集》第9集，国家清史编纂委员会·文献丛刊，第305页。
② 梁启超：《反对复辟电》（1917年7月1日），李华兴、吴嘉勋编：《梁启超选集》，第716页。具有讽刺意味的是，他的老师康有为却参加了他所反对的张勋复辟逊清的闹剧之中。
③ 梁启超：《代段祺瑞讨张勋复辟通电》（1917年7月1日），汤志钧、汤仁泽编：《梁启超全集》第9集，国家清史编纂委员会·文献丛刊，第551页。

方议会，则地方官吏地方议会滥用。其滥用之方式，亦与军人同……数年以来，军人政客所造恶业，在在予吾民以直接深刻之教训，国家利害与吾私人身家之利害，有胶结不可离之关系。"故他鼓励人们捍卫自己的利益："自卫犹待人劝耶？自卫者凡百动物之本能，吾民虽极愚，亦何至不知自卫，虽极弱，亦何至不思自卫。"[1] 整体看来，梁启超1917年离开政界，以后逐渐专注学术和教育，但他于1920年撰文对军阀专横的反对态度，仍是其前反专制思想的反映。不过，以后他虽然也关心时局，而主要兴趣和文字确是转向学术思想的研究和高等教育领域。至此，可以说我们考察了梁氏一生反对专制思想发展和演变的大致轨迹。

四、关于梁氏反专制问题的讨论

从梁启超的反专制思想内容看，他主要把专制作为一种制度和体制进行反对的。他的反专制体制的思想是系统的。在这个系统里，既有源自中国传统的思想原料，又有来自所吸收西学的新理、新知；既有理论的分析，又有历史的透视；既有激烈、犀利的思想锋芒，又有理性、睿智的思想深度，还有其思想与感情跟随时代波涛起伏前行而留下的清晰的脉动，这在中国近代的反专制思想发展乃至中国近代政治思想史上，都是极具有鲜明个性和时代特色的思想探索。梁氏在那个中国近代社会大变革的历史波浪中，大体上看，比较清晰而准确地把握了那个时代的国家体制症结、改革的主攻方向、国家与社会及国民的关系等，酝酿着如何突破近代中国面临的古今之变与中西之变交汇变革的瓶颈，其间虽有困惑、彷徨和矛盾，但却能与时俱进，对中国近代社会的发展发挥了重要的历史作用，其思考无疑是他在对现代国家制度转型探索中一份珍贵的思想遗产，值得认真总结和深思。归纳起来，结

---

[1] 梁启超：《军阀私斗与国民自卫》（1920年），汤志钧、汤仁泽编：《梁启超全集》第10集，国家清史编纂委员会・文献丛刊，中国人民大学出版社2018年版，第308—309页。

合梁氏的反专制体制思想所呈现的"关节处"、思想特征及其影响，我们拟再做如下分析与申论。

其一，在梁氏看来，秦汉以来中国的历史都是"专制"的历史，这种专制的历史积累是造成"今天"之中国衰败不振的根源。因此，中国要振兴，要成为强盛国家，就必须反对和改变专制体制，实行民主宪制体制。根据他的研究和思考，中国专制政治的特点和弊端是明显的和根本性的，主要表现为：一是中国专制与其他国家相比，专制体制"成立最早，而其运独长"，经历了自秦汉以至于明清的长期发展，而且其趋势是越来越专制。[①] 二是政治上由于郡县、土地和人民均"直隶于中央政府，而专制之实乃克举"。[②] 三是君权太重，不受任何监督限制，天下为私，"后世暴君民贼，私天下为一己之产业。因奴隶其民，民畏其威，不敢不自屈于奴隶"。"吾中国自秦汉以来，数千年之君主，皆以奴隶视其民，民之自居奴隶"。[③] 四是贵族专政、女主擅权、嫡庶争位、统绝拥立、宗藩移国、权臣篡弑、军人跋扈、外戚横恣、金壬脧削、宦寺盗柄[④] 等非常现象频频出现。五是政权更替以武力、暴力为基础而循环往复，"一家失势，他家代之，以暴易暴，无有已时"。[⑤] 六是上下隔离对立，"民不知有国，国不知有民"。[⑥] 七是宰制思想文化、实行愚民政策，"民贼自私，愚其黔首，遂使聪明锢蔽"，[⑦]"在专制之

---

① 梁启超：《中国专制政治进化史论》（1902 年 5 月 22 日至 1904 年 6 月 28 日），汤志钧、汤仁泽编：《梁启超全集》第 3 集，国家清史编纂委员会·文献丛刊，第 427—433 页。

② 梁启超：《中国专制政治进化史论》（1902 年 5 月 22 日至 1904 年 6 月 28 日），汤志钧、汤仁泽编：《梁启超全集》第 3 集，国家清史编纂委员会·文献丛刊，第 430 页。

③ 梁启超：《爱国论》（1899 年），《饮冰室合集》第 1 册"饮冰室文集之三"，第 70、71 页。

④ 梁启超：《论专制政体有百害于君主而无一利》（1902 年 11 月 30 日），汤志钧、汤仁泽编：《梁启超全集》第 4 集，国家清史编纂委员会·文献丛刊，第 63 页。

⑤ 梁启超：《论近世国民竞争之大势及中国之前途》（1899 年 10 月 15 日），汤志钧、汤仁泽编：《梁启超全集》第 2 集，国家清史编纂委员会·文献丛刊，第 206 页。

⑥ 梁启超：《论近世国民竞争之大势及中国之前途》（1899 年 10 月 15 日），汤志钧、汤仁泽编：《梁启超全集》第 2 集，国家清史编纂委员会·文献丛刊，第 209 页。

⑦ 梁启超：《日本横滨中国大同学校缘起》（1897 年 12 月 4 日），汤志钧、汤仁泽编：《梁启超全集》第 1 集，国家清史编纂委员会·文献丛刊，第 288 页。

下，言论行动皆受若干之制限束缚，其思想品格不能尽情暴露也"。① 专制体制的上述弊端，必然扼杀了民族和社会发展的生机。梁氏的这些批判和剖析，是系统、全面的，也是非常尖锐、犀利的。他是从变革与改革旧制度的时代需要认识中国传统体制的痼疾和弊端的。

其二，他对中国历史上的专制持激烈的批判立场，抨击中国专制历史的种种黑幕②，顺应了近代社会变革与国家制度变革的时代要求，对推动近代政治由传统体制向现代民主体制转型和社会现代化发展作出了重要贡献。梁氏在批判中国历史上专制体制时持激烈的态度，甚至把中国整个历史的发展都纳入专制的范畴中考察，有时而不限于"秦以下"，只是把秦郡县制的形成作为"专制之实乃克举"③ 的标志，其之前阶段的历史仍是专制进化史发展中一个"先在性"的阶梯。根据他的这一理论框架，如果把秦汉以前的历史也纳入专制历史的框架，这就必然动摇生活于春秋时期的孔子的地位，事实亦然，梁氏也确实提出了"保教非所以尊孔"的理论，他声明"吾爱孔子"，更宣布"吾尤爱真理"。④ 他的思想，走在那个时代"批判"与"质疑"的前沿。他的这些批判专制体制的思想，甚至比之革命派的言论更尖锐、更猛烈，也更深刻，因而能唤起舆论极大同情。他虽非革命派，但他的思想却超越了政治上的界限，具有广泛的影响力。为什么他能形成那么大的影响力？因为反专制是清末民初政治转型中的政治聚焦点。近代以来，在西力、西学东来情势下，社会正在经历一场前所未有的大变革，而清廷却力图固守原有的统治及其秩序，以维护其集团的统治利益，抵制改革，不愿开放政

---

① 梁启超：《一年来之政象与国民程度之映射》（1913年4月16日），汤志钧、汤仁泽编：《梁启超全集》第8集，国家清史编纂委员会·文献丛刊，第558页。

② 梁启超：《论专制政体有百害于君主而无一利》（1902年11月30日），汤志钧、汤仁泽编：《梁启超全集》第4集，国家清史编纂委员会·文献丛刊，第67页。

③ 梁启超：《中国专制政治进化史论》（1902年5月22日至1904年6月28日），汤志钧、汤仁泽编：《梁启超全集》第3集，国家清史编纂委员会·文献丛刊，第430页。

④ 梁启超：《保教非所以尊孔论》（1902年2月22日），汤志钧、汤仁泽编：《梁启超全集》第2集，国家清史编纂委员会·文献丛刊，第684页。

治。但近代中国只有进行一系列的重大改革，广开言论，开放人民参与政治的渠道，才能最大可能地调动全国人民进行改革和建设的积极性和主导性，以此形成举国之力，才有可能摆脱近代以来政治上颓败、外交上屈辱的困局。然而，清廷拒绝改革，积重难返，导致国内和国际上的危机更加严重。甲午海战失败后，1900 年的义和团事件和八国联军入侵北京事变、1904—1905 年在中国东北发生的日俄战争、1910 年日本吞并朝鲜等一系列重大历史事件的发生，充分暴露了清廷的腐败和无能。这样的状况表明，如果清廷按既有制度继续维持下去，只有亡国灭种之绝途。因此，历史发展的客观情势迫切要求清廷改变以往的专制统治方式，实现符合时代潮流的新制度、新体制。正是在这样一种时代要求之下，以戊戌变法闻名国内外的梁氏站在时代发展的前沿，明确举起"反专制"的旗帜，登高振臂一呼，形成了在客观上配合革命派反对清朝、加速清朝灭亡的巨大思想力量。在民国成立后，他反对专制的思想锋芒虽然较前有所逊色，但其在反对袁世凯等专制复辟关键时刻，仍具有极大的战斗力和影响力，为反专制和反复辟、近代政治由传统体制向现代民主体制转型，作出了重要的历史贡献。

其三，梁氏在激烈甚至不无偏颇地批判中国历代君主专制的同时，并没有完全否定中国的历史文化，而是在其猛烈批判的同时，越来越注意发掘中国历史文化中符合现代社会发展的思想文化资源，以转化为新时代发展和建设中的必要元素。梁氏在批判中国国民劣根性的同时，提出培养"新民"的主张，并越来越致力于学术文化和教育事业的研究和实践。他研究中国的历史，发掘中国历史上的法律思想，发掘中国历史的海外"殖民伟人"，甚至发掘中国历史上的"武士道"精神，发掘颇能在民族危亡之际极具鼓舞和震撼力的郑所南《心史》所蕴含的坚贞不屈的民族精神力量，甚至在中国的历史中发掘出了"开明专制论"，均可见其一片苦心。应该说，"开明专制论"是他反专制思想发展中的一个插曲，虽与他的思想主流有那么不协调，却并未削减其主流思想的光华与流彩，甚至因其插曲的出现而显得其思想更为真实与珍贵。同时，他长期对革命后有可能发生新的专制现象有着高度的警惕和担忧，在清末，他主张君主立宪而非难革命的重要理由就是担忧和警惧革命后往往产生新的专制；民国成立后，他致力于推进共和民主政治建设，防止专制政治卷土重来，但当掌握实权的袁世凯、张勋及其后的军阀推行专制实践时，他又旗帜鲜明地站出来发声甚至冒着生命危险勇敢地与专制势力进行斗争。从他的思想和行为看，无疑蕴含了他所深藏内心的传统士人所具有的担当、情怀、率性与良知。而随着他阅历的丰富与年龄的增长，越来越注意发掘传统学术文化中的积极成分，并将之作为救济时弊的有效元素，对传统文化的现代转型做了有益的开拓。

其四，关于梁氏的"开明专制论"的提出及其与反专制的关系问题，尚需要进一步讨论。通过以上的研究，可以看到，梁氏提出这一理论的时间段主要是 1905 年，文字也主要体现在他的《开明专制论》及当时为此进行解释的少数文章中，其后他极少再提到关于"开明专制论"的理论。这就说明，学界所聚焦的梁氏的"开明专制论"，绝不是他思想的主流，甚至也不是他的支流，只是他在现实斗争中提出的权宜之计。尽管如此，正如研究者所指出的那样，这一理论还是有其价值的，他在政治理论上提出了野蛮与文明的分类方法，提出"开明专制"非专制，其理固然不无牵强之嫌，但也不无思想价值和务实意义，尤其是在实行赤裸裸专制政治的环境下，"开明专制"若果能推行于一定的过渡阶段，不能不是"两害相权取其轻"的选项。因此，说"开明专制论"具有反专制的成分，在一定条件下是不无其理的。

其五，就梁氏反专制思想的来源看，既有近代西方的政治学、法学理论与学理，又有中国传统的文化资源。为了中国的政治进化，他广泛吸收近代西方著名政治学者的思想理论，如霍布斯的契约论①、斯宾诺莎的反君主专

---

① 梁启超：《霍布士（Hobbes）学案》（1901 年 11 月 1 日、11 日），汤志钧、汤仁泽编：《梁启超全集》第 2 集，国家清史编纂委员会·文献丛刊，第 328—333 页。梁氏既吸收其有关理论，对其又有批判，如指出："霍氏乃主张民贼之僻论，谓君主尽吸收各人之权利而无所制裁，是恐虎之不噬人而傅之翼也。惜哉！"梁启超：《霍布士（Hobbes）学案》（1901 年 11 月 1 日、11 日），汤志钧、汤仁泽编：《梁启超全集》第 2 集，国家清史编纂委员会·文献丛刊，第 333 页。

制论①、卢梭的平等思想和人民主权论②、孟德斯鸠反君主专制理论③等；当然他的很多西学知识，是通过阅读日本时贤著作而获得的，因此，"东洋"日本近代的有关思想家的著作，也是他反专制思想的一个来源。④西学之外，中国古典文化和古代先贤思想也是他反专制思想的一个来源。他曾对中国整个历史文化进行过批判，同时他对中国历史又有满腔的热爱。他自豪地道："立于五洲中之最大洲，而为其洲中之最大国者谁乎？我中华也。人口居全地球三分之一者谁乎？我中华也。四千余年之历史未尝一中断者谁乎？我中华也。我中华有四百兆人公用之语言、文字，世界莫能及。"与世界其他文明古国"俱亡"相比，"我中华者，屹然独立，继继绳绳，增长光大，以迄今日，此后且将汇万流而济之，合一炉而冶之。於戏，美哉我国！於戏，伟大哉我国民！"⑤正是基于这种自信，他在批判中国专制历史、吸收西学的

---

① 梁启超：《斯片挪莎（Baruch Spinoza）学案》（1901年11月11日），汤志钧、汤仁泽编：《梁启超全集》第2集，国家清史编纂委员会·文献丛刊，第334—335页。
② 梁启超：《卢梭（Jean Jacques Rousseau）学案》（1901年11月21日，12月1日、21日），汤志钧、汤仁泽编：《梁启超全集》第2集，国家清史编纂委员会·文献丛刊，第336—347页。梁氏根据卢梭理论对比中国历史说："我中国数千年生息于专制政体之下，虽然，民间自治之风最盛焉。诚能博采文明各国地方之制，省省府府，州州县县，乡乡市市，各为团体，因其地宜以立法律，从其民欲以施政令，则成就一卢梭心目中所想望之国家，其路为最近，而其事为最易焉。果尔，则吾中国之政体，行将为万国师矣。"梁启超：《卢梭（Jean Jacques Rousseau）学案》（1901年11月21日，12月1日、21日），汤志钧、汤仁泽编：《梁启超全集》第2集，国家清史编纂委员会·文献丛刊，第347页。
③ 梁启超：《法理学大家孟德斯鸠之学说》（1902年3月24日、4月8日），汤志钧、汤仁泽编：《梁启超全集》第3集，国家清史编纂委员会·文献丛刊，第148—157页。关于孟氏之说，梁氏评述道："孟氏以为，专制政体绝无法律之力行于其间，君主专尚武力以慑其民，故此种之政，以使民畏惧为宗旨，虽美其名曰辑和万民，实则斫丧元气。"而"专制国所谓太平，其中常隐然含着扰乱之种子"。他认为，"孟氏论专制之弊，大略如是，可谓深切著明也矣"。梁启超：《法理学大家孟德斯鸠之学说》（1902年3月24日、4月8日），汤志钧、汤仁泽编：《梁启超全集》第3集，国家清史编纂委员会·文献丛刊，第148—157页。
④ 崔志海：《梁启超与日本——评郑匡民〈梁启超启蒙思想的东学背景〉》，《近代史研究》2004年第4期。
⑤ 梁启超：《论中国学术思想变迁之大势》（1902年3月10日至1904年12月7日），汤志钧、汤仁泽编：《梁启超全集》第3集，国家清史编纂委员会·文献丛刊，第15—16页。

同时，又认为"今日欲使外学之真精神普及于祖国，则当转输之任者，必邃于国学，然后能收其效"。① 因此他既大力发掘中国历史上的优秀思想，又无情驳难和揭露历史上的阴暗面和糟粕，为培养"新民"和"少年中国"，用他的如椽大笔为中华民族的伟大未来像蜂蜜那样不停歇地进行思想生命酝酿和创作。

其六，从梁氏反专制思想的发展历程看，以上三个时期虽个别时间点有过波折，在反专制问题上却绝非人们略带贬义地那样认为他"善变"，整体上看，他的反专制思想在他一生的政治生涯中是一贯的、坚定的。人们往往把梁启超作为"开明专制论"者，因此，人们往往把主要关注点聚焦在他的"开明专制论"上，那是对他思想主线的严重误读，是对他在那个时代耀眼思想的无视、遗忘和遮蔽，严重地忽视了他长期坚持的以反专制体制为底色而所具有的搏动着那个时代潮流的极为丰富、生动以至撩动深入人们心弦的文字、思想与情感。从他参与领导戊戌变法起直至20世纪20年代退出政坛，在晚清民初的第一轮社会大变革中，他号称"犀利"的文字不会是别的，主要应是他的反专制思想。近代中国的"专制"概念，固然不是梁氏最早提出的，如黄遵宪早在《日本国志》中就把"一人专制称为君主者""有庶人议政称为民主者"和"上下分任事权称为君民共主者"三者相并列作为政体之一种进行分类；严复和康有为也都有反对君主专制、主张君主立宪的思想，他们的思想对梁的思想无疑具有深刻影响。② 但是，与康、严等人相比，梁在反专制问题上并没有停止下来，更没有像严、康那样倒退到分别不同程度地参与袁世凯复辟帝制和张勋复辟的复活专制的逆行活动中，而是一再公开申明其反对专制的思想主张，甚至不顾个人危险在言论和行动上为捍卫其主张而战，显示了他的深刻、高远、勇敢和真挚。就梁氏的反专制思想的整体

---

① 梁启超：《论中国学术思想变迁之大势》（1902年3月10日至1904年12月7日），汤志钧、汤仁泽：《梁启超全集》第3集，国家清史编纂委员会·文献丛刊，第105页。

② 宋洪兵：《二十世纪中国学界对"专制"概念的理解与法家思想研究》，《清华大学学报》（哲学社会科学版）2009年第4期，第102—114页。

看，无疑恰恰不是"善变"的，而是坚守的。

其七，梁氏反专制思想为五四时期的革新运动和"反封建专制"思想提供了重要的思想来源。梁氏在近代的反专制思想，不仅在推动中国近代社会的变革中发挥了重要作用，作为近代中国的大思想家，他的反专制思想，对于 20 世纪初新一阶段的社会大变革所发挥的深刻影响，即使是当事人梁启超自己也是始料未及的，那就是他的反专制思想和理论对新一代的革新者、革命者和思想者的巨大影响，在这里是必须特别指出的。因为思想的推动，如江河之奔流方能"浪推浪"。在这种"浪推浪"的过程中，既有后来者推前行者的"浪推浪"，更有另一种先行者吸引和激助后来者意义上的"浪推浪"。近代如果没有那样一个时代的思想高峰和思想力量，后浪也难以形成浩浩荡荡奔流的广阔无际和磅礴"入海"的前景。正如梁氏分析近代中国历史鼎革之因时所言"思想革命实其原动力也"，[1] 梁氏自己正是那个时代思想海洋的重要标志性旗帜之一。可以说，在反对专制方面，梁启超对陈独秀、李大钊、毛泽东、鲁迅和胡适等五四群体的影响是极其鲜明的。五四群体的共同特征就是反专制，他们的这些思想当然不是凭空产生的，其思想重要来源之一就是梁启超。1912 年 11 月 10 日，远在美国留学的青年胡适在报纸上得知梁启超从日本回国的消息后，在日记中写道："知梁任公归国，京津人士都欢迎之，读之深叹公道之尚在人心也。梁任公为吾国革命第一大功臣，其功在革新吾国之思想界。十五年来，吾国人士所以稍知民族思想主义及世界大势者，皆梁氏之赐，此百喙所不能诬也。去年武汉革命，所以能一举而全国响应者，民族思想政治思想入人已深，故势如破竹耳。使无梁氏之笔，虽有百十孙中山、黄克强，岂能成功如此之速耶！近人诗'文字收功日，全球革命时'，此二语惟梁氏可以当之。"[2] 关于胡适所说的梁启超

---

① 梁启超：《中国立国大方针》(1912 年 12 月 1 日—1913 年 1 月 16 日)，汤志钧、汤仁泽编：《梁启超全集》第 8 集，国家清史编纂委员会·文献丛刊，第 423 页。

② 曹伯言整理：《胡适日记全编（1910—1914）》第 1 册，1912 年 11 月 10 日，安徽教育出版社 2001 年版，第 180 页。

对辛亥革命之功超过孙、黄的看法是否合乎事实，姑且不论，但由此可知胡氏确确实实是把本属"改良"的梁启超算到属于"革命"的队伍里去了。实则，梁氏关于革命的公开文字并不直接，他解释的"革"，以他之意，也只是"变革"，但他反对"专制"的文章却连篇累牍。因此，如果说梁氏有功于革命，无疑是他反专制的思想对清朝统治发挥的摧毁作用。而梁氏和孙中山、黄兴等革命派的共同之处，那就是他们共同具有的反专制思想。而比较起来，梁氏的反专制思想理论，甚至比同时代的某些革命派人物更系统、更深刻，甚而也更有号召力，这也正是胡适所说的"其功在革新吾国之思想"之所在。胡适在日记里说梁氏革新思想对革命之功，而后来在他回忆自述里则这样评价梁氏的影响，说："梁先生的文章，明白晓畅之中带着浓挚的热情，使读的人不能不跟着他走，不能不跟着他想。""我个人受了梁先生无穷的恩惠，现在追想起来，有两点最分明。第一是他的《新民说》，第二是他的《中国学术思想变迁之大势》……'新民'的意义是要改造中国的民族，要把这个老大的病夫改造成一个新鲜活泼的民族。"①在梁氏笔下，"新民说"的提出与中国长期专制政体压抑下所形成的国民奴隶性格的改造话语是紧密联系在一起的，是梁氏反专制思想在致力国民性改造和建设方面的体现。毛泽东1936年在与斯诺谈话时说，早年对梁发表在《新民丛报》的文章，特别喜爱，总是"读了又读，直到可以背出来"。②毛泽东还在其早年读梁氏《新民丛报》第四号时添加了批语说："正式而成立者，立宪之国家也，宪法为人民所制定，君主为人民所推戴。不以正式而成立者，专制之国家也，法令由君主所制定，君主非人民所心悦诚服者。前者，如现今英日诸国；后者，如中国数千年盗窃得国之列朝也。"③毛泽东以批注的形式表达自

① 胡适：《胡适自述》，河南人民出版社2004年版，第52—53页。
② 《毛泽东一九三六年同斯诺的谈话》，第15页。转见萧延中：《论梁启超对早年毛泽东的影响》，《近代史研究》1988年第1期。
③ 韶山纪念馆藏：《新民丛报》第四号（影印件）。转见萧延中：《论梁启超对早年毛泽东的影响》，《近代史研究》1988年第1期。作者通过研究还认为，毛泽东在1918年到北京之前，梁氏是他的精神导师。

己对"专制"概念的理解，可见梁氏"专制说"在那个时代的特别影响力。陈独秀也是明显受到梁启超反专制思想的革命者，这从他的行事与文章中可以得到明证。他创办的《新青年》(初名《青年杂志》)明显受到梁启超反专制理论、"新民说"和"少年中国说"的影响。从名称看，"少年"与"青年"在那个时代是同义语，明显受到梁的影响。而且在创刊号发布的创刊词《敬告青年》一文中陈氏所标示的主张六条之一"自主的而非奴隶的"，"奴隶性格"正是梁氏反专制话语下出现频率极多的核心性概念，受梁氏影响是十分明显的。① 陈独秀在他著名的《吾人最后之觉悟》一文中，宣布了这一时期他关于"政治根本解决问题"的基本认识，指出："(一)政治的觉悟"为三步骤，一是"吾国专制日久，惟官令是从……国家何物，政治何事，所不知也。积成今日国家危殆之势，一般商民……不知国家为人民公产，人类为政治动物。斯言也，欧美国民多知之。此其所以莫敢侮之也。是为吾人政治的觉悟之第一步"。二是置身政治者"开宗明义之第一章，即为抉择政体良否问题……其拨乱为治者，罔不舍旧谋新，由专制政治，趋于自由政治；由个人政治，趋于国民政治；由官僚政治，趋于自治政治……吾国欲图世界的生存，必弃数千年相传之官僚的专制的个人政治，而易以自由的、自治的国民政治也。是为吾人政治的觉悟之第二步"。三是"所谓立宪政体，所谓国民政治，果能实现与否，纯然以多数国民能否对于政治，自觉其居于主人的主动的地位为唯一根本之条件"。"共和立宪而不出于多数国民之自觉与自动，皆伪共和也，伪立宪也，政治之装饰品也……以其于多数国民之思想人格无变更，与多数国民之利害休戚无切

---

① 陈独秀：《敬告青年》(1915年9月15日)，《陈独秀文章选编》上，第74页。其实，陈独秀在《敬告青年》主张六条中的三条"自主的而非奴隶的""进步的而非保守的""世界的而非锁国的"，与梁启超在1899年《论支那宗教改革》一文中所标的主义六条"进化主义非保守主义""平等主义非专制主义""博包主义(亦谓之相容无碍主义)非单狭主义"三条在语言上有相近之点。参见陈独秀：《敬告青年》(1915年9月15日)，《陈独秀文章选编》上，第74—76页；梁启超：《论支那宗教改革》(1899年)，《饮冰室合集》第1册"饮冰室文集之三"，第55—56页。

身之观感也。是为吾人政治的觉悟之第三步"。陈氏认为关于伦理的觉悟，则在共和条件下，"倘于政治否认专制，于家族社会仍保守旧有之特权，则法律上权利平等、经济上独立生产之原则，破坏无余"，旧的家庭伦理制度与反专制的民主共和制度无法调和，必须进行伦理的革命，故"伦理的觉悟，为吾人最后觉悟之最后觉悟"。[①] 就此文看来，新青年时期的陈独秀无论在政治上的觉悟还是伦理上的觉悟，其旨在动员并改造最大多数国民乃至中国最基础的组织细胞家庭，进行反专制的全面性的革命，以把梁启超所孜孜以求的反专制的革命运动推向新的高度、新的高潮。这样，陈独秀既接续了梁启超等人的反专制思想，而又超越了梁氏反专制思想的深度、广度和高度，大大推进了近代中国反专制革命的进程而进入了一个新的历史阶段；五四知识群体提出的"打倒孔家店"口号并树立的"反封建"（反专制为"反封建"的一个主要义项）旗帜[②]，进一步吸收欧风美雨和俄罗斯革命的新知，探索着拯救国家、民族命运的光明而又艰难的道路，以陈独秀、李大钊[③]、毛泽东等为代表的爱国和革命的民主主义者顺乎时代的潮流，

---

① 陈独秀：《吾人最后之觉悟》（1916 年 2 月 15 日），《陈独秀文章选编》上，第 107—109 页。

② 参见翁有为：《"五四"前后陈独秀对"封建"意涵的探索——中共"反封建"话语的初步形成与发展》，《中共党史研究》2018 年第 5 期，第 85—99 页。以陈独秀为主要代表的五四知识群体和后来成立的共产党人的"反封建"，主要内容之一就是反"封建军阀"的"专制"。

③ 李大钊早期受梁启超的影响也是明显的，李大钊也提出了"少年中国""青春中国"的主张，并被推举为"少年中国学会"的主要负责者。就李大钊早期发表文章的内容看，他在 1913 年发表的一文中针对当时地方督军专权问题时就提出"革命以前，吾民之患在一专制君主；革命以后，吾民之患在数十专制都督"的问题，揭示了专制与人民对立的性质，明确体现了他反专制的立场。见李大钊：《大哀篇——（一）哀吾民之失所也》（1913 年 4 月 1 日），《李大钊全集》第 1 卷，人民出版社 2013 年版，第 8 页。李大钊在 1916 年发表的一篇重要文章中对中国历史上的专制进行了激烈的批判，其思路与梁启超的批判大体相同，可以看到梁氏批判中国专制历史的影子，如李氏在文中评论中国的历史之弊及专制问题说，"盖自有周之衰，暴秦踵起，用商鞅、李斯之术，焚书坑儒，销兵铸镰，堕名城，徙豪杰，生民之厄，极于此时。汉兴，更承其绪，专崇儒术，定于一尊。为利一姓之私，不恤举一群智勇辩力之渊源，斲丧于无形。由是中国无学术也，有之则李斯

转向了信仰社会主义和共产主义，他们看到了中国社会底层的工人和农民中蕴藏的中国革命的主体力量，开辟了新民主主义革命性质的民族复兴和社会发展的新征程。这个"新民主主义革命"的"民主"性质表明，中共在国内问题上是把坚持反对专制、追求民主和人民性作为基本政治目标的。这就是从旧民主主义到新民主主义的转变。而对这个历史性转折在客观上所进行的思想因素的铺垫与酝酿，梁启超的反专制思想所传递的力量是不能忽视和忘记的。梁启超反专制思想是早期共产党人在新的历史阶段高举反专制的民主大旗的思想来源之一，是毋庸置疑的。当然，梁启超也有他的思想局限和时代局限①，如他虽然在反对专制体制的思想发展过程中，越来越认识到

之学也；中国无政治也，有之则嬴秦之政也。学以造乡愿，政以畜大盗，大盗与乡愿交为狼狈，深为盘结，而民命且不堪矣……卒至一夫窃国，肆志披昌，民贼迭兴，藐无忌惮"，以致造成今之"神衰力竭，气尽能索。全国之人，其颖智者，有力仅以为恶，有心惟以造劫。余则死灰槁木，奄奄待亡，欲东不能，欲西不得，养成矛盾之性，失其自然之天，并其顺应环境之力而亦无之。遂令神州，鞠为茂草，昔称天府，今见陆沉。呜呼！是果孰之咎欤？余思之，且重思之，则君主专制之祸耳。"他并声明反对当时的复辟行为说："今犹有敢播专制之余烬，起君主之篝火者，不问其为筹安之徒与复辟之辈，一律认为国家之叛逆、国民之公敌，而诛其人，火其书，殄灭其丑类，摧拉其根株，无所姑息，不稍优容，永绝其萌。"见李大钊：《民彝与政治》（1916 年 5 月 15 日），《李大钊全集》第 1 卷，第 275—276、287 页。李大钊从中国秦汉以来专制历史之弊的角度论证专制体制不合法性的思路，与梁氏的思想是相似的。鲁迅受梁启超的影响也是明显的，鲁迅的改造国民性的思想，无疑受到梁启超思想的启发。关于鲁迅受梁氏影响的研究，可参见李春梅：《试论梁启超对鲁迅国民性思想形成的影响》，《内蒙古大学学报》（人文社会科学版）2005 年第 2 期。

① 梁氏的上述对中国君主体制批判的思想亦不无偏颇之处，也存在简单化、教条化、片面化、绝对化的问题，他的这些认识，影响了后来思想认识和思潮的发展；另一方面，他也从历史的眼光认识到他所讨论的中国古代君主"专制"制度与中国古代文明之得之失的辩证联系，如他在批判古代专制的同时，认为在中国以"尧舜"为标志的上古文明确立初期，"欲使国内无数之小群泯其界限，以成一强固完整之大群，非专制不为功也。尧、舜之有大造于中国，即在此焉耳"。梁启超：《尧、舜为中国中央君权滥觞考》（1901 年 12 月 21 日），汤志钧、汤仁泽编：《梁启超全集》第 2 集，国家清史编纂委员会·文献丛刊，第 387 页。梁氏在这里虽用的是"专制"一词，但与他所一贯批判的一无是处的"专制"在性质上是截然不同的，是他对中国早期文明形成历史的客观肯定。在他晚年，对中国传统文明的认识则又有了更为积极的认识。但整体上看，在近代中国那个历史大转

国民的力量，呼唤代表国民意志的新政治的出现，但他却犹豫彷徨，主要致力于思想的传播和上层改造路线的奔走，并不敢进行触动乃至真正深入广泛的人民革命运动之发动与组织，因此他所期望"国民"的运动和"国民"的政府，只能待后来的革命者尤其在五四时代大潮中成立的中国政治发展的新生力量中国共产党，通过轰轰烈烈的民众运动和革命斗争，进行推翻国内的专制势力和国外的殖民主义势力的新的历史阶段的民族民主革命的伟大斗争了。这就是近代中国改革和革命运动一浪高过一浪地进行民族复兴的历史逻辑之发展和历史运动之发展，也是对梁氏反专制思想合乎逻辑地发展、接续和超越。

折的时代，梁启超对专制体制的批判总体上是符合新时代发展要求的，他对中国历史的批判，对于当时中国政治制度和思想文化的反省、改革与革命都具有十分重要的思想价值和现实推动意义；他对专制体制的批判，对少年中国的呼唤，对五四新青年群体和早期中国共产党人革新、革命思想的形成，也具有不可忽视的启发和促进作用。可参见史云波、董德福：《梁启超：五四新文化运动的先驱》，《中州学刊》1999 年第 1 期。

第二节　北洋时期的军阀纷争与时代主题

辛亥革命推翻了清王朝，结束了中国存在了几千年的君主独裁政体，建立了中华民国，确立了革命者梦寐以求的民主共和的现代政治体制和制度。然而令人们始料不及的是，中华民国并未就此走上民主共和的坦途。先是同盟会—国民党与袁世凯的势力随着政治纷争的逐渐加剧而陷入政治对立和军事争斗的局面，其后在袁世凯称帝身败名裂后，政治益呈纷乱之状，军事势力成为主导中国政治发展的主要力量，形成了军阀各树旗帜、争雄称霸、混战割据的局面。自 1912 年北洋军事集团首领袁世凯在北京掌控全国政权，到 1928 年原属于北洋军事体系的奉系宣布东北易帜，一般史称北洋军阀时期。这一时期的军阀历史，历来为近代史家所重，李新、彭明、来新夏等中国大陆前辈学者曾有专著或专论探讨，张玉法等中国台湾学者亦曾有专文并编有专辑研讨，海外学者如陈志让、齐锡生等也著有专书论析。[①] 关于这一时期历史的研究，虽然其较近代其他历史时期为短，但据学术期刊网统计，迄今以军阀为题的论文就有 1600 多篇，其中主要是研究北洋军阀

---

① 论著主要有：李新：《军阀论》，《史学月刊》1985 年第 1 期；《北洋军阀的兴亡》，《史学月刊》1985 年第 3 期。彭明：《北洋军阀（研究提纲）》，《教学与研究》1980 年第 5、6 期。来新夏主编：《北洋军阀史稿》，湖北人民出版社 1983 年版；来新夏：《北洋军阀史》，南开大学出版社 2000 年版。陈志让：《军绅政权——近代中国的军阀时期》，生活·读书·新知三联书店 1980 年版。齐锡生：《中国的军阀政治（1916—1928）》，杨云若、萧延中译，中国人民大学出版社 1991 年版。张玉法主编：《军阀政治》，《中国现代史论集》第五辑，台北联经出版事业公司 1980 年版，等等。

问题的。这也反映了学界对这一时期历史尤其是北洋军阀历史的研究还是相当关注的。就整体看来，其研究多为人物、事件、战争等问题的具体探讨，此外涉及军阀特点、国家的政治制度等问题。笔者认为，学界对北洋政府时期的一些重要问题的研究尚重视不够，仍有进一步探讨的空间，如军阀时期的军阀纷争与时代主题的问题。这一问题以往虽有论及，但尚未见专题研究。对这一问题的研究，将有助于我们认识那个看起来纷纭复杂历史时代的真实面相。

一、军阀纷争现象的出现及其政治原因

在讨论这个问题之前，先定义我们研究的对象——北洋军阀。近代史家多把 1912 年北洋军事集团首领袁世凯掌控北京政府，作为北洋军阀时代的开始，并将其历史划分为四个时期：北洋军阀袁世凯统治时期（1912—1916）；北洋军阀皖系统治时期（1916—1920）；北洋军阀直系统治时期（1920—1924，其间 1920—1922 年间与奉系共同统治）；北洋军阀奉系统治时期（1924—1928）。要准确地定义北洋军阀，就必须把握军阀的确切含义。什么是军阀？根据商务印书馆《现代汉语词典》修订本的解释，军阀词义有两项：一、"旧时拥有武装部队，割据一方，自成派系的人：北洋军阀"；二、"泛指控制政治的反动军人"。[1]《新华词典》修订本的解释是："拥有武装部队，并能控制政治的军人或军人集团。中国旧时的军阀，拥有军队，霸占一方，自成派系，并多投靠某个帝国主义国家。"[2] 就《现代汉语词典》的释义看，第一项是本义，第二项是引申义。对北洋军阀定义适用于第一义项。就《新华词典》的释义看，对北洋军阀的解释与《现代汉语词典》第一项的解释基本相同。其中，两词典分别就有关内容强调了"旧时"的时

---

[1] 《现代汉语词典》（修订本），商务印书馆 1996 年版，第 692 页。
[2] 《新华词典》（修订本），商务印书馆 2001 年版，第 540 页。

限。其所谓旧时，根据其内容所指，只能是民国时期尤其是民国前期的北洋军阀时期最为典型。因此，根据这一定义，我们可以再给军阀下一个简短的定义：拥有武装部队，割据一方，自成派系，以自己掌握的武力为后盾控制政治的军人或军人集团。

考察军阀定义中有四个要素：第一是要有武装，是指必须有个人完全控制的军队，如果没有必要数量的武装就不可能成为统率众多军队的军阀。第二是割据一方，是指占有地盘，如果不割据一方地盘，在统治空间上就无法形成独立于其他军事集团甚至独立于中央政府的割据性力量。第三是自成派系，不自成派系，在军事权、财政权、人事权等方面就不能维护自己独立于其他军事集团甚至独立于中央政府的利益和权力。第四是以武力为后盾干政、控政，这是其他各项必然的体现和延伸。拥有个人武装本身就是对国家法纪的背叛，割据国家的一方领土更是使国家陷于分裂境地的叛乱行为，自己拥有一套独立的军权、财权和人事大权是对国家统一的政令军令和财政的颠覆。不仅如此，只要有可能，更进一步的是要依靠其武装力量掌控地方行政乃至中央政府的大权。应该说，符合前三项的，是军阀；完全符合四项的，当然更是军阀；但如果只符合第四项，称为"军阀"尚欠准确，称为"军事独裁者"或"军事专制者"可能更为恰当。以此为标准考察民国前期的军阀，那么，统治北京政府时期的袁世凯称为军阀似欠恰当，其后的皖系、直系、奉系则无疑是军阀。所以自袁世凯军事专制统治结束之后，即进入军阀时期，即其纷争时期。皖、直、奉等各派军阀，因各有其军队，各有其地盘，各有其派系，皆有控制地方政治乃至全国政治的目标，故相互纷争不已，直皖战争、第一次直奉战争、第二次直奉战争等军阀战争可视为此。军阀时代的一个突出特点，就是军阀的割据和军阀之间的纷争与混战。

军阀纷争现象的形成，有经济方面的原因，有军事方面的原因，还有国际方面的原因。但就政治方面而言，国家缺乏能够统一领导和控制全国军事力量的政治核心力量，是一个重要的原因。这个核心，可以是一个为全国各地军事势力所拥戴的个人，也可以是一个强有力的领导集体。但是，袁世凯死后，形成了以段祺瑞为核心的皖系地方化势力和以冯国璋为核心的直系地方化势力，北洋军事集团陷入分裂。对于这时的北洋军事集团，段祺瑞无力领导，冯国璋无力领导，继任的大总统黎元洪也无力领导。这时的核心，不再是全国军事力量的核心，而是地方化军事力量的核心。为国家服务的军事力量演化成为地方性利益服务的军事力量，这样，这些军事力量不但不再是国家的保护力量，反而变为国家的破坏力量。对此，当时的人就有明确的认识。有论者说："袁殁，冯以副座代总统，段以陆长兼揆席，府院争权，皖、直之仇，愈结而不可解。军阀暗斗，各伸势力，于是大军阀造小军阀，而军阀遍国中矣。"[①] 根据陈独秀的观察，"中国政治纠纷之根源，是因为封建式的大小军阀各霸一方，把持兵权、财权、政权，法律舆论都归无效，实业、教育一概停顿……全国兵马财政大权都操在各省督军总司令手里，连国有的铁路、盐税他们都要瓜分了"[②]。因此他认为"中国此时的病症，是武人割据"[③]，而不是其他问题。孙中山也指出："顾吾国之大患，莫大于武人之争雄。"[④] 在南方护法时期他就注意到："在北，冯有冯一团体，段有段一团体，其余师长、督军，拥兵自固，各有一团体。南方亦然。今日中国遂成一纷纷之逐鹿之现象。"[⑤] 后来，他更明确地指出："构成中国之战祸者，实为互相角立之军阀"[⑥]。1921 年 9 月，杨荫杭根据他对直奉两系矛盾的观察，发表《北军阀破裂之朕兆》一文称："今日之有奉派、直派，犹五季之有朱全忠、李存勖。其势不能相容，此无可讳言。"军阀角斗，虽"一败一胜，一

---

① 南海胤子：《安福祸国记》，第 140 页。
② 陈独秀：《对于现在中国政治问题的我见》（1922 年 6 月），《陈独秀文章选编》中，第 187 页。
③ 独秀：《联省自治与中国现象》（1922 年 9 月），《陈独秀文章选编》中，第 204 页。
④ 孙文：《辞大元帅职通电》（1918 年 5 月 4 日），《孙中山全集》第 4 卷，中华书局 2006 年版，第 471 页。
⑤ 孙中山：《在宴请滇军第四师官佐会上的讲话》（1918 年 1 月 18 日），《孙中山全集》第 4 卷，第 300 页。
⑥ 孙中山：《中国国民党第一次全国代表大会宣言》（1924 年 1 月 23 日），《孙中山全集》第 9 卷，第 117 页。

盛一衰，仍不脱割据之局。国民虽厌兵，馨香祝统一，而就大势观之，其期犹杳不可知，是可太息也"。① 稍后亦有人论及袁世凯当政时尚能维持统一而其毙命后呈现军阀纷争之因，以为袁世凯在世时，以其门第、资格、誉望"均足以笼罩北洋全体……故能以旧式伦理观念，维持北洋纲纪。袁殁以后，冯、段、王都是比肩事主之昆季，曹、吴、孙、张之对冯、段、王，等于疏远之宗族，赏罚稍有偏私，怨望形于诟谇。'纲纪'二字，已不复为军人所重，此倾彼轧，尔诈我虞，遂酿成三个溃灭的方式：其一，是'倒戈'……凡位至师长者，即希冀督军，欲得督军，必以倒戈为捷径……其二，是'暗杀'……故冯氏鸩杀陕督阎湘（相）文，吴氏鸩杀鄂督萧耀南……其三，是'专政'。民国初年，袁世凯严戒所部，谨守军人不得干政之训，故尚能保存军民分治之形式。民五以降，军人政欲顿炽，总揽军政大权，遂成通例。各省督军，必兼师长、省长，前者意在拥兵自卫，后者意在剥民敛财"②。这种军阀纷争和割据的出现，很大程度上在于国家失去了强有力的政治中心力量的必要控制和有效管理。

二、军阀的地域割据与国家认同

在北洋军阀纷争时代，国家虽然呈现纷乱和割据状态，尽管有时出现与北京政府对立的南方护法政府及大元帅府，但就北洋军阀体系而言，在北京中央政府之外始终没有树立第二个中央政府。虽然奉系于第一次直奉战争失败后割据东北自治，拒绝接受北京政府管辖，但并未另立国家系统。也就是说，北京政府代表国家的正统地位和中国是一个统一的国家的思想，是军阀们的共识。他们的纷争、割据和分裂，不是为了另立国家，而是出于这样的

① 老圃：《北军阀破裂之朕兆》，《申报》1921 年 9 月 14 日，载杨荫杭著，杨绛整理：《老圃遗文辑》，第 412 页。
② 吴虬：《北洋派之起源及其崩溃》，《近代稗海》第 6 辑，四川人民出版社 1987 年版，第 284 页。

现实目的：力量局限在省区内的军阀们的目的，是为了维持现状并求进一步的发展；力量超出省区并能影响全国的军阀，则控制数省区的政权以至国家政权或志在争夺数省区的政权以至国家政权。

美国学者齐锡生在研究中国的统一传统信念与军阀行为的关系时说："中国人最根深蒂固的信念之一，是国家必须统一……国家应该统一的原则得到全国从学者到农民的一致的赞同，成为一条毫无疑问的信念。这个观点指导和规定中国人的思想和行为，一个政治组织如果敢于违背这个全国一致赞同的信念，他就别想得到人民对其权威的承认。"而"普遍地赞成国家统一，使所有军阀的合法性产生了危机，他们陷于既希望保持其政治独立性，又无法否认全国统一原则的矛盾之中"[1]。齐锡生看到了军阀割据的事实与他们不得不承认的国家统一原则之间的矛盾关系，按道理，军阀的割据，就是对国家统一事实上的背叛。但这种割据，在军阀们看来，又不能公然抗拒国家统一的原则，如果他们公然对抗国家统一的原则，他们的统治就得不到"人民对其权威的承认"，因此，这就"迫使所有具有强大力量和野心的军阀都为统一国家而努力"[2]。无论皖系、直系还是奉系力量独大时，都追求武力统一国家的目标，而力量不足的军阀则在虚尊北京政府的姿态下保持割据或半割据的状态。有趣的是当时的军阀宣布独立的现象，这里的所谓独立，不是另立另组织国家之谓，只是不受其所反对的中央政府管辖之意。他们认同的仍是中国这个国家，只是不认同其所反对的中央政府而已。

这种对一个国家的认同，虽然能使军阀们存在于一时，却无法给其提供长久存在的依据。而"全国一致的统一倾向，使所有军阀的独立政权的合法性很容易受到责难"[3]。军阀割据的合法性不仅受到民众的质疑，而且"几乎所有重要的军阀都在这时或那时投入对军阀主义的严厉攻击，提倡裁军，谴

---

① 齐锡生：《中国的军阀政治（1916—1928）》，第 181 页。

② 齐锡生：《中国的军阀政治（1916—1928）》，第 182 页。

③ 齐锡生：《中国的军阀政治（1916—1928）》，第 184 页。

责军阀统治的实质。但批评总是针对别人，从不针对自己。这种虚伪当然是不能持久的。骂了别人，实际上也骂了自己。结果，每个人的合法性都被削弱"①。

国家认同，既是传统的，也是现代的。传统中国"一个很重要的主张便是整个中国地域的统一，这是一种与中国的文化和社会相一致的组织形式"②。而现代民族主义思潮在19世纪末20世纪初的勃兴，也使现代民族国家的认同进一步强化和彰显了国家统一的原则。在这样的潮流面前，军阀为扩张势力既有与列强勾结的需要，又自觉不自觉地保持一定的民族主义情结和情绪，在一定程度上与列强保持一定距离。在对外方面，他们更不愿意违背国家的认同原则。军阀有时会为了自身需要，向某外国妥协，但他们并不是一般意义上的"卖国"。国家的认同观念，对他们在与外国列强打交道时是有约束力的。在这样的思想背景下，中国虽然因缺乏政治上的中心势力而出现了军阀纷争与割据的局面，但国家统一的原则反而因割据与分裂更加强化，甚至连割据者本身都不能不认同，中国统一的思想力量有多么的强大和权威，是可以想见的。

三、军阀的军事扩张与军阀分裂

军阀时代的纷争，造成了军阀间扩张军备竞争。军阀的势力在短短几年之间以惊人的速度在扩张，即使力量比较弱的军阀，也不甘心在未来的竞争中失败，而竭力扩军。扩军与扩张地盘往往联系在一起，但军队比地盘更为重要，有了军队，没有地盘可以有地盘，没有了军队，原有的地盘也必然丢失。但是军队一旦扩张到一定程度，就必然要求扩张地盘，以作为军队兵源和军费的基础。

---

① 齐锡生：《中国的军阀政治（1916—1928）》，第184—185页。
② ［美］费正清、罗德里克·麦克法夸尔主编：《中华人民共和国史（1949—1965）》，上海人民出版社1991年版，第12页。

军阀的扩军是随着北洋军事集团的分化和分裂而出现的军事行为，是国家军事权衰落的必然表现。本来，军事权是国家行为，任何军队的成立、扩编、改编等事宜，军队的调动和战争等行为，只有国家军事当局才有决策权和最高指挥权。但北洋军事集团在袁世凯死后，群龙无首，段（祺瑞）、冯（国璋）不和，各自为政，渐成皖系、直系分离之局。是时，皖系干将"徐树铮患北洋将校之不用命，且与段系将校曲同丰等不和，故借奉天之力以练新军，初成步兵三旅，炮兵一旅。及参战处成立，即划为参战军。其后，第一旅改编为第二十四混成旅，赴福建，而日本借款，陆续交付，段用曲同丰等练兵三师。徐部乃改称西北边防军，合计四旅"①。段系在北洋军事编制之外，另组建参战军及西北边防军，就是要建立和扩充自己的嫡系军事力量，以备不测。与此同时，各省督军也"纷纷增兵"。如果说皖段扩军无论如何尚有其立足北京政府的依据，那么各省扩军则纯粹属于地方督军自己的行为。各省督军擅自扩军的行为，导致北洋内部的军事竞争空前加剧，不断发生的军阀战争随之而至。

直皖战争后，直系军队即进行大扩充。直接由混成旅扩充为师者4个，由补充旅扩充为混成旅者4个，加上原有的第三师和改编的，直系嫡系部队合计共计7个师又5个混成旅，隶属于直系的省军尚不在内。② 到第二次直奉战争前，直系直接控制的地区直、鲁、豫、热、察、绥省区的兵力，计有直隶6师8混成旅2混成团，河南5师5混成旅4混成团，山东1师9混成旅1混成团1团，热河1师1混成旅1巡防队1游缉队1巡防营1毅军翼，察哈尔2混成旅2旅，绥远2混成旅2混成团3营，总计兵力在25万，还不包括其所控制的湖北、陕西、江苏、福建、四川等省的兵力。③ 奉系军阀1922年第一次直奉战争失利后，为准备在未来的战争中取得胜利，更是整

---

① 文公直编：《最近三十年中国军事史》第二编"军史"，沈云龙主编：《近代中国史料丛刊初编》第64辑（639），台北文海出版社1966年版，第10—11页。

② 文公直编：《最近三十年中国军事史》第二编"军史"，沈云龙主编：《近代中国史料丛刊初编》第64辑（639），第12页。

③ 文公直编：《最近三十年中国军事史》第二编"军史"，沈云龙主编：《近代中国史料丛刊初编》第64辑（639），第19—24页。

军、扩军。第一，在整军中，强调提高军队的素质和战斗能力，淘汰老弱杂散者，充实年轻精壮者，将其部队整编为 3 个师、27 个旅、骑兵 5 个旅，以每一旅 3 个团为标准，约有 25 万人的兵力，并扩编了 2 个炮兵独立旅和一个重炮团。第二，创建空军。新成立的东北航空大队由张学良主管，决定向德、意购买新式飞机 250—300 架，向法国购买最新式飞机两批各 20 架。其中，耗巨资购买了 30 架轰炸机，共编为 4 个大队，聘请国内外教官训练。为应付战争需要，在各战略要地修筑机场和材料库。第三，编练海军。在保安司令部内设航警处，负责东北江防舰队之整顿和训练，拥有"镇海"和"威海"两舰，以后发展到大小舰只 21 艘，计有舰队官兵 3300 余人。第四，大力扩建奉天兵工厂，发展军事工业。奉天兵工厂年预算为 200 万元，每年能生产大炮（包括山炮、野炮、重炮等）约 150 门，炮弹 20 万发，步枪 6 万余支，子弹 1 亿至 1.84 亿粒，轻重机关枪 1000 挺以上。第五，改善军用交通与通信条件。一是对不处于铁路沿线的各军驻地之间修筑公路；二是对战略要地附近的铁路线增修了待避线和给水、给煤设施；三是为各军设立与后方总司令部直接联系的电话线路，并在沈阳、哈尔滨、锦县等地建立了无线电台，在各军设立无线电通信班。第六，设立军官学校和专门军事技术学校，培养军事指挥人才和军事技术人才。在奉天设立陆军东北讲武堂，作为训练军官的教育机构，张作霖自兼堂长，张学良兼总监，加紧训练学员；在哈尔滨与葫芦岛设立海军学校，训练海军军官和海军技术人才；在全军各师旅设立士官教导团，教授军事技术即掷弹、炸弹之使用、毒瓦斯之放射、火焰放射器之使用等作战实用技术。[①] 奉系的军备和军事扩张，为其在第二次直奉战争中取得胜利奠定了军事基础。

　　冯玉祥 1922 年 5 月在第一次直奉战争中入豫时只有 1 个师的兵力，逐走河南督军赵倜后，通过改编散兵和下去招募很快募足了 5 个补充团。10 月，冯玉祥奉调北京任陆军检阅使时先秘密地将新成立的补充团运京，随后

---

① 来新夏等：《北洋军阀史》下册，南开大学出版社 2000 年版，第 786—788 页。

带领其原有的第十一师离豫赴京就任陆军检阅使之职。① 在陆军检阅使任上，冯玉祥又运用早年与时任国务总理兼陆军总长的张绍曾的历史关系，得其帮助，冯部得以改编为 1 个师又 3 个混成旅。② 到第二次直奉战争"首都革命"后，又扩建为更大规模的国民军第一军。冯玉祥如何重视扩充军队，由此可知一二。

陕军胡景翼部在 1922 年第一次直奉战争时，有 1 个师又 2 个混成旅编制，共 1 万余人。③ 到 1924 年第二次直奉战争后入豫时号为国民军第二军，不足 4 万人，而发展到 1925 年夏，该部共编有 11 个师、18 个混成旅、2 个骑兵旅，另有 12 个补充团、6 个独立步兵团、1 个独立骑兵团、3 个独立炮兵团，根据北洋军队编制，其总兵力在 20 余万人。④ 其兵力在 3 年内扩张了 20 多倍。对于国民二军的激增数额，外界纵然无从得知其详，"即胡景翼自身已骤难明其确数也"⑤。无独有偶，张宗昌据鲁时，也有如此经历。据载"张宗昌所部之军师旅等，其兵员数及械弹数，究有若干，即张宗昌本人亦不能确知"⑥。军队扩张得如此之快，以致其主帅都不得其详，这样的军队岂能进行有效管理、约束和训练，表面强大，实则一遇战事，难免溃败，其结果和扩军者的最初愿望背道而驰。

在这样的竞争中，有征服他省甚至问鼎中央政权者争相扩军，没有问鼎中央政权野心的军阀甚至没有征服他省愿望的军阀也在扩军，山西阎锡山的晋军系统和四川的川军系统就是如此。对阎锡山来说，扩军是为了能守住他

---

① 王天奖等:《河南通史》第 4 卷，河南人民出版社 2005 年版，第 238 页。
② 冯玉祥:《我的生活》，中国工人出版社 2007 年版，第 259 页。
③ 文公直编:《最近三十年中国军事史》第二编"军史"，沈云龙主编:《近代中国史料丛刊初编》第 64 辑（639），第 175 页。
④ 王天奖等:《河南通史》第 4 卷，第 240—241 页。
⑤ 文公直编:《最近三十年中国军事史》第二编"军史"，沈云龙主编:《近代中国史料丛刊初编》第 64 辑（639），第 177 页。
⑥ 文公直编:《最近三十年中国军事史》第二编"军史"，沈云龙主编:《近代中国史料丛刊初编》第 64 辑（639），第 164 页。

苦心经营的山西。在袁世凯统治时代，阎锡山为防止袁世凯的猜忌，有意裁减自己控制的军队，将 1 师 1 混成旅兵力削减为 2 混成旅，后又削减为 2 混成团。袁世凯死后，对阎锡山来说自己扩军已经没有外在的压力和约束，便于 1917 年肃清外来的异己势力，控制了山西的军政大权，在原有军力的基础上，将晋北镇守使孔庚被逐后的兵力改编为 1 混成旅，将警备队改编为陆军步兵旅，并派员赴日购得新枪 2 万余杆、子弹 1000 万发及炮与炮弹等。同时，扩充机器所为修械局，实则为兵工厂。① 到第二次直奉战争前后，全军有 2 师 12 个旅，步兵将及 40 团，骑炮兵各 2 团又各 10 余营，人数约达 8 万，在乡军人及后备军官尚不计内。② 在此期间，山西基本上未遭受如其他省那样的战争之害，晋军也未作为主要角色参与他省甚至全国的军事战争，但晋军的增长也是可观的。③ 四川军阀在这一时期也主要是致力于省内，未作为主要角色参与他省甚至全国的军事战争，但扩军规模也极为可观，远远超过晋军，且其扩张军队并不是像晋军那样对本省取"保护主义"，而是用于本省的内战。川军在民国元年时是 2 个师，袁世凯败亡后黎元洪继任大总统时，有 5 个师。到 1922 年时，川军就扩大到有 9 个师、1 个独立师、9 个混成旅、3 个独立旅、1 个警卫团的庞大兵力。④ 而在随后与北洋直系吴佩孚的合作与攻战期间，各派军阀又有很大的扩张，时全省共有军队 28 个师又 37 个旅，10 余个团，员额在 25 万余人⑤。其"军队之复杂，真无可查

① 文公直编：《最近三十年中国军事史》第二编"军史"，沈云龙主编：《近代中国史料丛刊初编》第 64 辑（639），第 126—127 页。
② 文公直编：《最近三十年中国军事史》第二编"军史"，沈云龙主编：《近代中国史料丛刊初编》第 64 辑（639），第 129 页。
③ 到 1928 年阎锡山参加国民革命军时，更扩充为拥有 3 个军团 12 个军兵力的大军阀了。那时，阎锡山开始参与山西以外的军事争斗了。见文公直编：《最近三十年中国军事史》第二编"军史"，沈云龙主编：《近代中国史料丛刊初编》第 64 辑（639），第 132—133 页。
④ 文公直编：《最近三十年中国军事史》第二编"军史"，沈云龙主编：《近代中国史料丛刊初编》第 64 辑（639），第 416—418 页。
⑤ 文公直编：《最近三十年中国军事史》第二编"军史"，沈云龙主编：《近代中国史料丛刊初编》第 64 辑（639），第 419 页。

考。总计其名目之众，军队之多，甲于全国。以派别言，则有刘存厚派，刘湘派，蔡成勋派，袁祖铭派（袁虽黔军但所部尽驻蜀中），熊克武派（熊已率所部汤子模等入湘转粤后被解散）等等；又有以学系别为'军官派''速成派'者①。四川军阀派系复杂，利益不同，各自对立，相互混战，竞相扩军，使四川陷于长期混战的局面。

军阀的军事扩张，可以通过这一时期在战争中参战人数的增加得到说明。1917—1926年，10年间参战人数增长了10倍多，体现了这一时期军队不断扩张的一个侧面。1917年参战人数为5.5万人，1918年为10万人，1920年为12万人，到1922年达到22.5万人，1924年达到45万人，1926年又增至60万人②，双方参加战争的人数由几万到十几万、几十万，战争的规模、程度、范围都在发生巨大的变化，军阀战争问题成为困扰那个时代最严重、最急迫需要解决的问题。

军阀的军事扩张，看起来是军阀势力大大地扩充了，其实还有问题的另一面。军阀扩军到一定时期，必然导致军阀间的战争，军阀战争又大大削弱了军阀的力量，尤其是使军阀间的矛盾和裂缝越来越大、越来越多，最后导致军阀体系的裂化和碎化。本来，北洋军事体系是一体的，但袁世凯死后，出现了皖系和直系的分裂。直皖战争后，皖系碎化了，只残存了卢永祥部等几个碎片，皖系再也无法形成内战中的主角。直皖战争后，直系和一度合作的奉系分裂了，第二次直奉战争后，直系主力也碎化了，只有湖北的萧耀南部和保持半独立状态的孙传芳部，在以后的内争中也只是外强中干，缺乏真正的实力。第二次直奉战争后奉系与国民军的合作也未能维持多久，国奉之战于1925年底到1926年初爆发，直系吴佩孚这时东山再起，加入到奉方共

① 文公直编：《最近三十年中国军事史》第二编"军史"，沈云龙主编：《近代中国史料丛刊初编》第64辑（639），第418—419页。
② 参见齐锡生：《中国的军阀政治（1916—1928）》，第129页之"1916年间主要战争中参加人数"表。其"1916年间"之句当为"1916年后"或"1917年至1928年"之误，本处转取其表中1917年至1926年时段资料。

同与国民军作战。在这场战争中，国民军严重受挫，尤其是国民二军全军瓦解。当时，国民二军虽然受到新兴的革命思想的某些影响，但其扩军的行为仍是军阀性的，而至其失败时，因其扩军之速，其碎化之状也更加严重。

齐锡生对于段祺瑞因采取高压方式而导致其他反皖派系产生并导致北洋军事集团的破裂一事指出，段祺瑞"本来想恢复北洋的团结，结果却将其分裂成毫无希望的碎片而结束"①。段祺瑞希望保持北洋军事集团的一致，而事实上却导致其碎片的结局，自然不仅仅是高压的问题，更主要的问题是北洋军事集团已经无法形成公认的政治核心人物和政治核心力量。段祺瑞只能代表部分力量，冯国璋也只能代表部分力量，他们连北洋军事集团都无法代表，自然更不足以代表整个国家。其后的军阀由于益形分裂，无论何派当政，在实力上固不足以统一国家，而在政治上与段、冯相比所得拥护范围愈小，故其失败更惨。北洋军事集团既然因缺乏政治上的核心人物而裂化与碎化，在其派系益形分裂的情况下，虽然有的军阀持有武力统一整合的志向，却也只能是一个残破的梦想。

四、时代问题与时代主题

在北洋时代，其时代性问题就是军阀问题，就是军阀的纷争、割据、战争问题，这个问题不解决，国家和社会就无法正常运转。因此，说这个时代的第一号大问题就是军阀问题，应该说是不会有什么疑义的。但如果说其时代主题是什么，答案就有可能不同，因为民主和科学是那个时代的潮流，革命也是那个时代的潮流，民族主义思潮也是那个时代的潮流，时代潮流和时代主题是一种什么样的关系就需要探讨。但是，一个时代的潮流可能有多起并相继而起，但一个时代的主题只能是一个。在辛亥革命的时代，其时代主题是建立民主共和的现代国家；日本全面侵华时期，其时代主题就是抗击日

---

① 齐锡生：《中国的军阀政治（1916—1928）》，第 32 页。

本帝国主义的侵略,抗日救国。1916年后那个时代的主题,就是国家的统一问题,就是结束国家内部的军阀纷争、内乱和战争局面,形成统一的国家政治力量和政治力量领导下的统一的军事力量、经济力量和外交力量,使国家和社会走上正常发展轨道的问题。因为国家的统一是社会正常运转和人民安居乐业的基础,没有这样一个基础,国家陷于分裂和内战之中,人民处于战争的灾难之中,连正常的生活都不能,何谈其他?当然,国家的统一,方式有多种,有用武力的统一,也有和平的统一;有军阀谋求的统一,也有民主力量谋求的统一;等等。军阀谋求武力的统一,有时也不排斥利用和谈达到统一;民主力量谋求和平的统一,但也不排除利用革命武装进行国家统一的革命战争。问题是北洋军阀已经陷入分裂和混战状态,他们在政治上既昧于时代又无长期的政治理想和计划,既不具备统一中国的政治资格,也不具备统一中国的现实能力,尽管不同的军阀做过不同的武力统一与和平整合的尝试。在这样的情况下,完成统一中国这一时代主题的任务,只能由新的政治力量来完成。以国共两党合作为基础的国民革命运动和在这一运动中成长起来的政治与军事力量,担当了统一中国的历史任务。国共两党领导人对这样的历史任务,有着高度的自觉和清醒的认识。

孙中山向外国记者这样表述他对那个时代的敏锐洞见:"中国人民对连续不断的纷争和内战早已厌倦,并深恶痛绝。他们坚决要求停止这些纷争,使中国成为一个统一、完整的国家。"他严正地表示:"我们正在尽力完成赋予我们的这一艰巨的历史使命。"[1]1921年9月平定广西后孙中山在宴请即将北伐的将领时称:"于平桂之后,再做一番功夫,以统一中国。中国既统一,则四万万同胞可以得享真正之安宁幸福矣。"[2]只有国家统一,才能消除军阀的内乱和纷争,才能使国人摆脱战火的蹂躏和离乱的痛苦,才能使国人过安宁和幸福的生活。蔡和森则更侧重怎样统一的问题,他认为:"政治上的统

---

① 孙文:《在广州与苏俄记者的谈话》(1921年4月),《孙中山全集》第5卷,第527页。

② 孙中山:《在广州宴请北伐军将领时的演说》(1921年9月6日),《孙中山全集》第5卷,第597页。

一，显就不是混合或调和各大军阀的旧势力可以做成的；乃须经过不停的革命奋斗才能真正成功"①。在他看来，军阀的"武力统一"是军阀专政，军阀的"联省自治"是军阀割据，这样的统一只能维护军阀统治的残局，达不到真正的国家统一的目的；解决中国问题的根本出路或者说"唯一的出路"，就是"推翻军阀"；而"根本的问题"在"怎样推翻军阀"，就是"怎样革命"。他认为，"惟一的出路，只有贯彻民主革命"，这样的统一，"才能够真正的统一"②。孙中山领导的国民党显然是致力于实现中国统一的现代政党，中国共产党也是致力于中国统一的现代政党。中国共产党成立的第二年就在其第二次代表大会上宣布了"消除内乱，打倒军阀，建设国内和平"和"统一中国本部"作为奋斗目标的第一条和第三条③，而第一条和第三条则正是要解决打倒军阀、统一中国的这一时代任务。其第二条"推翻国际帝国主义的压迫，达到中华民族完全独立"④则是与第一条和第三条打倒军阀完成国家统一的历史主题紧密相连的，一个自身不能统一的国家在国际舞台上显然是难以取得独立地位的。

国共两党都是主张用民主革命的方式统一中国的政党，就当时中国的时代主题而言，两党的认识则是基本一致的。因此，以国共两党合作为基础的国民革命运动和国民革命运动潮流下的北伐战争，是打倒军阀、统一中国的革命运动和革命战争。因为在军阀纷争的历史时代，只有革命运动和革命战争能够打倒军阀、结束纷争的政治秩序，而军阀们的武力统一则只能维持甚至加剧军阀纷争的原有政治秩序。究其原因，就在于军阀纷争现象之所以出

---

① 和森：《统一、借债与国民党》（1922 年 9 月），《蔡和森文集》，人民出版社 1980 年版，第 97 页。

② 和森：《武力统一与联省自治——军阀专政与军阀割据》（1922 年 9 月 20 日），《蔡和森文集》，第 101—106 页。

③ 《中国共产党第二次全国大会宣言》（1922 年 7 月），中央档案馆编：《中共中央文件选集》第 1 册，中共中央党校出版社 1982 年版，第 115 页。

④ 《中国共产党第二次全国大会宣言》（1922 年 7 月），中央档案馆编：《中共中央文件选集》第 1 册，第 115 页。

现，是因为当时社会上缺乏能够担当起领导中国前进的政治中心力量。军阀自身无能为之，遂陷于军人武夫各自割据自雄的局面；而要消除这一局面，非有能够担当中国领导任务的新的中心政治力量的形成才有可能，而国共两党的合作就是当时中国所需要的新的中心政治领导力量。北伐战争能以少敌众并迅速取得胜利，在很大程度上依赖这种新的中心力量的形成。问题是，在国共合作为基础的北伐战争攻占武汉、南京、上海，南部中国统一到国民革命军旗帜下的时刻，蒋介石抛开武汉国民政府，另立了其军事强权支撑下的南京国民政府，开始清除和屠杀昨日的同盟共产党，独享北伐战争的胜利成果，导致了国共两党的分裂和领导中国统一的政治力量的分裂。蒋介石南京国民政府在清除中共这支新兴的政治力量的同时，大量地收编北洋军阀的原有武装，是联合军阀的统一，这样的统一，如蔡和森所言不是"真正的统一"，只能是形式上的统一。在国民党统治的 22 年中，也只是这种形式上的统一。而且，由于国共分裂，形成了国共对峙的局面。这一局面虽然在抗日战争时期共同对日的国共第二次合作中得以缓解，但抗日战争胜利后，国共两党的斗争又不可避免地提上了日程，就是因为国家的统一问题和国家的领导权问题，是一个国家的核心问题。在对外问题解决之后，国家的统一问题，由谁统一的问题，又成为那个时代的主题。这次，历史选择了中国共产党这一政治核心力量。中国共产党实现的不是联合军阀的形式上的统一，而是蔡和森所说的通过"不停的革命奋斗"实现的"真正的统一"。当然，今日的台湾问题，仍是当年国共内战遗留的问题，是那个时代遗留的问题。如何运用中国人的政治智慧解决这一问题，已不属本书讨论的范围。但由这一问题我们不能不看到，国家的政治中心力量的形成和团结、国家的统一和中华民族的团结在近代以来中国的历史上是多么的珍贵和重要。

第三节　民国时期的农村与农民

——以赋税与灾荒为研究视角[①]

关于南京国民政府治理下的农村和农民，已有不少研究成果，主要集中在两个方面：一种是讨论近代中国农村经济是发展了还是衰落了；[②] 另一种则探讨地权是集中了还是分散了。[③] 另外，对近代农民负担和自然灾害问题的研究也有一批成果。[④] 但对南京国民政府时期的"赋税"（主要为田赋）及与政

[①] 本节以 1927—1937 年南京国民政府统治区的乡村社会状况和农民生存状况为研究对象。

[②] 可参见郑起东的《近代华北的农业发展和农民生活》（《中国经济史研究》2000 年第 1 期），该文认为近代华北农业经济有某种程度的发展，并非传统观点所说的倒退或停滞；夏明方的《发展的幻象——近代华北农村农户收入状况与农民生活水平辨析》（《近代史研究》2002 年第 2 期），认为近代华北农业经济发展的观点，在事实上是难以成立的；李金铮的《延续与渐变：近代冀中定县农业生产及其动力》（《历史研究》2015 年第 3 期）提出了"增长与不发展"的认识。这些研究，从农业经济发展与否的角度立论，研究的虽然是华北地方区域经济，但其观照的问题却是近代中国的农业经济问题，其观点的碰撞，对于全面认识近代中国农村社会经济和农民生存状况是有价值的。

[③] 可参见中华人民共和国财政部《中国农民负担史》编辑委员会编著：《中国农民负担史》第 2 卷，中国财政经济出版社 1994 年版。该著主要观点为南京国民政府时期的土地关系有越来越集中的趋势。也有学者提出，南京国民政府的地权并不如以往认为的那样集中。

[④] 可参见刘五书：《二十世纪二三十年代中原农民负担研究》，中国财政经济出版社 2003 年版；中华人民共和国财政部《中国农民负担史》编辑委员会编著：《中国农民负担史》第 2 卷；夏明方：《民国时期自然灾害与乡村社会》，中华书局 2000 年版。《二十世纪二三十年代中原农民负担研究》的贡献是比较系统地梳理了 20 世纪二三十年代中原地区的农民负担问题；《中国农民负担史》第 2 卷主要着眼于晚清和民国时期的负担状况的梳理，着眼

府行为密切相关的"灾荒"这两个为中国历来所特别重视的要政，并以此为视角对政府与农民关系问题进行的系统研究，却少有涉及。基于此，本节以赋税与灾荒为研究视角，对1927—1937年（为行文方便，以下统称为"全民族抗战前十年"）南京国民政府的乡村社会状况和农民普遍生存状况进行梳理和分析，进而探讨政府与农民的关系、农民生存状况与政治兴衰的密切关系。①

一、赋税繁苛：严重剥夺农村至普遍贫困

中国古代在赋税与治国理政的关系方面，积累了很多成熟的经验与智慧，如提出了"薄敛"与"少征"的思想。孔子认为："时使薄敛，所以劝百姓也。"② 孟子说得更为明白："布缕之征，粟米之征，力役之征。君子用

于"近代"整体，对全民族抗战前十年的全国各地农民赋税问题有所梳理和介绍；《民国时期自然灾害与乡村社会》则专就民国时期的自然灾害的整体情况进行了探讨。

① 本节之所以选择赋税与灾荒这一视角，还基于另外两方面原因。首先，着眼于赋税与灾荒在政府和农民问题上的内在联系：从田赋及其附加税方面来说，掠夺性的征收制度是南京国民政府直接制定并实施的，虽然自耕农以及部分中小地主在这一过程中也受到不同程度的冲击，但地主最终还是将负担转嫁到农民身上，深受其害的是广大的贫苦农民；从灾荒方面来说，连年普遍的全国灾荒在很大程度上也是由于政府失职和腐败无能造成的，正如千家驹当时分析："'天灾'决不是偶然的"，"水旱和疾疫决不是不可以人力来预防的'天灾'"，天灾"都是社会条件所造成的'人祸'"（见陈翰笙、薛暮桥、冯和法编：《解放前的中国农村》第2辑，中国展望出版社1987年版，第402页）。其次，从这一视角对南京国民政府与农民关系的研究，与中共当时对国民党政权与劳苦民众矛盾主要点所做的分析和判断也是一致的。对于这一问题，1931年11月中华苏维埃全国政权建立后，中共中央委员会发布的第一次全国苏维埃代表大会告全国工农劳苦民众书，就明确提出要废除"一切苛捐什税"，同时指出"只有推翻国民党整个反动统治，建立工农劳苦民众的苏维埃政权，才能根本地消灭一切水灾"等灾害对农民生存状况的摧残，"才能够真正的根本地改善工人阶级与农民的生活状况"（见中央档案馆编：《中共中央文件选集》第7册，中共中央党校出版社1991年版，第441、442页）。这充分说明，当时的苛捐杂税与灾荒是农村经济受到摧残和衰败的主要因素之一，废除南京国民政府的"一切苛捐什税"是中共革命的一项重要斗争任务。

② 《中庸·右第十九章》，朱熹注：《四书集注》，"新刊四书五经"，中国书店1994年版，第29页。

一,缓其二。用其二而民有殍,用其三而父子离。"① 均主张把赋税限定在一定限度内。赋税之轻重,与统治阶级的兴衰交替有直接的关系。历代的治世大安之局,都是轻徭薄税政策刺激生产力迅速恢复与发展的结果;反之,滥征苛税,从中国古代"社会历史的总过程来看",当"农民负担达到高峰点的时候,接踵而至的便是大规模的农民起义"。② 因此,在正常情况下,统治者对赋税的征收,不能不控制于一定的额度。然而,近代以降,外部列强环逼,内部政治日非,各种负担累积,致使农民赋税越来越重,如"清末田赋负担的进一步加重",③ 到北洋政府又比晚清重得多。④ 从某种程度上说,晚清政府的垮台与北洋政府统治十几年便退出历史舞台,与农民负担沉重而失去民心不无关系。

南京国民政府建立至全民族抗战前,中国仍是一个以农业为主体的国家,国家负担的主要对象仍是农民。各地农民的负担主要是田赋及其附加税。⑤ 那么,南京国民政府这一时期全国各地田赋正附税征收的情况如何呢?

长江流域各省的附加税无不繁重。在江苏,如宜兴在民国初年,田赋每两仅征银一元五角,民尤以为苦,"今每两已征银五元有余";⑥ 泰县,忙银正税 1921 年是 1.5 元,附加税为 0.912 元;1929 年,正税是 1.5 元,附加税则增至 7.012 元;而 1931 年、1932 年、1933 年这 3 年,正税虽仍是 1.5 元,

① 《孟子·尽心下》,朱熹注:《四书集注》,第 344 页。

② 中华人民共和国财政部《中国农民负担史》编辑委员会编著:《中国农民负担史》第 1 卷,中国财政经济出版社 1991 年版,江东平序言,第 2 页。

③ 中华人民共和国财政部《中国农民负担史》编辑委员会编著:《中国农民负担史》第 2 卷,第 156 页。

④ 中华人民共和国财政部《中国农民负担史》编辑委员会编著:《中国农民负担史》第 2 卷,第 264 页。

⑤ 所谓"田赋附加税",是指国家规定的田赋"正税"之额外增加的税种与税额。"附加税"征收并非南京国民政府时期始,清代即有"火耗""平余"和"漕折",这些附加可以折入正税。民初北京政府准"附加"虽不入正税,但规定"附加"不得超过正税的 30%。程方:《中国县政概论》,"中央政治学校研究部丛书",商务印书馆 1939 年版,第 160 页。

⑥ 马乘风:《最近中国农村经济诸实相之暴露》,《中国经济》第 1 卷第 1 期,1933 年 4 月 15 日,第 6—7 页。

附加税均为 7.812 元，超过"正税五倍以上，而田亩特捐（每亩八分）等犹不在内也"；[①] 苏州 11 个村的具体材料表明，"1929 年苛捐什税的项目有 23 项，税额达 1597.94 担（一律折糙米），1936 年有 25 项，税额达 2131.50 担"，反映了国民党政权"在税收上对农民采取了残酷苛重的压榨政策"。[②] 在浙江，如杭县农民"最堪痛者为完粮（即地丁银）……清季定例，每两以一元五角计算……民国以来，变本加厉，任意加征。而杭县今竟以（已）加至九元六角矣"；[③] 江山县农民"钱粮一项，前数年仅二元余即足完一两，今年（一九三二）则一两非十元不可"。[④] 行政院农村复兴委员会对浙江农村调查的结论竟也是："浙江农村在这样的田赋制度下，受到了极大的摧残"。[⑤] 在江西，田赋一年实收"占全省（部）收入半数以上……田赋上附加，漕米一担，有抽至四十元以上者，已超过正税十倍以上。故江西农民担负极重"。[⑥] 其他如安徽、湖北和四川等省，附加税的增加也相当惊人。[⑦]

华南和北方地区各省的附加税逐年增加。在广东，如茂名田赋"三年间多了三倍"；番禺 1934 年与 1928 年比，"每亩所纳的税捐"，"五年间税率

① 孙晓村：《苛捐杂税报告》，《农村复兴委员会会报》第 12 号，1934 年 5 月 20 日，第 62 页。

② 陈翰笙、薛暮桥、冯和法：《解放前的中国农村》第 3 辑，中国展望出版社 1989 年版，第 330 页。

③ 吉翁：《纪杭县地丁银有感》，《钱业月报》第 13 卷第 7 号，1933 年 7 月，"述评"，第 5 页。见章有义编：《中国近代农业史资料（1927—1937）》第 3 辑，生活·读书·新知三联书店 1957 年版，第 23 页。

④ 毛子水：《南行杂记》，《独立评论》第 1 卷第 18 号，1932 年 9 月 18 日，第 18 页。

⑤ 行政院农村复兴委员会编：《浙江省农村调查》（1933 年），张研、孙燕京主编：《民国史料丛刊》（757），大象出版社 2009 年版，第 26 页。

⑥ 《江西整理田赋》，《申报》号外，1933 年 3 月 27 日，转自《地政月刊》第 1 卷第 4 期，1933 年 4 月，第 566 页。见章有义编：《中国近代农业史资料（1927—1937）》第 3 辑，第 28 页。

⑦ 参见《中国经济志·安徽省歙县》，1935 年，第 88 页，见章有义编：《中国近代农业史资料（1927—1937）》第 3 辑，第 26 页；孙晓村：《苛捐杂税报告》，《农村复兴委员会会报》第 12 号，1934 年 5 月 20 日，第 6 页；李作周：《中国底田赋与农民》，《新创造》第 2 卷第 1、2 期，1932 年 7 月，第 118—119 页，见章有义编：《中国近代农业史资料（1927—1937）》第 3 辑，第 30 页。

涨高了三倍的光景";[①] 因而"每亩完粮……增高至三倍余"[②] 是常见的情形。在广西,如贵县田赋附加"至民国二十二年,其数已达赋额二倍又百分之一十";[③] 武宣县"近年因新政繁兴,田赋加至四五倍之多"。[④] 广西田赋也在成倍增长。在山东,如烟台的田赋,在"民国十七年时,每亩地丁合每两三元有零,民国二十年,每两即增至三十六元有余之多"。[⑤] 冀豫两省之田赋与鲁省一样,也在翻倍地向前攀高。[⑥] 在陕西,如城固田赋等"几增加了十一倍";陕西虽地贫,却"以最瘠苦之民众,任最繁重之负担"。[⑦] 在绥远五原,农民"捐税苛繁,年增一年,农民负担,日重一日"。[⑧] 在晋甘青三省,农民的田赋也是如此苛重。[⑨]"农民负担,日重一日"可谓是对各省田赋正附税之繁苛的总概括。

研究中国财政问题的学者朱偰 1934 年根据对川西富饶之区崇庆县

---

① 陈翰笙编:《广东农村生产关系与生产力》,1934 年,第 43—45 页,见章有义编:《中国近代农业史资料(1927—1937)》第 3 辑,第 29 页。

② 蒲特:《粤变前的广东农村》,《中国农村》第 3 卷第 1 期,1937 年 1 月,第 76 页。见章有义编:《中国近代农业史资料(1927—1937)》第 3 辑,第 29 页。

③ 梁崇鼎等:《民国贵县志》卷 7,1934 年刊。见章有义编:《中国近代农业史资料(1927—1937)》第 3 辑,第 29 页。

④ 朱昌奎等:《民国武宣县志》第 2 编"社会"第 14 章,1934 年,第 25 页。见章有义编:《中国近代农业史资料(1927—1937)》第 3 辑,第 29 页。

⑤ 马乘风:《最近中国农村经济诸实相之暴露》,《中国经济》第 1 卷第 1 期,1933 年 4 月 15 日,第 7 页。

⑥ 参见孙晓村:《苛捐杂税报告》,《农村复兴委员会会报》第 12 号,1934 年 5 月 20 日,第 163 页;张锡昌:《河南农村经济调查》,《中国农村》第 1 卷第 2 期,1934 年 11 月 1 日,第 60 页。

⑦ 何挺杰:《陕西农村之破产及趋势》,南京《中国经济》第 1 卷第 4、5 期合刊,1933 年 8 月 25 日,第 7 页。

⑧ 陈赓雅:《西北视察记》上册,1936 年,第 73 页。见章有义编:《中国近代农业史资料(1927—1937)》第 3 辑,第 32 页。

⑨ 参见马乘风:《最近中国农村经济诸实相之暴露》,《中国经济》第 1 卷第 1 期,1933 年 4 月 15 日,第 5 页;徐正学:《农村问题》,1934 年版,张研、孙燕京主编:《民国史料丛刊》(672),大象出版社 2009 年版,第 395—396 页;顾执中、陆诒:《到青海去》,1934 年,第 262 页。见章有义编:《中国近代农业史资料(1927—1937)》第 3 辑,第 39 页。

田赋征收情况的分析指出："今年当在四次五次左右。于是田赋正附税负担总额已占总收益三分之二以上……苛敛一至于此，农村又安得而不破产耶？"[1]1935年他又对江苏海门"田赋附加税之重"的情况进行了考察，尖锐地质问："如此苛捐重敛，直'竭泽而渔'，欲农村经济之不破产，其可得乎？"[2]这一研究虽属四川和江苏的个案，但带有一定的典型性，与以上全国其他地方附加税严重的情况基本一致。

上述资料均表明，南京国民政府在全民族抗战前十年田赋正附税征收之重，是不争的事实。据统计，清代从康熙五十二年至光绪二十九年这190年间，漕粮的税率增加为210%，附加税的税率增加为128%；而民国成立后，1912年至1928年16年间，仅田赋正税的税率就增加了393%。[3]与民元年间相比，南京国民政府所征田赋更是大幅增加，而且一年重于一年。以水田情况而论：1912年各省平均田赋占地价的百分率为1.69%；而到了20世纪30年代，1931年为2.08%，1932年为2.39%，1933年为2.67%，1934年为3.05%，1935年为3.09%；平原旱地情况为：1912年各省平均田赋占地价百分率为1.8%；而到了20世纪30年代，1931年为2.33%，1932年为2.48%，1933年为2.74%，1934年为3.26%，1935年则高达3.49%。[4]在此期间，南京国民政府内政部虽然试图纠正田赋任意附加的情况，但并无实际效果，变相的各种附加和任意摊派仍然大行其道。[5]

由于田赋繁重，一些地主把负担都转嫁到佃农身上，因此深受其害的是

---

[1]　朱偰：《四川省田赋附加税及农民其他负担之真相》（1934年6月15日），《东方杂志》第31卷第14号，1934年7月16日，第93页。

[2]　朱偰：《中国租税问题》，张研、孙燕京主编：《民国史料丛刊》（406），大象出版社2009年版，第220、223页。

[3]　陈翰笙、薛暮桥、冯和法编：《解放前的中国农村》第2辑，第41页。

[4]　《农情报告》第7卷第4期，1939年4月，第50页。见章有义编：《中国近代农业史资料（1927—1937）》第3辑，第13、14页。

[5]　易劳逸认为，"'摊款'的税制代替了附加税"，在南京国民政府前期，"摊款的征收变得更为普遍，而且对农民的折磨比对商人更甚"。（《1927—1937年国民党统治下的中国：流产的革命》，陈谦平、陈红民等译，中国青年出版社1992年版，第246页。）

广大的贫苦农民,其后果必然是"赋重病民"。[①]"各地农村经济衰落的原因虽不尽同,但税捐之繁重却实为一个普遍的因素……农村经济破产之一般的原因,实为田赋附加税之有增无已"。[②] 而且,田赋征收中还暴露了诸多弊政,如"负担之不均""征收制度之黑暗"等,[③] 田赋及其附加成为"地方官吏横征暴敛巧立名目的工具"。[④] 这些不公和黑暗,也进一步加重了贫苦农民的负担。在这种情形下,南京国民政府在农村实施的"竭泽而渔""杀鸡取卵"的税收政策,必然使本已脆弱的农业经济失去了进一步发展的基本能力,造成了农村的普遍衰败,当遇到天灾人祸之际,农民则面临着更加严重的危机。

二、连年遍地灾荒: 广大贫民"命悬一线"

历史上,苛政往往与灾荒紧密相伴。在正常情况下,灾害的预防与救济,是统治阶级的"要政",这是因为重大自然灾害一旦演化为重大灾荒,会直接造成生产力和社会经济的巨大破坏,造成民生的重大危机,给国家和社会的统治秩序造成重大威胁,甚至导致统治者的倾覆。如辛亥革命的爆发,据学者研究,与清末灾荒就有密切关系。[⑤] 灾害虽是天灾,但由灾害演变成灾荒,往往有预防不力、救济不当而呈现"人祸"的成分,会暴露政治腐败、漠视民生等问题,而这些问题是导致一般性自然灾害转变为大的自然灾害甚至发生大面积的长期灾荒的主要根源。灾害往往是偶然的,如果出现连年灾荒、长期灾荒与遍地灾荒,必有政务决策和政策出现方向性错误的原因。在这种政务决策和政策中,政府赋税征收的苛重,是最为

---

① 程方:《中国县政概论》,第 168 页。

② 程方:《中国县政概论》,第 168 页。

③ 陈登原:《中国田赋史》,《中国文化史丛书》第 1 辑(根据商务印书馆 1938 年版复印),上海书店 1984 年版,第 243、246 页。

④ 程方:《中国县政概论》,第 160 页。

⑤ 参见李文海:《清末灾荒与辛亥革命》,《历史研究》1991 年第 5 期。

普遍和最为重要的因素。南京国民政府恰是如此。与繁重赋税紧密相连的历史之链，就是连年遍地灾荒。全民族抗战前十年的普遍性灾荒，正是南京国民政府当政者背离了古人所一再严厉指责的"苛政猛于虎"的警告而产生的恶果。

纵观这十年的灾况，大致可分为三个阶段。

第一阶段，1927—1929 年，灾荒严重，由点到面，很快全面蔓延。

第一年，灾荒基本上处于"点"的状态。1927 年，当时所记载的重要灾荒有三处：一是"甘肃地震，被灾二十余县，压死者三万七千余人，受伤约在四万余人"；二是"鲁省蝗、旱灾尤重，受灾者九百万人"；三是"长江下游大水"。[①]这些灾情以今观之，自然是重灾而且受灾区域及灾民亦谓非少；但放到当时的灾情背景下，尤其与其后的全国性灾况相比，尚是几处不易太受关注的受灾点。但它却是大灾来临的起点。随之而来的 1928 年的灾情，即突跃为全国性状态，受灾区域竟至"25 省 1100 多县"，灾害种类有"旱、水、风、雹、虫、疫等"，而以"西北、华北的旱灾最重"，仅 8 省旱灾一项灾民数量即达 3200 余万人。[②]灾重数倍于上年不止。如《申报》披露山东"灾劫尤为亘古未有之惨"[③]那样，美国《纽约时报》对中国的严重灾情也报道说："中国的灾荒状况令人震惊。四百万人正在挨饿，一千万人陷入困境。""上百万的民众涌入满洲，这可能是历史上最大的移民。"[④]可见全国性、全局性的大灾、重灾已经形成，以致外媒也感叹灾况"令人震惊"。而到 1929 年，全国性灾情更趋严重。"陕、甘、豫、晋、察、绥、皖等大旱……其他各省均有罹及。川、鲁及陕北等省有局部水灾，苏、皖、鲁、赣、豫、晋、鄂、冀受虫害，沿湖一带，损失达二〇二六五〇〇〇

---

① 邓云特：《中国救荒史》，"民国丛书第二编"，根据商务印书馆 1937 年版复印，上海书店 1990 年版，第 43 页。

② 李文海等：《中国近代十大灾荒》，上海人民出版社 1994 年版，第 339—340 页。

③ 《中华佛教粤鲁赈灾协会乞赈通告》，《申报》1928 年 3 月 11 日。

④ John E. Baker, "China's Recurrent Famine: Two Causes are Held Responsible for the Suffering", *The New York Times*, May 27, 1928, p. 128.

元。"① 这种旱灾、虫灾和水灾多灾并发的状况，是灾害进一步蔓延的表现。多灾并至，必然导致民众生存状况的严重恶化。如陕西因各种灾害并起，竟致"全省九十二县，无处非灾"，以致"去岁迄今，被灾而死者，二百五十万，逃者约四十万"。对于此等数百万人因灾而死的惨况，国民政府赈灾委员会特派视察田杰生调查后惊呼为"人间地狱者其是之谓欤"，足见灾情残酷之程度。②

这一阶段灾况发展极其迅速，灾害如入无人之境，破坏力极大。

第二阶段，1930—1932 年，重灾、大灾、奇灾连年不断。

继第一阶段灾情蔓延之势，1930 年的灾情普遍严重。据不完全统计，"陕、晋、察、甘、湘、豫、黔、川、热、苏、赣等均水、旱，被灾县份达五一七县，灾民二一一三〇七八人"，"陕、甘灾尤重，居民初则食树皮，继则卖儿鬻女，终则裂吸死尸，易食生人，以上各省罹虫患县份一八八县，灾民八七二四七七〇人"。③ 水灾、旱灾和虫灾是普遍性灾害，灾民人口动辄以数百千万计，饥饿程度有的竟到"易食生人"地步，实为人间之奇惨。又如《申报》披露"豫省灾情"，仅豫西"宝、伊等县"，灾后因"交通梗塞、坐困待毙者，约五百万口"。④ 香港英文《南华早报》报道陕省渭河流域"有两百万死于 1929 年"，1930 年因灾荒也"有两百万人将会死亡"。⑤ 大灾中局部地区连年有百万人死亡事件表明，社会已陷于灾害袭击与灾荒所笼罩的恐怖打击中。而 1931 年，其灾情尤较历年惨重。其中，以大水灾为害最大，受灾区域达23省四分之三县份的广袤区域，⑥ 水灾灾民数量据时人统计达"一万万人"。⑦

---

① 邓云特：《中国救荒史》，第 44 页。
② 《田杰生视察陕灾谈》，《申报》1929 年 12 月 13 日。
③ 邓云特：《中国救荒史》，第 44—45 页。
④ 《河南灾况惨重之电讯》，《申报》1930 年 3 月 12 日。
⑤ "Doomed to Die: China's Terrible Famine Toll Mmillions Starving", *South China Morning Post*, Jan 13, 1930, p. 9.
⑥ 李文海等：《中国近代十大灾荒》，第 203、341—342 页。
⑦ 邓云特：《中国救荒史》，第 45 页。

如此庞大的灾民群体，无疑是灾害对当时社会摧毁之严重程度的最直接的体现，对此，国民党要人孔祥熙也不得不承认："三大流域之区几成泽国……遍野哀鸿，生机尽绝。"[1]美国在华英文报纸《密勒氏评论报》也非常关注这次大水灾，认为它是"自十五世纪以来最严重的洪灾"。[2]此外，还有大面积的虫灾、风灾、雹灾，及部分地区的旱灾和地震灾害。[3]当然，最严重的是全国性大水灾。

1932年的灾情与1931年相比较轻，但灾区仍极广，有多种灾害发生。其中，一是"豫、陕、皖、甘、青、鲁大旱"；二是"晋、陕、豫等省均霜雹，灾区达数十县，晋尤重，五县损害甚巨"；三是"吉、黑、晋、豫、皖、赣、冀、湘、陕、鲁、粤、北满等大水灾，晋尤重……灾民达数千万人"；四是"鲁、皖、豫飞虫灾"。[4]不仅受灾省区广，灾害种类多，而且灾民数量庞大，部分地区经济损失严重。据《申报》一则关于安徽灾情的报道："灾民争食水藻麦苗，死亡相继……人民生机几绝。"[5]灾情蔓延，灾民到生死关头，已是无灾不重，灾年变为常年。综合看来，本年的特点是全面性多灾、重灾。

这一阶段，可谓无地不灾，无灾不重，尤以大江大河之洪灾造成的破坏力至巨，灾情程度无以复加。在连年灾荒之下，呈现出灾民"死亡相继……人民生机几绝"的状况。

第三阶段，1933—1936年，遍地为灾，多灾并发，有灾即重，尤其以水旱灾为主。

---

[1] 《国民党中执委关于孔祥熙提议设立农民借贷所以拯救农村危机案公函》（1931年11月4日），中国第二历史档案馆编：《中华民国史档案资料汇编》第5辑第1编"财政经济"（7），江苏古籍出版社1994年版，第49页。

[2] "Flood-famine Situation Most Serious China Disaster Since Fifteenth Century", *The China Weekly Review*, Aug 29, 1931, p.495.

[3] 李文海等：《中国近代十大灾荒》，第341—342页。

[4] 邓云特：《中国救荒史》，第45—46页。

[5] 《皖北春荒惨况》，《申报》1932年4月17日。

1933 年在上一阶段灾情的基础上继续发展，表现为多灾并发，水灾为重。其中，一是黄河上游青、宁、绥等省区遭受水灾，黄河中下游现"特大洪水，使陕、晋、豫、冀、鲁各省连决数十口"，造成大面积的重灾区，"肇本世纪迄止的最大一次河患"；二是长江流域浙、赣、湘、鄂也被水患；三是两湖地区同时出现旱灾，及皖、桂、黔、甘、滇、闽等省区发生旱水风雹霜虫等多灾；四是海南琼崖的特大风灾和四川叠溪 7.5 级、烈度 10 度的大地震之灾。① 可见该年灾情之重之多。《申报》对湘省水灾一则报道也称："湘省本年入夏以来，阴雨连绵，山洪暴发……其灾情惨况，实与民国二十年情形相同，综计灾区，达三十余县。"② 仅此山洪水灾，竟能引发对湘省大片地区造成的普遍性灾害，足见连年灾害破坏下形成了极其脆弱的环境生态。1934 年仍多灾并发，损失极其严重。整体观之，一是水灾广泛，有 14省区遭受此灾，"淹田地三六三四九一〇〇〇亩"，有的长期被淹，如"黄河决口，长垣、濮阳一带，尽成泽国，直至翌年三月，仍大水围城，灾情奇重"；二是普遍多灾、重灾，"苏、皖、浙、鄂、豫、赣、滇、陕等十四省，三一三县，旱、水、蝗，损失达十万万元"。③ 以当时经济发展水平，损失竟计 10 亿元之巨，实为农业经济难以承受之重。由《申报》一则是年春灾况的报道可知具体灾情之惨，如"冀省石头庄蹩凌陡涨，挟流狂趋，遂致淹没七十余村"；"河南滑县一带……凌汛期内，每日均有尸体顺流而下"；"甘肃水灾……已达四十余县，哀鸿遍野"。④ 此情此景，多地有之，能谓偶然？

---

① 李文海等：《中国近代十大灾荒》，第 342—343 页。另可参见李文海等：《近代中国灾荒纪年续编（1919—1949）》，湖南教育出版社 1993 年版，第 375—404 页。对于 1933 年四川叠溪的大地震，虽然地震及其次生灾害"对富饶的成都平原构成了很大威胁"，但南京国民政府却反应"冷漠"。其间，就任四川"戡剿"总司令的刘湘和代表蒋介石入川"监誓并商'戡匪'"的何成濬在发表长篇演讲时，都只讲"剿匪"，对此次大地震及其造成的灾害却"只字未提"（见李德英、高松：《地震灾害与社会反应——以 1933 年四川叠溪地震为中心的考察》，《史学月刊》2010 年第 1 期）。
② 《湘省府报告水灾惨况》，《申报》1933 年 7 月 9 日。
③ 邓云特：《中国救荒史》，第 46 页。
④ 廷：《今年之灾害》，《申报》1934 年 5 月 19 日。

普遍重灾之下，损失的不仅仅是巨额物质财富，还有被夺去的无数灾民的悲惨生命。可以说 1933 年、1934 年两年，多灾并起，各灾均重，损失均极为惨重。

1935 年仍是多灾并发之年，尤以水灾最为普遍严重：一是长江流域鄂、湘、赣、皖 4 省严重水灾，鄂最重，有灾民 710 万人以上，损失价值 6 亿元以上；其他湘、赣、皖三省有灾民计 620 万人以上，损失价值 8600 万元以上。二是黄河流域鲁、豫、冀 3 省的水灾，鲁省有灾民 350 万人以上，损失价值 2500 万元以上[①]；豫、冀两省分别有灾民 10 万、20 万人以上，损失价值分别为 6000 万元、500 万元以上。三是其他如苏、粤、闽、浙、陕、川、滇、桂、绥等省也遭受水灾。1935 年灾民数，仅就"非赈济不能生存的极重灾民""当在四〇〇〇〇〇〇〇以上"，就受灾区域灾民整体数量看"当在一五〇〇〇〇〇〇人以上"。[②] 就灾种来说，除了水灾外，当年还有旱、风、雹等灾外，甚至还有地震之灾。[③] 多种灾害，造成了上亿多的灾民，说明了 1935 年灾情普遍严重的状况，其中尤以水灾损失特重。

1936 年，虽然被视为"正常年景"，但各省灾情仍然未减。如"河南亢旱经年"致"待赈灾民近一千万"；"皖北第 3 年苦旱，灾民 700 余万，甚至'人相食'"；"四川旱区 125 个县"；"甘肃河西 10 余县入春旱疫交乘"；"此外湖南中南部、苏北部分县乡、广东东西江流域、福建漳州一带与东北部分

---

① 疑鲁省财产损失 2500 万元之数统计有误。因据今查获档案显示，仅鲁省郓城一县灾民 20 万人，其损失即达 2800 余万元（见山东黄河水灾救济委员会编：《山东黄河水灾救济报告书》（1935 年），山东聊城市档案馆藏，档号：32-1-29）。此一县损失之数，竟超过鲁省损失之总数，显然总数不确。由郓城一县之财产损失数，可知朱其华对山东水灾造成损失的统计偏少，更可见灾情之严重。

② 朱其华：《中国农村经济的透视》（一），孙燕京、张研主编：《民国史料丛刊续编》（538），大象出版社 2013 年版，第 227—236 页。

③ 邓云特：《中国救荒史》，第 47 页。其他灾害如旱灾，在天府之国的四川巴县，因防旱无法，当年全县收成"不过十分之三"（《关于检送巴县政府、大足县政府等各县旱灾受灾情形的呈、代、电、令》（1935 年），重庆档案馆藏，档号：00550002-0041-2000000200）。

地区被水。山西62个县、湖北47个县、绥远、宁夏一部遭旱、水、雹、风、虫等灾害"。① 这说明，水旱为主灾，其他灾、疫并发，灾情仍是普遍和严重的。而据《申报》关于粤省水灾的一则报道："粤省本年春初，各属苦旱，田亩龟裂，不能开耕……讵至五月中旬，各江滂沱大雨，浃旬不已，平日亢旱之陇亩，顿成泽国，硕果仅存之禾稻不损于旱，遂淹于水。"② 这表明，脆弱的生态经不住水旱之灾的肆虐和摧残。这一年的灾荒，美国《纽约时报》报道说"中国恐怕有一千五百万人死于饥荒"，"成千上万的人死于饥饿，或者是并发症，或者是自杀"。③ 表明灾荒之重，吸引了外媒对灾荒的报道与评估。

第三阶段，仍是无年不灾，有灾必重，重灾损失动辄在数亿至数十亿元的天文数字，可见灾情势头未得到控制，即使被视为"正常年景"的1936年，外媒报道中国或仍有上千万人"死于饥荒"，可见灾情整体上的持续严重状态。

通过以上对这段时期灾荒发展状况的全面梳理与分析，我们无法回避和无视的是：灾害连年、灾荒遍地、灾情损失惨重的严酷事实。据统计，1912—1919年期间10万人灾民以上规模的灾荒共9次，1920—1927年期间共36次，而1928—1937年期间则高达118次之多。④ 历史上，苛政往往与灾荒紧密相伴。这也是本节将赋税与灾荒共同作为一个题目进行研究的内在依据。一般说来，除了地震、台风这类灾害外，水旱虫灾等，在一定条件下是能够预防、抵御和治理的。但是，南京国民政府一方面对农民的过度赋税榨取，严重削弱了陷于普遍贫困状态下农民修筑水利工程的经济能力；另一

---

① 李文海等：《中国近代十大灾荒》，第344页。
② 《粤省大水后，各属饥馑待赈，东西江稻田多被水淹，旱造禾稻无收成希望》，《申报》1936年6月6日。
③ The Associated Press, "China Fears 15,000,000 Deaths in Famine; Vast Szechwan Province Area Has No Food", *New York Times*, Apr. 20, 1936, p.8.
④ 夏明方：《民国时期自然灾害与乡村社会》，第74页。上述统计，限于资料匮乏，难免有些数据遗漏，特此说明。

方面向农民征收的田赋及其附加税收入，主要也未用之于农业技术改良、农民生产以及农田水利工程建设的支出。事关广大人民生命财产安全的大江大河堤坝水利工程、事关农业发展的农业技术改良等重要的问题，多被悬置一旁。因此，这一期间水旱虫霜灾害现象频发；再加上统治当局预防不力或救济不当，往往导致一般性自然灾害转变为大的自然灾害，甚至发生大面积的长期灾荒。这种灾害及其衍生的灾荒，对脆弱的农业经济和因沉重的捐税负担已不堪再受打击的农民来说，无疑是致命的、毁灭性的。广大农民面临失去生产、生活和生存能力的危险，处在生死线上。

三、全国农村经济普遍衰败

在如此繁重的捐税和连年严重、普遍的灾荒交逼之下，农村经济衰败是无法避免的事实。下面根据不同的地区情况分别加以考察。

（一）北方农村形势严重恶化

北方地区本是中华文明开拓较早的农耕区，有广阔、肥沃的华北大平原和辽阔的西北高原，是重要的农产品生产地。但近代以来，北方农业经济受到战乱的摧残。南京国民政府建立后，除了战乱之外，不仅过度的苛捐杂税剥夺了农民进一步生产和生存的能力，而且由于长期水利失修和粮食作物品种得不到应有的改良，无法抵御连年自然灾害对农业的侵袭，造成了北方农村经济的极度恶化。

在河南，像豫南经济条件尚好的正阳，"因为税捐重"等原因，农村经济"收成少，地价也跌落得惊人。在十年前每亩值三十元的地，现在四五元还无人过问"。[①] 即使一位不认为农民贫困是由于地主对农民剥削压迫所造成的论者，也不能不承认"灾害的袭迫，租税的苛重"是豫省"农村经济崩

---

① 行政院农村复兴委员会编：《河南省农村调查》（1934 年），张研、孙燕京主编：《民国史料丛刊》（760），大象出版社 2009 年版，第 94—95 页。

溃的原因"，①表明河南农村破产的严酷事实，他是无法否认的。在河北，连作为"实验县"定县这样经济条件较他县优越的地方，据时人对该县农民因贫困负债情况的考察，也发现"借贷的家庭是一年比一年多"。②定县"不免卷入一般的农村破产的漩涡里"。③本为冀中发达之区的定县尚且如此，亦可见河北农村经济的日趋衰败之状。

山东与山西两省虽都在地方实力派控制下，农村经济情况与上述邻省的农民破败状况却是相同的。在山东，因经济衰退，山东的农产品价格，"每况愈下，农民之收益减少，而支出则反见增多，生活乃至于水平线以下，其困苦情形，有非一般人所能想象者"。④在山东峄县，农民种粮的收获，"除去雇短工价及种种摊捐，若再用以结账还欠，则一家的食用，将何处着落？"⑤显示了该地农民普遍收支不抵的经济困苦之情。山西在 1927 年以后，农村经济的"破产"状况已经与河北、河南、山东诸省大致相同。晚清中举民国后隐退乡间的山西乡民刘大鹏根据切身观察在日记中记载了农村经济的衰败之象。1929 年刘在一则日记中说："阳邑镇昔为繁华之村……今则村中……大为凋零。"1931 年刘又在一则日记中说："于去秋 7 月底闹荒以来，百物为之腾贵，市面大形困难……供给驻军之费，按村催缴，按户起派……贪官污吏，劣绅村长，借此侵渔，民不聊生。"此则所记显示，是"闹荒"和驻军费用的征收以及乡村管理层的"借此侵渔"，导致了乡村的困顿。1932 年刘在一则日记中又说："厚征厚敛年胜一年，世困民穷日甚一日。"饱读经书的刘氏认识到"世困民穷"与"厚征厚敛"的因果关系。1933 年刘

---

① 洪永权：《河南农村经济问题》，河南省政府公报室编：《河南政治》第 4 卷第 12 期，1934 年 12 月，第 4 页。

② 李景汉：《定县农村借贷调查》，《中国农村》第 1 卷第 6 期，1935 年 3 月 1 日，第 57 页。

③ 李景汉：《定县农村经济现状》，北平《民间》第 1 卷第 1 期，1934 年 5 月 10 日，第 16 页。

④ 《中国实业志·山东省》第 5 编第 9 章，1934 年，第 179—180 页。见章有义编：《中国近代农业史资料（1927—1937）》第 3 辑，第 634 页。

⑤ 鲁珍：《山东峄县的麦收》（1934 年 6 月 1 日），中国农村经济研究会编：《农村通讯》，上海中华书局 1935 年版，第 103 页。

在一则日记中又道："'农家破产'四个字是现在之新名词，谓农家颓败不得保守其产也。当此之时，民穷财尽达于极点，农业不振，生路将绝，即欲破产而无人购产，农困可谓甚矣。"在刘氏看来，现实中的普遍贫困是比他理解的"破产"贫穷程度更甚的状态。1934 年刘在一则日记中又道："今年商号多因亏累倒闭者十之七八……商业失败由于农业大衰。"刘氏看到了商业凋零现象背后是农业衰败这一关键问题。1935 年刘在一则日记中又道："'民穷财尽'四个字跃然活现眼前……民已到九死一生之地位。"1936 年刘在日记中又谓："今年完银一两必须大洋四元一角，此外又按户起派保卫团费，民穷财尽已经数年，又加如此巨大之担负，即欲望世之安，能乎否乎？"① 从以上刘大鹏日记所记载情况看，即可清晰地反映出山西乡村经济逐年恶化和衰败的历程，这也是全国农村经济衰败的缩影。

这一时期陕甘农村经济的衰败和恶化是比较严重的。在陕西农村，时人指出，在重灾之下，"统治者又复变本加厉，增加捐税"，以致"中产之家，都沦为贫民"。② 在陕西汉中，"因税捐过于繁重，现金已快被刮尽"，以致"商人和高利贷者也很少钱可以经商或放债"。③ 其经济之困窘与萧条可见一斑。甘肃与陕西相比，灾情更为严重。据 1931 年 1 月 28 日《中央日报》所载，甘肃死于荒年者 140 万余人，死于瘟疫者 60 余万人，死于兵匪者 30 余万人，死于地震者 6 万余人，共计 240 余万人。④ 甘肃财政厅厅长朱镜宙认为："今日全国农村，整个破产，经济基础，全部崩溃。"⑤ 甘肃由于"经济

---

① 刘大鹏：《退想斋日记》，山西人民出版社 1990 年版，第 383、427、460、477、483、492、495 页。

② 陈翰笙、薛暮桥、冯和法编：《解放前的中国农村》第 1 辑，中国展望出版社 1985 年版，第 448 页。

③ 陈翰笙：《破产中的汉中的贫农》（1932 年 12 月 12 日），《东方杂志》第 30 卷第 1 号，1933 年 1 月 1 日，第 71 页。

④ 许涤新：《动荡崩溃底中国农村》（1932 年 12 月），陈翰笙、薛暮桥、冯和法编：《解放前的中国农村》第 1 辑，第 448 页。

⑤ 朱镜宙：《甘肃最近三年间贸易概况》，《开发西北》第 3 卷第 5 期，1935 年 5 月 31 日，第 42 页。

衰败，地价跌速极大"。"洮河平原上的地主有把土地白送给别人种植……但求能代为支应他那块土地上应出的'公事'（即捐税摊派等），即算了事。然亦无人接受"。① 甘肃的情况表明，灾荒和捐税对农业经济的打击是多么巨大。

绥、察、青、宁四省农村破败严重。据载，绥远自南京国民政府建立后，因赋税的盘剥、灾荒连年以及战乱和匪患等影响，"农村已呈破产现象"，"农民之穷困，农村经济之死滞，已达极点"。② 察哈尔的情形，"完全与绥远一样"。据《赈务月刊》就察省灾情指出："察省……四年以来，灾荒迭告，富庶迁徙，十室九空。"③ 在察哈尔阳原县，全县自耕农在灾荒和苛捐杂税等压力下，在昔者至今仅占"十之一二"。④ 至于青海农村，由于"苛细杂税之名目奇多甚难枚举，终年所得，不足纳贡"，"奇重灾情，普及全省"。⑤ 在宁夏，"农村经济日见凋敝"，而在"农村经济破落的过程中，阶级的分化也一样逐渐的深刻"。⑥ 上述诸省区的情况，也表明灾荒与苛捐杂税对社会经济破坏的严重程度。

以上豫、冀、鲁、晋、陕、甘、绥、察、青、宁 10 省系黄河流域北方省份，其经济基础薄弱，在苛税和天灾夹击之下，农村经济破败是极其明显的。农村破败的情况，即使国民政府官方也不回避，被称为模范省山西省

---

① 长江：《中国的西北角》，1936 年 10 月版，第 72 页。见章有义编：《中国近代农业史资料（1927—1937）》第 3 辑，第 759—760 页。

② 王天马：《绥远农村自治应有之新的努力》，《绥远长城（季刊）》第 1 期（创刊号），1935 年 6 月 1 日，第 60—61 页。

③ 朱其华：《中国农村经济的透视》（一），孙燕京、张研主编：《民国史料丛刊续编》（538），第 257 页。

④ 李泰棻等：《民国阳原县志》卷 8，1935 年刊印，第 5 页。见章有义编：《中国近代农业史资料（1927—1937）》第 3 辑，第 745—746 页。

⑤ 邹国柱：《青海农村现状及复兴之意见》，《新青海》第 2 卷第 3 期，1934 年 3 月，第 11—15 页。

⑥ 徐西农：《宁夏农村经济之现状》，《文化建设月刊》第 1 卷第 2 期，1934 年 11 月 10 日，第 101、103 页。

的最高当局阎锡山 20 世纪 30 年代中期也不能不承认："年来山西农村经济，整个破产，自耕农沦为半自耕农，半自耕农沦为佃农雇农，以致十村九困，十家九穷。"① 阎锡山对山西一省的这种评价，同样可作为对北方各省的农村经济状况的概括。上面各省农村经济极其恶化的事实也证实了阎锡山所言非虚。

（二）富庶的长江流域农村迅速衰败

我们再看灾荒与苛政交逼之下长江流域的农村经济状况。自中国经济重心在宋代南移后，长江流域就成了中国最富庶的区域，然而自 20 世纪 20 年代末到 30 年代中期，农村经济也处于迅速衰败的过程之中。

先看江浙一带。根据冯紫岗等人 1935 年对浙江嘉兴农村经济的调查，"农家贫困，农村破产"，"农民只有在远低于水平线下的生活度日"。② 何廉 1936 年在一次给蒋介石汇报经济看法时，就提到"浙江的农业贫困问题十分严重"。③ 行政院农村复兴委员会的调查也表明，由于赋税、灾荒和世界经济危机等打击，"五六年之间，浙江从极富庶的阶段，一降而现出极度的衰落情形"。④ 由此可见浙江经济贫困衰败的事实。原为富庶之乡的江苏，其破败程度与浙江是相同的。在苏南的苏、锡、武、常、昆一带，"即使幸而为富庶县分（份）的农民，其所负赋税之重，也足使他们难以维持生活"。⑤ 在苏北盐城，"因连年迫于天灾、匪祸，农村经济，拮据异常"。⑥ 江苏农民经济的衰败可见一斑。灾荒和苛捐杂税无疑是江浙经济衰败的主因。

---

① 《阎锡山呈国民政府请由山西试办土地村公有制原文》，《申报年鉴》，申报年鉴社，1936 年，第 898 页。

② 冯紫岗编：《嘉兴县农村调查》，李文海主编：《民国时期社会调查丛编》二编"乡村经济卷"（上），福建教育出版社 2009 年版，第 423—424 页。

③ 何廉：《何廉回忆录》，朱佑慈等译，中国文史出版社 1988 年版，第 88 页。

④ 行政院农村复兴委员会编：《浙江农村调查》（1933 年），张研、孙燕京主编：《民国史料丛刊》（757），大象出版社 2009 年版，第 26—27 页。

⑤ 孙晓村：《苛捐杂税报告》，《农村复兴委员会会报》第 12 号，1934 年 5 月 20 日，第 26 页。

⑥ 董成勋：《中国农村复兴问题》，1935 年，第 186—187 页。见章有义编：《中国近代农业史资料（1927—1937）》第 3 辑，第 718 页。

除江浙两省外，长江流域其他省农村同样经历了经济破败的过程。在安徽，"年来农村崩溃，民不聊生"。① 在安徽宁国县，"中小农户，常苦入不敷出"，"全县盈余农户仅占百分之五"，"亏空农户占百分之八十"。② 可见安徽农民贫困的普遍程度。江西农村破败，同样十分严重，举两处史料说明。一处是《申报》1930 年 5 月 26 日的报道："江西原为产米之区，不谓今年米谷之荒，为向来所未有……流离饿莩，触目皆是……临川前因饥民觅食不得，将全城米店百余家，抢掠一空。"③ 可见农民饥饿、贫极之情形。另一处是《申报》1935 年 6 月 15 日对赣东情形的报道："最为富庶之赣东……农民多放下禾镰，无米为炊……平均农民有谷吃者，不及十之二三。榆树叶、观音土、苦菜根、野生毛菜、野草根之类，为贫民和糠之唯一食料，惨不堪言。"④ 最富庶之赣东尚且如此，可知赣省其他地方贫困则更为严重。在湖北，"农村困苦之原因"，主要与政治问题和水利失修导致天灾有关。⑤ 即使在湖北省政府看来，也是"各县灾患频仍，民生穷蹙"。⑥ 因湖北经济衰败，"近年连接荒歉，用度不敷，卖田之风，日渐盛行"。⑦ 卖田之风"盛行"背后，反映的是农民经济衰落、农民不得不靠卖田度日的真相。湖南农村经济情况，"较之江浙，只有更加严重……因农村破产所造成的惨剧，如绝粮、自杀、饿毙，以草根树皮观音土充饥，贩卖人口、抢米、吃大户、铤而走险

① 何庆云：《安徽农村建设实验区之拟议》，《安徽农业学会报》第 4 号，1935 年 12 月 1 日，第 6 页。

② 《中国经济志·安徽省宁国县》，1936 年，第 20—21 页。见章有义编：《中国近代农业史资料（1927—1937）》第 3 辑，第 759 页。

③ 《赣省米荒之严重》，《申报》1930 年 5 月 26 日。

④ 《赣省民食恐慌，匪旱及农村破产交织而成，农民多以草根树叶等充饥》，《申报》1935 年 6 月 15 日。

⑤ 余景陶：《湖北农村困苦原因之探讨》，《建设评论》第 3 卷第 1 期（周年纪念专号），1936 年 10 月 1 日，第 8 页。

⑥ 《建设消息：培植国民经济基础鄂省府救济农村》，《建设评论》第 3 卷第 1 期（周年纪念专号），1936 年 10 月 1 日，第 1 页。

⑦ 陈赓雅：《赣皖湘鄂视察记》，1934 年 4 月再版，第 109—110 页。见章有义编：《中国近代农业史资料（1927—1937）》第 3 辑，第 725 页。

等等，是普遍地在湖南各县发生了"。"现在湖南全省人民，至少有 80% 以上的人口，完全沉沦在饥饿线以下"。① 与湖南相邻的四川，"农村经济，已至穷途，自中产以下，已多无法生活，除死亡流离外，其现存者，亦不过勉力挣扎"。② 湖南与四川相邻，两省农村衰败的普遍与严重状况也竟大致相同。上述皖、赣、鄂、湘诸省农村经济破产趋势，同样是"高速度发展"着的，也同样是由于苛税和重灾等造成的。

以上长江流域 7 省农村的状况，其破败程度并不亚于黄河流域各省。向称富庶的长江流域的农村，本有很好的经济基础，这一时期也处于"农民生计更濒绝境"③"普遍之日趋贫穷"④ 的境地。本来经济发达的长江流域各省农村如此迅速地衰落，虽有西方经济冲击的原因，但国民政府过度的苛捐杂税榨取和连年的灾荒，无疑是重要原因。

（三）经济条件优越的华南地区农村日趋萧条和破败

最后我们看看各种压力交迫之下华南各省农村的经济状况。近代以来，由于华南地区和海外联系的密切，华南地区实为中国新兴的富庶之区。然而事实是，华南农村经济在天灾人祸交逼之下，遭到严重的打击，经济十分萧条与恶化。

在广东，原本为富庶之地，也沦为农业衰败之区。在广东顺德容奇，"自蚕桑失败，以致衣食无着者甚众。即就日常所见，马路上行乞之儿童、老弱妇女，为数不少"。⑤ 在广东澄海县北湾的农村，根据 1934 年的调查，

---

① 朱其华：《中国农村经济的透视》（一），孙燕京、张研主编：《民国史料丛刊续编》（538），第 285 页。
② 昌裕：《破碎之四川农村》，《国闻周报》第 13 卷第 28 期，1936 年 7 月 28 日，第 25 页。
③ 薛暮桥：《江南农村衰落的一个缩影》（1932 年 7 月），《新创造》第 2 卷第 1、2 期，见《薛暮桥学术论著自选集》，北京师范学院出版社 1992 年版，第 21 页。
④ 中国经济统计研究所编：《吴兴农村经济》，李文海主编：《民国时期社会调查丛编》二编"乡村经济卷"（上），第 765 页。
⑤ 全国经济委员会蚕丝改良委员会：《蚕丝改良事业工作报告》之"广东蚕丝业之近况"，1934 年。见章有义编：《中国近代农业史资料（1927—1937）》第 3 辑，第 793 页。

除了"按丁派款，农民骤加负担，加以前年晚造遭受蝗灾，去年旱造又遭旱灾，真是有苦无处诉！"[①]农民"有苦无处诉"的重要一因，是农村都处于衰败状况。在广西，农民因"赋税之高，每户平均负担十七元，举凡促成农村崩溃之条件者，无不具备，是为崩溃之远因。余如天灾流行……更加紧崩溃之速度"。[②]在广西武宣，"近年农村经济破产，许多小地主都沦落为贫农，雇农成份一天一天增加"[③]。可见广西虽有"模范省"之名，而实际上农村同样陷入"经济破产"困境。在福建安溪，"繁剧的农家捐税负担"等"剥削尤为使安溪农村经济破产的最大原因"。在"高利贷、重租、重赋以及苛捐什税交相榨取之下"，"农村中的失业游民，因此不断地大量地增加"。[④]可见，福建农村破产情形，与广西、广东是相同的。在云南，根据当时的调查，"农村中资金枯竭异常"；贫民负债，地主亦有负债者，"可见农村经济枯竭之一般"。[⑤]贵州与云南一样，"以其僻处西南一隅"，"农村之日见其破产与崩溃，可说较之内地各省，诚有过之无不及。然而当局的军阀政客们，不特视若无睹，且反而加紧的剥削，拼命的搜刮"。[⑥]可见地处西南边陲的云南、贵州也卷入了农村衰败的旋涡之中。在南海的宝岛农村，也是如此，以乐会县离县城仅6里、环境条件优越的石头村为例，现实却是"荒凉凄惨的农村，鸠形鹄面的农民，令人心肠欲裂"的农村衰败与崩溃景象。问题是，"这村的崩溃，正在继续着……虽然一村之灭，本不足惜，但是星星之

---

① 耕叟：《广东澄海县北湾乡农村情况》（1934年1月2日），中国农村经济研究会编：《农村通讯》，第33页。
② 行政院农村复兴委员会编：《广西省农村调查》（1934年），张研、孙燕京主编：《民国史料丛刊》（761），大象出版社2009年版，第120页。
③ 晶平：《广西武宣农业劳动中的游行工人》，《中国农村》，创刊号，1934年10月1日，第80页。
④ 朱博能：《安溪农村破产的姿态》，《农村经济》，第2卷第11期，1935年9月1日，第107、110页。见章有义编：《中国近代农业史资料（1927—1937）》第3辑，第634页。
⑤ 行政院农村复兴委员会编：《云南省农村调查》，商务印书馆1935年版，第5、100—101页。
⑥ 张洪绩：《贵州农村经济之鸟瞰》，《农村经济》第3卷第2期，1935年12月1日，第120页。

火，足以燎原"。① 其实，不仅海南的农村破产如此，全华南的农村乃至全国的农村何尝不是如此。可见，在连年普遍重灾和苛捐杂税压力之下，华南各省农村的经济正日趋衰败，乃为无法回避的事实。

通过以上梳理可知，无论是黄河流域的北方诸省，还是长江流域各省，抑或是华南地区各省，农村经济都陷入破败之列。而夏秋两季农作物连年歉收，六成稍多的收成，也充分佐证了这一事实。以 1931—1936 年各省主要夏季作物收成情况为例：1931 年，9 种主要农作物中收成最高的糯稻为69%，最低的大豆和棉花为 56%，平均收成为 62.56%；1932 年，9 种主要农作物中收成最高的籼粳稻和糯稻为 77%，最低的棉花为 58%，平均收成为 67.56%；1933 年，12 种主要农作物中收成最高的籼粳稻为 71%，最低的糜子为 57%，平均收成为 64.50%；1934 年，12 种主要农作物中收成最高的甘薯为 65%，最低的糯稻和棉花为 55%，平均收成为 59.17%；1935 年，12种主要农作物收成中最高的籼粳稻为 70%，最低的大豆为 51%，平均收成为 61.50%；1936 年，12 种主要农作物中收成最高的籼粳稻、糯稻和高粱均为 71%，最低的甘薯和芝麻均为 60%，平均收成为 64.50%。② 在此情况下，如南京国民政府全国土地委员会的调查统计所言，全国农户"收支有余者不及总户数四分之一，而收不敷出者反逾三分之一……大多数农家皆陷于经济困难之中"。③ 因而"中国农业危机日益深化，农村破产的景象更形惨烈"④。

① 林缵春：《琼崖农村》，琼崖农业研究会丛书之二，广州国立中山大学琼崖农业研究会发行，1935 年。李文海主编：《民国时期社会调查丛编》二编"乡村经济卷"上，第 1088、1090 页。
② 《各省主要夏季作物收获成数当十足年之百分比（1931—1936）》，《农情报告》第 4 卷第1 期，1936 年 1 月，第 2 页；第 12 期，1936 年 12 月，第 324 页。见章有义编：《中国近代农业史资料（1927—1937）》第 3 辑，第 614 页。
③ 《土地委员会关于农家经济贫困状况与土地金融情况的调查报告》（1937 年 1 月编）之"第三十四表全国农家收入收支相抵与否户数百分率"，中国第二历史档案馆编：《中华民国史档案资料汇编》第 5 辑第 1 编"财政经济"(7)，凤凰出版社 1994 年版，第 36—37 页。
④ 朱义农：《十年来的中国农业》，中国文化建设协会编：《抗战十年前之中国（1927—1936）》，沈云龙主编：《近代中国史料丛刊续编》第 9 辑（82），台北文海出版社 1974 年版，第 208 页。

四、小结

以上研究比较全面地展现了南京国民政府全民族抗战前十年农村衰败和农民极端贫困的历史事实。

(一) 农村哪里有"黄金十年"？

对于南京国民政府全民族抗战前十年的历史，曾有"黄金十年"之说。[①] 这一说法与史实严重不符，显然不成立。当时中国是一个以农业为主体的国家，在整个国民经济中农村经济占绝对比重，工业产值仅占 10% 左右。[②] 即便如一些学者所论，南京国民政府通过制度与立法保障以及国家资本主义政策，激活了"要素市场、产品市场"，引导"新兴工商产业发展和传统农业振兴"，[③] 但通过上述研究可以看出，这一时期农业经济普遍衰败是不争的事实。既然在整个国民经济中占绝对比重的农村经济如此衰败、危机重重，那么，这十年经济发展又有哪条"黄金"之路可走？因此，所谓的"黄金十年"之说，既缺乏史实上的支撑，也无严谨的论证、周密的理论和逻辑体系，只是一种空泛的认识。

对于这一时期农村经济衰败的严酷社会现实，时人多有评论。即使对这一时期经济"停滞说"持批评意见、曾在国民政府任职的杨格，也拿不出这

[①] 台湾学者秦孝仪（国民党前政要）较早提出这一观点，他主编的《中华民国经济发展史》将全民族抗战前 1927—1937 这十年的历史，称之为"黄金十年"（见秦孝仪主编：《中华民国经济发展史》第 1 册，台北近代中国出版社 1983 年版，第 2 页）。一段时期以来，大陆一些学者在民国史研究中，也存在类似的过高评价甚至美化民国史的现象，并接受了所谓的"黄金十年"观点，如梁盼：《民国黄金十年的关税政策》(《新财经》2012 年第 8 期)，曹关群：《鲇鱼之宴——民国"黄金十年"(1927—1937) 学校国防教育管窥》(《重庆文理学院学报》(社会科学版) 2013 年第 1 期)，张璐：《论"黄金十年"民营报纸的主要新闻传播思想》(《文化创新比较研究》2017 年第 4 期)，等等。

[②] 宗玉梅：《1927—1937 年南京国民政府的经济建设述评》，《民国档案》1992 年第 1 期。

[③] 温锐、周海燕：《政府主导下的经济发展——1927—1937 年南京国民政府与市场调适关系分析》，《江西财经大学学报》2014 年第 3 期。

一时期农业发展的确实证据，而不能不承认"作为经济中主要部门的农业，在抗战前十年的大部分时间内确实是比较缓慢的"，并认为"停滞论"的观点"并非全无理由"。①

国民政府当局对这一问题亦无法回避。1931 年，孔祥熙在向国民党中央执行委员会政治会议的提案中，就提出了"农村危机"问题。②1932 年，内政部为第二次会议通过的救济农村提案给实业部所写的咨文中，明确提出了"农村经济破产"问题。③1933 年，行政院在抄发修正农村复兴委员会章程的训令中，进一步提出了"农村经济加速崩溃"的认识。④1935 年，太原绥靖主任阎锡山与山西省政府主席徐永昌在关于给行政院先行试办土地村公有制的呈文中，提出了"年来山西农村经济整个破产"问题。⑤1936 年，国民党要人萧铮、叶秀峰分别在向国民党第五次全国代表大会提交的关于土地政策案和从事垦殖事业案中，提出了"我国农村凋敝"和"近来农业经济衰落"问题。⑥1937 年，土地委员会分别在"全国农村地价状况的调查报告"和"关于农家经济贫困状况与土地金融情况的调查报告"中，提出了"乡村

---

① [美] 阿瑟·恩·杨格：《1927 至 1937 年中国财政经济情况》，陈泽宪、陈霞飞译，中国社会科学出版社 1981 年版，第 447 页。

② 《国民党中执委关于孔祥熙提议设立农民借贷所以拯救农村危机案公函》（1931 年 11 月 4 日），中国第二历史档案馆编：《中华民国史档案资料汇编》第 5 辑第 1 编 "财政经济"（7），凤凰出版社 1994 年版，第 48 页。

③ 《内政部为第二次全国内政会议有关农村救济提案致实业部咨文》（1932 年 1 月 18 日），中国第二历史档案馆编：《中华民国史档案资料汇编》第 5 辑第 1 编 "财政经济"（7），第 56 页。

④ 《行政院抄发修正农村复兴委员会章程的训令》（1933 年 5 月 20 日），中国第二历史档案馆编：《中华民国史档案资料汇编》第 5 辑第 1 编 "财政经济"（7），第 77 页。

⑤ 《行政院关于在山西先行试办土地村公有制的函令》（1935 年 11 月 22 日—12 月 10 日），中国第二历史档案馆编：《中华民国史档案资料汇编》第 5 辑第 1 编 "财政经济"（7），第 240 页。

⑥ 萧铮等：《积极推行本党土地政策案（提案第 44 号）》；叶秀峰等：《国家应积极从事垦殖事业案》（提案第 188 号），中国第二历史档案馆编：《中华民国史档案资料汇编》第 5 辑第 1 编 "财政经济"（7），第 101、105 页。

凋敝"和"近年农村凋敝"问题。① 这些表述，当然不是他们第一次提出来的，但经他们之口从 1931 年到 1937 年一直再三强调，说明他们不仅对农村经济衰退这一事实充分了解与承认，也表明他们一直未能解决这一问题。②

因此，在全民族抗战前十年，即便个别地区没有受灾、经济有所发展，但农村经济的整体衰败，无论在民间还是在官方都是公认的事实，是无可置疑的，农村经济发展所谓的"黄金十年"并不存在。

（二）农民被"逼上梁山"，走上"革命之路"

在这十年，由于苛捐杂税和连年灾荒，与农村经济的整体衰败相伴而生的是广大贫民被迫失去生存和生产的能力。在天灾逼迫之下，农民"不得不驮着重利借钱换米"，挣扎在死亡线上。③ 而国民党自执政之后，"对于土地问题，亦无若何贡献，反之田赋附加税繁重，清丈费亦为附加税之一，徒然巧立名目"。④"苛捐杂税是中国农民的一道摧（催）命符"，"更使农民的生活走上山穷水尽的地步"。⑤ 苛政之"人祸"与自然之"天灾"交织相迫，广大贫民陷入了求生无望、"坐而待毙"的绝境，只有铤而走险选择了"流亡之路"与"骚动之路"，并在中共正确政策的引导下最后走上"革命之路"。

那么，农民的"流亡之路""骚动之路"与"革命之路"有着怎样的关

---

① 《土地委员会关于全国农村地价状况的调查报告》（1937 年 1 月），《土地委员会关于农家经济贫困状况与土地金融情况的调查报告》（1937 年 1 月），中国第二历史档案馆编：《中华民国史档案资料汇编》第 5 辑第 1 编"财政经济"（7），第 20、41 页。
② 尽管国民政府在农村破败的现实面前提出过"复兴农村""县政建设"的计划，考之农村破败的现实，这些计划远未得到落实；民间的乡建派、平教会也曾进行过乡村复兴的局部努力，但整体上效果甚微。国民政府官方上述持续到 1937 年的这些看法，是对其"复兴农村""县政建设"以及民间乡村建设派等活动效果的明确的否定性回答。很显然，国民政府官方承认了这一时期农村持续衰败的客观事实。
③ 达生：《灾荒打击下底中国农村》（1934 年 9 月 15 日），《东方杂志》第 31 卷第 21 号，1934 年 11 月 1 日，第 40 页。
④ 朱偰：《中国租税问题》，张研、孙燕京主编：《民国史料丛刊》（406），第 258 页。
⑤ 许涤新：《捐税繁重与农村经济之没落》（1934 年 6 月），陈翰笙、薛暮桥、冯和法编：《解放前的中国农村》第 1 辑，第 462—463 页。

系呢？

一方面，"没有革命形势，就不可能发生革命"。① 没有"流亡之路"与"骚动之路"，农民不可能走上"革命之路"；而农民之所以走上"革命之路"，恰恰是因为他们普遍陷入了"山穷水尽"乃至"地狱"般的绝望状态。中国是一个有着悠久农耕文化传统的国家，农业经济一直占据着主导地位。这一时期，农业生产依然"占全国生产额百分之八十以上。就是农民人口，也在十分之七八以上"；农民平常也总是逆来顺受，"任凭贪官污吏，土豪劣绅，军人，及其他阶级向他们剥削，他们总是好说话"。② 但是，当"饥饿超过枪杀的恐惧时，农民起义便发生了"。③ 在当时的中国，"天灾与人祸交迫"，农民已经"成为饥寒线上的哀鸿"，农村"成为人间的地狱"。④ "官逼民反"，广大贫民正是在这种求生不得、求死无门的如"地狱"般的生活压力下，才铤而走险选择了"流亡之路"与"骚动之路"，从而引发大规模民变。"被压迫阶级的贫困和苦难超乎寻常地加剧"，是革命发生的一个重要特征。⑤ 应该说，也正是这一时期农村严酷的现实孕育了客观的革命形势，陷于生活绝望状况下的贫困农民才有可能走上"革命之路"。

另一方面，农民从"流亡之路""骚动之路"到"革命之路"，并不是一个自觉的过程，必须有正确的政策引导、政治上的严格训练，他们才能走上"反对剥削"的"革命之路"。中共领导的革命，与中国历史上的任何造反与改朝换代不同，它是一种有明确的政治理想、政治纲领、历史使命和时代任务的新型革命。对于当时农村的严酷现实和农民被"逼上梁山"的生存困境，中共有着充分的认识和自觉："占人口最大多数的农民，大部分都在

---

① 列宁：《第二国际的破产》（1915 年 5 月），《列宁选集》第 2 卷，人民出版社 2012 年版，第 460 页。
② 陈冰伯：《今日之县政》，同文图书印刷公司 1933 年版，第 48—49 页。
③ 费孝通：《江村经济——中国农民的生活》，商务印书馆 2012 年版，第 237 页。
④ 程方：《中国县政概论》，第 168 页。
⑤ 列宁：《第二国际的破产》（1915 年 5 月），《列宁选集》第 2 卷，第 461 页。

地主阶级惨酷剥削之下",[①]"目前党在农村中主要的任务是领导广大农民群众反军阀地主豪绅的斗争,以彻底完成土地革命"。[②] 基于对客观形势的正确认识,中共在"主观"上进行了各种必要的"动员"与"领导"工作,使广大农民走上了"革命之路",这也是农民自身的"解放之路"。因此,中共领导的井冈山武装革命的"星星之火",才得以迅速成为燎原之势,形成了轰轰烈烈的中共领导的以农民为主体的长期革命战争。

---

① 《政治议决案——现在革命的形势与中国共产党的任务》(1929 年 6 月二中全会通过),中央档案馆编:《中共中央文件选集》第 5 册,中共中央党校出版社 1990 年版,第 184 页。
② 《中央关于接受共产国际对于农民问题之指示的决议》(1929 年 8 月),中央档案馆编:《中共中央文件选集》第 5 册,第 453 页。

第四节　南京国民政府对政务之治理

——以蒋介石全民族抗战前对腐败问题的认识与应对为例

国民党在大陆的失败，腐败无疑是其主要的原因。这一认识，可以说是学界研究的共识。但在关于国民党腐败问题上，还有若干值得探讨的问题，如有的研究蒋介石的学者认为，尽管国民党执政是腐败的，但蒋介石本人并不腐败。还有学者认为，国民党腐败主要是抗战胜利后出现的，等等。就专题研究来说，关于蒋介石对国民党腐败问题认识的研究，尚未见有系统的研究①。事实上，南京国民政府是在背弃国民革命及其精神的基础上而建立的，由于缺乏政治信仰，其政权建立后很快从上层到下层形成了腐败之风。整体看来，蒋介石在全民族抗战前对国民党内的腐败现象的认识基本上是清醒的，内心也是忧惧焦虑的，一是他检视了国民党内的经济腐败和生活腐化等问题；二是他检视了国民党的党政军纲纪松弛、政务荒废懈怠、政风虚伪自私问题；三是他检视了国民党派系内斗和派系腐败问题。一方面，他站在南京国民政府的立场上，抨击腐败，痛恨腐败，抑制腐败；另一方面，他又掩饰腐败，纵容甚至利用腐败，因此对普遍性的腐败现象无可奈何，无力治之。面对内外各种压力，蒋虽然对上述腐败现象采取了一定的应对、治理之

---

① 根据中国知网的检索，仅有一篇专论蒋介石反腐的论文。参见杨天石：《且看蒋介石如何反腐——蒋介石日记解密系列》（上、下），《同舟共进》2008 年第 8、9 期。此文仅写蒋介石于抗战后期对孔祥熙美金公债舞弊一案的处理始末。

策，但整体上看，是"无以治之"。之所以"无以治之"，是因为没有"立法度"，即建立制约腐败滋生与发展的根本性机制，这才是问题的关键。笔者依据国民党党史委员会编纂出版的蒋介石思想言论资料和蒋介石日记等资料，整理了国民党在大陆执政时期蒋介石对有关腐败的体认和检讨问题，此处仅专就其全民族抗战前对腐败问题的认识与应对做一较为系统的梳理，来探讨蒋介石是如何认识这一时期国民党腐败问题以及是如何对腐败问题进行应对的，以期对此问题之研究有所裨益。

一、对经济腐败、升官发财和生活作风问题的检视

任何执政者，从其统治的根本利益来说，都不会无视腐败问题。1930年蒋在国民党三届四中全会上的演讲中，指出了"贪污之风未能尽绝"的现象，意在提醒国民党应该注意和防止出现严重的腐败问题。[1] 然此处似在蒋看来，虽然有腐败问题，但尚不严重。蒋在这里显然是"轻描淡写"了。实际上，他对国民党的腐败严重状况是了解的，在该年2月1日的日记中记道："各部内容腐败，反不如北京政府，殊可伤心！靡费之多，冗员之繁，为主管者毫不经意。"[2] 蒋本以打倒北洋政权为其资本、为其功勋，而如今竟然发现自己所建立之国民政府各部机构腐败状况，较之北京政府时期为甚，因而反不如被推翻的北京政府更具有"合理性"，人同此心，事同此理，扪心自问，蒋介石怎能不在日记中记下其"殊可伤心"的感慨心情呢？

1932年，蒋在庐山军官团的一次演讲中激烈抨击国民党内的"升官发财"问题，他说：现在"缺少真正的革命党党员，缺少真正的革命军军人！现在一般人自称为革命党党员，与老革命同志的是什么？是假的！是冒充

---

① 蒋介石：《以整齐严肃的治军精神治政》(1930年11月25日)，《先总统蒋公思想言论总集》卷十，演讲，台北中国国民党中央委员会党史委员会1984年版，第441页。

② 《蒋介石日记》手稿本，1930年2月1日。

革命的！……他们所谓革命，是为自己升官发财的"。① 蒋的这一段话，虽有痛斥其他派系（"老革命同志"）之意，不过他这里是从"革命党党员"整体上判断国民党的，显然认为国民党整体上是名实不符的，是"为自己升官发财的"，而不是为革命的。从蒋的地位看，这一批评是相当严重的，等于明确承认了国民党的严重腐败问题。他于 1932 年 7 月到湖北，观察"湖北党委与清乡促进会委员，所见所闻皆腐败官僚，与幼稚党委，新官僚"，② 感叹"湖北情形复杂，腐败纷乱，至不可言状，何复不自知其过，尚欲争权暗斗，竟使湖北不可收拾"。③ 蒋的"何复不知其过"的感叹，表明了他对国民党积弊之深的无奈和尴尬。1933 年蒋介石在江西省党部的一次演讲中也谈及江西各机关的生活腐化问题，指出："现在在南昌各机关尤其是军政机关工作的一般人，还有很多的饮酒作乐的、赌的、嫖的，以及做其他种种不规则的事情，说起来可真痛心！"④ 可见，蒋对机关"一般人"的生活腐败问题，也是知情的。在同年的另一次演讲中，他指出："现在我们军队一天天的腐败，我们的国家一天天受到耻辱是什么道理呢？根本的原因，就是现在一般青年没有道德的观念，没有革命的人格，一天到晚，只想如何升官发财，绝不想到国家已到危急存亡的时候，我们怎么样去挽救。只是自私自利，拿国家的利益来为个人而牺牲……这种人真是甘心要做亡国奴。"⑤ 在这里，蒋明确提出了国民党"一天一天的腐败"的问题，还认识到其根源在于"自私自利"和"升官发财"之欲，没有了"革命的人格"。应该说，蒋对国民党腐败原因的认识，还是颇有些自知之明的。

---

① 蒋介石：《革命的心法——诚》（1933 年 9 月 21 日），《先总统蒋公思想言论总集》卷十一，演讲，台北中国国民党中央委员会党史委员会 1984 年版，第 576 页。
② 《蒋介石日记》手稿本，1932 年 7 月 1 日。
③ 《蒋介石日记》手稿本，1932 年 7 月 7 日。
④ 蒋介石：《以自强的精神剿必亡的"赤匪"》（1933 年 5 月 15 日），《先总统蒋公思想言论总集》卷十一，演讲，第 131 页。
⑤ 蒋介石：《训练军队与修养本身之道》（1933 年 5 月 19 日），《先总统蒋公思想言论总集》卷十一，演讲，第 148 页。

蒋对腐败问题，既知之、恨之，往往又掩之、护之。1934年5月15日，蒋在日记中不无自责地记道："世人之无智，污贪，非自今始，愤慨何益，戒之。"①此则日记蒋自责，大致是因"污贪"问题而起，但"污贪"具体情节，日记并未交代，而蒋最后态度竟是为"污贪"卸责寻理，称"世人之无智，污贪，非自今始"。蒋对此"污贪"的苟且态度与所记载"污贪"之事的遮遮掩掩，可知这位人物，应是蒋的左右之人，只是蒋介石在日记里也不愿直接将其记下来。但蒋似乎还是有意留下了痕迹，在当日接下来的记事中，其记道："下午……对朱家骅发怒，戒之。"②此则日记仅记了对朱家骅一人发怒之事，与前面所记相联系，蒋似乎是暗指对"污贪"事件中发怒者即朱某也。朱是蒋的重要臂膀，蒋对其虽颇重用，但也颇有微词。蒋显然以发一通"喜怒无常，傲慢怒恨"③的脾气作为对此案处理的"私了"姿态。1935年1月31日蒋在本月反省录中记道："忧则国人昏沉，党员贪婪（婪），不知耻辱之深重，灭亡之无日。"④1936年3月，蒋在一次演讲中猛烈地批评国民党普遍存在的争权夺利的腐败问题，他指出："现在从中央到各省各县各乡，都是有权利则大家争夺，有义务则互相推诿；最大多数的人，都是只知道个人的权利，再不曾顾到民生国计！"⑤上述一则私下日记和一处公开演讲，都谈到国民党腐败的整体性和普遍性问题，表明蒋对国民党整体腐败问题，有了更为明晰和深入的认识，对腐败问题越来越重视，也越来越担忧了，因此他把腐败后果与国家"耻辱之深重，灭亡之无日""不曾顾及民生国计"的重要高度相联系，虽然还有情绪化倾向，而理性认识的成分表现得越来越明显了。

经济及生活问题与民生相关切，因此，经济腐败与生活腐化问题，最易

① 《蒋介石日记》手稿本，1934年5月15日。
② 《蒋介石日记》手稿本，1934年5月15日。
③ 《蒋介石日记》手稿本，1934年5月15日。
④ 《蒋介石日记》手稿本，1935年1月31日。
⑤ 蒋介石：《今后改进政治之途径》（1936年3月8日），《先总统蒋公思想言论总集》卷十四，演讲，台北中国国民党中央委员会党史委员会1984年版，第127—128页。

引起人们的不满与反抗，直接威胁到国民党统治的政治合法性问题。因此，当蒋于 20 世纪 30 年代初了解到南京国民政府腐败严重程度后，惊呼"反不如北京政府"，即潜意识中会念及南京政府存在的合法性何在的问题。愈往后，他愈将各种腐败现象与"亡国奴"、国家"耻辱"和存亡等严重后果相联系，表现了他逐渐对经济腐败一类问题具有了一定的警惕意识。

二、对军队纪律松弛、政务荒废懈怠、官风虚伪自私问题的认识

在国民党党政军普遍派系林立、纷争不断的无序局势之下，军队不可能有统一而严明的纪律，政务也难以有序、有效地运行，党员的思想也难以有真正的公信与信仰，因而军纪松弛，政务懈怠，虚伪、自私之官风上下弥漫。通过蒋的演讲和日记等资料，可以透视出蒋对这些现象与问题的认知与态度。

蒋介石于 1928 年第二次北伐完成后，欲对部队进行整编。他在一次到军队视察中发现了改编后军队存在的腐败问题，即在当天日记中记道："今晨到常州天宁寺，见士兵散漫，纪律荡然，不胜愤激。巡阅各营，类皆如是，乃知此次改编成绩之劣，官长之腐败更不如前。"[1] 虽然是个案并偶然发现，但"巡阅各营，皆类如是"，却带有共性。蒋作为军政统帅，对军队中的此一现象表现出"不胜愤激"的情绪是必然的。1929 年 1 月 1 日、2 日连续两日他在日记中记载了阅兵过程中发现的军队"腐败"问题。1 月 1 日他记载了新年团拜与编遣会议两事之后，到阅兵场阅兵，发现"第三师真腐败矣"。[2] 1 月 2 日，他又在日记中云："以昨日阅兵第二（三）师之腐败，无任惭惶。"[3] 阅兵是展现军队顽强战斗力和勇敢精神风尚之际，而蒋介石却连

---

① 《蒋介石日记》手稿本，1928 年 10 月 28 日。
② 《蒋介石日记》手稿本，1929 年 1 月 1 日。
③ 《蒋介石日记》手稿本，1929 年 1 月 2 日。

续两日在日记中记其阅兵"真腐败"和对其腐败"无任惭惶",表明此事对蒋颇有刺激,至于腐败的具体表现为何蒋在日记里虽然未进一步说明,但与前面说的"士兵散漫,纪律荡然"应是同一类问题。一个政权内,政治上各为其私利、私欲派系纷呈,那么军队亦必为其派系腐败之风所腐蚀,必然瓦解了军纪和士气,成为蒋所见到的"纪律荡然""真腐败"的军队。一个"纪律荡然""真腐败"的军队,是不会有战斗力的,这自然使正在考虑军事编遣且担心此次编遣将会有极大军政风险的蒋介石"无任惭惶"。

国民党组织的松散痼疾由来已久。在南京国民政府党治体制下,其党务组织松散而必致政务松懈、敷衍、麻木等病症。蒋于 1929 年 7 月 20 日在其日记中记其政府中枢机构政务的懈怠之状:"俄报紧急(俄断交——引者注)而外交部长至今未到京,逍遥青岛,交通部员腐败,中央致奉天之电至今四天,而尚未接到者,要员十人八病,国情至此,不亡何待。无论内外新旧几皆为一人之敌,妒忌推诿,懒慢腐败,无事则趋势,有事则避逃,甚矣,国事之难也。凡事无难而独怕国人疲玩不振也。"[1]蒋在此透露三点可稍作分析:一、外交部长在重大外事危机时刻,在旅游胜地青岛"逍遥",不仅失职、推卸,而且可判为"腐败";二、蒋直言交通部员"腐败",腐败表现应是危机时刻竟对重大紧急情报敷衍懈怠,失职、失责,麻木不仁;三、值此国事如此危机时刻,政府"要员十人八病",占位而不任事,是"懒慢腐败"。蒋总结其症为"疲顽不振",固然说轻了些,不过大体接近此种腐化与萎靡政风的事实。蒋对此类事情,虽然不满,却似亦无奈无力,对此种问题如何处理乃至惩处,则无下文,而只是在日记中发发牢骚而已。在国民党中央机构尚且如此,上行必致下效,国民党从上到下的政务懈怠、敷衍之风弥漫不息。

蒋于 1930 年 11 月在国民党三届四中全会上的演讲中,提出"以整齐严肃的治军精神治政",欲纠正政务懈怠等腐化现象,明确提出要治理长期存

---

[1] 《蒋介石日记》手稿本,1929 年 7 月 20 日。

在的"弛怠而不负责"问题。① 但国民党的政务弛怠之风仍然没有改观。蒋在 1932 年 4 月 18 日的日记中记道:"到参谋本部巡查各厅,其人员与情形乃为一养老、养病、养懒院,而非政治惟一首脑机关之参谋本部也。言之可恨,思之悲痛。"② 国家重大的军事指挥机关竟成为如此这般状况,反映了国民党政治的深刻危机。而对于如何改革和消除这一现象,蒋介石还是束手无策,并无针对性的改进对策与措施。1935 年 1 月 31 日,蒋在日记中感叹"中央机关"之"暮气沉沉,难期感动",③ 表示了无奈之态。政务懈怠虽非腐败本身,但在萎靡腐败的政治风气之下,政务必然懈怠荒废,因此,政务荒废、懈怠是考察政治腐败的重要维度。

1936 年 3 月,蒋在一次演讲中尖锐地批评了政务敷衍卸责、虚伪自私的风气,他说:"现在事实上真正能尽到职责的公务人员,却如凤毛麟角,极少极少,就是因为做官的人太多,做事的人太少,大家都只知升迁转调,不顾国计民生,所以我们的政治,被人家视为落伍的政治,我们的国家也被人家视为落伍的国家。落伍的政治,落伍的国家是什么?说得明白一点,就是野蛮的政治,野蛮的国家!……如果不能自新自强……也会自趋于灭亡!"④"现在人心最堕落,习气最腐败的一点,或者说现在政治上最大的毛病是什么?就是虚伪和自私。无论上对下,下对上,同事对同事,可以说都是虚伪!大家因循苟且敷衍塞责,只要应付过去,欺骗得了就算事!一切的工作,几乎都是虚伪,都是在那边骗人!……极其所至,非到亡国不止!"⑤ 蒋这里猛烈批评的"做官的太多""只知升迁转调""虚伪和自私",

---

① 蒋介石:《以整齐严肃的治军精神治政》(1930 年 11 月 25 日),《先总统蒋公思想言论总集》卷十,演讲,第 441 页。
② 《蒋介石日记》手稿本,1932 年 4 月 18 日。
③ 《蒋介石日记》手稿本,1935 年 1 月 31 日。
④ 蒋介石:《今后改进政治之途径》(1936 年 3 月 8 日),《先总统蒋公思想言论总集》卷十四,演讲,第 123—124 页。
⑤ 蒋介石:《今后改进政治之途径》(1936 年 3 月 8 日),《先总统蒋公思想言论总集》卷十四,演讲,第 127—128 页。

就是他说的"人心的"的"堕落"和"风气"的"腐败",而且在他看来,绝对不是偶然和个别现象,而是"都是虚伪""都是在那边骗人",是具有普遍性、全局性的腐败现象,他也认识到"极其所至"的后果,是"非到亡国不止"的地步。这时的言论,较前的批评显然又更加严厉了,带有负气、泄愤的情绪,更带有浓郁的警惧意识。

党有党纪,军有军规,国有国法,应一决于公。国民党党政军各派系、各集团则各怀其私,各为其私,因而军纪荡然,党纪不彰,国法无以立威通行,军队腐败,政务荒废,人心堕落,上瞒下欺,遂至"非到亡国不至"的危机程度。而其重要原因,就在于其缺乏政治上的信仰而如蒋所言皆"虚伪和自私"。

三、对国民党派系腐败问题的认识

在南京国民政府内,几个大的政治派系和军事集团系统各不相谋,其利益冲突越来越明显、严重。1928 年年底张学良宣布东北易帜后,标志着国民党在形式上完成了国家统一。蒋介石此时踌躇满志,考虑立即进行各军事集团的统一编遣和整军集权事宜。但是,编遣就要裁撤各军事集团的军事力量,蒋则有乘机削弱其他各集团军权和实力的用意。故编遣遭到各方不满和极力反抗。蒋对此并非不知,感叹"几无人不为敌我矣",[1] 并说自己是"孤独之人,尚有人生乐趣乎",表白处于"部下跋扈,负责无人,贪污卑劣至此,尚有希望乎"的境地。[2] 蒋说"几无人不为敌我",表明了各派系在涉及军队编遣这一重大利害问题上的严重对立与斗争,而其所说的"部下跋扈……贪污卑劣"则是对其他军事集团抵制编遣和普遍占用国家财政经费的指控。目睹这种问题的普遍和严重,蒋不禁发出"尚有希望乎"的感叹,是

① 《蒋介石日记》手稿本,1929 年 1 月 20 日。
② 《蒋介石日记》手稿本,1929 年 1 月 30 日。

对国民党统治所面临巨大派系危机的预觉。针对国民党各派的纷争和内斗，蒋介石于 1929 年 3 月在国民党第三次全国代表大会开幕词的发言中，说到国民党的"根本弱点"问题时，指出其为"思想不统一"，"整个的党，无形中陷于分裂"的现象①。蒋在这里批评的，其实主要是国民党派系内讧问题，这实际上是国民党政治上派系腐败的一种表现。

有派系，就必然有利益争斗，即使蒋的嫡系黄埔系也难以例外。蒋于 1929 年 12 月 19 日在日记中对黄埔生排斥异己、争权夺利等现象进行了指责，他记道："下午会客，对黄埔生排斥异己，争权窃官之行，不胜愤怒。"②其实，黄埔系之所以敢于"排斥异己，争权窃官"，就是因为背后有蒋介石这个后台的支持。因此，蒋虽然一时有愤愤之慨，但对于黄埔系"排斥异己，争权窃官"的派系腐败行为，并不可能在实际上采取消除或惩治的任何行动。

派系腐败还表现在国家政治生活中的地方化势力垄断问题。蒋介石在 1930 年 1 月 21 日的日记中记载了国民政府参谋处职员几为"浙江会馆"的问题，其云："下午见参谋处职员，十之九皆为落伍之浙江军官，乃知葛之私心，难免外人以总部为浙江会馆之谣。"③参谋本部被外界视为"浙江会馆"，也是"派系性"地方势力垄断的反映。这种垄断性的"浙江会馆"，自然是一种私利关系，如蒋所认识的，是"葛之私心"，是一种腐败。

在国民党各派系开展无序竞争的危险关头，蒋身为国民党党政军最有实力的强人，身居中枢，并未从根本上寻找解决之道，反而从小处着眼，从私利与权术出发，以派系制派系，造成派系纷争的难解之局。1930 年 3 月 5 日，蒋介石在日记中记载了对付各派的策略和各派对付自己的策略，勾画了

① 蒋介石：《中国国民党第三次全国代表大会开幕词》（1929 年 3 月 15 日），《先总统蒋公思想言论总集》卷十，演讲，第 378 页。
② 《蒋介石日记》手稿本，1929 年 12 月 19 日。
③ 《蒋介石日记》手稿本，1930 年 1 月 21 日。

其内部倾轧的基本面貌。蒋记道："时局虽有发展，但策略难定，联冯制阎，或联阎制冯，或双方并联，使其互相牵制而听命于中央。阎阴谋，专博旧社会之同情，联旧派以反对中央；冯阳忿，迎合新潮派之趋向，联新派以反对中央……前以为用阎制冯为失察者，今是否其时也，详审之。"① 由此则日记不难看出，国民党各派内斗、联甲倒乙，不仅对方联合"斗"中央，中央也联合"斗"对方，这种无规则、无制度的内斗，尤其以"中央"自据者也竟以这种"权术"作为治道，使得中央不像是中央，地方不再是地方，如李宗仁在回忆录所说"蒋先生为政不以德，一切以权诈武力为能事，则内战必无已时"②；又如冯玉祥在日记中所记"蒋专弄权术，不尚诚意，既联甲以倒乙，复拉丙以图甲，似此办法，决非国家长治久安之象"。③ 其结果，先后导致了蒋与桂系、冯系、阎系和汪派的全面对立与战争，以及国民党其他各派联合反蒋的中原大战的发生。

中原大战以蒋介石胜利告终，蒋的强人姿态遭到胡汉民的反对，两人在约法问题上产生严重分歧，1931 年蒋胡矛盾进一步激化。为制止胡的反对，蒋竟粗暴地将胡扣押在汤山。胡汉民在汤山被软禁后，蒋遭到国民党胡派人士邓泽如、古应芬、林森、萧佛成四人弹劾，蒋在日记中埋怨道，邓等弹劾，是"无国无党而只有私情与私恨矣"。④ 也确实，以"私情私恨"为特征的派系纠纷是国民党内难以治愈的顽疾。蒋在指责他人，他自己打击他派又何尝不是如此。

这种派系私利内争腐败，在客观上加深了国难。在日本急欲全面侵华的压力下，国民党各派相互妥协，于 1935 年 11 月召开了各派参加的第五次全国代表大会。在 12 月召开的一中全会期间，蒋于 5 日在日记中记载了他

---

① 《蒋介石日记》手稿本，1930 年 3 月 5 日。
② 李宗仁口述，唐德刚撰写：《李宗仁回忆录》下，广西师范大学出版社 2005 年版，第 455 页。
③ 《冯玉祥日记》第 2 册，江苏古籍出版社 1992 年版，第 571 页。
④ 《蒋介石日记》手稿本，1931 年 4 月 30 日。

对西山会议派的观感:"今日全会众言纷杂,老党员所谓西山会议派自称元老者,只知争权夺利,让与一切权利,尤为未足,而必阻碍大计,反对国策,窥其意向,以抗日招牌阻碍抗日,以不抗日罪名逼倒中央,使其为所欲为。"①在蒋看来,西山会议派只知道在内斗,内斗的目的是"争夺权利",至于"抗日"云云只是他们对付"异己""逼倒"中央的借口而已,反映了国民党内部的猜忌与疑虑。互信不立,派系之间的猜忌与利益争夺就难以避免,蒋于11月11日在日记中记道:"往访汪先生,对党内纠纷明争暗斗自私见小之状实令人难堪。"②蒋与汪长期面和心不和,在国民党第五次全国代表大会召开前一日访汪,他所说"党内纠纷明争暗斗自私见小",应指汪在大会前与蒋就派系权势的"讨价还价"和对他派的攻击,因使蒋深有"难堪"之感慨。正是由于派系不同而导致互相攻击与疑虑,同年11月21日蒋在日记中记云:"本日闻汪不别赴沪,其怀疑可驻。亲劝孙出席反被其诬辱,此中痛苦非言可喻,只见遭急投石,毁国自保,毫无道义与情感可言。"③当日国民党正开第五次全国代表大会,一因"怀疑"而离京赴沪,实是拒绝出席会议;一则恶言攻击直接拒绝出席会议。其原因就在于汪派、孙派与蒋长期不和,与蒋在意见不同、利益相左时,互相"怀疑"和拆台是必然的。这种派系,"争夺权利""明争暗斗""无党无国""毁国自保"乃至进行全面战争,都是为了各自的"私情私恨"和私利。这是一种整体上的政治混乱与派系腐败。

由上可见,蒋无论是在演讲中的公开话语,还是日记中的私下语言,均不回避国民党内的派系私斗纷争问题,而且在蒋看来,这也是国民党的"根本弱点"。应该说,蒋对国民党派系之私现象是有痛切认识的,但他又身在这种派系内斗、派系腐败中,虽痛恨之,却又利用之,甚至于暗中培育之。因蒋无法超越这一腐败体系,所以他无法真正消除派系腐败问题。派系腐败

① 《蒋介石日记》手稿本,1935 年 12 月 5 日。
② 《蒋介石日记》手稿本,1935 年 11 月 11 日。
③ 《蒋介石日记》手稿本,1935 年 11 月 21 日。

是国民党的痼疾，也始终是国民党统治的"根本弱点。"

四、对腐败问题的处理与应对

作为南京国民政府实际掌控人的蒋介石，从南京国民政府建立到全民族抗战前十年间，他在观察与认识了上述腐败问题后，其如何处理与应对，更是我们应加以注意和思考的。

对国民党内的经济腐败和生活腐化问题，蒋介石虽然表现得深恶痛绝，疾言厉色，甚至不共戴天，但事实上陷入了矛盾、困窘的境地。在对国民党内普遍存在腐化现象的情况下，蒋介石虽有危机感，但蒋的主要精力用于对付各路的反蒋派，以及"围剿"工农红军，并未在反腐败上下真功夫。因此，蒋对国民党内普遍存在的腐败现象，大多是批评发泄而止，对个别腐败行为则施以"有选择"地个别处理，其言行主要之意在示人一种反对腐败的姿态。蒋在整体上并未对经济腐败问题采取根本性、实质性的治理之道，相反，有时甚至根据政治需要而采取了护短的做法。如 1936 年他为了回应"反对政府"的人的"造谣污蔑"，竟宣称："行政院和一切军事机关，我一定可以负责做到'廉洁'两个字，我敢深信，凡在我统属之下的办事人员，决没有贪污的可能，亦不容有贪污官吏存在政府之中。"[①]这一大包大揽的说辞做到了"廉洁""没有贪污可能"的辩护，与他前面所说的"一天一天的腐败"及"为自己升官发财"的揭露，是自相矛盾的。他这里所说的"反对政府"的人的"造谣污蔑"，包括各种对国民党不满的人，当然也包括共产党人对国民党腐败的批判和揭露。而为了给国民党统治辩护，蒋不惜与以往对国民党腐败现象的批评而自我矛盾。但国民党的腐败的事实毕竟是蒋介石不能熟视无睹的，是不能不承认的，所以，在他说腐败是"反对政府"的

---

① 蒋介石：《公务人员训练的意义》（1936 年 1 月 27 日），《先总统蒋公思想言论总集》卷十四，演讲，第 43—44 页。

"造谣污蔑"后不久，他又将国民党自身的腐化问题与国家的存亡相联系①，情绪化地对国民党的腐败问题进行了尖锐的抨击。

对于蒋的反腐败姿态与做法，《王子壮日记》所记颇可玩味。王子壮于1936年3月的一则日记中记道："蒋先生因整饬政界之风纪，已迭次演讲公务员之腐化而促其觉悟。平心论之，近日各机关腐者太多，而兢业从事者殆感凤毛麟角，高级官吏享用浪费尤为惊人。前读大公报公布各机关主官……薪水以外，特别办公费至为骇人。主席每月三千，院长约在二千元，副院长千元左右，部长亦如之，甚至司长参事亦有数百元之数，总理陵园管理委员，每人尚有五百元。且待遇极不一律，有极劳累而无此费者，有无事办而坐领此款者。既以叶先生之兼职收入，当在三千元以上（并薪水计）。"② 王的此则日记显示，蒋虽然一再强调整饬腐化之风，而实际上包括蒋在内的党政高官恰恰是腐化中人。根据当时国家文官薪金规定，文官最高级特任官为800元，简任一级为680元，每差一级减少40元，共8级，第八级为430元。荐任一级400元，每差一级减少20元，共12级，第十二级为180元。委任最高级为200元，共16级，最低一级为55元。③ 高级文官的薪俸大致在430元至800元至间，而此处所记的"特别办公费"少则500元，多则二三千元，竟高过本薪不少，不合常规，确如王氏所言不免"骇人"。更甚者，这种"特别办公费"并非"一律"，而是因人而异，显然是一种特殊利益的权势与亲疏安排。王氏所以在谈到蒋大讲消除腐化之际，而高级官僚竟然安享腐化待遇，在王氏看来，这样说做不一，怎能消除腐化呢？因此，在他日记里，出现了蒋一面大谈整饬吏治消除腐化、一面是"近日各机

---

① 蒋介石：《今后改进政治之途径》（1936年3月8日），《先总统蒋公思想言论总集》卷十四，演讲，第127—128页。

② 《王子壮日记》手稿本第3册，1936年3月9日，台北"中研院"近代史研究所2001年编印，第69页。

③ 中国第二历史档案馆编：《国民党政府政治制度档案史料选编》下，安徽教育出版社1994年版，附"暂行文官官等俸表（1936年）"。以1936年文官薪俸表，看抗战前国民党官员薪俸状况，当无大误。

关腐者太多"的矛盾现象。考之蒋介石日记，时常记有"特别费"之事，多语焉不详，是否完全如王子壮所言当不必细较，但可以说，蒋用金钱拉拢特定人群的这种安排无疑是存在的。1932 年，因胡汉民为蒋所扣而引起的宁粤对立中粤方所控蒋之种种不法之行中，亦提及"特别费"问题，称："蒋中正挟其私心，济以暴力，数年以来，全国收入支出，漫无报销，无论党部会议，政府会议，所提预算，皆不过毛举一二百元之细款，以资搪塞，而蒋中正以一手令，即可向财政部支款每次二三百万元或四五百万元，强名之曰'特别费'。狂谬若此，实天下万国所未闻。且此所谓特别费者，无非投之于政治、军事之黑暗用途。其结果以苟且贿赂之作用，收挑拨离间之结果，酿成内战，促全国之糜烂。"① 粤方作为对立面，所言难免有激愤与宣传意味，但考之蒋用金钱收买反蒋派的惯用做派，此言也不为无据。关键是用金钱摆平一切的做法，终非治国理政之正道，虽能收瓦解对手一时之利，但往往也易于形成己方金钱当道的政治风气。蒋的"金钱"政策，不仅用于收买对手，其"特别费"也用于为其效忠之人，其个人圈子也是以金钱和权力为基础而建立的，这些做法与国民党的腐化之风不能谓无关。

针对国民党军队纪律松弛、政务松懈敷衍、官风虚伪自私问题，蒋介石采取了一系列整顿军政纪律的措施：在军队中举办训练团和训练班，加强军事纪律和精神训练；在行政人员中举行县政训练班和区保长训练班，实施行政督察专员制度改革以加强管理、整饬吏治，成立行政效率研究机构以提高治理效率和治理质量；制定"党员守则"，强调传统文化中"诚"的重要性，加强公务人员品行教育与社会心理的维护，以期改变国民党党政军普遍存在的纪律松弛、政务懈怠敷衍、政风虚伪自私等局面。王子壮记录了蒋介石企图整顿机关工作纪律的部分情形。王在日记中记云："昨晚五时余，蒋先生忽以电话告党部总干事以上之同志，须于今晨十时一律集中于军官学校

---

① 荣孟源主编：《中国国民党历次代表大会及中央全会资料》上册，光明日报出版社 1985 年版，第 968 页。

大礼堂参加纪念周……十时蒋公于音乐声中登主席台，约各长官齐登台、行礼后，开始致训。大致以党部同志秩序并无进步，总理忌辰之秩序不佳足以证之。军校之教官中竟仍有着红绿衬衫者，如此态度之不庄重，实不配作军人。江宁县之工作偏重粉饰……工作不着实际实为可耻等语。将各部批评毕，乃开始训导之演说：如何在此国难期中，应严格律己，以救己救国诸项，至十一时半始毕。"①次日，王在日记中又记道："今晨纪念周……蒋先生又作演说，大致如昨日对于党部同志之礼貌不周及平日围巾绕头表现颓废之态，非常不满，谓如此不振，引起外人嘲笑。我们领导民众之党部同志，已如此不行，如何更能挽救国家之大难？……自应即日奋起，一洗此种萎靡不振之态度等语。"②后日王又记道："蒋先生既迭致训饬以促纪律之严肃，在中央实际负责任职叶楚伧先生……于今早召集全秘书处同志谈话，各部负责人亦参加。叶先生根据蒋之意思，指示四点：一、工作人员务须按照规定之时间准到准退……二、切实考绩……三、工作人员一律着中山装制服，随时准备紧急集合。四、制定同志应遵守之礼节规则。"③从王子壮日记看，蒋连续两日给国民党中央机关大讲工作秩序以至着装具体问题，是意在整饬机关的松弛懈怠之风，而从叶楚伧贯彻蒋的意旨的具体指示来看，则具体到上下班时间、工作人员统一着中山装制服及制定应遵守的更细化的礼节规则等，体现了蒋整饬振作机关纪律和风貌的意志。应该说，蒋的这些作为，对纠正国民党的纪律松弛、政务懈怠等问题起到一定作用，对于凝聚精神和意志迎接抗战是有积极意义的。但是，这些枝节改进和一时整饬，不可能从根本上消除国民党内长期形成的腐化颓废之态。

就国民党的派系来看，如西山会议派、汪派、胡派和孙科派，早在南京国民政府建立前就已存在，蒋介石建立南京国民政府后难以消除。在南京国民政府建立过程中形成的各地方实力派如冯系、阎系、桂系等，更不易以

① 《王子壮日记》手稿本第 3 册，1936 年 3 月 15 日，第 75—76 页。
② 《王子壮日记》手稿本第 3 册，1936 年 3 月 16 日，第 76 页。
③ 《王子壮日记》手稿本第 3 册，1936 年 3 月 17 日，第 77 页。

历史上"杯酒释兵权"的方式轻松而愉快地解决。不过,其处理亦并非只有"你死我活"与兵戎相见之简单一途。但南京国民政府缺少如孙中山那样众望所归的领袖人物,蒋虽然自居中央地位,但在国民党内资历与威望不足而无法服众,尤其是他对各派之处理与应对,往往并非正当大道,而多是使用权术、谋略或金钱贿赂方式;对其他派别,有利用价值则拉拢、封官许愿,而利用过后则往往"卸磨杀驴""兔死狗烹"。这种做法,实则制造了无数冤家对头,无怪蒋抱怨"几无人不为敌我矣"[1]"无论内外新旧几皆为一人之敌"[2],甚至说"畏我者固为我敌,爱我者亦为我敌",[3]导致了各方对蒋的信任危机和惊恐。应该说,这种急功近利的权术之策,是很容易被各方看破的,也并不是中央政府执政者所应采取的光明正大与公正谋国之道。尤其是军事编遣存在操之过急、编遣方案不公道、对编遣可能造成的危机估计不足等重大缺陷,但蒋坚欲实行,结果导致了蒋介石与桂系、冯系等各方的混战及最后冯、阎、桂及与汪派合作的联合反蒋中原大战。但这一系列混战包括中原大战,蒋并没将各实力派真正打垮,各派的基本实力还在,蒋的军队编遣计划也不了了之。蒋事实上承认了各地方实力派存在的合法性。整体看来,蒋介石与国民党其他各派之争,从性质上难用是非曲直论之,而从责任来说,作为具有主动权和主导权的蒋个人,所应付的责任无疑更大一些。蒋对此有所反思,他在日记中曾言:"今日之大乱,皆由于武人报复手段。通缉私仇之人太多,亦由于文人意气用事,排斥异己太甚所致。"[4]后又言:"二年来,内战不息者,其原因固不一端,而推究总因,实在其政客私心自用,排除异己之所致,吾人不察,竟上其当,且受不白之冤,年来牺牲部下与人民损失如此之多,痛定思痛,莫能自己。"[5]蒋在此反思"今日之大

---

① 《蒋介石日记》手稿本,1929 年 1 月 20 日。
② 《蒋介石日记》手稿本,1929 年 7 月 20 日。
③ 《蒋介石日记》手稿本,1930 年 12 月 9 日。
④ 《蒋介石日记》手稿本,1930 年 5 月 8 日。
⑤ 《蒋介石日记》手稿本,1931 年 2 月 14 日。

乱"与"排斥异己太甚"有关，且痛思战争造成重大伤亡与财产损失这一问题，但值得注意的是他把总责任推到了别的"文人""政客"身上。他这里所说的"文人"，指的是当时为他"坐台"的胡汉民，为以后蒋胡矛盾埋下伏笔。此两则日记前后相距半年多时间，且认识一致，应该是蒋的基本认识。但实际上，蒋与各地方实力派的矛盾才是主要的，蒋在此却把责任推给胡汉民，实质上是不想承担内战的历史责任。正是从其推卸"内战不息"责任的角度，可以看到蒋在心理上实际承认了包括中原大战在内的国民党一系列内争、内战的不正当性。

从客观上看，国民党内的这些军事混战和无序政争，对国民党政权的合法性杀伤力是极其严重的。即使国民党体制内的高官丁惟汾及王子壮，对国民党派系政治争权夺利活动的非正当性亦有着颇具穿透力的剖析。王在日记中先记道："丁先生有言曰：政治为抢夺，常不择手段，以达夺取之目的。"[1]王子壮接着分析与解释道："吾人以革命为志者，殊不欲与此斗争。此老盖惑于政局之纷扰，诚慨乎言之矣。夫革命本为政治的斗争，然所以斗争之故，为达实行政治主张之目的。然吾国现在之各派，但知争权夺利而已，夺而得于是更有大欲，争之不已，政局无定。野心武人据地呈强，政客挑拨鬼蜮技生，道德败坏，名誉无关，于是社会骚然，民生益苦。为民族而奋斗之党至此但见争夺相尚之各派几何，不患为民国之罪人。在此义以论，丁老之言方得正解，更可进而一觇政局内幕可信不谬。"[2]身在国民党体制内，对各方尚能保持自己超然于各派的客观之观察与思考，因此，王子壮在日记中所记的看法，在相当程度上也代表了派系之外国民党一般人士的观感。这种将派系斗争视为毫无道义可言的赤裸裸地"抢夺"的看法和认识，反映国民党多数人认识的代表性观点，竟然出自南京国民政府体制内高官丁惟汾之口，反映了国民党统治合法性的深刻危机。这种认识，对国民党当政者自是一种

---

① 《王子壮日记》手稿本第 2 册，1934 年 1 月 15 日，台北"中研院"近代史研究所 2001 年编印，第 8 页。

② 《王子壮日记》手稿本第 2 册，1934 年 1 月 15 日，第 8 页。

无形的巨大压力。1931 年 12 月 19 日，蒋在各方反对逼迫下考虑下野之时，其心情是复杂的，他在日记中反思道："余与干部讨论，今日之党革命条件无一完备，威信既失，焉能再望其领导之革命，余意非力自振拔，无以为党，故决心退出也。"① 在蒋看来，国民党"威信既失"，而其之所以失去威信，显然是由于国民党的严重腐败、政务荒弛和祸国殃民的内战。蒋一方面悲观地认为"威信既失"的国民党"焉能再望领导之革命"，另一方面又表示欲"力自振拔"，表现了他的极度矛盾心理。正是在这种矛盾中，在其复出后，在抗战的压力下，国民党各派大致走上联合之路。而西安事变后，蒋也被迫走上联共之路。这些做法，为迎接全民族抗战的到来，做了必要的准备。但是，大敌当前的团结并不可能完全消解国民党内各派的矛盾与恩怨，这些矛盾，在后来的政治生活和适当时机中还会发酵与再生。可以说，这些以私人利益和权位为基础而形成的派系，是其政治紊乱和腐败丛生的重要根源之一，同时也是一种严重的政治腐败形态。

蒋对腐败现象之种种应对，以王子壮的观察与知人论事，作为对蒋的一个比较全面的概括，当比较准确。王于 1936 年 3 月的一则日记又记云："蒋先生军人气质，事事注重急效。为政治道固有异于军。政务也，能提纲携领，善用人才，法度既立，期在厉行。能如是，其精力能灌注全国。遇事有精确之计划，如蒋先生所倡之新生活，力惩贪污，非不善也，然以事事由一己当其冲，人虽劳矣，而侥进之徒，转来迎合意旨，所谓惩治贪污，但图粉饰表面瞒过其个人是矣，终未立天下之大信，示人以大公，使严肃之纪律贯输于一般社会中也。此其所以个人所至之乐办，始见生气也。人非不好善也，闻蒋先生之言论亦非不振作也，奈何不见之于法度，无得力之人才以致肘腋之下，尚存有藏垢纳污之现象，在蒋先生个人不知之或虽知之无以治之。一般人之观感殊矣，此尤待于改善者也。"② 王氏在国民党派别之争中，

① 《蒋介石日记》手稿本，1931 年 12 月 19 日。
② 《王子壮日记》手稿本第 3 册，1936 年 3 月 21 日，第 81 页。

无其个人利害，但其总的情绪是倾向蒋介石与南京国民政府的，但尽管如此，王仍能较客观认识蒋之所为的最大缺陷。就王来说，对蒋是尊敬的，对他的抗日和反共活动是肯定的，反映了国民党一般人的见解。然而，由于王接触蒋较多，又了解南京政府的党政军内情，站在国民党利益的角度，对在他看来蒋存在的执政方面重大先天缺陷与具体失当做法，私下指出甚至表示不满与批评，也是很自然的。难得的是，王氏不仅有不满和批判，而且其见识颇有独到之处。在他看来，蒋的这"力惩贪污，非不善也"，但只依靠他个人"一己当其冲"的做法看起来效果很快，却有可能形成"粉饰""瞒过""藏污纳垢"的后果。王认为，蒋个人对贪污、腐败等"藏垢纳污"现象，或"不知"，亦可能"知之"。关键是王认为蒋即使"知之"，亦"无以治之"。这正是国民党腐败的症结与现实状况。在王氏看来，腐败并非不能治理，关键是不能如蒋那样，用军事的或个人的方式，而应用"为政"的"治道"，"提纲携领，善用人才"，"立法度"，"立天下之大信，示人以大公，使严肃之纪律贯输于一般社会中"，形成制度反腐和社会风气净化的局面，才是反腐的正途。但是，相反，军人出身的蒋介石对腐败的治理并不采用此正途治理，以致"知之而无以治之"①。当然，在20世纪

---

① 其实，蒋左右重要心腹如刘峙、戴笠等，当时就有传言存在贪腐受贿或生活糜烂问题。据唐纵1932年7月17日所记刘眷属的有关受贿之事，称："今天有个这样的报告，说是河南安阳县县长舞弊，为民众所告发，省主席刘峙提讯，责以贪污应治罪之意，安阳县长答云：县长是由钱买来的，若不弄钱，岂不失本？并出其省府秘书长张廷休收条一纸一呈。刘峙问张有其事否？张云姨太太手中有账可稽。刘亦无奈。"虽然刘本人事先原并不知姨太太受贿情节，但本欲治安阳县县长贪污罪，却因其姨太太受县长买官之贿"无奈"只能不了了之，南京方面知道此报告后也只能是"无奈"处置，未见下文，所有涉案人员均逍遥法外。1932年11月12日唐纵又记戴笠生活放荡之事，记戴"最大毛病就是爱色，他不但到处有女人，而且连朋友的女人都不分皂白，这是他私德方面，最容易令人灰心"。公安部档案馆编注：《在蒋介石身边八年——侍从室高级幕僚唐纵日记》，群众出版社1991年版，第31、33页。以蒋对情报掌握程度，此两事未必不知。蒋知之也是"无以治之"。蒋在日记中也多记载贪污行贿之事。1929年蒋在一则日记中记道"静江竟以金贿诱人"，也只是评其为"老朽一至如此，可叹"而止。见《蒋介石日记》手稿本，1929年6月11日。1932年蒋又在一则日记中悲观地记道："中央委员非老朽即贪污，

30 年代中期以后，面临日本急欲全面侵华的巨大生存压力，在客观上给国民党整饬吏治、振作纲纪提供了现实动力。在全国一致要求抗战的声浪中，国民党逐渐从内战、无序和颓废的泥潭中有所振作，随着西安事变的发生和国民党与中共的第二次合作的实行，蒋介石与国民党也表现了某种程度的革新政治的姿态，历史也就翻开了新的另一页，随后进入全民族抗战的新的历史考验时期了。

五、结语

就现有资料看，从 1927 年南京国民政府建立至全民族抗战前夕十年间，蒋介石明显认识到国民党政权内存在的腐败问题。如蒋所云，国民党的腐败"非今日始"。从历史上看，其辛亥革命时期同盟会虽以反清革命自任，而由于其基本成员以各省留日学生为主，内部组织松散，难以有统一、严明政治纪律与生活纪律的约束，加之与秘密会党武装联合，故一方面具有现代民主、共和、革命的建国理念和现代革命政党的理想特性，另一方面又带有中国传统的改朝换代豪杰的冲动和乱世闯荡、放浪生活的遗风两种品质，与当今严格意义上的现代革命政党标准尚有距离。而民国成立后，同盟会由革命党发展为议会政党，更是接纳了部分立宪派和官僚派进入党内，成分较前更为复杂，难免有怀抱升官发财等各种动机者进入。即使以国民党"正统"自居的蒋介石本人来看，其早期一方面有反清革命的历史，另一方面辛亥革命后时常出入上海滩沾染了乱世"荒唐放纵"之气，由此亦可见国民党是个多面性的自身矛盾而又复杂的组织体系。国共实现第一次合作后，国民党改组，吸收了中共的新的血液，采取了苏俄党军体制，才焕发出新的生命力量；而蒋介石本人也因孙中山任命其为黄埔军校校长而奠定了他以后在中国

不知地机急迫，烦琐延缓，争权夺利，令人起亡国之惧。宋明之末，其士大夫亦不过如是耳。"见《蒋介石日记》手稿本，1933 年 4 月 3 日。中央委员尚如此面貌，上行下效，其党内腐败可见一斑，蒋只是悲观而已，亦"无以治之"。

军政舞台上纵横捭阖的基础，由一个在广州的失意客籍军人通过国民党改组建立黄埔党军成为"大革命"时代的"弄潮儿"，并曾欲"急思跳出环境，免成军阀也"[1] 以与旧己作战。然而，蒋出于其维护国民党正统的心理和滋长的如其所坦白的固有"军阀"私欲驱动，终未能"跳出环境"，逐渐形成了驾驭党政之上的军事强权力量。他通过国民党建立的党军和北伐，依靠军事强力在武汉国民政府之外，又建立了虽缺乏法理依据却为国民党右派和社会有产阶级所强力支持的南京国民政府。蒋正式立府，强势脱胎为国民党的军政领袖，而在此过程中，他一方面武力"清共"，一方面接纳北京政府的官僚政客、收编北洋军队进入国民党的党政军系统，国民党改组的精神形消魂散，执政后的国民党成为较之同盟会时期和北京政府时期的国民党以及中华革命党，则更退一步，成为一个缺乏实质精神和明确政治理念的特殊利益群体，其所标榜的"革命"与"三民主义"口号，也只是"徒托空言"而已。因此，自南京国民政府建立到全民族抗战前夕，蒋介石对国民党内的腐败之风，心知肚明，一般情况下并不提及这一问题，在遇到具体问题时，则是有感而发，甚至愤世嫉俗，表现出对腐败现象的极度痛恨和无奈。这一时期蒋对国民党诸方面的腐败问题的认识，主要表现为对经济上的贪污腐败、党政军纲纪荒废和派系腐败等诸方面。当然，在认识到国民党腐败问题的同时，蒋也面临着如何应对与处理上述腐败的现实压力与拷问。

整体看来，蒋介石于全民族抗战前对南京国民政府内的腐败现象的认识基本上是清醒的，也是内心忧惧焦虑的。一是他检视了国民党内的经济腐败和生活腐化等问题。对于此种腐败，蒋大概最无奈、最棘手，他虽表面上痛心疾首，但实际上"无以治之"。二是他检视了国民党的党政军纲纪松弛、政务荒废懈怠、政风虚伪自私问题，纲纪松弛，上下失序，私欲横流，导致国家公共事务无人负责，甚至国家重大危机亦竟被懈怠、搁置，所谓"只知升迁转调"以个人私利是从，国事乃至"徒托空言"。蒋力图"自拔""振

---

[1] 《蒋介石日记》手稿本，1926 年 2 月 7 日。

作"，但其所用之法，多是军人之法（包括欲借用法西斯主义精神提高行政效率），且渗透强化其个人领袖地位的考量，虽能收效于一时，但终非长久、根本解决之道。三是他检视了国民党派系内斗和派系腐败问题，一方面，他站在个人权势的角度，利用派系倾轧来扩张自己的权势与地位；另一方面，他站在国民党和南京国民政府的立场上，又抨击派系，痛恨派系，抑制派系，他深知派系的危害，但无力从根本上治之。国民党蒋介石虽然也对以上腐败现象进行应对、治理，但整体上看，是"无以治之"。之所以"无以治之"，是因为没有从根本上进行治理，如王子壮所言，没有"立法度"，"立天下之大信，示人以大公，使严肃之纪律贯输于一般社会中"，即建立制约腐败滋生与发展的根本性机制，这才是问题的关键。与蒋介石、国民党针对腐败的态度截然不同，刚刚诞生的苏区革命根据地政权，即建立了严厉的一系列反腐法规并得到了全面贯彻实施，确保了新生的各级苏维埃政权的廉洁、高效，形成了中共革命的最珍贵的精神财富。归根到底，蒋介石、国民党所以不能真正反腐甚至容忍腐败，是由于他们缺乏甘愿为国家、民族和人民奋斗的"公心"，缺乏为建立公平、合理社会制度奋斗的理想和信仰，出于维护自己特殊利益的私心，因而没有勇气建立那种如王子壮所言的"立天下之大信，示人以大公"的制约腐败的制度，而宁愿与贪污腐化"私了"，宁愿纪律废弛，宁愿派系腐败，宁愿冒着明知存亡系之的危险"知之而无以治之"，其留给后人的追问，是值得深思的。

主要征引与参考文献

一、资料汇编类（按责任者拼音字母先后排序）

陈翰笙、薛暮桥、冯和法编:《解放前的中国农村》第 1 辑，中国展望出版社 1985 年版。

陈翰笙、薛暮桥、冯和法编:《解放前的中国农村》第 2 辑，中国展望出版社 1987 年版。

陈翰笙、薛暮桥、冯和法编:《解放前的中国农村》第 3 辑，中国展望出版社 1989 年版。

《鄂豫皖革命根据地》编委会编:《鄂豫皖革命根据地》第 4 册，河南人民出版社 1990 年版。

故宫博物院明清档案部编:《清末筹备立宪档案史料》上下册，中华书局 1979 年版。

韩延龙、常兆儒编:《中国新民主主义革命时期根据地法制文献选编》1—3 册，中国社会科学出版社 1981 年版。

韩延龙、常兆儒编:《中国新民主主义革命时期根据地法制文献选编》第 4 册，中国社会科学出版社 1984 年版。

江西省档案馆、中央江西省委党校党史教研室编:《中央革命根据地史料选编》(中)，江西人民出版社 1982 年版。

李文海主编:《民国时期社会调查丛编》二编"乡村经济卷"（上），福建教育出版社 2009 年版。

荣孟源主编:《中国国民党历次代表大会及中央全会资料》上下册，光明日报出版社 1985 年版。

荣孟源、章伯锋主编：《近代稗海》第 6 辑，四川人民出版社 1987 年版。

上海经世文社辑：《民国经世文编》1—8 册，北京图书馆出版社 2006 年版。

行政院农村复兴委员会编：《浙江省农村调查》，张研、孙燕京主编：《民国史料丛刊》（757），大象出版社 2009 年版。

行政院农村复兴委员会编：《河南省农村调查》，张研、孙燕京主编：《民国史料丛刊》（760），大象出版社 2009 年版。

行政院农村复兴委员会编：《广西省农村调查》，张研、孙燕京主编：《民国史料丛刊》（761），大象出版社 2009 年版。

行政院农村复兴委员会编：《云南省农村调查》，孙燕京、张研主编：《民国史料丛刊续编》（847），大象出版社 2012 年版。

中央档案馆编：《中共中央文件选集》第 1—6 册，中共中央党校出版社 1989、1990 年版。

中共中央文献研究室、中央档案馆编：《建党以来重要文献选编（1921—1949)》第 1、3 册，中央文献出版社 2011 年版。

中共中央组织部、中共中央党史研究室、中央档案馆编：《中国共产党组织史资料》第 1—4 卷，中共党史出版社 2000 年版。

中共中央党史研究室第一研究部编：《共产国际、联共（布）与中国革命文献资料选辑（1917—1925)》，"共产国际、联共（布）与中国革命档案资料丛书"第 2 卷，北京图书馆出版社 1997 年版。

中国人民解放军总政治部办公厅编：《中国人民解放军政治工作历史资料选编》第 1 册，解放军出版社 2002 年版。

中共江西省委党史研究室等编：《中央革命根据地历史资料文库·党的系统》（1），江西人民出版社 2011 年版。

中国第二历史档案馆编：《国民党政府政治制度档案史料选编》下册，安徽教育出版社 1994 年版。

中国第二历史档案馆编：《中华民国史档案资料汇编》第 5 辑第 1 编《财政经济》（7），凤凰出版社 1994 年版。

中央档案馆、福建省档案馆编：《福建革命历史文件汇集（省委文件）（1927—1928 年)》（上），1984 年版。

中央档案馆、福建省档案馆编：《福建革命历史文件汇集（省委文件）(1928 年)》（下），1984 年版。

中央档案馆、江西省档案馆编：《江西革命历史文件汇集（省委文件）（1927—1928 年）》，1986 年版。

中央档案馆、湖北省档案馆编：《湖北革命历史文件汇集（省委文件）（1928 年）》，1984 年版。

中央档案馆、湖北省档案馆编：《湖北革命历史文件汇集（特委文件）（1927—1934 年）》（一），1985 年版。

中央档案馆、湖南省档案馆编：《湖南革命历史文件汇集（省委文件）（1927 年）》，1984 年版。

中央档案馆、湖南省档案馆编：《湖南革命历史文件汇集（省委文件）（1928 年）》，1984 年版。

中央档案馆、湖南省档案馆编：《湖南革命历史文件汇集（乙种本）（1927—1931 年）》，1984 年版。

中央档案馆、湖北省档案馆、湖南省档案馆编：《湘鄂西苏区革命历史文件汇集（省委文件）（1927—1932 年）》，1986 年版。

章有义编：《中国近代农业史资料（1927—1937）》第 3 辑，生活·读书·新知三联书店 1957 年版。

章伯锋主编：《北洋军阀 1912—1928》第 4、5 卷，武汉出版社 1990 年版。

张文范主编：《中国省制》，中国大百科全书出版社 1995 年版。

二、文集、日记、年谱及回忆录类（按责任者拼音字母先后排序）

《蔡和森文集》，人民出版社 1980 年版。

《蔡和森文集》上下册，人民出版社 2013 年版。

《蔡元培选集》，中华书局 1959 年版。

《陈独秀文集》第 1—2 卷，人民出版社 2013 年版。

《陈独秀文章选编》（上中下），生活·读书·新知三联书店 1984 年版。

戴季陶著，唐文权、桑兵编：《戴季陶集（1909—1920）》，华中师范大学出版社 1990 年版。

《邓中夏全集》（上），人民出版社 2014 年版。

《邓中夏文集》，人民出版社 1983 年版。

《冯友兰全集》第 1 卷，河南人民出版社 2001 年版。

方汉奇主编：《邵飘萍选集》下册，中国人民大学出版社 1988 年版。

蒋梦麟：《现代世界中的中国——蒋梦麟社会文谈》，学林出版社 1997 年版。

《李大钊全集》第 3—4 卷，河北教育出版社 1999 年版。

《李大钊全集》第 1、2、3、5 卷，人民出版社 2013 年版。

梁启超：《饮冰室合集》第 1、2、4、6 册，中华书局 1989 年版。

梁启超著，汤志钧、汤仁泽编：《梁启超全集》第 1—10 集，中国人民大学出版社 2018 年版。

梁启超著，李华兴、吴嘉勋编：《梁启超选集》，上海人民出版社 1984 年版。

《梁漱溟全集》第 6 卷，山东人民出版社 1993 年版。

毛泽东著，中共中央文献研究室、中共湖南省委《毛泽东早期文稿》编辑组编：《毛泽东早期文稿》，湖南出版社 1990 年版。

毛泽东：《建国以来毛泽东文稿》第 13 册，中央文献出版社 1998 年版。

孟森：《孟森政论文集刊》（上中下），中华书局 2008 年版。

欧阳哲生编：《胡适文集》第 3 卷，北京大学出版社 1998 年版。

《瞿秋白文集》政治理论编第 2、4 卷，人民出版社 2013 年版。

秦孝仪编：《先总统蒋公思想言论总集》卷十，演讲，台北中国国民党中央委员会党史委员会 1984 年版。

秦孝仪编：《先总统蒋公思想言论总集》卷十一，演讲，台北中国国民党中央委员会党史委员会 1984 年版。

秦孝仪编：《先总统蒋公思想言论总集》卷十四，演讲，台北中国国民党中央委员会党史委员会 1984 年版。

薛暮桥：《薛暮桥学术论著自选集》，北京师范学院出版社 1992 年版。

夏晓虹辑：《〈饮冰室合集〉集外文》中册，北京大学出版社 2005 年版。

易鑫鼎编：《梁启超选集》上卷，中国文联出版社 2006 年版。

杨荫杭著，杨绛整理：《老圃遗文辑》，长江文艺出版社 1993 年版。

杨琥编：《宪政救国之梦：张耀曾先生文存》，法律出版社 2004 年版。

《恽代英文集》上卷，人民出版社 1984 年版。

《恽代英全集》第 4—6 卷，人民出版社 2014 年版。

中国社会科学院近代史研究所中华民国史研究室、中山大学历史系孙中山研究室、广东省社会科学院历史研究室合编：《孙中山全集》第 4—7 卷、第 9 卷，中华书局 2006 年版。

周毅、董慧云、张忠发主编：《张学良文集》上卷，香港同泽出版社 1996 年版。

张枬、王忍之编：《辛亥革命前十年间时论选集》第 1 卷上册，生活·读书·新知三联书店 1960 年版。

曹伯言整理：《胡适日记全编（1910—1914）》第 1 册，安徽教育出版社 2001 年版。

《黄侃日记》（上），中华书局 2007 年版。

刘大鹏：《退想斋日记》，山西人民出版社 1990 年版。

《蒋介石日记》手稿本。

公安部档案馆编注：《在蒋介石身边八年——侍从室高级幕僚唐纵日记》，群众出版社 1991 年版。

吴宓著，吴学昭整理注释：《吴宓日记》第 2 册，生活·读书·新知三联书店 1998 年版。

徐永昌著，"中央研究院"近代史研究所编：《徐永昌日记》第 1 册，台北"中央研究院"近代史研究所 1990 年版。

《许宝蘅日记》第 3 册，中华书局 2010 年版。

章谷宜整理：《胡景翼日记》，江苏古籍出版社 1993 年版。

中国第二历史档案馆编：《冯玉祥日记》第 2—3 册，江苏古籍出版社 1992 年版。

"中央研究院"近代史研究所编：《王子壮日记》手稿本第 2—3 册，台北"中研院"近代史研究所 2001 年编印。

韩国钧：《止叟年谱》，沈云龙主编：《近代中国史料丛刊初编》（009），台北文海出版社 1966 年版。

丁文江、赵丰田：《梁启超年谱长编》，上海人民出版社 2009 年版。

吕芳上：《蒋中正先生年谱长编》第 2 册，台北"国史馆"2014 年版。

陈济棠、王铁汉：《陈济棠自传稿·东北军事史略》，中华书局 2016 年版。

冯玉祥：《我的生活》，中国工人出版社 2007 年版。

冯玉祥著，余华心整理：《冯玉祥自传》，军事科学出版社 1988 年版。

何廉：《何廉回忆录》，朱佑兹等译，中国文史出版社 1988 年版。

胡适：《胡适自述》，河南人民出版社 2004 年版。

李宗仁口述，唐德刚撰写：《李宗仁回忆录》（下），广西师范大学出版社 2005 年版。

徐永昌：《求己斋回忆录》，中华书局 2016 年版。

三、著作类（按责任者拼音字母先后排序）

陈冰伯：《今日之县政》，同文图书印刷公司 1933 年版。

程方：《中国县政概论》，"中央政治学校研究部丛书"，重庆商务印书馆 1939 年版。

陈之迈：《中国政府》，上海商务印书馆 1946 年版。

陈登原：《中国田赋史》，《中国文化史丛书》第 1 辑（根据商务印书馆 1938 年版影印），上海书店 1984 年影印版。

陈志让：《军绅政权——近代中国的军阀时期》，广西师范大学出版社 2008 年版。

陈冠雄：《奉直战云录》，中华书局 2007 年版。

董显光：《蒋总统传》上，台北中华出版事业委员会 1957 年版。

古蔚孙：《甲子内乱始末纪实》，中华书局 2007 年版。

光升：《省制大问题》，孙燕京、张研主编：《民国史料丛刊续编》（257），大象出版社 2012 年版。

邓云特：《中国救荒史》，"民国丛书第二编"，根据商务印书馆 1937 年版影印，上海书店 1990 年影印版。

费孝通：《江村经济——中国农民的生活》，商务印书馆 2012 年版。

胡春惠：《民初的地方主义与联省自治》，中国社会科学出版社 2001 年版。

金冲及：《毛泽东传（1893—1949）》，中央文献出版社 2004 年版。

孔庆泰等：《国民党政府政治制度史》，安徽教育出版社 1998 年版。

刘明逵：《中国工人阶级历史状况（1840—1949）》第 1 卷第 1 册，中共中央党校出版社 1985 年版。

李文海等：《近代中国灾荒纪年续编（1919—1949）》，湖南教育出版社 1993 年版。

李文海等：《中国近代十大灾荒》，上海人民出版社 1994 年版。

来新夏主编：《北洋军阀史稿》，湖北人民出版社 1983 年版。

来新夏等：《北洋军阀史》，南开大学出版社 2000 年版。

罗志田：《乱世潜流：民族主义与民国政治》，上海古籍出版社 2001 年版。

刘伟:《晚清督抚政治——中央与地方关系研究》,湖北教育出版社 2003 年版。

刘五书:《二十世纪二三十年代中原农民负担研究》,中国财政经济出版社 2003 年版。

刘楚湘:《癸亥政变纪略》,中华书局 2007 年版。

南海胤子:《安福祸国记》,中华书局 2007 年版。

李细珠:《地方督抚与晚清新政——晚清权力格局再研究》,社会科学文献出版社 2012 年版。

欧阳哲生:《五四运动的历史诠释》,北京大学出版社 2012 年版。

钱实甫:《北洋政府时期的政治制度》上下册,中华书局 1984 年版。

钱穆:《中国文化史导论》(修订本),商务印书馆 1994 年版。

钱穆:《中国史学名著》,生活·读书·新知三联书店 2000 年版。

钱穆:《现代中国学术论衡》,生活·读书·新知三联书店 2001 年版。

钱穆:《中国历史研究法》,生活·读书·新知三联书店 2001 年版。

钱穆:《中国历代政治得失》,生活·读书·新知三联书店 2001 年版。

钱端升等:《民国政制史》下,上海人民出版社 2008 年版。

施养成:《中国省行政制度》,商务印书馆 1947 年版。

徐勇:《近代中国军政关系与"军阀"话语研究》,中华书局 2009 年版。

夏明方:《民国时期自然灾害与乡村社会》,中华书局 2000 年版。

文公直编:《最近三十年中国军事史》,沈云龙主编:《近代中国史料丛刊初编》第 64 辑(639),台北文海出版社 1966 年版。

王天奖等:《河南通史》第 4 卷,河南人民出版社 2005 年版。

翁有为:《专区与地区政府法制研究》,人民出版社 2007 年版。

翁有为:《行政督察专员区公署制研究》,社会科学文献出版社 2012 年版。

无聊子:《北京政变记》,中华书局 2007 年版。

王奇生:《党员、党权与党争——1924—1949 年中国国民党的组织形态》,华文出版社 2010 年版。

《湘鄂西革命根据地史》编写组:《湘鄂西革命根据地史》,湖南人民出版社 1988 年版。

行政院新闻局编:《地方自治》,行政院新闻局 1947 年版。

谢从高:《联省自治思潮研究》,中国社会科学出版社 2009 年版。

余伯流、陈钢:《井冈山革命根据地全史》,江西人民出版社 1998 年版。

杨光斌:《制度变迁与国家治理——中国政治发展研究》,人民出版社 2006

年版。

杨栋林：《缩小省区问题》，孙燕京、张研主编：《民国史料丛刊续编》（0258），大象出版社 2012 年版。

周振鹤：《中国地方行政制度史》，上海人民出版社 2005 年版。

张海鹏主编，李细珠著：《中国近代通史》第 5 卷"新政、立宪与辛亥革命（1901—1912）"，江苏人民出版社 2006 年版。

张海鹏主编，汪朝光著：《中国近代通史》第 6 卷"民国的初建（1912—1923）"，江苏人民出版社 2007 年版。

张海鹏主编，杨奎松著：《中国近代通史》第 8 卷"内战与危机"，江苏人民出版社 2007 年版。

朱熹注：《四书集注》，"新刊四书五经"，中国书店 1994 年版。

中华人民共和国财政部《中国农民负担史》编辑委员会等编著：《中国农民负担史》第 1 卷，中国财政经济出版社 1991 年版。

中华人民共和国财政部《中国农民负担史》编辑委员会等编著：《中国农民负担史》第 2 卷，中国财政经济出版社 1991 年版。

郑宝恒：《民国时期政区沿革》，湖北教育出版社 2000 年版。

朱偰：《中国租税问题》，张研、孙燕京主编：《民国史料丛刊》（406），大象出版社 2009 年版。

朱其华：《中国农村经济的透视》（一），孙燕京、张研主编：《民国史料丛刊续编》（538），大象出版社 2012 年版。

张玉法主编：《军阀政治》，《中国现代史论集》第 5 辑，台北联经出版事业公司 1980 年版。

［日］福泽谕吉：《文明论概略》，北京编译社译，商务印书馆 2011 年版。

［美］罗威廉：《红雨：一个中国县域七个世纪的暴力史》，李里峰等译，中国人民大学出版社 2014 年版。

［美］布鲁斯·马兹利什：《文明及其内涵》，汪辉译，商务印书馆 2017 年版。

［英］尼尔·弗格森：《文明》，曾贤明、唐颖华译，中信出版集团 2012 年版。

［美］齐锡生：《中国的军阀政治（1916—1928）》，杨云若、萧延中译，中国人民大学出版社 1991 年版。

［美］道格拉斯·C.诺思：《制度、制度变迁与经济绩效》，刘守英译，上海三联书店 1994 年版。

［美］费正清、罗德里克·麦克法夸尔主编：《中华人民共和国史（1949—

1965)》，上海人民出版社 1991 年版。

[美] 阿瑟·恩·杨格：《1927 至 1937 年中国财政经济情况》，陈泽宪、陈霞飞译，中国社会科学出版社 1981 年版。

[美] 拉铁摩尔：《中国的亚洲内陆边疆》，唐晓峰译，江苏人民出版社 2010 年版。

[法] 马克·布洛赫：《封建社会》上，张绪山译，商务印书馆 2004 年版。

[美] 塞缪尔·P. 亨廷顿：《变化社会中的政治秩序》，王冠华等译，生活·读书·新知三联书店 1989 年版。

[美] 萧邦齐：《血路：革命中国中的沈定一（玄庐）传奇》，周武彪译，江苏人民出版社 2010 年版。

[美] 易劳逸：《流产的革命：1927—1937 国民党统治下的中国》，陈谦平、陈红民等译，中国青年出版社 1992 年版。

[美] 杨联陞：《中国制度史研究》，彭刚、程刚译，江苏人民出版社 2007 年版。

四、报刊文章类（按时间先后排序）

来函：《寓江西陈君致浙江同乡会书》，《浙江潮》第 3 期，1903 年 4 月。

陈独秀：《敬告青年》，《青年杂志》创刊号，1915 年 9 月 15 日。

陈独秀：《孔子之道与现代生活》，《新青年》第 2 卷第 4 号，1916 年 12 月 1 日。

陈独秀：《再答俞颂华》，《新青年》第 3 卷第 3 号，1917 年 5 月 1 日。

李大钊：《庶民的胜利》，《新青年》第 5 卷第 5 号，1918 年 11 月。

仲九：《五四运动的回顾》，《建设》第 1 卷第 3 号，1919 年 10 月。

乔山：《军阀政治评论》，《新群》第 1 卷第 2 号，1919 年 12 月。

冷：《二者必取其一》，《申报》1919 年 5 月 26 日。

恽代英：《革命的价值》，《时事新报》副刊《学灯》，1920 年 10 月 10 日。

《谭延闿否认岑陆取消自主电》，《申报》1920 年 11 月 6 日。

陈独秀：《国庆纪念底价值》，《新青年》第 8 卷第 3 号，1920 年 11 月 1 日。

黄抱一：《社说九·省自治》，《申报》1920 年 10 月 10 日，"国庆纪念增刊"。

陈独秀：《民主党与共产党》，《新青年》第 8 卷第 4 号，1920 年 12 月 1 日。

鸣谦：《军阀亡国论》，《北京大学学生周刊》第 6 号，1920 年 2 月 8 日。

默：《对于国民今后之希望》，《申报》1920 年 10 月 10 日。

张默：《社说三·国庆与国民大会》，《申报》1920年10月10日，"国庆纪念增刊"。

蔡元培：《洪水与猛兽》，《新青年》第7卷第5号，1920年4月1日。

章太炎：《章太炎与各省区自治联会电》，《申报》1921年1月6日。

老圃：《联省政府》，《申报》1921年2月19日。

陈独秀：《如何才是正当的人生——在广东省立女子师范学校讲演会演词》（1921年1月23日），《广东群报》1921年1月24日。

钝根：《三十节感言》，《礼拜六》第130期，1921年10月8日。

老圃：《北军阀破裂之朕兆》，《申报》1921年9月14日。

老圃：《民国与五代之比》，《申报》1921年1月26日。

蔡和森：《武力统一与联省自治——军阀专政与军阀割据》，《向导》第2期，1922年9月20日。

默：《国庆与战》，《申报》1922年10月10日。

《英报痛论中国军阀》，《申报》1922年9月19日。

蔡和森：《外交团劝告裁兵》，《向导》第4期，1922年10月4日。

陈独秀：《对于现在中国政治问题的我见》（1922年6月），《东方杂志》第19卷第15号，1922年8月10日。

陈独秀：《联省自治与中国政象》，《向导》第1期，1922年9月13日。

胡适：《联省自治与军阀割据——答陈独秀》，《努力周报》第19期，1922年9月10日。

李大钊等：《北京同人提案——为革命的德谟克拉西（民主主义）的提案》，《少年中国》第3卷第11期，1922年6月1日。

默：《国会与自治》，《申报》1922年10月10日，"国庆纪念增刊"。

恽代英：《民治运动》，《东方杂志》第19卷第18号，1922年9月25日。

《孤军宣言》，《孤军》第1卷第1期，1922年9月。

蔡和森：《双管齐下的国际帝国主义》，《向导》第14期，1922年12月30日。

陈独秀：《怎么打倒军阀》，《向导》第21期，1923年4月18日。

陈独秀：《资产阶级的革命与革命的资产阶级》，《向导》第22期，1923年4月25日。

心史：《今日为制宪较相当之时期》，《申报》1923年10月14日。

《严几道与熊纯如书札节抄》（六十九、七十、七十二、七十三），《学衡》第20期，1923年8月。

蔡和森：《反对"敦请一友邦"干涉中国内政》，《向导》第 19 期，1923 年 2 月 7 日。

陈独秀：《可怜的伸手派》，《向导》第 24 期，1923 年 5 月 9 日。

陈独秀：《中国农民问题》，《前锋》第 1 期，1923 年 7 月 1 日。

黄居仁：《打倒军阀》，《向导》第 37 期，1923 年 8 月 22 日。

康：《"打倒军阀"的意义》，《共进》第 44 期第 1 版，1923 年 8 月 25 日。

瞿秋白：《东方文化与世界革命》，《新青年》季刊第 1 期，1923 年 6 月 15 日。

瞿秋白：《现代中国的国会制与军阀》，《前峰》第 1 期，1923 年 7 月 1 日。

山水：《打倒军阀运动和陕西学生》，《共进》第 35 期，1923 年 4 月 10 日。

寿康：《可怕的兵变》，《孤军》第 1 卷第 4—5 期合刊，1923 年 1 月。

思勤：《军阀小史》，《孤军》第 1 卷第 4—5 期合刊，1923 年 1 月。

周鲠生：《时局之根本的解决》，《太平洋》第 4 卷第 2 号，1923 年 9 月 5 日。

寿康：《可怜的末路》，《孤军》第 1 卷第 4—5 期合刊，1923 年 1 月。

邓中夏：《中国时局的大概》，《青年工人》第 1 期，1923 年 10 月 31 日。

蔡元培：《蔡元培的宣言》，《努力周报》第 39 期，1923 年 1 月 28 日。

陈独秀：《革命与反革命》，《向导》第 16 期，1923 年 1 月 18 日。

瞿秋白：《中国之地方政治与封建制度》，《向导》第 23 期，1923 年 5 月 2 日。

恽代英：《列强卵翼的北京政府》，《新建设》第 1 卷第 4 期，1924 年 3 月 20 日。

恽代英：《北方四头的活跃》，上海《民国日报》副刊《评论之评论》第 6 期，1924 年 4 月 27 日。

邵飘萍：《国民军精神长在》，《京报》1924 年 12 月 24 日。

恽代英：《矫正对于"打倒军阀"的误解》，《中国青年》第 22 期，1924 年 3 月 16 日。

邓中夏：《北游杂记（上海的报纸)》，《中国青年》第 19 期，1924 年 2 月 23 日。

寿康：《反抗与合作》，《孤军》第 2 卷第 3 期，1924 年 4 月。

《中国青年军人联合会成立大会记·廖仲恺先生代表中国国民党致词》，《中国军人》创刊号，1925 年 2 月 20 日。

《读者之声"好铁莫打钉好汉莫当兵"——这是推倒军阀的宣传语》，《孤军》第 3 卷第 3 期，1925 年 8 月。

环心：《革命军人与军阀的分别》，《共进》第 86 期，1925 年 7 月 15 日。

钱玄同：《关于反抗帝国主义》，《语丝》第 31 期第 1 版，1925 年 6 月 15 日。

文：《又是军阀均势的战争！》，《现代评论》第 2 卷第 48 期，1925 年 11 月 7 日。

昨非：《军阀与原生动物》，《京报副刊》第 349 号第 4 版，1925 年 12 月 5 日。

崇慎：《中国之军阀亦知自丑乎?》，《自强》第 1 卷第 1 期，1925 年 12 月 1 日。

李怀清：《国民党采"不合作主义"打倒"军阀派"》，《学生文艺丛刊》第 2 卷第 10 期，1925 年 12 月。

陈独秀：《我们现在为什么争斗?》，《向导》第 172 期，1926 年 9 月 25 日。

陈独秀：《什么是帝国主义?什么是军阀?》，《向导》第 149 期，1926 年 4 月 13 日。

彭湃：《花县团匪惨杀农民的经过》，《人民周刊》第 23 期至 24 期，1926 年 9 月。

前溪：《吊失败军阀》，《国闻周报》第 3 卷第 33 期，1926 年 8 月 29 日。

祖绳：《军阀目中之大法》，《东南论衡》第 8 期，1926 年 5 月。

平：《内乱与外患》，《市声周报》第 4 卷第 2 期，1926 年 1 月 3 日。

格孚：《一封信》，《现代青年》第 69 期，1927 年 4 月 4 日。

李作周：《中国底田赋与农民》，《新创造》第 2 卷第 1、2 期，1932 年 7 月 22 日。

毛子水：《南行杂记》，《独立评论》第 1 卷第 18 号，1932 年 9 月 18 日。

陈翰笙：《破产中的汉中的贫农》（1932 年 12 月 12 日），《东方杂志》第 30 卷第 1 号，1933 年 1 月 1 日。

吉翁：《纪杭县地丁银有感》，《钱业月报》第 13 卷第 7 号，1933 年 7 月 15 日。

何挺杰：《陕西农村之破产及趋势》，南京《中国经济》第 1 卷第 4、5 期合刊，1933 年 8 月 25 日。

马乘风：《最近中国农村经济诸实相之暴露》，《中国经济》第 1 卷第 1 期，1933 年 4 月 15 日。

邹国柱：《青海农村现状及复兴之意见》，《新青海》第 2 卷第 3 期，1934 年 3 月。

李景汉：《定县农村经济现状》，北平《民间》第 1 卷第 1 期，1934 年 5 月 10 日。

孙晓村：《苛捐杂税报告》，《农村复兴委员会会报》第 12 号，1934 年 5 月 20 日。

晶平：《广西武宣农业劳动中的游行工人》，《中国农村》，创刊号，1934 年 10 月 1 日。

达生：《灾荒打击下底中国农村》（1934 年 9 月 15 日），《东方杂志》第 31 卷第 21 号，1934 年 11 月 1 日。

洪水权：《河南农村经济问题》，河南省政府公报室编：《河南政治》第 4 卷第 12 期，1934 年 12 月。

朱偰：《四川省田赋附加税及农民其他负担之真相》（1934 年 6 月 15 日），《东方杂志》第 31 卷第 14 号，1934 年 7 月 16 日。

张锡昌：《河南农村经济调查》，《中国农村》第 1 卷第 2 期，1934 年 11 月 1 日。

徐西农：《宁夏农村经济之现状》，《文化建设》第 1 卷第 2 期，1934 年 11 月 10 日。

李景汉：《定县农村借贷调查》，《中国农村》第 1 卷第 6 期，1935 年 3 月 1 日。

朱镜宙：《甘肃最近三年间贸易概况》，《开发西北》第 3 卷第 5 期，1935 年 5 月 31 日。

王天马：《绥远农村自治应有之新的努力》，《绥远长城（季刊）》第 1 期（创刊号），1935 年 6 月 1 日。

张洪绩：《贵州农村经济之鸟瞰》，《农村经济》第 3 卷第 2 期，1935 年 12 月 1 日。

余景陶：《湖北农村困苦原因之探讨》，《建设评论》第 3 卷第 1 期（周年纪念专号），1936 年 10 月 1 日。

蒲特：《粤变前的广东农村》，《中国农村》第 3 卷第 1 期，1937 年 1 月 1 日。

胡绳武、金冲及：《关于梁启超的评价问题》，《学术月刊》1960 年第 2 期。

蔡尚思：《梁启超在政治上学术上和思想上的不同地位——再论梁启超后期的思想体系问题》，《学术月刊》1961 年第 6 期。

彭明：《北洋军阀（研究纲要)》，《教学与研究》1980 年第 5、6 期。

林庆元：《论梁启超对封建专制制度的批判——兼谈近代民主观念薄弱的原因》，《福建师大学报》（哲学社会科学版）1981 年第 1 期。

王好立：《从戊戌到辛亥梁启超的民主政治思想》，《历史研究》1982 年第 1 期。

陈旭麓：《军阀与近代中国社会》，《西南军阀史研究丛刊》第 2 辑，贵州人民出版社 1983 年版。

熊月之：《论戊戌时期梁启超的民权思想——兼论梁启超与康有为思想的歧异》，《苏州大学学报》（哲学社会科学版）1984 年第 3 期。

赵德馨：《列宁关于半殖民地半封建社会的学说》，《青海社会科学》1984 年第 4 期。

李新：《军阀论》，《史学月刊》1985 年第 1 期。

李新：《北洋军阀的兴亡》，《史学月刊》1985 年第 3 期。

魏明：《论北洋军阀官僚的私人资本主义经济活动》，《近代史研究》1985 年第 2 期。

王渊明：《法国封建社会农民的生活状况与社会发展的关系》，《历史研究》1985 年第 5 期。

萧延中：《论梁启超对早年毛泽东的影响》，《近代史研究》1988 年第 1 期。

蔡永飞：《梁启超"开明专制"思想述评》，《政治学研究》1988 年第 4 期。

周俊旗：《试论皖系军阀控制中央政权的原因及其政权的特点》，《安徽史学》1989 年第 3 期。

郭绪印：《论南京国民政府时期国民党派系斗争》，《民国档案》1991 年第 1 期。

彭南生：《梁启超的"开明专制"思想新探》，《华中师范大学学报》（哲学社会科学版）1991 年第 3 期。

李文海：《清末灾荒与辛亥革命》，《历史研究》1991 年第 5 期。

成晓军：《试论谭延闿研究中的几个问题》，《江海学刊》1991 年第 6 期。

胡绳武：《梁启超与民初政治》，《近代史研究》1991 年第 6 期。

宗玉梅：《1927—1937 年南京国民政府的经济建设述评》，《民国档案》1992 年第 1 期。

孙占元：《十年来北洋军阀史重点问题研究概述》，《历史教学》1992 年第 6 期。

方银儿：《徐世昌与东北建省》，《历史教学问题》1995 年第 5 期。

白纯：《清代台湾建省述略》，《台湾研究》1996 年第 4 期。

陈金龙：《"半殖民地半封建"概念形成过程考析》，《近代史研究》1996 年第 4 期。

阎平：《历史的悖论——评梁启超的开明专制思想》，《徐州师范大学学报》（哲学社会科学版）1997 年第 3 期。

陶季邑：《关于"半殖民地半封建"概念的首次使用问题——与陈金龙先生商榷》，《近代史研究》1998 年第 6 期。

郭世佑：《筹划庚子勤王运动期间梁、孙关系真相》，《历史研究》1998 年第 5 期。

史云波、董德福：《梁启超：五四新文化运动的先驱》，《中州学刊》1999 年第 1 期。

郑起东：《近代华北的农业发展和农民生活》，《中国经济史研究》2000 年第 1 期。

夏明方：《发展的幻想——近代华北农村农户收入状况与农民生活水平辨析》，《近代史研究》2002 年第 2 期。

刘伟：《晚清新政时期中央与各省关系初探》，《华中师范大学学报》（人文社会科学版）2003 年第 6 期。

李红岩：《关于半殖民地半封建理论的来龙去脉》，中国社会科学院近代史研究所编：《中国社会科学院近代史研究所青年学术论坛：2003 年卷》，社会科学文献出版社 2005 年版。

崔志海：《梁启超与日本——评郑匡民〈梁启超启蒙思想的东学背景〉》，《近代史研究》2004 年第 4 期。

金以林:《地域观念与派系冲突——以二三十年代国民党粤籍领袖为中心的考察》,《历史研究》2005 年第 3 期。

侯建新:《"封建主义"概念辨析》,《中国社会科学》2005 年第 6 期。

李春梅:《试论梁启超对鲁迅国民性思想形成的影响》,《内蒙古大学学报》(人文社会科学版) 2005 年第 2 期。

李琴:《试析民初废省论争》,《贵州文史丛刊》2005 年第 4 期。

付茹:《论梁启超"开明专制"思想》,《理论学习》2007 年第 4 期。

杨天宏:《直奉战争之后的北京政治——段祺瑞临时执政府对北洋体系的整合》,《史学月刊》2008 年第 4 期。

白贵一:《论 20 世纪 30 年代南京国民政府的省制改革》,《河南师范大学学报》(哲学社会科学版) 2008 年第 5 期。

赵图雅、斯钦:《五四新文化运动中陈独秀"反封建"思想评析》,《内蒙古师范大学学报》(哲学社会科学版) 2008 年第 3 期。

李丹:《谈梁启超的开明专制思想》,《吉林师范大学学报》(人文社会科学版) 2008 年第 6 期。

杨天石:《且看蒋介石如何反腐——蒋介石日记解密系列》(上、下),《同舟共进》2008 年第 8、9 期。

冯天瑜:《对五四时期陈独秀"反封建"说的反思》,《中共党史研究》2009 年第 7 期。

宋洪兵:《二十世纪中国学界对"专制"概念的理解与法家思想研究》,《清华大学学报》(哲学社会科学版) 2009 年第 4 期。

李新宇:《五四"反帝反封建"辨析》,《齐鲁学刊》2009 年第 3 期。

王先明:《关于近代中国"半封建"问题的辨析》,《河北学刊》2009 年第 4 期。

李红岩:《如何科学认识近年来的"封建"论争》,《光明日报》2010 年 7 月 26 日。

李德英、高松:《地震灾害与社会反应——以 1933 年四川叠溪地震为中心的考察》,《史学月刊》2010 年第 1 期。

关晓红:《清季外官改制的试办与成效》,《史学月刊》2011 年第 11 期。

翁有为:《二十世纪二十年代初中共与其他政治力量关于军阀问题"解决"方略之考察》,《中共党史研究》2012 年第 5 期。

丁东宇:《马克思的封建社会概念》,《学术交流》2012 年第 6 期。

温锐、周海燕:《政府主导下的经济发展——1927—1937 年南京国民政府与市场调适关系分析》,《江西财经大学学报》2014 年第 3 期。

李福鑫：《从"开明专制"到"民主共和"——梁启超孙中山国家观之比较》，《云南社会主义学院学报》2014 年第 4 期。

翁有为：《"军阀"概念在近代的引入及其意义》，《近现代河南与中国研究》第 2 辑，河南人民出版社 2014 年版。

李金铮：《延续与渐变：近代冀中定县农业生产及其动力》，《历史研究》2015 年第 3 期。

梁华玮：《国民政府实行省政府合署办公制度缘由探析》，《许昌学院学报》2015 年第 1 期。

贾小叶：《晚清台湾建省的台前与幕后》，《史学月刊》2016 年第 7 期。

张昭军：《"中国式专制"抑或"中国式民主"——近代学人梁启超、钱穆关于中国古代政治制度的探讨》，《近代史研究》2016 年第 3 期。

陈明：《熊希龄内阁时期的废省筹议》，《历史研究》2017 年第 2 期。

蔡双全、王正相：《梁启超"开明专制论"之学理辨析》，《江苏社会科学》2017 年第 4 期。

邹小站：《民初省制问题争议》，《民国史研究》第 1 辑，社会科学文献出版社 2017 年版。

茅海建：《论戊戌时期梁启超的民主思想》，《学术月刊》2017 年第 4 期。

高月：《从藩部到行省——清政府对新疆的再统合（1875—1911）》，《文化纵横》2018 年第 3 期。

翁有为：《"五四"前后陈独秀对"封建"意涵的探索——中共"反封建"话语的初步形成与发展》，《中共党史研究》2018 年第 5 期。

王瑶：《梁启超对卢梭思想的容受与推演》，《天津社会科学》2019 年第 5 期。

后 记

　　本书讨论的是近代中国国家治理的瓶颈——省制与国家现代化建构问题。在近代中国的历史发展中，在相当长的时段内，面临着两大时代性命题和历史性任务：对外是独立，对内是统一和发展。而对内统一又是发展的前提，没有国家统一就不可能发展，如当下陷于内战的中东国家因连年内战连生命安全都难以保障，遑论发展。同时，对内统一还是对外独立的基础，一个四分五裂、积贫积弱的国家亦难以做到对外独立。可见，对内统一是多么重要，而这个问题在相当程度上是与省制问题紧密联系在一起的。对内统一之所以成为近代中国的一个时代性命题和历史性任务，是因为近代在清末民初的历史转折阶段，省区地方势力迅速崛起，至辛亥鼎革之变后，皇权固被推翻，而新的国家权威却未树立，表现为央地关系失序，形成了以省区为特征的强大军阀势力，国家遂陷于纷争、动荡与分裂之中，军阀成为阻碍中国政治发展和社会前进的特殊利益力量。这一现象到南京国民政府时期虽在其"党治"笼罩下有所缓解，但亦只能是"形式上的统一"，其内部军阀式力量的存在和派系纷争仍是政治生活的常态。因此，从某种意义上说，中国在现代政治上要回归常轨，实现国家的常态建构，重要任务之一就是必须打倒军阀势力、消除军阀现象。由于军阀现象是以省区势力为依托而形成的，就使得要消除军阀现象，就必须实现省制位序在新的历史起点上的回归。就此而言，消除军阀现象与实现省制位序的现代性回归，之于近代中国的国家建构，犹如近代历史转折中的轴变那样重要和关键。

当然，上面我们是从消除军阀现象和省制位序的现代回归角度理解"轴变"问题，而这个"轴"所承载的则是正在转型与建构着的近代国家这部机器。这部机器的转型与现代化建构是十分艰难而复杂的，传统与现代的冲突、专制与民主的较量充斥于其中。近代中国转型时期国家治理中的为民还是为己，考验着执政者的初心、能力和民心的最终选择。

历史又是复杂、多面的，绝非单一面孔。即如军阀，也有的会在某一时期、某种条件下作出有意义的活动，这是必须指出的。又如省制失序问题，主要表现为大小军阀纷争、内斗不已，有失序的一面，但又有省体制从军民分治逐步过渡到以行政建制为主的现代化转型的一面，这是一个重要的历史性转折，正因为省逐步成为行政建制单元，省权的军事化特征消解，才能实现"轴变"的正常回归。即使近代一再被批判的"传统"，也不宜简单打倒而抛弃，其中的合理内核在现代仍有普世的价值。历史之深刻处大概在兹，历史之魅力处亦大约在兹，历史之于人们的智慧处亦当在兹。

本书属于"制度史"的研究范围。说起"制度史"，十多年前人们谈起这个研究领域还会觉得奇怪，记得在一次学术会议上一位学者说我："你是搞制度史的。"在我听来，此君实际上好像在说："你怎么搞这样的领域？"似乎隐含了制度史研究难以被理解和少人涉足的境遇。但在我，一直觉得制度史是非常重要的研究领域，历史学者必须对此给予足够的重视并需加强这一领域课题的研究。如果说陈寅恪先生在挽王国维诗中说"吾侪所学关天意"[①]，陈氏所学固然渊博，而其制度史研究是其重点，其《隋唐制度渊源略论稿》被认为其代表性著作；而王国维所学亦极其渊博，而《殷周制度论》也被认为是其代表性论著。陈氏曰所学"关天意"，即关乎国家与文化兴亡。一国制度的兴衰，自然关系一国兴衰及其文化的兴亡，从这种角度认识制度的重要性是可以理解的。业师张晋藩教授也说过："制度是人类文明

---

① 《挽王静安先生》，《陈寅恪集·诗集 附唐筼诗存》，生活·读书·新知三联书店 2009
年版，第 11 页。

中最主要和最核心的成果。""制度史就是研究人类历史文明的主干和核心历史部分。"①这里说的也是制度史研究的重要性。本人硕士论文是研究的制度史，博士论文也是研究制度史，且自 2004 年承担国家社科基金项目"行政督察专员区公署制研究"以来，至今已连续承担了国家社科基金项目"南京国民政府县政研究"、国家社科基金重点项目"中国近代省制研究"及国家社科基金重大项目"近代中国省制变革与社会变迁研究"，都是制度史研究领域的课题。在研究过程中，我们逐渐组成了以制度史为研究对象的研究团队、研究平台，并于 2018 年 10 月、2019 年 6 月分别联合《历史研究》编辑部和中国社会科学院近代史研究所革命史研究室依次召开以"近代中国制度变革与社会演进"为主题的"近现代中国制度史前沿论坛"和以"近现代中国国家治理的理论、实践及其得失与镜鉴"为主题的"近现代中国国家治理学术研讨工作坊"，两次会议均被"中国社会科学网"及《中国社会学报》分别刊发了题为《关注近代中国制度变革与社会演进》和《聚焦近现代中国国家治理》会议述评性报道。其时，随着中共十八大以来国家推进治理体系和治理能力现代化建设任务的提出，制度史研究乃成为历史学界亟待开拓的重要领域。《中共党史研究》率先于 2019 年 1 月推出以"长时段历史视野下的中共制度史研究"为主题的笔谈栏目研究成果，《人民日报》随即于 2020 年连续组织编发了关于"制度史"的系列研究成果，《历史研究》亦于 2020 年第 3 期推出以"历史上的制度建设与治国理政"为主题的笔谈栏目研究成果，制度史研究得到学界的重视于此可见一端。制度史研究在学界逐渐"热"了起来，是新时代的大气候决定的，这里举这些事实，绝非谓笔者的研究有什么"推动"之"功"，只是表达"适逢其会"之意。对于制度史研究，笔者并不主张单纯的官制史研究模式，而主张把制度放到社会历史运动的进程中去把握，既要看到静的条文规定中的制度，还要把握动的实践中、运作中的制度及其效果，既要探究制度的本在历史，还要探讨制度与其他相

---

① 翁有为：《专区与地区政府法制研究》，人民出版社 2007 年版，"序"，第 1 页。

关要素如思想、人物、社会等相互作用的互动历史。而要把握和理解近代中国的制度转型过程中新旧冲突为何如此激烈、各种矛盾为何如此复杂交织、现代化转型为何如此艰难，就要考察这种近代中国的转型与轴变，这种考察既要关注历史的细节，更要有"大历史"的视野，这个大历史不仅是近代的大历史，还要有中国几千年古今之变的大历史和近代东西方国际权势之争的大历史；其实，近代中国历史转折的弄潮人康有为、梁启超、孙中山、陈独秀、李大钊和毛泽东等一大批时代先进人物，正是站在近代古今之变与中西之争的大历史高度认识并把握到其所在历史阶段的前进方向，从而推动了近代中国的制度变革和社会前进的历史进程。当然历史前进的轨迹绝非直接与单线，既有反专制的历史潮流，又有专制和复辟的逆流；既有辛亥革命成功的历史性跨越，又有民初军阀纷争、民主共和徒有其表的残酷现实挫折；既有国家统一、社会发展的共同要求，又有省区地方主义兴起的多面效应；既有合作对外的国民革命运动高涨，又有排斥异己导致的阶级革命与武装斗争及其制度演进的峰回路转；既有近代国家治理的现代化尝试，又有灾荒连年与腐败普遍蔓延的痼疾。其中呈现着各种各样的转化、反复、纷争、冲突、搏斗与挣扎，相互合作、斗争、作用与制约的面相相互交织，历史运动的复杂性、歧异性、多样性的历史细节充分显露，但大历史制度骨骼的共性与基本要素则更为鲜明，中国近代转型波浪式"前进"的历史脉络、新陈代谢依次展开的生动画卷、革命性与现代性渐成近代双重历史主角的基本面貌成为近代最为凸显的历史主场。本书试图对此有所揭示之一二，心愿足矣。

在本书付梓之际，有些感激之言和内心感言还是要表达的：诚恳感谢人民出版社王世勇审编的长期支持，诚恳感谢责任编辑郭娜女士在文字加工方面付出的辛苦劳动！诚恳感谢河南大学历史文化学院领导对本书的大力支持！这部书稿，是我近十年间在这一问题上的断续笔耕与思考的一个结晶。笔者之所以探讨这一问题，一方面是沿着以往所致力的从行政督察专员区公署制研究到县制研究再到省制研究的进程推进的结果，另一方面亦因省制问题与近代军阀问题、国家建构问题的纠缠相连，涉及近代大历史中的重要内容和关键部分，其中殷鉴尤值得后人汲取，故思以昔日之史以知今日之路何来与未来之路何往，遂以成之。史乃客观之史，亦吾心史，非客观何成信史，非心何以研史。心中所思，遂记于此。

翁有为

河南大学历史文化学院暨近现代中国国家治理研究中心

2021 年 6 月 5 日

责任编辑：郭　娜
装帧设计：王欢欢

图书在版编目（CIP）数据

近代中国之变轴：军阀话语建构、省制变革与国家／翁有为 著．—北京：
　人民出版社，2021.12
ISBN 978－7－01－022952－2

I. ①近… 　II. ①翁… 　III. ①军阀－研究－中国－近代 　IV. ① K261.507

中国版本图书馆 CIP 数据核字（2020）第 264176 号

近代中国之变轴

JINDAI ZHONGGUO ZHI BIANZHOU

——军阀话语建构、省制变革与国家

翁有为　著

人民出版社 出版发行

（100706　北京市东城区隆福寺街 99 号）

北京中科印刷有限公司印刷　新华书店经销

2021 年 12 月第 1 版　2021 年 12 月北京第 1 次印刷
开本：710 毫米 ×1000 毫米 1/16　印张：22.5
字数：312 千字

ISBN 978－7－01－022952－2　定价：86.00 元

邮购地址 100706　北京市东城区隆福寺街 99 号
人民东方图书销售中心　电话（010）65250042　65289539